S. H. Dalai Lama und Howard C. Cutler

Glücksregeln für eine verunsicherte Welt

S. H. Dalai Lama und Howard C. Cutler

Glücksregeln für eine verunsicherte Welt

Aus dem Englischen von Johannes Tröndle

HERDER

FREIBURG · BASEL · WIEN

Titel der Originalausgabe:
His Holiness The Dalai Lama and Howard C. Cutler, MD:
The Art of Happiness in a troubled World, Doubleday, New York 2010.
ISBN 978-0-767-92064-3

www.herder.de

Umschlagkonzeption und -gestaltung:
Groothuis, Lohfert, Consorten | glcons.de

Satz: Barbara Herrmann, Freiburg
Herstellung: fgb · freiburger graphische betriebe
www.fgb.de

Gedruckt auf umweltfreundlichem, chlorfrei gebleichtem Papier
Printed in Germany

ISBN 978-3-451-30341-8

Inhalt

Einführung 8

Erster Teil: Ich, wir und sie

Erstes Kapitel:
„Ich" im Gegensatz zu „Wir" 20
Zweites Kapitel:
„Ich" *und* „Wir" 46
Drittes Kapitel:
Vorurteile („Wir" *gegen* „sie") 69
Viertes Kapitel:
Vorurteile überwinden 95
Fünftes Kapitel:
Extremer Nationalismus 132

Zweiter Teil: Dialog versus Gewalt

Sechstes Kapitel:
Ein Blick auf die Natur des Menschen 148
Siebtes Kapitel:
Gewalt: Die Ursachen 166
Achtes Kapitel:
Die Wurzeln der Gewalt 179
Neuntes Kapitel:
Vom Umgang mit der Angst 201

Dritter Teil: Glück in einer verunsicherten Welt

Zehntes Kapitel:
Mit einer verunsicherten Welt zurechtkommen 232
Elftes Kapitel:
Hoffnung, Optimismus und Resilienz 256
Zwölftes Kapitel:
Inneres Glück, äußeres Glück und Vertrauen 307
Dreizehntes Kapitel:
Positive Emotionen und der Aufbau einer neuen Welt .. 328
Vierzehntes Kapitel:
Zu unserer gemeinsamen Menschlichkeit finden 344
Fünfzehntes Kapitel:
Empathie, Mitgefühl und das Glück in unserer verunsicherten Welt 373

Die Autoren 412

Die Buchreihe der Glücksregeln 415

Über die Buchreihe der Glücksregeln 416

Ausgewählte Literatur 417

In diesem Buch werden ausführliche Gespräche mit dem Dalai Lama wiedergegeben, die über einen längeren Zeitraum hinweg stattgefunden haben. Der Dalai Lama war so großzügig und hat mir die Erlaubnis gegeben, für dieses Buch dasjenige Format zu wählen, von dem ich meine, dass es seine Gedanken und Ideen am treffendsten wiedergibt. Ich kam zu dem Entschluss, dass die Erzählform, die Sie auf den folgenden Seiten vorfinden, den besten Lesefluss gewährleistet und gleichzeitig ein gutes Gespür dafür vermittelt, wie der Dalai Lama seine Vorstellungen und Anschauungen in seinem eigenen Leben umsetzt. Mit seinem Einverständnis habe ich das Buch nach Themengebieten gegliedert. Stellenweise wurde dafür Stoff, der aus unterschiedlichen Gesprächen stammt, zusammengefasst und integriert. Der Übersetzer des Dalai Lama, Dr. Thubten Jinpa, war dann so freundlich und hat das abschließende Manuskript Korrektur gelesen, um dadurch sicherzustellen, dass das Gedankengut des Dalai Lama im Verlauf der Redaktion nicht auf unbeabsichtigte Weise verzerrt worden ist.

Zur Veranschaulichung der erörterten Themen habe ich mehrere Fallbeispiele und Anekdoten über Personen angeführt. Um die Vertraulichkeit zu wahren und zum Schutz der Privatsphäre sind in allen Fällen (wenn nicht anders erwähnt) Namen, Details und charakteristische Eigenschaften verändert worden. Damit ist ausgeschlossen, dass einzelne Personen anhand dieser Details identifiziert werden können.

Einführung

Vor einiger Zeit bin ich nach Australien eingeladen worden, um auf einem internationalen Kongress über das menschliche Glück die Eröffnungsrede zu halten. Dieser Kongress war eine ungewöhnlich große Veranstaltung. Fünfzig führende Experten aus aller Welt waren zusammengekommen, um vor Tausenden von Kongressteilnehmern über das Glück zu sprechen. Am zweiten Tag war der Dalai Lama der Hauptredner.

Wo so viele Fachkollegen an einem Ort versammelt waren, ergaben sich sehr viele angeregte Gespräche über ein breit gefächertes Themenspektrum. In einer Mittagspause hörte ich, wie sich einige Kollegen kontrovers über eine aktuelle Debatte unterhielten, die von einigen australischen Zeitungen aufgegriffen worden war und die seit einiger Zeit in den Kreisen der positiven Psychologie die Runde macht. Die positive Psychologie ist ein junger Forschungszweig der Psychologie und wird oft als „Wissenschaft vom menschlichen Glück" bezeichnet. Die Debatte drehte sich um folgende Fragestellung: Wenn unser Ziel die Vergrößerung menschlichen Glücks ist, welches ist dann die bessere Vorgehensweise: uns auf die innere Entwicklung zu konzentrieren oder auf den Wohlstand der Gesellschaft? Mit anderen Worten: Sollten wir uns hauptsächlich um die Entwicklung von Methoden bemühen, mit denen der einzelne Mensch sein persönliches Glück vergrößern kann, oder sollten wir uns darauf konzentrieren, die gesellschaftlichen Rahmenbedingungen zu verbessern, damit die einzelnen Mitglieder einer Gesellschaft sich entfalten können, was dann zu einem größeren Glück für die Bevölkerung als Ganzes führt?

Einige Vertreter des sozialen Ansatzes beschrieben die positive Psychologie mit ihrem Fokus auf der Entwicklung von effektiven Methoden zur Steigerung persönlichen Glücks als wenig mehr denn hedonistische Modeerscheinung, die sich nur mit dem egozentrischen Verfolgen persönlicher Erfüllung und Befriedigung befasst.

Das Lager der positiven Psychologie hatte schlagkräftige Gegenargumente zur Hand. Ihre Vertreter leugneten nicht, dass für die Erlangung von Glück zunächst unsere grundlegenden Überlebensbedürfnisse befriedigt sein müssen, führten aber ins Feld, dass wir uns letztendlich auf die innere Verfassung und die persönliche Ebene des Menschen konzentrieren müssten, wenn wir menschliches Glück vergrößern wollten, da Glück ein subjektiver Zustand sei, der die individuellen Einstellungen, Wahrnehmungen und Gefühle eines Menschen umfasse. Den Vorwurf des sozialen Lagers, dass Bemühungen zur Steigerung persönlichen Glücks eine ichbezogene und egoistische Beschäftigung seien, wiesen die Vertreter der positiven Psychologie mit dem Hinweis auf wissenschaftliche Studien zurück, die belegen, dass die Vermehrung des persönlichen Glücks einen Menschen wohltätiger, freigebiger und bereitwilliger werden lässt, anderen zu helfen, und dass es *unglückliche* Menschen sind, die ichzentrierter und egoistischer sind.

Ich war mir bis zu diesem Zeitpunkt nicht bewusst gewesen über die Tragweite dieser Debatte, die auf die fundamentale Frage in unserer Grundorientierung hinausläuft: *„Ich“ oder „Wir“?* Als ich zum ersten Mal hörte, wie sich meine Kollegen über dieses Thema stritten, war ich wie gebannt. Denn der Dalai Lama und ich hatten in unseren jüngsten Gesprächen über die Wechselbeziehungen zwischen dem einzelnen Menschen, der Gesellschaft und dem persönlichen Glück genau dieses Thema behandelt und dabei versucht, Antworten auf wichtige Fragen zu finden wie: Welchen Einfluss hat die Gesellschaft, in der man lebt, auf das persönliche Glück? Was können wir dagegen tun, dass gesellschaftliche Probleme unser Glück untergraben? Welche Verantwortung hat jeder Einzelne von uns für das Mitgestalten gesellschaftlicher Veränderungen? Und was kann ein einzelner Mensch für sich allein überhaupt bewirken?

Diese Gespräche mit dem Dalai Lama, die teilweise in diesem Buch wiedergegeben werden, sind Bestandteil eines fortdauernden Dialogs über das menschliche Glück, den wir ursprünglich im Jahr 1993 begonnen hatten. Um diese Gespräche in den richtigen Zusammenhang zu stellen, ist es vielleicht hilfreich, einen kleinen Schritt zurückzugehen, um sowohl die Geschichte der Buchreihe über die *Glücksregeln* (*The Art of Happiness*) kurz zu umreißen als auch die radikalen Veränderungen nachzuzeichnen, die sich seither sowohl innerhalb der Wissenschaft als auch in der Öffentlichkeit zugetragen haben im Hinblick darauf, wie Glück aufgefasst und verstanden wird.

Geschichte der Buchserie über die Glücksregeln

Es war Anfang 1990, als ich zum ersten Mal darüber nachdachte, zusammen mit dem Dalai Lama an einem gemeinsamen Buch über das Glück zu arbeiten. Damals gab es bereits mehr als dreißig Bücher von und mit Seiner Heiligkeit. Da diese Bücher aber hauptsächlich Schüler oder Praktizierende des Buddhismus angesprochen haben, fanden sie im Westen keine große Leserschaft. Damals kannte ich den Dalai Lama bereits seit etwa zehn Jahren, und ich war mir darüber bewusst, dass seine tiefe Weisheit nicht nur für Buddhisten, sondern auch für Nicht-Buddhisten von großem Nutzen sein kann. So begann ich, über ein Buch für die allgemeine Leserschaft des Westens nachzudenken, das die grundlegenden Prinzipien herausarbeiten sollte, die es dem Dalai Lama ermöglicht haben, in seinem eigenen Leben Glück zu erlangen. Ich wollte mich auf die praktische Umsetzung seiner Ideen im täglichen Leben konzentrierten und seine Ansichten in einen Bezug zur westlichen Wissenschaft und Psychologie setzen, in der Hoffnung, so letztendlich eine wirksame Methode zur Erlangung von Glück entwickeln zu können, die das Beste aus Ost und West miteinander verbindet. Der Dalai Lama stimmte meinem Vorschlag bereitwillig zu, und während seines ersten Besuches in meiner Heimat Arizona in den Vereinigten Staaten im Jahre 1993 begannen wir die Arbeit an unserem Projekt.

Das Projekt inspirierte und begeisterte mich. Und so entschloss ich mich dazu, meine psychiatrische Praxis vorübergehend aufzugeben, um meine ganze Zeit und ungeteilte Aufmerksamkeit dem Buch widmen zu können. Ich ging davon aus, dass es etwa sechs Monate dauern würde, das Buch zum Abschluss zu bringen, und war überzeugt, dass ich mir, mit dem Dalai Lama als Mitautor, unter den besten Verlagshäusern ein geeignetes würde heraussuchen können.

Ich hatte mich verkalkuliert. Fünf Jahre später arbeitete ich immer noch an dem Buch. Und der entmutigende Stapel von Ablehnungsbriefen auf meinem Schreibtisch wurde immer dicker: abschlägige Bescheide von Verlagen und Literaturagenturen, die allesamt davon überzeugt waren, dass es keinen breiten Absatzmarkt für Bücher des Dalai Lama gab, keine große Leserschaft für die Ergebnisse der Zusammenarbeit zwischen ihm und einem amerikanischen Psychiater und kein öffentliches Interesse am Thema Glück. Meine finanziellen Reserven waren aufgebraucht, und es sah so aus, dass mir nicht mehr viele Alternativen zur Verfügung standen. Ich war kurz davor, einige Exemplare des Buches in Eigeninitiative zu verkaufen und wieder zu meiner Arbeit als Psychiater zurückzukehren, als mir dann doch noch ein Glückstreffer vergönnt war. Denn genau in dieser Zeit machte die Mutter eines engen Freundes in der New Yorker U-Bahn eine spontane Bemerkung zu einem Fremden, der zufällig im Verlagswesen arbeitete. Diese kleine Bemerkung löste eine ungewöhnliche Kette an Ereignissen aus, was schließlich dazu führte, dass ich einen Literaturagenten und einen etablierten Verlag von dem Buch überzeugen konnte. So kam es, dass das Buch *The Art of Happiness* 1998 in einer kleinen ersten Auflage und mit bescheidenen Erwartungen schließlich in den USA veröffentlicht wurde. (Auf Deutsch erschien das Buch 1999 unter dem Titel *Die Regeln des Glücks.*)

Das Leben ist manchmal voller Überraschungen. Zu unserem größten Erstaunen wurde das Buch überwältigend positiv aufgenommen. Es fand bei den Lesern großen Anklang und schien in den Herzen vieler Menschen, die sich in ihrem Leben nach etwas Besserem sehnten, großen Widerhall zu finden. Bald stand das Buch weltweit auf den Bestsellerlisten, allein siebenundneunzig Wochen lang auf der Bestsellerliste der *New York Times.* Es wurde schließlich in fünfzig Sprachen übersetzt und ist zu einem Klassiker geworden mit einer Leserschaft, die in die Millionen geht.

Aufgrund der Popularität des Buches erhielten wir viele wunderbare und ergreifende Briefe von Lesern. Einige drückten darin ihren Wunsch nach einem Nachfolgebuch aus und verwiesen auf Themenbereiche, die in diesem ersten Buch nicht behandelt worden waren. Da ich mich hauptsächlich auf die innere Entwicklung als den besten Weg zum Glück konzentriert hatte, wurden in diesem ersten Buch innere Hindernisse für das Glück erörtert, weiter reichende gesellschaftliche Probleme jedoch ausgeklammert, obwohl der Dalai Lama sowohl in unseren privaten Gesprächen als auch in seinen öffentlichen Vorträgen solche Fragen immer wieder aufwarf.

Es war nun an der Zeit, der Tatsache ins Auge zu sehen, dass wir Menschen nicht unabhängig von den anderen in einem Vakuum leben, sondern in einer Gesellschaft und dass diese Gesellschaft sehr vielen Problemen gegenübersteht, die unser persönliches Glück beeinflussen. Um diese gesellschaftlichen und globalen Themen eingehender mit dem Dalai Lama zu erörtern und um den Bitten unserer Leser nachzukommen, bin ich mit der Idee an ihn herangetreten, zusammen an einem Nachfolgebuch zu arbeiten und den Versuch zu wagen, die grundlegende Frage zu beantworten, *wie man in einer verunsicherten und notleidenden Welt wie der unsrigen zum Glück finden kann.* Der Dalai Lama war einverstanden.

Obwohl ich anfangs die Absicht gehabt hatte, diese große und weitreichende Frage in einem einzigen Nachfolgebuch zu *Die Regeln des Glücks* zu behandeln, haben wir bald festgestellt, dass der Fragenkomplex zu umfassend war und zu viele Themenbereiche enthielt, als das dies alles in einem einzigen Buch hätte bearbeitet werden können. So haben wir die Themenbereiche untergliedert, um sie in einer Reihe von Nachfolgebüchern zu behandeln. Das zweite Buch in dieser Reihe erschien 2003 unter dem englischen Titel *The Art of Happiness at Work* (auf Deutsch im Jahr 2004 unter dem Titel *Glücksregeln für den Alltag*). Hier werden die Grundsätze der Glücksregeln auf jenes Umfeld übertragen, in dem die meisten von uns einen Großteil der aktiven Zeit ihres Erwachsenenalters verbringen – nämlich am Arbeitsplatz. Wie das erste Buch wurde auch dieses Nachfolgebuch sehr positiv aufgenommen und fand sich ebenfalls auf der Bestsellerliste der *New York Times.* Aber wie das erste Buch auch, konzentrierte sich dieses Buch hauptsächlich auf die Ebene des Individuums.

In dem dritten Buch wenden wir uns nun den umfassenderen gesellschaftlichen Themen zu, welche das menschliche Glück untergraben können. Gleich zu Beginn unserer Gespräche weist der Dalai Lama auf den Mangel an Gemeinschaftssinn und den Verlust von Vertrauen in vielen modernen Gesellschaften hin. Im weiteren Verlauf behandeln wir dann Themen wie Vorurteile, Rassismus, Terrorismus, Gewalt und Angst. Diese Buchreihe über die Glücksregeln befindet sich aber weiterhin in der Entwicklung. Momentan sind drei Folgebände geplant, die die Reihe abrunden sollen. Ein weiterer

Band wird sich eingehend dem Thema der Gewalt widmen, ihren Ursachen, möglichen Gegenmitteln und der Vision des Dalai Lama vom 21. Jahrhundert als einem „Jahrhundert des Dialogs". Ein anderer Band wird Themen behandeln wie persönlicher Lebensstil, Reichtum, Armut, die weitverbreitete Meinung, dass Glück gleichbedeutend mit Konsum sei, ökonomische und pädagogische Fragen sowie den Aufruf des Dalai Lama zu „Universeller Verantwortung". Abschließend wird es ein praktisches Hand- und Arbeitsbuch geben, das ein effektives und wissenschaftlich fundiertes Trainingsprogramm für das Glück anbieten wird, in dem buddhistische Prinzipien und Übungen mit westlicher Wissenschaft und Psychologie zusammengeführt werden sollen.

Eine Glücksrevolution

Die Auffassung des Dalai Lama, dass Glück ein erreichbares Ziel sei, etwas, das wir – wie andere Fähigkeiten auch – mittels Übung und Anstrengung erlernen können, ist grundlegend für die buddhistische Sichtweise des Glücks. Genau genommen ist das Konzept des Geistestrainings zur Erlangung von Glück seit über zwei Jahrtausenden ein Grundpfeiler der buddhistischen Übungspraxis. Zufälligerweise begann kurz nach der Veröffentlichung von *Die Regeln des Glücks* dieselbe Idee auch an ganz anderer Stelle in der Gesellschaft Wurzeln zu schlagen, nämlich als „neue" wissenschaftliche Entdeckung, was zu einem grundlegenden Wandel dessen geführt hat, wie viele Menschen über das Glück denken. Immer mehr Menschen scheinen die Auffassung zu verwerfen, dass Glück lediglich eine Begleiterscheinung unserer äußeren Umstände sei, und beginnen stattdessen, Glück als etwas zu betrachten, das man systematisch erlernen kann. Dieser Wandel ist Teil einer weltweiten Glücksrevolution, die von einem explosionsartig anwachsenden Interesse gekennzeichnet ist, das plötzlich viele Wissenschaftler und auch die allgemeine Öffentlichkeit am Phänomen menschlichen Glücks zeigen.

Es gibt immer zahlreiche Faktoren, die das rasche Wachstum einer neuen Bewegung, wie in diesem Fall der Glücksrevolution, fördern. Doch hier scheint die formelle Einrichtung einer neuen Forschungsdisziplin der Psychologie, die sich mit positiven Emotionen und der

Entfaltung menschlicher Stärken beschäftigt, der entscheidende Wendepunkt gewesen zu sein. Ein einflussreicher Wissenschaftler und Psychologe, Martin Seligman, der weithin als der Begründer dieser neuen wissenschaftlichen Disziplin angesehen wird, widmete seine Amtszeit als Präsident des Amerikanischen Psychologischen Fachverbandes (APA) der Förderung dieser neuen Disziplin, die er „positive Psychologie" nannte. Seligmann tat sich mit Mihaly Csikszentmihalyi zusammen, einem anderen brillanten Wissenschaftler, um die Grundlagen für dieses neue Forschungsgebiet zu schaffen. Schon bald schlossen sich diesen beiden Pionieren Spitzenforscher verschiedener amerikanischer und europäischer Universitäten an, denen allen gemeinsam war, dass sie ein größeres Interesse an Stärken und Vorzügen des Menschen hatten als an seinen Schwächen und der Pathologie.

Zu der Zeit, als *Die Regeln des Glücks* verfasst wurde, gab es nur relativ wenige Studien über das menschliche Glück und die positiven Emotionen. Und, von einigen Querdenkern abgesehen, gab es auch nur wenige Forscher, die ein Interesse daran hatten, dieses weitgehend unbekannte Fachgebiet zu erforschen. Mit dem Beginn der positiven Psychologie hat sich das jedoch drastisch verändert: *Zum ersten Mal in der Geschichte der Menschheit ist die Erforschung menschlichen Glücks zu einer anerkannten wissenschaftlichen Disziplin geworden.* Daraus resultierte in den vergangenen zehn Jahren ein exponentielles Wachstum der neuen wissenschaftlichen Publikationen über das Glück. In dieser Zeit war es für mich besonders erfreulich, beobachten zu können, wie das rasch anwachsende wissenschaftliche Material immer wieder die Ansichten des Dalai Lama übereinstimmend unterstützt und bestätigt. Ständig kommen neue wissenschaftliche Untersuchungsergebnisse hinzu, und wir können beobachten, wie buddhistische Grundsätze und westliche Wissenschaft anfangen, sich in vielerlei Hinsicht einander anzunähern.

Die Vorteile des Glücks

Eine treibende Kraft dieser Glücksrevolution sind die überraschenden Forschungsergebnisse gewesen, die die zahlreichen nützlichen Wirkungen des Glücks aufzeigen. Diese Vorteile gehen weit darüber hinaus, dass wir uns einfach nur „gut fühlen". In der Tat kann die

Kultivierung größeren Glücks als Universalrezept für alle betrachtet werden, die sich mehr Erfolg wünschen, in welchem Lebensbereich auch immer: Glück führt zu mehr Erfolg in der Partnersuche, zu besseren Ehen und Partnerschaften, dauerhafteren Beziehungen, größerer körperlicher und geistiger Gesundheit und einem (bis zu zehn Jahre!) längeren Leben. Glück steigert unsere Kreativität und unsere geistigen Fähigkeiten und erhöht unsere Belastbarkeit. Glückliche Menschen sind auch im Arbeitsleben erfolgreicher und erzielen deutlich höhere Einkommen. Und tatsächlich sind Firmen mit glücklichen Angestellten erfolgreicher und weisen eine durchweg bessere Wirtschaftlichkeit auf.

Bei all diesen beachtlichen persönlichen Vorteilen größeren Glücks ist es von entscheidender Bedeutung, darauf hinzuweisen, dass die *Kultivierung größeren Glücks nicht nur für einen selbst von Vorteil ist, sondern auch für die eigene Familie, für die Gemeinschaft, in der man lebt, und für die Gesellschaft als Ganzes.* Das ist einer der Grundsätze, auf denen unsere Buchreihe über die Glücksregeln aufbaut. Während dieser Grundsatz bereits im ersten Band der Reihe eingeführt wurde, erlangt er im Zusammenhang mit den jüngsten Forschungsergebnissen auf dem Gebiet der positiven Gefühle einen neuen und tiefer gehenden Sinn, der in dem vorliegenden Buch aufgezeigt wird.

Zurück zur Eingangsdebatte: Sollen wir eher an unserem persönlichen Glück oder am Glück der Gesellschaft arbeiten? Während des erwähnten Kongresses in Australien hat sich niemand die Mühe gemacht, den Dalai Lama um seine Meinung zu dieser Debatte zu bitten. Er hat diese Frage aber im Verlauf unserer Gespräche für dieses Buch beantwortet, und seine Antwort habe ich so prägnant und präzise von keinem Vertreter der beiden Lager vernommen. Seine Antwort auf diese Frage? „Es gibt gar keine Frage!" Der beste Weg? „Beide!" Seiner Meinung nach ist das keine Frage eines Entweder-Oder, wo wir uns für eines von beiden entscheiden müssen. *Der Dalai Lama glaubt, dass wir gleichzeitig für unser eigenes persönliches Glück und für das Glück auf gesellschaftlicher Ebene arbeiten können und sollen.*

Für die Entwicklung größeren persönlichen Glücks bietet der Dalai Lama unterschiedliche Methoden an. Im dritten Teil dieses Buches zeigt er einen praktischen Ansatz auf, die Probleme unserer heutigen Welt zu bewältigen und gleichzeitig Hoffnung, Optimismus, Vertrauen und andere positive Geisteszustände zu kultivieren. Da positive Emotionen und Geisteszustände direkte Auswirkungen auf unser allgemeines Glücksempfinden haben, wird somit letztendlich gezeigt werden, wie wir in unserer verunsicherten Welt zu Glück finden können.

Wenn es darum geht, das „Glück der Gesellschaft“ zu vergrößern, gibt es natürlich ein unendliches Spektrum an Aktivitäten, mit denen wir zu einer besseren Welt beitragen können. Die konkreten Handlungen, die mit einer solchen Motivation ausgeführt werden, sind im Allgemeinen von Veranlagung und Interessen, von Fähigkeiten, Lebensumständen und verfügbaren Ressourcen des Einzelnen abhängig. Gezielte Strategien zur Verringerung gesellschaftlicher Missstände wie Armut oder Zerstörung der Umwelt werden, zusammen mit anderen Themen wie Altruismus und verantwortlichem Verhalten im nächsten Band dieser Buchreihe erörtert werden.

Der Kreuzungspunkt von persönlichem und gesellschaftlichem Glück

In diesem Band beginnen wir damit, einen anderen Ansatz vorzuschlagen, eine leistungsfähige und ziemlich radikale Methode, um gleichzeitig an unserem inneren Glück und an der Überwindung gesellschaftlicher Probleme zu arbeiten: In den abschließenden Kapiteln dieses Buches präsentieren wir *unsere Kernthese, dass positive Emotionen im Allgemeinen und die beiden vortrefflichsten der „positiven Emotionen“ – nämlich Empathie und Mitgefühl – im Besonderen genau auf dem Kreuzungspunkt zwischen innerem und äußerem Glück liegen. Denn Empathie und Mitgefühl können sowohl persönliches Glück hervorbringen als auch mögliche Lösungen liefern für viele der Probleme, denen sich die Menschheit heute gegenübersieht (zumindest sind sie ein erster Schritt in die richtige Richtung, um mit diesen gesellschaftlichen Problemen fertig zu werden).*

Wir werden beispielsweise konkrete wissenschaftliche Beweise anführen, die zeigen, dass die Entwicklung von Mitgefühl eine wirksame Methode zur Steigerung von persönlichem Glück sein kann. Darüber hinaus werden wir aufzeigen, *wie Empathie und Mitgefühl konkrete Veränderungen in der Funktionsweise unseres Gehirns bewirken, Veränderungen, die unsere Art und Weise, wie wir andere wahrnehmen und mit ihnen interagieren, betreffen* – zum Beispiel in dem

Sinne, dass wir andere als uns selbst ähnlicher wahrnehmen. Diese Veränderungen führen dazu, dass unser Umgang mit den anderen mehr auf den Gemeinsamkeiten zwischen uns als auf den Unterschieden aufbaut. Dadurch werden die trennenden Mauern zwischen „uns" und „ihnen" beseitigt. Dies bringt auch typische Handlungs- und Denkweisen hervor, die perfekt darauf zugeschnitten sind, als Gegenmittel gegen einige der gesellschaftlichen Probleme zu dienen, die wir in den folgenden Kapiteln besprechen werden. Sie wirken sogar gegen die instinktive, „automatische und unbewusste" Voreingenommenheit, die Menschen jenen gegenüber erleben, die als andersartig wahrgenommen werden, was bis vor Kurzem noch als etwas angesehen wurde, das gar nicht verhindert werden *könne*. Und schließlich werden wir erklären, warum dieser Weg zur Überwindung gesellschaftlicher Probleme sogar mehrere herausragende Vorteile gegenüber herkömmlicheren Methoden aufweist, was unter anderem an der Ansteckungskraft von positiven Emotionen und Glück liegt.

In den abschließenden Kapiteln dieses Buches erläutern wir besondere Übungen und Techniken, die jeder gezielt anwenden kann, um eine größere Fähigkeit zu Empathie und Mitgefühl zu entwickeln: Man muss nicht unbedingt ein von Natur aus empathischer oder „warmherziger" Mensch sein, um höhere Stufen von Empathie und Mitgefühl zu erleben. Somit können diese Methoden von allen zur Vermehrung ihres gewöhnlichen, alltäglich erlebten Glücks angewandt werden. Um diese Methoden jedoch zur Überwindung weitverbreiteter gesellschaftlicher Probleme zu nutzen, müssten sie von einem Großteil der Bevölkerung praktiziert werden. Das könnte beispielsweise dadurch erreicht werden, dass ein Übungsprogramm als fester Bestandteil des Lehrplans an den Schulen unterrichtet wird, während gleichzeitig die Medien und andere Multiplikatoren ein größeres Bewusstsein von den Vorzügen dieser Techniken fördern.

Dafür freilich wäre es notwendig, dass viel mehr Menschen mit der Sichtweise des Dalai Lama über das Mitgefühl vertraut werden und das Mitgefühl als Quelle persönlichen Glücks kennenlernen: als etwas, das nicht nur den Menschen, auf die sich unser Mitgefühl richtet, wirklichen Nutzen bringt, sondern vor allem uns selbst. Es wäre notwendig, das Mitgefühl als etwas zu betrachten, das von großem, praktischen Nutzen und Wert ist und ganz konkrete Vorteile mit sich bringt, und es nicht nur als „gefühlsduselige", abstrakte philosophische Idee abzutun oder als „weiches" Thema religiöser, spiritueller oder ethischer Natur. Wir müssten das Mitgefühl viel mehr als dringliche Notwendigkeit sehen, die für unser Überleben von großer Bedeutung ist, nicht nur als überflüssigen Luxus oder etwas, worin wir uns sonntags während des Kirchgangs üben oder irgendwann später, wenn wir uns mit unseren Ersparnissen in eine sonnige Gegend in den Ruhestand zurückgezogen haben.

Es ist unnötig zu erwähnen, dass es ein sehr langsamer Prozess sein wird, breit angelegte Erziehungsprogramme aufzulegen, die eine landesweite Schulung in diesen Methoden beinhalten. In der Zwischenzeit sind die Probleme unserer heutigen Welt vielfältig und komplex, und es gibt keine magischen Zauberformeln oder Wunderwaffen, mit denen wir all unsere menschlichen Probleme auf persönlicher und globaler Ebene von heute auf morgen ausmerzen könnten. Aber zumindest haben wir einen Ansatzpunkt, wo wir beginnen können. Wie der Dalai Lama auf den folgenden Seiten aufzeigt, gibt es ganz konkrete Schritte, die wir unternehmen können, um mit den Problemen unserer verunsicherten Welt fertig zu werden, Strategien, durch die wir alltägliches Glück entwickeln und bewahren können, während wir gleichzeitig nach Lösungen für die größeren Probleme der Welt suchen. Letztendlich werden wir herausfinden, dass die Botschaft des Dalai Lama eine Botschaft der Hoffnung ist. Sie beruht auf dem felsenfesten Vertrauen, dass unsere menschliche Natur grundlegend gut ist, und sie basiert zudem auf einem inneren Frieden, der der Gewissheit entspringt, dass es einen gangbaren und klar beschriebenen Weg zum Glück gibt, ja sogar viele Wege – vielleicht so viele, wie es Menschen gibt.

ERSTER TEIL

Ich, wir und sie

ERSTES KAPITEL

„Ich“ im Gegensatz zu „Wir“

Ich glaube, dass ich den meisten
von Ihnen hier zum ersten Mal begegne.
Doch es spielt keine große Rolle,
ob Sie nun alte oder neue Freunde sind.
Denn ich bin der grundsätzlichen Meinung,
dass wir alle gleich sind:
Wir sind eben alle nur Menschen.

Seine Heiligkeit der Dalai Lama
in einer Rede vor Tausenden von Zuhörern

Die Zeit vergeht, und die Welt verändert sich. Doch über die Jahre habe ich mich auf meinen regelmäßigen Vortragsreisen mit dem Dalai Lama an eine verlässliche Konstante gewöhnen können. Wenn er zu einem allgemeinen Publikum spricht, dann beginnt er meistens mit den Worten: „Wir sind alle gleich …“.

Nachdem er auf diese Weise ein persönliches Band mit jeder Zuhörerin und jedem Zuhörer geknüpft hat, wendet er sich dann dem jeweiligen Thema zu. In all den Jahren bin ich dabei immer wieder Zeuge eines bemerkenswerten Phänomens geworden: Ob er nun in der politischen Machtzentrale der USA – dem Kapitol in Washington – auf einem formellen Treffen von Entscheidungsträgern spricht oder zu einer großen Menge von hunderttausend Zuhörern im New Yorker Central Park, bei einem interreligiösen Gespräch in Australien, einer wissenschaftlichen Konferenz in der Schweiz oder während einer buddhistischen Unterweisung zu Tausenden Nonnen und Mönchen in Indien – immer geht von diesen einleitenden Worten eine Wirkung aus, die man beinahe mit den Händen greifen kann: Er schafft damit ein Gefühl der Verbundenheit nicht nur zwischen sich und der Zuhörerschaft, sondern auch zwischen den einzelnen Zuhörern untereinander, eine Verbundenheit, die auf unserer gemeinsamen Menschlichkeit beruht.

Es war an einem frühen Montagmorgen, und ich befand mich wieder einmal in Dharamsala, um in Kürze den Dalai Lama zur ersten Sitzung unserer neuen Gesprächsrunde zu treffen. Dharamsala ist eine friedliche kleine Stadt in den Südausläufern des Himalayas in Nordindien, auf einem Bergrücken des Dauladar-Gebirgszuges gelegen und Zufluchtsort für eine florierende tibetische Exilkommunität. Ich war bereits einige Tage früher dort angekommen, fast zeitgleich mit dem Dalai Lama, der von einer dreiwöchigen Vortragsreise aus den Vereinigten Staaten zurückgekehrt war.

Ich hatte gerade mein Frühstück eingenommen, und da die Residenz des Dalai Lama von dem Gästehaus, in dem ich wohnte, über einen fünfminütigen Hügelweg zu Fuß erreichbar war, habe ich mich kurz in den Aufenthaltsraum meiner Pension zurückgezogen, um meinen Kaffee zu Ende zu trinken und in Vorbereitung auf unser Treffen nochmals meine Aufzeichnungen durchzugehen. Obwohl ich den Aufenthaltsraum verlassen vorfand, hatte jemand den Fernseher dort eingeschaltet gelassen, auf dem gerade die Nachrichten liefen. Ich vertiefte mich in meine Unterlagen und schenkte den Nachrichten keine besondere Aufmerksamkeit, und einige Zeit lang waren die Meldungen über die Leiden der Welt nur eine Geräuschkulisse aus dem Fernseher.

Doch es dauerte nicht lange, bis eine Reportage meine Aufmerksamkeit auf sich zog und ich von meinen Unterlagen aufschaute. Ein palästinensischer Selbstmordattentäter hatte sich in Tel Aviv in einer Diskothek in die Luft gejagt und es ganz gezielt auf israelische Jugendliche abgesehen. Über zwanzig junge Menschen waren mit in den Tod gerissen worden. Doch möglichst viele Opfer zu töten, war dem Terroristen anscheinend nicht genug gewesen. Er hatte seine Bombe sicherheitshalber mit rostigen Nägeln und Schrauben gefüllt, um so die Opfer, die er nicht töten konnte, zumindest zu verstümmeln oder zu verunstalten.

Bevor die ungeheuerliche Grausamkeit dieser Tat in mich einsinken konnte, folgten schon weitere Reportagen: eine trostlose Mischung aus Naturkatastrophen und von Menschenhand angerichteten Gewalttaten … der Kronprinz von Nepal schlachtet seine eigene Familie ab … Überlebende des Erdbebens in Gujarat kämpfen weiter mit den Folgen des Bebens …

Gerade hatte ich den Dalai Lama auf seiner letzten Vortragsreise begleitet, und seine Worte „Wir sind alle gleich“ waren mir noch lebhaft in Erinnerung, als ich diese Nachrichten über plötzliches und entsetzliches Elend sah. Da fiel mir auf, dass ich diesen Reportagen zugehört hatte, als ob die Opfer unbestimmte, gesichtslose und abstrakte Wesen wären und nicht Menschen wie ich selbst. Je größer dieses Gefühl der Distanz zwischen mir und den Opfern war, desto weniger wirklich kamen sie mir vor und desto weniger wie lebendige, atmende Menschen. Doch dann habe ich versucht, mir vorzustellen, wie es wohl gewesen wäre, wenn ich selbst eines dieser Erdbebenopfer gewesen wäre, meinen alltäglichen Beschäftigungen nachgehend, um dann, fünfundsiebzig Sekunden später, plötzlich ohne Familie, ohne Zuhause, ohne jegliche Habe dazustehen, auf einen Schlag ohne Geld und völlig allein. *„Wir sind alle gleich.“* Das war ein starker Leitgedanke, von dem ich überzeugt war, dass er die Welt verändern könne.

„Eure Heiligkeit“, begann ich, „heute morgen würde ich gerne mit Ihnen über die Idee sprechen, dass wir alle gleich sind. Wissen Sie, in der heutigen Welt herrschen weithin Isolation und Entfremdung zwischen den Menschen, ein Gefühl, voneinander getrennt und isoliert zu sein, bis hin zum Argwohn. Es hat den Anschein, dass es unsere Gesellschaft verändern hilft, wenn wir ein stärkeres Gefühl der Verbundenheit mit unseren Mitmenschen entwickeln könnten, ein aufrichtiges Gespür für die Verbindung mit den anderen auf einer tiefen Ebene. Das könnte so viele der Probleme der heutigen Welt lösen. Heute Morgen möchte ich über diesen Leitgedanken sprechen, dass wir alle gleich sind, und …“

„Wir sind alle gleich?“, wiederholte der Dalai Lama fragend.

„Ja, und …“

„Wo haben Sie diese Idee her?“

„Wie bitte?“

„Von wem haben Sie diesen Gedanken?“

„Sie … Sie haben das gesagt“, stotterte ich, ein wenig verwirrt.

„Howard, wir sind *nicht* alle gleich“, sagte er unverblümt. „Wir sind verschieden! Jeder ist anders.“

„Ja, natürlich“, berichtigte ich mich schnell, „wir haben alle diese oberflächlichen Unterschiede. Was ich aber sagen wollte, ist …“

„Unsere Unterschiede sind nicht notwendigerweise oberflächlich“, insistierte er. „Da gibt es zum Beispiel einen alten Lama, den ich kenne, aus Ladakh. Ich fühle mich diesem alten Mann sehr verbunden, doch gleichzeitig weiß ich auch, dass er ein Ladahki ist. Ganz gleich, wie eng ich mich diesem alten Lama auch verbunden fühlen mag, so wird das niemals einen Tibeter aus ihm machen. Es wird immer eine Tatsache bleiben, dass er ein Ladakhi ist.“

Über die Jahre hinweg hatte ich den Dalai Lama seine öffentlichen Reden so oft mit den Worten „Wir sind alle gleich“ eröffnen hören, dass diese Wendung in unserem ersten Gespräch mir langsam die Sprache verschlug.

„Also, immer wenn ich Sie in all den Jahren zu einem großen Publikum habe sprechen hören, auch auf dieser letzten Vortragsreise, haben Sie stets mit den Worten angefangen ‚Wir sind alle gleich‘. In Ihren öffentlichen Vorträgen scheint das ein wichtiges Thema zu sein. Und Sie sagen auch, dass die Menschen oft dazu neigen, die Aufmerksamkeit auf trennende Unterschiede zu richten, dass wir aber alle gleich sind in unserem Wunsch, Glück erlangen und Leid vermeiden zu wollen, und …“

„Oh ja, richtig“, erwiderte er. „Und wir haben alle das gleiche menschliche Potenzial. Ja, normalerweise beginne ich eine Rede mit solchen Gedanken. Ich tue das deswegen, weil die unterschiedlichsten Menschen kommen, um mich zu sehen. Nun bin ich ein buddhistischer Mönch, und ich bin Tibeter. Die Herkunft der Zuhörer ist oft eine ganz andere. Wenn wir also keine gemeinsame Grundlage und keine gemeinsamen Eigenschaften hätten, dann wäre es nicht sinnvoll, eine Rede zu halten und meine Ansichten mit ihnen zu teilen. Doch es ist eine Tatsache, dass wir alle Menschen sind. Das ist die Grundlage, auf der ich meine persönlichen Erfahrungen mit meinen Zuhörern teile.“

„Das ist es, worauf ich hinauswollte: diese Idee, dass wir alle Menschen sind“, erklärte ich, erleichtert darüber, dass wir uns endlich auf der gleichen Wellenlänge befanden. „Wären wir wirklich überzeugt davon, dass wir alle gleich sind, dann könnte das die Welt verändern, ich meine: wirklich verändern. Daher hatte ich gehofft, dass wir dieses Thema ein bisschen erörtern könnten.“

Der Dalai Lama antwortete: „Um diesen Punkt wirklich verstehen zu können, müssen wir untersuchen, wie wir dazu kommen, uns als unabhängig, isoliert und voneinander getrennt zu betrachten, und wie wir dazu kommen, die anderen als von uns verschieden und von uns abgeschnitten wahrzunehmen, um dann zu einem tieferen Verständnis zu gelangen. Doch wir können nicht einfach mit der Aussage loslegen, dass wir alle gleich sind, und verleugnen, dass es Unterschiede gibt."

„Nun, das ist in etwa das, worauf ich hinauswill. Wenn alle Menschen so mit anderen in Beziehung treten würden, wie Sie das tun, auf dieser grundlegenden menschlichen Ebene, von Mensch zu Mensch, wie Brüder und Schwestern, wie ich Sie das oft habe sagen hören, dann wäre unsere Welt eine viel bessere. Dann hätten wir nicht all diese Probleme, über die ich mit Ihnen sprechen möchte, und wir könnten uns stattdessen über Fußballspiele oder Kinofilme unterhalten!"

Ich fuhr fort: „Ich weiß nicht, aber es hat den Anschein, dass Sie diese Verbindung zwischen den Menschen dadurch schaffen können, dass Sie sie an die Eigenschaften erinnern, die alle Menschen gemeinsam haben, so wie Sie es immer tun, wenn Sie zu einer großen Zuhörerschaft sprechen."

Er nickte: „Ja, richtig."

„Ich weiß nicht …", wiederholte ich mich. „Das ist ein so wichtiges Thema, eine so schlichte Idee, aber in Wirklichkeit so schwierig, dass ich mich vor dem Hintergrund der vielen Probleme in unserer heutigen Welt frage, ob es nicht irgendwelche anderen Methoden gibt, um diesen Prozess zu unterstützen und zu beschleunigen oder um die Menschen dazu anzuregen, die Dinge aus dieser Perspektive zu betrachten."

„Andere Methoden …", sagte er langsam und nahm sich dabei Zeit, sorgfältig über die Frage nachzudenken, während ich gespannt auf seine weisen Einsichten wartete. Auf einmal fing er unvermittelt an loszulachen. Als ob er eine plötzliche Eingebung gehabt hätte, rief er aus: „Ich hab's! Wir bräuchten lediglich Marsmenschen hierherzubringen und sie die Erde bedrohen zu lassen! Dann würden sich die Menschen auf der Erde schnell zusammenraufen, sich verbünden und rufen: ‚*Wir*, die Erdenmenschen!'" Er lachte herzhaft.

Ich konnte seiner fröhlichen Heiterkeit unmöglich widerstehen und lachte mit: „Ja, keine schlechte Idee. Und ich werde versuchen, hierüber im Interplanetaren Rat zu sprechen." Etwas ernster fügte ich hinzu: „Aber haben Sie in der Zwischenzeit, während wir auf die Ankunft des Mutterschiffs vom Mars warten, irgendwelche anderen Vorschläge?"

Dies stellte den Anfang einer Reihe von Gesprächen mit dem Dalai Lama dar, die sich mit Unterbrechungen über einige Jahre hinziehen sollten. An jenem Morgen begann unsere Diskussion damit, dass ich den prägnanten Satz „Wir sind alle gleich" etwas salopp zur Debatte stellte, als ob ich einen Slogan für eine Getränkewerbung entwickelt hätte, der bewirken könnte, dass die Menschen der Welt sich miteinander verbinden. Der Dalai Lama beantwortete dies mit der für ihn typischen strikten Ablehnung, große Fragen auf allzu simple Formeln zu reduzieren. Denn hier geht es um Menschheitsfragen von entscheidender Tragweite und Bedeutung: Wie können wir ein tiefes Gefühl der Verbundenheit und aufrichtige zwischenmenschliche Bindungen zu anderen herstellen und dabei jene mit einschließen, die vielleicht ganz anders sind als wir? Ist es möglich, sogar meinen Feind als jemanden zu betrachten, der im Prinzip so ist wie ich selbst? Ist es möglich, alle Menschen wirklich als eigene Schwestern und Brüder anzusehen, oder ist das nur eine wirklichkeitsferne Utopie?

Der Gegenstand unserer Gespräche weitete sich rasch aus und umfasste bald auch andere grundlegende Fragen, die mit der Beziehung zwischen dem einzelnen Individuum und der Gesellschaft zu tun haben. Es ging um schwerwiegende Fragen: Ist es möglich, wirklich glücklich zu sein, wenn gesellschaftliche Probleme unweigerlich unser persönliches Glück beeinträchtigen? Ist es zweckdienlicher, auf der Suche nach Glück den Weg innerer Entwicklung oder den Weg gesellschaftlicher Veränderungen zu gehen?

Im Verlauf unserer Gespräche hat der Dalai Lama diese Fragen nicht als abstrakte Konzepte oder philosophische Spekulationen erörtert, sondern als konkrete Wirklichkeiten, die Auswirkungen auf unser alltägliches Leben haben, und hat dabei schnell offengelegt, wie diese Fragen in direktem Zusammenhang mit ganz realen Sorgen und Problemen stehen.

Während dieser ersten Gespräche in Dharamsala haben wir uns der Herausforderung gestellt, wie wir die eigene Grundorientierung vom „Ich“ zum „Wir“ erweitern können. Kaum ein Jahr später bin ich zu unserer zweiten Gesprächsrunde nach Dharamsala zurückgekehrt – dazwischen lagen die Ereignisse des 11. September 2001, die einen weltweiten Krieg gegen den Terror ausgelöst hatten. Spätestens jetzt war klar geworden, dass es nicht ausreichend ist, nur eine Ausrichtung auf ein „Wir“ zu entwickeln. Denn die Ereignisse des 11. September haben uns schmerzhaft vor Augen geführt, dass es, wenn es ein „Wir“ gibt, auch ein „Sie“ gibt, und so mussten wir uns den Problemen stellen, die von einer Mentalität des „Wir gegen Sie“ aufgeworfen werden: Voreingenommenheit, Misstrauen, Gleichgültigkeit, Rassismus, Konflikte, Gewaltanwendung, Grausamkeiten und ein breites Spektrum hässlicher und furchtbarer Haltungen, die manchmal bestimmen, wie Menschen miteinander umgehen.

Als wir uns dann einige Jahre später wieder in Tuscon, Arizona, trafen, begann der Dalai Lama, die vielen Ideen aus unseren Gesprächen über diese Fragen zu einem Gesamtbild zusammenzuweben und einen kohärenten, schlüssigen Ansatz zu entwickeln, wie wir mit einer verunsicherten Welt zurechtkommen und dabei, trotz der vielen Probleme der heutigen Welt, unsere Hoffnung und selbst unser Glück aufrechterhalten können.

An diesem Montagmorgen stiegen wir aber auf der grundlegendsten Ebene in das Thema ein. Wir begannen damit, unsere gewöhnlichen Vorstellungen darüber zu untersuchen, wer wir sind und in welchem Verhältnis wir zu der uns umgebenden Welt und zu den Menschen in unserem Umfeld stehen, und welche Rolle dies für unser persönliches und gesellschaftliches Glück spielt.

„Kein Anker ohne Gemeinschaftsgefühl“

Vor kurzem hat ein zwanzigjähriger Arbeitsloser an einem Freitagnachmittag eine Nachricht bei YouToube ins Internet gestellt und einfach angeboten, für jeden „da zu sein“, der jemanden zum Reden brauchte. „Ich habe dich noch nie getroffen. Aber du bist mir nicht egal", schrieb er.

Am Ende des Wochenendes hatte er mehr als fünftausend Anrufe und Textnachrichten von Fremden erhalten, die sein Angebot wahrnehmen wollten.

Wir setzten unser Gespräch fort, und ich hielt kurz Rückschau: „Wissen Sie, Eure Heiligkeit, unsere Gespräche in all diesen Jahren haben sich um das Thema des menschlichen Glücks gedreht. In der Vergangenheit haben wir das Glück vom Standpunkt des einzelnen Menschen aus betrachtet, vom Standpunkt der inneren Entwicklung aus. Nun aber reden wir über menschliches Glück auf der gesellschaftlichen Ebene und erforschen einige der gesellschaftlichen Faktoren, die menschliches Glück beeinflussen können. Sie haben in Ihrem Leben sehr viele Länder bereist und sind in direkten Kontakt mit den unterschiedlichsten Kulturen gekommen. Sie haben Menschen aus allen Gesellschaftsschichten und Berufsgruppen getroffen und haben sich auch mit Experten vieler verschiedener Fachrichtungen ausgetauscht."

„Richtig."

„Daher frage ich mich, ob Sie im Verlauf Ihrer vielen Reisen irgendeinen besonderen Aspekt der modernen Gesellschaften bemerkt haben, den Sie für ein wesentliches Hindernis für den vollen Ausdruck menschlichen Glücks halten? Natürlich gibt es viele besondere Probleme in der heutigen Welt, wie Gewalt, Rassismus, Terrorismus, die Kluft zwischen den Reichen und Armen, Umweltfragen usw. Aber an dieser Stelle frage ich mich, ob es nicht ein allgemeineres Merkmal moderner Gesellschaften gibt, das nach Ihrer Meinung hier eine besonders signifikante Rolle spielt?"

Der Dalai Lama saß in einem breiten Polstersessel, beugte sich vor, um die Schnürsenkel seiner schlichten braunen Schuhe zu öffnen, während er still über die Frage nachdachte. Dann zog er seine Füße unter sich, richtete sich auf seinem Sessel im Schneidersitz für eine tiefer gehende Diskussion ein und antwortete: „Ja. Da gibt es etwas, das mir besonders wichtig erscheint. Ich glaube, man kann das am besten mit *Mangel an Gemeinschaftssinn* beschreiben. Tibeter sind oft schockiert darüber, wenn Menschen in unmittelbarer Nähe zusammenwohnen und manchmal schon monate- oder jahrelang Nachbarn sind und fast nie Kontakt miteinander gehabt haben. Man grüßt sich vielleicht, weiß sonst aber nichts voneinander. Da gibt es keine wirkliche Verbindung und kein Gemeinschaftsgefühl. Wir Tibeter sind über solche Situationen immer wieder erstaunt, da in der tibetischen Gesellschaft traditionellerweise ein starker Gemeinsinn herrscht."

Die Aussage des Dalai Lama traf auch in meinem Privatleben ins Schwarze. Ich musste daran denken, nicht ohne eine gewisse Beschämung, dass auch ich die Namen meiner Nachbarn nicht kannte, schon seit vielen Jahren nicht.

Natürlich habe ich das in unserem Gespräch *jetzt* nicht offen zugegeben, sondern sagte nur: „Ja, solche Situationen gibt es bestimmt."

Der Dalai Lama fuhr fort zu erläutern: „In der heutigen Welt gibt es Gemeinschaften oder Gesellschaften, in denen es keinen Kooperationsgeist gibt und kein Verbundenheitsgefühl. Hier wird die Vereinsamung der Menschen immer stärker um sich greifen. Ich glaube, dass Gemeinschaftssinn von überragender Bedeutung ist. Lassen Sie mich das an einem Beispiel verdeutlichen: Wenn Sie reich sind, aber keine Weggefährten oder Freunde haben, mit denen Sie Ihre Liebe teilen können, dann bleibt Ihnen vielleicht keine andere Wahl, als Ihre Liebe mit einem Haustier zu teilen, was natürlich besser ist als nichts. Wenn Sie aber in einer armen Gemeinschaft leben, wo man füreinander da ist und sich gegenseitig hilft, werden Sie das Gefühl haben, einen Anker, einen emotionalen Anker zu haben. Ist kein Gemeinschaftsgefühl vorhanden, dann gibt es unter Umständen niemanden, mit dem Sie sich austauschen können, wenn Sie einsam sind oder Schmerzen haben. Daher denke ich, dass Vereinsamung wahrscheinlich eines der Hauptprobleme in unserer heutigen Zeit ist und sich ganz gewiss auf das alltägliche Glück eines Menschen auswirkt."

Dann fügte er hinzu: „Wenn wir über Vereinsamung und Einsamkeit sprechen, dann sollten wir wissen, was wir damit meinen. Jetzt meine ich damit nicht notwendigerweise Einsamkeit nur in dem Sinne, dass man jemanden vermisst oder sich einen Freund wünscht, um sich auszutauschen, oder dergleichen. Es ist durchaus möglich, in einer Familie zu leben, in der man sich miteinander verbunden fühlt und nicht einsam ist, wo sich die Familienmitglieder aber von der Gesellschaft um sie herum entfremdet fühlen. Mit Vereinsamung meine ich also eher eine weiter gehende Isolation und ein Gefühl des Getrenntseins zwischen Menschen und Gemeinschaften."

Der Rückgang unseres Gemeinsinns ist in den letzten zehn Jahren verstärkt zu einem öffentlichen Diskussionsthema geworden, was auch auf Bücher wie *Bowling Alone* von Robert D. Putnam, einem Politikwissenschaftler an der Harvard-Universität, zurückzuführen ist. Putnam vertritt die Ansicht, dass sich unser Gemeinschaftssinn und unser soziales Engagement in den letzten dreißig Jahren dramatisch verringert haben. Er beschreibt, wie nachbarschaftliche Freundschaften, Abendgesellschaften, Gruppendiskussionen, Mitgliedschaften in Vereinen und kirchlichen Arbeitskreisen, aktive politische Teilnahme und im Grunde das gesamte gesellschaftliche Engagement, das das Fundament einer Demokratie bildet, deutlich abgenommen haben.

Die Soziologen Miller McPherson und Matthew E. Brashears von der Universität von Arizona und Lynn Smith-Lovin von der Duke-Universität haben festgestellt, dass die Anzahl der Menschen, die sagen, dass sie *niemanden* haben, mit dem sie über wichtige Angelegenheiten sprechen können, sich in den letzten beiden Jahrzehnten beinahe verdreifacht hat. Basierend auf umfassendem Datenmaterial, das für die Allgemeine Bevölkerungsumfrage (*General Social Survey*) der Universität Chicago erhoben wurde, liegt der Anteil der Menschen, die keine engen Freunde oder Vertraute haben, bei niederschmetternden 25 Prozent der amerikanischen Bevölkerung. Diese Zahl ist so überraschend hoch, dass die Forscher sich fragten, ob es sich hierbei wirklich um eine zutreffende Einschätzung handeln könne. Dasselbe Institut hatte bereits 1985 eine ähnliche landesweite Umfrage durchgeführt und damals die amerikanische Öffentlichkeit mit der Tatsache schockiert, dass der durchschnittliche Amerikaner nur drei enge Freunde hatte. Diese Zahl fiel bis zum Jahr 2005 um 33 Prozent auf nur zwei enge Freunde oder Vertraute.

Die Forscher fanden nicht nur heraus, dass die Menschen innerhalb der letzten zwanzig Jahre immer weniger soziale Kontakte hatten, sondern auch, dass die Struktur unserer sozialen Verbindungen im Wandel begriffen ist. Mehr und mehr Menschen verlassen sich auf Familienmitglieder als Hauptquelle für soziale Kontakte. Die Forscher stellten fest, dass sich die Menschen immer weniger auf Freundschaften mit Personen aus der weiteren Gemeinschaft verlassen, und kamen zu dem Schluss: „Die sozialen Brückenkontakte, die uns mit der Nachbarschaft und mit der Gemeinschaft verbinden, sind verkümmert."

Während in dieser Studie nicht die Gründe für diesen Rückgang ermittelt wurden, haben andere Forscher eine Anzahl von Faktoren ausgemacht, die zu diesem alarmierenden Trend beitragen. Aus historischer Sicht hat der Fortschritt im modernen Transportwesen eine immer mobilere Gesellschaft hervorgebracht, in der immer mehr Familien alles Gewohnte aufgeben und an neue Wohnorte ziehen, um bessere Arbeitsplätze oder Lebensbedingungen zu finden. Mit steigendem Lebensstandard ist es in immer größeren Teilen der Bevölkerung üblich geworden, dass die Kinder nach der Schule ihr Zuhause verlassen, um an Universitäten zu studieren, oftmals in anderen Städten. Immer einfacher werdende Reise- und Kommunikationsmöglichkeiten haben es den jungen Menschen ermöglicht, auf der Suche nach besseren Karrieremöglichkeiten weiter weg vom Elternhaus zu ziehen als jemals zuvor.

Neuere Studien belegen, dass sich sowohl die Arbeitszeiten verlängert haben als auch die Zeit, die mit dem Pendeln zur Arbeit verbracht wird – was dazu führt, dass den Menschen weniger Zeit bleibt, um mit den anderen Mitgliedern der Gesellschaft zu interagieren. Diese Veränderungen in den Arbeitszeiten und das räumliche Verstreutsein von Familien fördern breitere und flachere Netzwerke sozialer Bindungen anstatt der engen Kontakte, die notwendig sind, um unser menschliches Bedürfnis nach Bindung zu befriedigen.

Fernsehkonsum und die am Computer verbrachte Zeit nehmen ständig zu und führen ebenfalls zu sozialer Isolation. Das Anwachsen des Internet als Kommunikationsmittel spielt hier vielleicht ebenfalls eine Rolle: Das Internet kann uns zwar helfen, mit Freunden, Familienmitgliedern und Nachbarn in Kontakt zu bleiben, kann aber auch die Notwendigkeit verringern, die anderen wirklich zu treffen und engere Verbindungen zu ihnen herzustellen. Die Autoren einschlägiger Studien haben darauf hingewiesen, dass Kommunikation mithilfe von Internet, Chats oder Textnachrichten zwar Verbindungen zwischen den Menschen schafft, dass diese Arten von Kontakt aber schwächere soziale Bindungen zwischen Menschen herstellen als direkte persönliche Kommunikation. Worte sind manchmal ein schlechtes Mittel, um Gefühle auszudrücken und zu kommunizieren.

Ein Großteil menschlicher Kommunikation wird durch subtile visuelle Signale übertragen, die in einer tatsächlichen Begegnung von Angesicht zu Angesicht besser wahrgenommen und ausgetauscht werden können als über das Internet.

Was auch immer die Ursachen sein mögen – es ist offensichtlich, dass das Schwinden unseres Gemeinschaftsgefühls und die zunehmende soziale Isolation weitreichende Auswirkungen auf jeder Ebene haben – der persönlichen, gemeinschaftlichen, gesellschaftlichen, globalen. Mit seiner typischen Weisheit und Einsicht weist der Dalai Lama auf die Dringlichkeit dieses Problems hin und auf dessen Auswirkungen für das menschliche Glück auf individueller und auch gesellschaftlicher Ebene. Auch an diesem Punkt konvergieren die Sichtweisen des Dalai Lama und westlicher Wissenschaft. Robin Dunbar, Professor für Psychologie an der Universität Liverpool, fasst die neuesten Forschungsergebnisse aus mehreren Wissenschaftszweigen folgendermaßen zusammen und spiegelt damit die Sichtweise des Dalai Lama wider: „*Der Mangel an sozialem Kontakt und der Mangel an Gemeinschaftssinn sind vielleicht die dringlichsten sozialen Probleme des neuen Jahrtausends.*“

Aufbau von Gemeinschaftssinn: Die ersten Schritte

„Die Medizin wirkt endlich!“, sagte David, ein gepflegter, gut gekleideter, zweiunddreißigjähriger Patient in meiner psychiatrischen Praxis in Phoenix, der Hauptstadt von Arizona. „Meine Depressionen sind verschwunden, und ich befinde mich wieder in meinem ganz gewöhnlichen Unglücklichsein.“ Das war ein Scherz, aber nur halb. David war ein intelligenter, erfolgreicher und lediger Hochbauingenieur und hatte mich einen Monat zuvor mit einigen keineswegs ungewöhnlichen Krankheitssymptomen aufgesucht: Plötzlicher Verlust des Interesses an seinen üblichen Aktivitäten, Müdigkeit, Schlaflosigkeit, Gewichtsverlust, Konzentrationsschwierigkeiten – kurz: eine gewöhnliche Depression im normalen Bereich. David war kurz zuvor nach Phoenix gezogen, um eine neue Arbeitsstelle anzutreten, und es dauerte nicht lange, bis ich herausgefunden hatte, dass die Belastungen im Zusammenhang mit diesem Umzug seine Depressionen ausgelöst hatten.

Das war vor vielen Jahren, als ich noch meine psychiatrische Praxis hatte. Ich habe ihm Standardmedikamente gegen Depressionen verschrieben, und die akuten Symptome einer schweren Depression haben sich innerhalb weniger Wochen gelegt. Doch bald nachdem er in seine normale Routine zurückgekehrt war, berichtete er mir von einem Problem, das schon seit vielen Jahren bestand, einer Art von „mildem chronischem Unglücklichsein", einem unerklärlichen allumfassenden Gefühl der „Unzufriedenheit mit dem Leben" und einem allgemeinen Mangel an Enthusiasmus oder „Lebensfreude". Er hoffte, die Ursachen dieses schon lange andauernden Zustandes aufdecken und sich davon befreien zu können, und so bat er mich, die medikamentöse Behandlung mit Psychotherapie fortzusetzen. Ich stimmte bereitwillig zu. Nachdem ich bei ihm eine chronische depressive Verstimmung diagnostiziert hatte, begannen wir unsere Arbeit, erforschten die üblichen Themenbereiche wie die Herkunftsfamilie (seine Kindheit, seine allzu kontrollierende Mutter, die emotionale Distanz zu seinem Vater), seine vergangenen Beziehungsmuster und die gegenwärtige Dynamik in seinen zwischenmenschlichen Beziehungen. Alles in allem ziemlich gewöhnliche Dinge.

Jede Woche erschien David pünktlich zu den Sitzungen, bis er einige Monate später die Therapie aufgrund eines erneuten Arbeitsplatzwechsels beendete. Während dieser Monate sind seine schweren Depressionen nicht mehr zurückgekehrt. Doch was seine chronischen Unzufriedenheit anging, hat er fast gar keine oder nur minimale Fortschritte erzielt.

Wenn ich jetzt an diesen Patienten zurückdenke, der kein außergewöhnlicher Fall gewesen ist, dann erinnere ich mich an einen Aspekt in seiner Fallgeschichte, der mir damals eher unwichtig erschien. Seine alltägliche Routine bestand darin, dass er an fünf oder sechs Tagen in der Woche zur Arbeit fuhr und nach der Arbeit wieder nach Hause zurückkehrte. Das war es dann auch schon mehr oder weniger gewesen. Zu Hause sah er abends und an den Wochenenden gewöhnlich fern, vertrieb sich die Zeit mit Videospielen oder las ein wenig. Manchmal ging er in eine Bar oder schaute sich zusammen mit Freunden, normalerweise Arbeitskollegen, einen Film im Kino an. Gelegentlich hatte er ein Rendezvous, doch die meiste Zeit verbrachte er zu Hause. Im Wesentlichen war diese Routine bereits seit vielen Jahren so abgelaufen.

Wenn ich jetzt auf Davids Therapie zurückblicke, dann muss ich mich wirklich fragen: *Was um alles in der Welt habe ich mir dabei gedacht?* Monatelang hatte ich ihn behandelt, weil er über ein Gefühl der Unzufriedenheit klagte: „Ich weiß nicht, irgendetwas *fehlt* da in meinem Leben …“ Wir erforschten seine Kindheitsgeschichte, suchten nach Mustern in seinen vergangenen Beziehungen, doch direkt vor unserer Nase klaffte eine Lücke in seinem Leben, für die wir völlig blind gewesen sind. Das war keine kleine, versteckte oder diskrete Lücke, sondern vielmehr ein gähnender Abgrund: David war ein Mensch ohne Gemeinschaft und hatte mit niemandem eine tiefere Verbindung.

In meinen Jahren als Psychiater schaute ich bei der Arbeit mit meinen Patienten selten über die individuelle Ebene hinaus. *Es ist mir noch nicht einmal in den Sinn gekommen,* über die Ebene von Familie und Freunden hinaus auf die Beziehung des Patienten zur größeren Gemeinschaft zu blicken. Das erinnert mich an die britische Premierministerin Margaret Thatcher. Auf dem Höhepunkt ihrer Macht und ihres Einflusses verkündete sie: „Wer ist die Gesellschaft? So etwas wie Gesellschaft gibt es nicht. Es gibt einzelne Männer und Frauen, und es gibt Familien.“ Wenn ich nun auf meine damalige Arbeit als Psychiater zurückblicke, dann kommt es mir fast so vor, als ob ich eine Art von Margaret-Thatcher-Psychotherapie betrieben hätte.

Von meinem jetzigen Standpunkt aus betrachtet, hätte ich meinem damaligen Patienten einen größeren Dienst erwiesen, wenn ich ihm folgenden Therapieplan erstellt hätte: *„Wöchentlich einmal gesellschaftliches Engagement in Ihrer Nachbarschaft oder Gemeinde. Erhöhung der Dosis je nach Verträglichkeit. Gönnen Sie sich viel Erholung. Trinken Sie viel. Nächster Termin in einem Monat.“*

Wenn wir ein wirksames Mittel suchen, um die Krankheiten unserer Gesellschaft zu heilen, kann es, wie der Dalai Lama noch zeigen wird, ein guter Ausgangspunkt sein, ein tieferes Gefühl der Verbundenheit mit den anderen und einen stärkeren Gemeinschaftssinn aufzubauen.

Nachdem wir die Erosion gesellschaftlicher Bindungen als schwerwiegendes Problem identifiziert hatten, wandten wir uns nun der Frage zu, was wir dagegen tun können.

„Eure Heiligkeit, Sie haben gesagt, dass der Mangel an Gemeinschaftssinn in der modernen Gesellschaft ein großes Problem darstellt. Haben Sie irgendeine Idee, wie wir diesen Gemeinschaftssinn verbessern und wie wir unsere zwischenmenschlichen Verbindungen stärken können?"

„Ja" antwortete der Dalai Lama. „Ich denke, dass wir anfangen müssen, ein größeres Bewusstsein zu entwickeln ..."

„Ein größeres Bewusstsein wovon genau?", fragte ich.

„Natürlich müssen wir uns zunächst über das Ausmaß des Problems bewusst werden und darüber, wie destruktiv es sein kann. Dann müssen wir ein größeres Bewusstsein darüber entwickeln, wie wir mit anderen verbunden sind, und darüber reflektieren, welche Eigenschaften wir mit anderen gemeinsam haben. Und schließlich müssen wir dieses Bewusstsein in die Tat umsetzen. Ich denke, dass dies die Hauptsache ist. Das bedeutet, dass wir bewusste Anstrengungen unternehmen müssen, mit dem Ziel, die persönlichen Kontakte zu den anderen Mitgliedern einer Gesellschaft auszubauen. *So* können wir unser Verbundenheitsgefühl mit den anderen vergrößern und die Bindungen innerhalb der Gemeinschaft stärken!"

„Könnten Sie kurz jede einzelne dieser Maßnahmen oder Strategien ein wenig detaillierter erklären, um sie klarer zu umreißen?"

„Ja, in Ordnung", sagte er verbindlich und begann seinen Ansatz zu erläutern. „Nun, im Hinblick auf die Entwicklung eines größeren Bewusstseins: Unabhängig davon, mit welcher Art von Problemen wir es zu tun haben, müssen wir Anstrengungen unternehmen, die Dinge zu ändern, denn Probleme lösen sich nicht von alleine auf. Wir müssen die feste Entschlossenheit aufbringen, ein Problem, mit dem wir es zu tun haben, auch lösen zu *wollen*. Diese Entschlossenheit entsteht aus der Erkenntnis, dass es sich um ein ernstes Problem mit schwerwiegenden Konsequenzen handelt. Um diese Überzeugung zu entwickeln, müssen wir das Problem verstehen und es mit unserem logischen Denken und unserem gesunden Menschenverstand analysieren. Das meinte ich eben mit einem größeren Bewusstsein. Diesen allgemeinen Ansatz haben wir bereits in der Vergangenheit erörtert. Doch hier geht es nicht nur darum, ein größeres Bewusstsein von den destruktiven Konsequenzen dieses Mangels an Gemeinschaftsgefühl und dieser weitverbreiteten Vereinsamung zu entwickeln, sondern auch darum, die Vorteile und den Nutzen eines starken Gemeinschaftsgefühls aufzuzeigen."

„Vorteile wie zum Beispiel ...?“

„Wie ich bereits gesagt habe: über einen emotionalen Anker zu verfügen; andere Menschen zu haben, mit denen wir unsere Probleme teilen können, usw.“

„Oh, ich dachte eher an Vorteile wie eine verringerte Kriminalitätsrate oder positive Auswirkungen auf unsere Gesundheit, wenn wir mit einer größeren Gemeinschaft verbunden sind.“

„Howard, in solchen Dingen kenne ich mich nicht aus. Hierzu sollten Sie Experten befragen und prüfen, ob es wissenschaftliche Beweise dafür gibt. Ich bin kein Fachmann auf diesem Gebiet. Aber auch ohne wissenschaftliche Forschungen zu Rate zu ziehen, kann ein jeder, so denke ich, auch eigene Untersuchungen anstellen, die Augen offen halten und über diese Dinge reflektieren.

Es kann zum Beispiel der Fall sein, dass es in derselben Stadt zwei unterschiedliche Wohngegenden gibt. Nehmen wir an, dass die Menschen in der einen Wohngegend nicht so gut miteinander auskommen, die Nachbarn nicht wirklich miteinander kommunizieren und sich niemand groß um die allgemeine Gemeinschaft kümmert. In der anderen Wohngegend aber herrschen eine freundschaftliche Atmosphäre und ein ausgeprägtes Gemeinschaftsgefühl, und die Nachbarn reden miteinander. Wenn etwas passiert, ob gut oder schlecht, dann kommen die Menschen zusammen und tauschen sich aus. Wenn wir nun diese beiden Wohngegenden miteinander vergleichen, dann werden wir zweifellos feststellen, dass die Menschen in der gemeinschaftsorientierten Gegend glücklicher sind und ein größeres Sicherheitsgefühl haben. Das ist einfach nur gesunder Menschenverstand.“

Der Dalai Lama hielt kurz inne und fuhr dann fort: „Ich denke, dass in schwierigen Zeiten die Gemeinschaft besonders wichtig wird, wenn etwa eine Familie eine Tragödie erlebt, besonders beim Tod eines geliebten Menschen. In solchen Zeiten der Trauer können wir wirklich den Wert der Gemeinschaft erkennen ... Das erinnert mich an etwas, was ich über einige tibetische Flüchtlingssiedlungen in Südindien gehört habe. Wenn in einer Familie jemand stirbt, dann kommen die anderen Familien des Camps zusammen, um die Trauernden zu unterstützen und zu trösten. Man trägt auf dem Friedhof sogar gemeinsam Brennholz zusammen für die Einäscherung von Leichen.“

„Was meinen Sie hier mit ‚Camp'?", fragte ich.

„Nun, viele dieser Siedlungen wurden, als sie gebaut wurden, in einzelne ‚Camps' von etwa einhundertsechzig Menschen unterteilt", antwortete er und fuhr fort:„In diesen Camps kümmern sich die Nachbarn umeinander, besonders um die älteren Menschen, deren Kinder oder Enkel nicht in der Nähe wohnen. Wenn diese alten Menschen krank oder unfähig werden, sich um sich selbst zu kümmern, und von der eigenen Familie nicht versorgt werden können, dann stellt die Gemeinschaft des Camps sicher, dass sie gut versorgt werden. Das ist doch wunderschön, oder?"

„Eure Heiligkeit, nachdem wir also diese eindeutigen Vorteile erkannt haben, die daraus erwachsen, wenn wir mit einer Gemeinschaft verbunden sind – könnten Sie nun den nächsten Schritt erklären, von dem Sie gesprochen haben: Ihre Vorschläge zur Schärfung unseres Bewusstseins, wie wir mit den anderen verbunden sind?"

Der Dalai Lama dachte einen Augenblick lang nach und sagte dann: „Ja. Zunächst einmal: Wenn wir über Gemeinschaftssinn sprechen, dann reden wir im Grunde über ein Gefühl der Verbundenheit zu anderen, ein Gefühl der Affinität zu einer größeren Gruppe, die über einen selbst hinausgeht und der man sich zugehörig fühlt. Wenn wir also Gemeinschaftssinn aufbauen und die gesellschaftlichen Bande stärken wollen, müssen wir einen Weg finden, um mit anderen in Kontakt zu treten und ein Gefühl der Verbundenheit herzustellen. Wir sollten uns darüber bewusst werden, auf welcher Grundlage wir mit anderen in Beziehung stehen, und dann die verschiedenen Möglichkeiten untersuchen, wie wir uns mit den anderen verbinden und mit ihnen in Beziehung treten können. Überprüfen Sie das genau. Analysieren Sie. Fragen Sie sich, was die unterschiedlichen Eigenschaften sind, die Sie mit anderen teilen. Was ist das gemeinsame Band, durch das Sie mit anderen verbunden sind?"

Zur Vergewisserung fragte ich nach: „Hier sprechen Sie also darüber, wie beispielsweise Mitglieder der tibetischen Gemeinschaft auf der Grundlage einer gemeinsamen Kultur und Spiritualität miteinander in Beziehung stehen und wie dies starke gemeinschaftliche Verbindungen schafft?"

„Das ist richtig. Doch eine gemeinsame kulturelle oder spirituelle Herkunft oder Tradition stellt nicht die einzige Grundlage für starke gemeinschaftliche Bande dar. Das ist lediglich eine Ebene. Es gibt aber noch andere Ebenen, auf denen wir mit anderen in Beziehung treten können, wie zum Beispiel in der eigenen Familie, mit Nachbarn oder Menschen, mit denen uns gleiche persönliche Interessen oder Hobbys verbinden. Das sind alles unterschiedliche Arten von ‚Gemeinschaft'. Dabei geht es um ein zugrunde liegendes Zugehörigkeitsgefühl zu einer größeren Gruppe. Das ist es, worauf es ankommt."

„Das bringt uns zum letzten Schritt", sagte ich. „Oder vielleicht ist das auch der erste Schritt: Wir müssen handeln und konkrete Anstrengungen unternehmen, um persönlichen Kontakt mit anderen Menschen unserer Gemeinschaft herzustellen, ganz unabhängig davon, wie wir diese ‚Gemeinschaft' genau definieren."

„Das ist richtig."

„Eure Heiligkeit, mir ist gerade durch den Kopf gegangen, dass es so viele verschiedene Ursachen für den Verfall unseres Gemeinschaftssinns gibt und dass viele dieser Ursachen ohne Zweifel mit einigen grundlegenden Eigenschaften unserer modernen Gesellschaft zu tun haben. So ist beispielsweise die ständig anwachsende Mobilität in den westlichen Gesellschaften einer der Faktoren, die diesen Verfall vorantreiben: Die Leute ziehen oft an einen neuen Wohnort, um eine bessere Arbeitsstelle zu bekommen, um mehr verdienen zu können oder um ihre allgemeine Lebenssituation zu verbessern. Diese Bereitwilligkeit, auf der Suche nach besseren Möglichkeiten die eigenen Wurzeln hinter sich zu lassen, wird in unserer Gesellschaft durchaus gefördert."

„Ja", stimmte der Dalai Lama zu, „diese Mobilität kann eine gewisse Rolle spielen. Wenn man mit Menschen zusammenlebt, mit denen man aufgewachsen und zur Schule gegangen ist, dann herrscht ein wirkliches Zugehörigkeits- und Gemeinschaftsgefühl. In modernen Gesellschaften, wo die Menschen so oft umziehen, findet man nicht immer solche Umstände vor."

„Das ist also eine der Ursachen des Problems", fasste ich zusammen. „Wie können wir einen stärkeren Gemeinschaftsgefühl entwickeln, wenn die Menschen ständig dazu ermutigt werden, ihre Kisten zu packen und an einen neuen Ort zu ziehen, getrieben von der Aussicht auf einen besseren Job, höhere Bezahlung usw.?"

„Howard, ich glaube nicht, dass ein Umzug zwangsläufig den Verlust von Gemeinschaftsgefühl nach sich zieht", entgegnete er zuversichtlich. „*Denn selbst wenn man neu in einer Gemeinschaft ist, kann man trotzdem Anstrengungen unternehmen, die Menschen in der Nachbarschaft kennenzulernen.* Selbst wenn Sie in eine neue Gegend umziehen, können Sie sich dort eine Gemeinschaft schaffen. Dieses Gemeinschaftsgefühl basiert auf einzelnen Menschen und Familien, die sich bemühen, sich zu treffen und einander kennenzulernen. Man kann sich immer bemühen, die Menschen kennenzulernen, mit denen man an einem Ort zusammenwohnt, *sich örtlichen Vereinen und Organisationen anschließen, an gemeinsamen Aktivitäten teilnehmen* und so weiter.

Oft ist es also einfach eine Frage des Willens. Und wie können wir diese Bereitwilligkeit fördern? Wiederum durch Schärfung unseres Bewusstseins, durch die Erkenntnis, dass das Gemeinschaftsgefühl wirklich wichtig ist und direkte Auswirkungen auf das eigenes Glück und das Glück der eigenen Familie haben kann.

Es ist eine simple Tatsache, dass wir, wohin auch immer wir gehen, niemals vor der uns umgebenden Gemeinschaft weglaufen können, nicht wahr?* Die Gemeinschaft ist immer da – es sei denn, wir treffen die Entscheidung, uns vollständig zu isolieren, völlig desinteressiert zu sein und keinerlei Verpflichtungen einzugehen. Es liegt wirklich an uns selbst."

Mittlerweile entwickelten die Mitarbeiter des Dalai Lama direkt vor der Fliegengittertür auf der Veranda eine gewisse Regsamkeit und signalisierten dadurch, dass die Zeit für unser Gespräch bereits abgelaufen war. „Nun, ich denke, wir machen für heute Schluss", sagte der Dalai Lama fröhlich. „Wir sehen uns morgen wieder." Und damit zog er sich seine Schuhe an und verließ rasch das Zimmer.

Wir beginnen unsere Untersuchung über das menschliches Glück und die menschliche Gesellschaft also mit einigen grundlegenden Prämissen. Erstens: Es gibt keinen Zweifel daran, dass gesellschaftliche Faktoren individuelles Glück beeinflussen. Zweitens: Wenn wir

---

* Wenn der Dalai Lama Englisch spricht, benutzt er öfters den Ausdruck „*Isn't it?*" (Nicht wahr?) im Sinne von *Don't you agree?* („Meinen Sie nicht auch?").

nach konkreten Faktoren suchen, die menschliches Glück beeinflussen, gibt es keinen Zweifel daran, dass ein Gefühl der Verbundenheit mit den anderen Menschen und damit ein tiefreichendes Gemeinschaftsgefühl eine Schlüsselrolle für menschliches Glück spielen. Drittens: Wenn wir die Entwicklungstrends der modernen Gesellschaft betrachten, dann ist es offensichtlich, dass, wie der Dalai Lama aufzeigt, ein drastischer Verfall unseres Gemeinschaftssinns stattgefunden hat, dass soziale Vereinsamung immer stärker um sich greift und dass ein Mangel herrscht an einem tiefen Gefühl zwischenmenschlicher Verbundenheit.

Früher habe ich diesen Entwicklungstrends keine besondere Aufmerksamkeit geschenkt. Nachdem der Dalai Lama aber deutlich auf den wachsenden Mangel an Gemeinschaftssinn in der modernen Gesellschaft hingewiesen hat, wurden mir die Größe und das Gewicht dieses Problems bewusst. Je mehr ich über dieses Thema nachdachte, desto mehr kam es mir so vor, als ob der Gesamtentwurf unserer modernen Zivilisation diesem Problem zugrunde läge, es geschaffen hätte, es nährte und befeuerte und uns in immer größere Schwierigkeiten, möglicherweise sogar in die Katastrophe führte. Unter dieser Erosion von sozialen Bindungen scheinen komplexe gesellschaftliche Kräfte zu liegen – Kräfte mit einem ungeheuren Energiepotential und einem alles durchdringendem Charakter, vergleichbar der modernen Technologie und den fundamentalen Werten unserer Gesellschaft. In einer Gesellschaft, die sich immer schneller bewegt, scheinen diese sozialen Kräfte eine Strömung zu schaffen, die uns unfreiwilligerweise mitzureißen droht. Wie können wir diese gewaltige Strömung verlangsamen, die uns in immer größere Not und unter Umständen sogar in die Zerstörung treibt?

Glücklicherweise bietet der Dalai Lama eine klar definierte Methode an, wie wir unsere gemeinschaftlichen Bindungen wiederherstellen können. Und wie immer ist seine Herangehensweise ganz pragmatischer Art. In seiner natürlichen und spontanen Weisheit legt er dar, wie wir in drei einfachen Schritten ein stärkeres Gemeinschaftsgefühl entwickeln können.

Stellen Sie sich vor, ein geheimnisvoller Fremder träte an Sie heran und flüsterte Ihnen ins Ohr: „Ich kann dir ein Geheimrezept verraten, mit dem du die Wahrscheinlichkeit, dass du im kommenden Jahr sterben wirst, um die Hälfte verringerst, ohne dass du das Rauchen, deine ungesunde Ernährungsweise und deinen Bierkonsum aufgeben müsstest und ohne dass du auch nur einen einzigen Liegestütz oder nur eine Minute lang irgendwelche gymnastischen Übungen machen müsstest." Wie hoch würden Sie den Wert dieser Information einschätzen? Nun, für diejenigen von uns, die an der in modernen Gesellschaften weitverbreiteten sozialen Vereinsamung und Entfremdung leiden, gibt es genau solch eine Methode. Der bereits erwähnte Soziologe und Politikwissenschaftler Robert Putnam sagte während einer Konferenz im Weißen Haus in Washington: „Ein Gefühl der Zusammengehörigkeit ist unerlässlich", und erklärte: „Erstaunliche Studien belegen, dass – unter Berücksichtigung von Faktoren wie Ihren Blutwerten, Ihrem Alter und Geschlecht, der Frage, ob Sie joggen, rauchen usw. – sich die Wahrscheinlichkeit, dass Sie im kommenden Jahr sterben, um 50 Prozent reduziert, wenn Sie sich einer Gruppe anschließen. Diese Wahrscheinlichkeit reduziert sich sogar um 75 Prozent, wenn Sie sich zwei Gruppen anschließen."

Wenn er seinen Ansatz zur Schaffung eines stärkeren Gemeinschaftsgefühls darlegt, rät uns der Dalai Lama, zunächst die Vorteile zu untersuchen, die es hat, wenn wir uns einer größeren Gruppe anschließen. In zahlreichen Studien wurde der außerordentliche körperliche, geistige und emotionale Nutzen von sozialen Bindungen und intimen Beziehungen eindeutig belegt: eine niedrigere Sterblichkeitsrate, schnellere Genesung nach Krankheiten, bessere geistige Gesundheit und ein stärkeres Immunsystem sind nur einige davon. Die wissenschaftlichen Belege dafür stammen aus unterschiedlichsten Quellen, angefangen von groß angelegten Studien an Tausenden von Menschen bis hin zu Laboruntersuchungen in kleinem Maßstab – beispielsweise der etwas irritierenden Studie, die an der Carnegie-Mellon-Universität in Pittsburgh durchgeführt wurde und bei der man Erkältungsviren direkt in die Nasenlöcher von einigen mutigen Probanden spritzte. Dabei fand man heraus, dass Versuchspersonen, die über umfangreiche soziale Netzwerke verfügten, ein vierfach verringertes Risiko hatten, eine Erkältung zu bekommen!

Enge soziale Verbindungen wirken sich aber nicht nur auf die persönliche Gesundheit positiv aus. Immer mehr Beweismaterial unterstreicht die vielfältigen anderen überzeugenden Vorteile, die ein Zugehörigkeitsgefühl zu einer über den engen Kreis von Familie und Freunden hinausgehenden Gemeinschaft mit sich bringt. Diese Vorteile können sich auf vielerlei Art zeigen. Robert Putnam betont: „Gesellschaften, in denen es engere soziale Netzwerke gibt, weisen niedrigere Verbrechensraten, eine geringere Sterblichkeitsrate, weniger Korruption, effektivere Regierungen und weniger Steuerhinterziehung auf."

Das letztendliche Ziel dieser Gespräche mit dem Dalai Lama ist es, einen Ansatz zu finden, wie wir zum Glück im größeren Kontext einer modernen Gesellschaft gelangen können. Wenn wir also nach den Vorteilen des Gemeinschaftsgefühls suchen, müssen wir herausfinden, welche Rolle es für das menschliche Glück spielt. Der führende Nationalökonom Lord Richard Layard, emeritierter Professor an der London School of Economics, beschreibt in seinem Buch *Die glückliche Gesellschaft* sechs Schlüsselfaktoren, durch die sich die Unterschiede im durchschnittlichen Glücksempfinden der Menschen in verschiedenen Ländern weitgehend erklären lassen. Einer dieser Faktoren ist der Anteil der Bevölkerung, der (nichtreligiösen) Freiwilligenorganisationen angehört.

Zweiter Schritt: Bewusstsein entwickeln, wie wir miteinander verbunden sind

Nach der Methode des Dalai Lama können wir durch die Entwicklung eines tief gehenden Bewusstseins darüber, wie wir mit den anderen verbunden sind, einen stärkeren Gemeinschaftssinn schaffen. Solch ein Bewusstsein können wir dadurch entwickeln, dass wir gezielt über die Eigenschaften nachdenken, die wir mit anderen teilen: unsere gemeinsamen Interessen, Hintergründe und Erfahrungen. Der Dalai Lama weist zum Beispiel darauf hin, dass die Tibeter durch ihr gemeinsames kulturelles und spirituelles Erbe eng miteinander verbunden sind, unabhängig davon, ob sie im indischen Exil oder in anderen Ländern dieser Welt leben. Diese gemeinsamen

Bande haben tiefe Wurzeln: Das spirituelle Erbe der Tibeter reicht bis ins 7. Jahrhundert zurück, als der Buddhismus sich in Tibet auszubreiten begann, und das kulturelle Erbe Tibets reicht noch weiter zurück. Es liegt auf der Hand, dass der Gemeinschaftsgeist umso stärker ist, je tiefer die Wurzeln des gemeinsamen Erbes sind. Doch der Dalai Lama erinnert uns auch daran, dass es viele andere Eigenschaften gibt, anhand deren wir ein Verbundenheitsgefühl mit den anderen herstellen können. Wenn wir genau nachforschen, dann können wir immer besondere Merkmale oder Erfahrungen finden, die wir mit anderen teilen und die uns mit ihnen verbinden.

Als ich über diesen Ansatz zur Kultivierung eines tiefer gehenden Gemeinschaftssinns nachdachte, konnte ich nicht umhin, mich zu fragen, über welche gemeinsamen Eigenschaften die Einwohner meiner eigenen Heimatstadt Phoenix verfügen – außer eben der, dass sie alle in der gleichen Stadt wohnen, was für sich allein genommen aber kaum geeignet ist, ein tiefer gehendes Verbundenheitsgefühl zu fördern. Was könnte also das gemeinsame Erbe oder verbindende Element sein, um unter den bunt gemischten Einwohnern dieser Stadt ein Wir-Gefühl zu erzeugen?

Nach dem gleichnamigen mythischen Vogel benannt, der aus seiner eigenen Asche neu aufersteht, entwickelte sich die Stadt in der unfruchtbaren Sonora-Wüste auf den Ruinen einer uralten unbekannten Ansiedlung. Vor nur 150 Jahren existierte diese Stadt, die heute mehr als zwei Millionen Einwohner zählt, noch nicht einmal. Phoenix hat also eine sehr kurze Entwicklungsgeschichte, und die meisten Einwohner sind erst in den letzten Jahrzehnten hierhergezogen. In drastischem Gegensatz zu den tiefen Wurzeln des alten und reichen Erbes, auf denen die starken gemeinschaftlichen Bindungen der Tibeter untereinander beruhen, scheinen im Fall von Phoenix derart oberflächliche historische Wurzeln nur schwache soziale Verbindungen hervorbringen zu können. Aber was sonst könnte den Bewohnern von Phoenix eine Gemeinsamkeit verleihen, die nicht bereits beim leisesten Anzeichen von Unzufriedenheit innerhalb der Gemeinschaft hinweggefegt werden würde?

Auf der Suche nach einer Antwort auf diese Frage habe ich unter den alteingesessenen Einwohnern der Stadt eine kleine Umfrage durchgeführt. Und tatsächlich habe ich eine Art gemeinsames kulturelles Erbe entdeckt. Über einen Zeitraum von fünfunddreißig Jahren hinweg hat fast jedes Schulkind in Phoenix an fünf Tagen in der Woche zur selben Zeit die gleiche Erfahrung gemacht, nämlich die aus Phoenix stammende Fernsehsendung *Wallace und Ladmo* zu sehen, in der ein dicker Mann mit getupftem Hemd und Strohhut (später gegen einen Filzhut mit Fliege ausgetauscht) und ein großer, spindeldürrer Mann mit einem Zylinderhut und einer riesigen Krawatte auftraten. Der in Phoenix aufgewachsene Regisseur Steven Spielberg sagte einmal: „Wenn meine Mutter sah, wie meine drei Schwestern und ich gebannt vor dem Fernseher saßen und uns die Sendung *Wallace und Ladmo* ansahen, dann konnte sie sicher sein, dass wir, von Toilettenpausen abgesehen, nirgendwo anders sein würden." Eine ganze Generation von Einwohnern der Stadt Phoenix könnte eine ähnliche, alle ethnischen, sozialen, rassischen und religiösen Grenzen überschreitende Aussage machen. Die Menschen einer ganzen Generation teilen die gemeinsame Erfahrung, dass sie stundenlang zur gleichen Zeit die gleichen Worte und die gleichen visuellen Bilder wahrgenommen und in ihren Gehirnen gespeichert haben.

Zugegebenermaßen ist das vielleicht nicht die beste Grundlage für Gemeinsamkeiten, die uns tief miteinander verbinden. Dieses Beispiel zeigt jedoch, dass wir, wenn wir nur tief genug graben, immer irgendeine Art gemeinsamer Erfahrung finden können, die als Grundlage für eine kameradschaftliche Haltung dienen kann. Im weiteren Verlauf unserer Gespräche zeigte der Dalai Lama dann einen Weg auf, um auf einer viel tieferen Ebene ein Zusammengehörigkeitsgefühl herzustellen, das einen weitaus größeren Teil der Menschheit umfasst als nur die Kinder einer Stadt, die alle zur genau gleichen Zeit die Weisheit der Komikfigur Popeye in sich aufsaugen mit seinem Spruch: „Ich bin, was ich bin, und das ist alles, was ich bin."

Dritter Schritt:
Aktiv werden und unsere persönlichen Kontakte ausbauen

Der letzte Schritt beinhaltet nun, dass wir tätig werden. Es ist offensichtlich, dass die ersten beiden Schritte der Methode des Dalai Lama, durch die Schärfung unseres Bewusstseins ein verbessertes Gemeinschaftsgefühl aufzubauen, keine große Bedeutung haben, wenn wir dieses Bewusstsein nicht in konkretes Handeln umsetzen. Jahre später sah ich nochmals die Mitschrift dieses Gesprächs mit dem Dalai Lama durch und stieß dabei auf seine kritische Bemerkung, dass man die eigenen Nachbarn nicht kennt. Obwohl ich mir damals durchaus bewusst gewesen bin, dass seine Worte auch mir gegolten haben, habe ich sie schnell wieder vergessen. Und nun, Jahre später, fand ich mich in der gleichen Situation wieder und hatte mir *immer noch nicht* die Mühe gemacht, die Namen meiner Nachbarn herauszufinden. Selbstverständlich habe ich meine Nachbarn in all den Jahren nicht ignoriert. Doch wenn ich einen Nachbarn sah, dann beschränkte sich der gemeinsame Austausch immer nur auf ein Kopfnicken, ein Lächeln vielleicht, manchmal ein freundliches „Wie geht's?", ganz selten eine kurze Plauderei über das Wetter. Doch niemals habe ich eine bewusste Anstrengung unternommen, eine etwas tiefer gehende Beziehung herzustellen.

Als ich nun in der Gesprächsmitschrift die Worte las *„es ist einfach eine Frage des Willens"* und in mir die Erinnerung an dieses Gespräch wachrief, stand ich von meinem Computer auf. „Besser spät als nie", sagte ich mir und ging nach draußen im Entschluss, mindestens einen meiner Nachbarn zu treffen. Zufällig sah ich einen, der gerade Schwierigkeiten mit seinem Auto hatte. Ich ging hinüber, bot meine Hilfe an, und so kam es, dass wir ein ganz interessantes Gespräch führten. Dann ging ich zurück, setzte mich wieder an meinen Computer und fuhr mit meiner Arbeit fort.

Es mag durchaus sein, dass einige diese Erfahrung abfällig als „anekdotischen Bericht" abtun und meine Beobachtungen als voreingenommen verwerfen, weil sie ohne jeglichen Wert seien und nichts bewiesen. Nun, das macht nichts. Denn ich versichere Ihnen, dass nur dieser eine kleine Schritt, dieser unbedeutende Akt, eine Verbindung mit meinem Nachbarn herzustellen, mir einen plötzlichen, beachtlichen Stimmungs- und Energieschub verliehen und mir sogar geistige Klarheit gebracht hat, so dass ich mit neuer Frische und Begeisterung an meine Arbeit zurückgekehrt bin, als ob ich von einem Wochenendurlaub heimgekehrt wäre, statt von einer kurzen Unterhaltung mit einem Nachbarn.

Als wir den Verfall unseres Gemeinschaftssinns, die wachsende Entfremdung in unserer Gesellschaft und die ihr zugrundeliegenden destruktiven gesellschaftlichen Kräfte betrachtet hatten, waren dies am Anfang scheinbar völlig unlösbare Probleme gewesen, die jetzt aber lösbar schienen. Nachdem ich diese komplexen und schier unüberwindbaren gesellschaftlichen Schwierigkeiten dem Dalai Lama präsentiert hatte, durchschnitt er sie wie Alexander der Große, als dieser den gordischen Knoten durchschlug. Seine Antworten waren entwaffnend einfach. Was, wenn ich an einen neuen Ort umziehe? *Schließen Sie sich einfach einem Verein oder einer Gruppe an.* Was, wenn ich mich nicht motiviert genug fühle? *Verstehen Sie die positiven Auswirkungen besser.* Was, wenn ich mich isoliert, entfremdet und keiner Gemeinschaft zugehörig fühle? *Machen Sie eine Bestandsaufnahme Ihrer Interessen, und tun Sie sich mit anderen Menschen zusammen, die ähnliche Interessen haben.*

Indem er uns den Weg zu einem erneuerten Gemeinschaftssinn und Zugehörigkeitsgefühl aufzeigte, wies er in unmissverständlicher Klarheit auf die Wirklichkeit hin: Es liegt an uns. Anstatt die Verantwortung auf übermächtige gesellschaftliche Kräfte abzuschieben, legt er sie direkt in unsere eigenen Hände. Wir müssen das Rad der Zeit nicht in die Vergangenheit zurückdrehen. Wir müssen nicht in den Zustand von Agrargesellschaften zurückkehren. Und wir müssen nicht den Kurs der modernen Gesellschaft verändern, um unseren Gemeinsinn zu stärken. Wir müssen lediglich handeln, einer nach dem anderen, hinausgehen und uns mit anderen, die ähnliche Interessen haben, zusammentun.

Obwohl die Leitsätze, die der Dalai Lama nannte, einfach waren, sind sie keineswegs simpel, und ihre konkrete Umsetzung ist nicht notwendigerweise mühelos. Wie sich noch herausstellen wird, waren die Ideen, die der Dalai Lama präsentierte, viel tiefer gehend und nuancierter und seine Herangehensweise nicht so schnörkellos, wie dies auf den ersten Blick erschien. In der Erforschung des Wechselspiels zwischen dem Individuum, der Gesellschaft und dem Streben nach menschlichem Glück war dies lediglich der erste Schritt gewesen.

ZWEITES KAPITEL

„Ich“ *und* „Wir“

Miteinander auf grundlegender menschlicher Ebene in Beziehung treten

Am nächsten Morgen setzten wir unsere Diskussion über die Gemeinschaft fort.

„Eure Heiligkeit, gestern haben wir über die Probleme gesprochen, die auftauchen, wenn Menschen sich isoliert fühlen, und über die positiven Wirkungen, die ein ausgeprägter Gemeinschaftssinn mit sich bringt. Im Grunde genommen geht es hier darum, uns mit einer größeren Gruppe zu identifizieren und den Fokus gewissermaßen vom „Ich“ auf das „Wir“ umzulenken.

„Das ist richtig.“

„Nun, die positiven Auswirkungen dieser Verlagerung unserer Ausrichtung liegen klar auf der Hand. Da gibt es persönliche Vorteile wie bessere Gesundheit, und ebenso Vorteile für das Wohlergehen der Gemeinschaft und der Gesellschaft, in der wir leben. Und es besteht kein Zweifel daran, dass unsere zwischenmenschlichen Beziehungen und unsere sozialen Netzwerke die größtmögliche Quelle für menschliches Glück darstellen. In unseren Gesprächen in all den Jahren haben Sie, noch bevor Sie die Wichtigkeit eines Gemeinschaftsgefühls herausgearbeitet haben, immer wieder erwähnt, dass unsere Verbindungen zu den anderen und dass zwischenmenschliche Beziehungen, die von Zuneigung, Warmherzigkeit und Mitgefühl geprägt sind, ein integraler Bestandteil unseres Glücks sind …“

„Das ist richtig“, bestätigte er.

„Nun“, fuhr ich fort, „ich glaube, dass es hier möglicherweise ein Problem gibt. Es ist ganz natürlich, wenn sich Menschen sehr stark mit der eigenen Gruppe oder Gemeinschaft identifizieren. Doch dies kann dazu führen, dass die Unterschiede zu anderen Gruppen und Gemeinschaften betont werden, was zu einem Gefühl der Überlegenheit gegenüber diesen anderen Gruppen führen kann. Eine starke

Identifikation mit der eigenen Gruppe bringt nicht nur Stolz auf die eigene Gruppe hervor, sondern auch die Möglichkeit, dass wir Vorurteile und Voreingenommenheit gegenüber anderen Gruppen entwickeln. Daraus können sich vielerlei Probleme ergeben. Nun stellt sich die Frage, wie wir den Übergang vom ‚Ich' zum ‚Wir' unterstützen und uns von einem Gefühl der Isolation zu einem Gefühl der Identifikation mit einer Gruppe bewegen können, ohne dies zu einem ‚Wir *gegen* sie' ausarten zu lassen. Die Menschheitsgeschichte ist voller Beispiele für diese Dynamik, und von hier ist es nur noch ein kleiner Schritt zu Konflikten oder Gewaltanwendung."

„Das ist wahr", stimmte der Dalai Lama zu. „Daher sollten wir, wie gesagt, erkennen, dass es unterschiedliche Ebenen von Gemeinschaft gibt. *Es ist wichtig, dass unsere kulturelle, nationale oder sonstige Identität auf keinen Fall unsere grundlegende Identität als Mensch und unsere Zugehörigkeit zur menschlichen Gemeinschaft außer Kraft setzt.* Das ist von entscheidender Bedeutung."

„Nun, wir reden jetzt darüber, wie wir uns mit den anderen auf einer tieferen, grundlegend menschlichen Ebene verbinden und wie wir mit ihnen auf dieser Basis in Beziehung treten können. Meines Erachtens liegt das Problem darin, dass es vielen Menschen an diesem grundlegenden, tiefen Gefühl der Verbundenheit mit anderen mangelt. Das Fehlen dieser grundlegenden menschlichen Verbundenheit kann zu einem Gefühl der Gleichgültigkeit führen, zu einem Mangel an Sorge um das Wohlergehen der anderen, was wiederum weitere Probleme verursachen kann, angefangen von der Armut bis hin zur Umweltzerstörung. Ohne diese tiefe Verbundenheit mit den anderen herrscht ein Gefühl des Getrenntseins und der grundsätzlichen Verschiedenartigkeit von den anderen, was dann Tür und Tor öffnet für Voreingenommenheiten und sogar für jene Arten entmenschlichten Verhaltens, die zu unvorstellbaren Grausamkeiten führen können, wovon es in der Geschichte der Menschheit nur allzu viele Beispiele gibt. Da dies der Kern so vieler menschlicher Probleme zu sein scheint, würde es mich interessieren, was Sie vorschlagen, damit wir ein größeres Gespür für die Verbundenheit mit anderen, ja sogar mit allen Menschen kultivieren können?"

„Diese Probleme, von denen Sie sprechen, können viele Ursachen und Teilaspekte haben", erinnerte er mich. „Bei der Beantwortung

Ihrer Frage, wie wir ein tiefer gehendes Gefühl der Verbundenheit mit den anderen kultivieren können, liegt der Schlüssel meines Erachtens darin, wie wir uns auf die anderen beziehen. *Es läuft auf unsere grundlegende Einstellung hinaus, darauf, auf welcher Grundlage wir mit den Menschen um uns herum in Beziehung treten.*"

„Zur Vergewisserung: Was meinen Sie mit ‚auf welcher Grundlage'?"

„Die Frage ist, ob wir auf der Grundlage dessen, was uns voneinander trennt mit den anderen in Beziehung treten oder auf der Grundlage dessen, was uns miteinander verbindet. Das kann ausschlaggebend sein dafür, ob wir ein grundlegendes Gefühl des Getrenntseins von den anderen oder ein Gefühl der Affinität zu ihnen haben und ob wir uns mit einer größeren Gemeinschaft verbunden fühlen."

„Ich vermute, das ist richtig", stimmte ich zu. „Aber ich denke, dass wir Menschen von Natur aus dazu neigen, die anderen eher im Hinblick auf ihre Verschiedenheit wahrzunehmen. Ich denke sogar, dass wir uns als einzigartig und von den anderen verschieden sehen *wollen*. Es ist nicht einfach, diese Art, uns auf andere zu beziehen, zu ändern."

„Das stimmt", sagte er. „Es ist nicht einfach, ein aufrichtiges Gefühl der Geschwisterschaft gegenüber anderen Menschen zu haben, das darauf basiert, uns zuallererst als Menschen zu sehen. Das geschieht nicht von heute auf morgen. Ich denke, dass ein Teil dieses Problems darin liegt, dass sich die meisten im alltäglichen Leben keine großen Gedanken über ihre gemeinsame Verbundenheit mit allen anderen Menschen machen. Sie verbringen keine Zeit damit, hierüber nachzudenken. Ich denke, dass in der heutigen Gesellschaft im Allgemeinen ein größeres Gewicht auf unsere individuellen Unterschiede gelegt wird. Daher ist für viele Menschen ihre Verbundenheit zu den anderen normalerweise nicht so offenkundig. Doch diese gemeinsame menschliche Verbundenheit ist immer vorhanden."

Der Dalai Lama nahm den einfachen Keramikbecher vom Tisch neben sich und hob den Deckel ab. Er trank einige Schlucke heißes Wasser, sein übliches Getränk, und fuhr fort: „Mir kam gerade etwas in den Sinn. Stellen Sie sich einmal vor, dass Sie alleine auf einer unbewohnten und unfruchtbaren Insel gestrandet sind, und nach langer Zeit treffen Sie auf einen anderen Menschen. Auch wenn dieser Mensch ein Wildfremder und völlig verschieden von Ihnen wäre, so würden Sie doch sofort ein Gefühl der Affinität zu dieser Person verspüren. In diesem Fall wäre die gemeinsame Verbundenheit von Mensch zu Mensch sofort offensichtlich."

„Nun, ich glaube, Sie haben auf eines der Hauptprobleme hingewiesen: Wir denken nicht oft über diese Dinge nach. Schließlich passiert es selten, dass wir auf verlassenen Inseln stranden und dort festsitzen. In unserem normalen alltäglichen Leben neigen wir dazu, uns in unseren Problemen zu verfangen und unsere grundlegende Verbundenheit als Menschen zu vergessen. Wo sollen wir also anfangen, wenn wir unsere Haltung wirklich verändern und ein aufrichtiges Gefühl der Verbundenheit mit den anderen Menschen, mit *allen* Menschen, entwickeln wollen?"

„Es kommt einmal mehr auf die Schärfung unseres Bewusstseins an, darauf, eine noch größere Achtsamkeit für die unterschiedlichen Arten zu entwickeln, wie wir miteinander verbunden sind, über die Eigenschaften, die wir als Menschen miteinander gemeinsam haben. Diese Ideen müssen dann in unserer Gesellschaft gezielt gefördert werden."

„Eure Heiligkeit, ich weiß nicht, ob die ‚Schärfung unseres Bewusstsein' alleine wirklich etwas bewirkt, wenn wir unser Gefühl der Getrenntheit überwinden wollen. Gibt es nicht schon genügend Beweise dafür, welche Ähnlichkeiten wir mit den anderen Menschen haben? Nehmen wir nur einmal das Humangenomprojekt. Nachdem dieses Projekt abgeschlossen worden war, berichteten die Medien überall darüber, dass 99,9 Prozent unserer Gene mit den Genen jedes anderen Menschen auf der Erde übereinstimmen."

„Richtig. Doch ich denke, dass Lernen und Wissen über irgendetwas nur der erste Schritt sind", ließ er mich bedenken. „Wir müssen das wirklich untersuchen, analysieren, und immer wieder darüber nachdenken, bis wir wirklich davon überzeugt sind und dies zu einem festen Bestandteil unserer grundlegenden Haltung und unserer spontanen Reaktion auf die Welt um uns herum geworden ist. Und wenn wir dann einmal diese tief gehende Überzeugung erlangt haben, müssen wir daran arbeiten, unser Verhalten zu verändern, wofür auch wieder Anstrengungen notwendig sind.

Der Ausgangspunkt ist aber das schlichte Lernen: dass wir durch Hören oder Lesen ein größeres Bewusstsein über bestimmte Tatsachen entwickeln. Dann können wir den nächsten Schritt tun, unser Verständnis vertiefen und das, was wir gelernt haben, festigen."

In der Tat konzentrieren wir uns mehr auf unsere Unterschiede als auf unsere Gemeinsamkeiten. Doch der Dalai Lama identifiziert die „Schärfung unseres Bewusstseins" über unsere Gemeinsamkeiten – die Eigenschaften, Qualitäten und Wesensmerkmale, die wir miteinander teilen – als den ersten Schritt zur Kultivierung eines tiefen Gefühls der Affinität und Verbundenheit mit den anderen Menschen, und zwar nicht nur mit den Mitgliedern der ethnischen, kulturellen, religiösen oder politischen Gruppe, der wir selbst angehören, sondern mit allen Menschen. Es überrascht keineswegs, dass er darauf hinweist, dass dies nicht einfach sein und Zeit in Anspruch nehmen wird. Denn es geht hier um eine grundlegende Veränderung in der Art und Weise, wie wir andere wahrnehmen und mit ihnen in Beziehung treten. Es ist eher unwahrscheinlich, dass wir durch ein- oder zweimaliges Nachdenken über diese Themen plötzlich anfangen werden, die gleiche Affinität und Nähe zu allen Menschen zu spüren, die wir beispielsweise zu den Mitgliedern unseres Sportvereins haben.

Der Dalai Lama gibt zu verstehen, dass wir immer wieder über unsere gemeinsamen Eigenschaften als Menschen nachdenken müssen, bis wir uns daran gewöhnt haben, die anderen auf eine neuartige Weise zu wahrzunehmen – schließlich wird uns bei der Geburt kein T-Shirt mit dem Aufdruck „Team der Menschen" ausgehändigt. Da diese neue Sichtweise tiefgreifende Auswirkungen auf die Verminderung von Vorurteilen, Hass und Gewalt in unserer Welt haben kann, steht es außer Frage, dass sich die Anstrengungen lohnen werden, solch eine neue Perspektive einzunehmen – zumindest aber über die Möglichkeit nachzudenken, dass wir lernen können, uns in neuer Art und Weise auf die anderen zu beziehen.

Dennoch werden wir unweigerlich auf einen gewissen inneren Widerstand stoßen, wenn wir uns bemühen, diese neue Sichtweise zu entwickeln. In vielen Studien wurde immer wieder gezeigt, wie wir Menschen dazu tendieren, unsere Unterschiede zu den anderen zu übertreiben und die Gemeinsamkeiten, die wir miteinander teilen, zu minimalisieren. Wir überschätzen die Einmaligkeit eines jeden, nicht nur unsere eigene. In seinem Buch *Ins Glück stolpern* kommt der Sozialpsychologe Daniel Gilbert von der Harvard-Universität zu folgendem Schluss: „Wenn es Ihnen wie den meisten Menschen geht, dann wissen Sie wie die meisten Menschen nicht, dass es Ihnen wie den meisten Menschen geht."

Auf der Suche nach den Gründen für diese allzu menschliche Eigenschaft weist Gilbert darauf hin, dass unser alltägliches Sozialleben ständig Entscheidungen erfordert und wir bestimmte Menschen „als unsere Sexualpartner, Geschäftspartner, Kegelpartner und dergleichen mehr" aussuchen. Dabei ist es notwendig, „dass wir uns auf die Dinge konzentrieren, die einen Menschen von den anderen unterscheiden, und nicht auf die Dinge, die alle Menschen gemeinsam haben". Das hat gravierende Auswirkungen: Wenn wir uns unser ganzes Leben lang auf die Unterschiede zwischen den Menschen konzentrieren, führt dies zu einer grundlegenden Verzerrung: dazu, dass wir die Einzigartigkeit und Verschiedenartigkeit der einzelnen Menschen übertreiben. Denn im gewöhnlichen Verlauf unseres Lebens besteht keine große Notwendigkeit, unsere Gemeinsamkeiten zu untersuchen, keine große Notwendigkeit, darüber nachzudenken, dass alle Menschen die gleiche Luft atmen, ähnliche Gefühlsreaktionen und Verhaltensweisen an den Tag legen und dass wir alle Glück erlangen und Leid vermeiden möchten – es sei denn, Sie sind Biologe, Psychologin oder buddhistischer Mönch. Tatsache ist, dass Menschen sich unter normalen Bedingungen gern als einzigartig und als von den anderen verschieden betrachten. Gilbert stellt fest: „Untersuchungen belegen: Wenn Menschen dazu gebracht werden, sich anderen zu ähnlich zu fühlen, verschlechtert sich ihre Stimmungslage und sie werden auf unterschiedliche Weise versuchen, sich zu distanzieren und von den anderen zu unterscheiden."

Wir lieben unsere Unterschiede und unsere Einzigartigkeit. Es ist genau diese Eigenschaft der menschlichen Psyche, die Gilbert als unser größtes unerschlossenes und ungenutztes Potenzial zu umfassenderem Glück beklagt.

Unser ganzes Leben lang wählen wir ständig aus und treffen Entscheidungen auf der Grundlage von Annahmen darüber, was uns glücklich machen wird. Das Problem ist jedoch, dass unsere zugrunde liegenden Einstellungen und Annahmen, was uns glücklich machen wird, aufgrund verschiedener mächtiger Ursachen oft schlichtweg falsch sind. Da wir Menschen uns in so vieler Hinsicht ähnlich sind, steht uns jedoch eine sehr verlässliche und effektive Methode zur Verfügung, die uns hilft, präzise vorherzusagen, welches Vorgehen uns in der Zukunft glücklich machen wird oder nicht. Diese Methode besteht darin, andere Menschen zu beobachten, die die gleichen Entscheidungen getroffen haben, die wir gerade in Betracht ziehen – Menschen also, die diesen Weg bereits gegangen sind, um dabei genau zu beobachten, wie glücklich diese Menschen unter vergleichbaren Umständen sind. Doch aufgrund unseres Glaubens, dass wir einzigartig und dass unsere Seelen und Denkweisen so verschieden voneinander seien, verwerfen wir leider oft die Lehre, die wir aus dem Beispiel anderer Menschen darüber ziehen könnten, was uns wahres Glück verschaffen wird.

Wenn wir ein tief gehendes Bewusstsein über unsere Gemeinsamkeiten als Menschen entwickeln würden, könnten wir direkter Kurs nehmen auf größeres Glück: indem wir die Beziehung beobachten zwischen dem Verhalten anderer Menschen und dem Glück oder dem Leid, das sie dabei erleben. Dieses Wahrnehmen unserer Gleichartigkeit könnte auch als Grundlage dienen, eine tiefe Empathie für alle anderen Menschen zu entwickeln, was wiederum als Gegenmittel gegen Voreingenommenheit, Hass und gewaltsame Konflikte fungieren kann. Wenn wir uns aber strikt an den Vorschlag des Dalai Lama halten, andere auf der Basis unserer gemeinsamen grundlegenden menschlichen Qualitäten zu betrachten, wie könnten wir dann die Menschen voneinander unterscheiden? Wie würden wir unsere Entscheidungen treffen, mit welchem Partner wir zusammenleben oder welchen Bewerber wir einstellen möchten?

Wie würde das konkret aussehen, wenn wir uns auf andere *nur* auf der Grundlage unserer Gemeinsamkeiten bezögen und wir die anderen tatsächlich und ausschließlich als „Menschen“ betrachteten? Wenn wir dies wirklich tun würden, dann gäbe es tatsächlich keine

Grundlage mehr für Voreingenommenheit, egal ob für oder gegen jemanden, keine Grundlage mehr für Vorurteile, Diskriminierungen oder Hass. Aber wäre dies nicht vergleichbar damit, ein reichhaltiges Angebot wohlschmeckender Speisen lediglich als „Nahrung" zu bezeichnen? Nehmen wir zum Beispiel an, wir gehen in ein Restaurant und schauen uns die Speisekarte an, auf der viele köstliche Gerichte stehen. Jedes Gericht ist in sich ausgewogen und hat genau die gleichen Anteile an Proteinen, Fett und Kohlenhydraten. Wie könnten wir ein Gericht auswählen, wenn wir diese Speisen nur auf der Grundlage ihrer gemeinsamen Eigenschaften betrachteten – dass sie nämlich alle aus Proteinen, Fett und Kohlenhydraten bestehen, oder dass sie alle aus Kohlestoff-, Wasserstoff- und Sauerstoffatomen zusammengesetzt sind? Von dieser Perspektive aus betrachtet wären nämlich alle Speisen gleich.

Zum Glück müssen wir uns nicht zwischen diesen beiden Extremen entscheiden: entweder die anderen Menschen ausschließlich mit Blick auf unsere Unterschiede und das, was uns voneinander trennt, wahrzunehmen oder nur mit Blick auf die grundlegenden menschlichen Eigenschaften, die wir miteinander teilen. Im weiteren Verlauf unserer Gespräche erläuterte der Dalai Lama, wie wir beides tun und einen radikal neuen Standpunkt einnehmen können, auf dem wir beide Sichtweisen beibehalten und so unsere Haltung und Einstellung gegenüber anderen umwandeln können. Doch zunächst einmal mussten wir versuchen, unsere unterschiedlichen Perspektiven miteinander in Einklang zu bringen.

Extremer Individualismus

Jeden Abend verbringen Millionen Menschen ihre Freizeit damit, fernzusehen, statt sich in irgendeiner Weise gesellschaftlich zu betätigen. Und was läuft da auf unseren Fernsehbildschirmen? In den letzten Jahren konnten wir beobachten, wie sich Reality-TV zum beliebtesten Fernsehgenre überhaupt entwickelt hat. Um die Beschaffenheit unserer gegenwärtigen „Realität" aufzudecken, können wir als Beispiel dieser Fernsehgattung die amerikanische Fernsehserie *Survivor* nehmen (in Deutschland bekannt als *Gestrandet*), die den Erfolg des

Reality-TV begründete. Jede Woche sahen in den USA Fernsehzuschauer in zweistelliger Millionenhöhe zu, wie die Mitspieler, eine Gruppe einfacher Leute, an einem abgelegenen Ort in der Wildnis gestrandet waren, um die unterschiedlichsten Herausforderungen zu bewältigen und zwar unter extremen Bedingungen. Man könnte nun meinen, hier ließe sich beobachten, wie diese Leute, unseren Vorfahren ähnlich, kooperativ zusammenarbeiten, um zu „gewinnen"! Doch die „Wirklichkeit" dieser Reality-Show sieht anders aus. Die Bedingungen sind zwar so, dass die Teilnehmer zusammenarbeiten müssen. Dies geschieht jedoch in zeitweiligen Allianzen. Die Mitspieler schmieden Pläne und verschwören sich gegeneinander, um das Spiel zu gewinnen und am Ende das Preisgeld von einer Million Dollar einzustreichen. Ziel ist es, durch Gruppenentscheid einen Teilnehmer nach dem anderen von dem abgelegenen Ort zu verbannen und so alle anderen Konkurrenten auszuschalten, bis am Ende der oder die „einzige Überlebende" übrig bleibt. Dieses Endspiel kann als Sinnbild dessen gelten, was sich die Amerikaner in unserem Zeitalter des Individualismus am liebsten vorstellen möchten: Am Ende allein übrigzubleiben und auf einem Haufen Geld zu sitzen!

Zwar ist *Survivor* ein besonders offensichtliches Beispiel für unsere individualistische Orientierung, aber diese Sendung ist in ihrer Verherrlichung von krassem Individualismus jedoch nicht einzigartig im Fernsehen. Auch Werbespots liefern ähnlich schlüssige Beispiele. In einer Werbung der Fastfood-Kette Burger King heißt es beispielsweise „*Have it your way!*" („*Ganz wie Sie es wünschen!*"). Welche Botschaft wird hier vermittelt? Wir leben in einer Gesellschaft, wo nicht nur *jeder Mann und jede Frau ein Individuum*, sondern wo auch *jeder Hamburger ein Individuum ist*!

Wir Menschen leben in keinem Vakuum, sondern in einer Gesellschaft. Daher ist es wichtig, die Werte zu betrachten, die in einer Gesellschaft gefördert und hoch gewertet werden, und zu untersuchen, welche Auswirkungen diese Konditionierung auf unser Gefühl von Unabhängigkeit bzw. wechselseitiger Abhängigkeit hat.

Es ist unschwer zu erkennen, dass westliche Gesellschaften den Individualismus fördern. Es gibt aber viele Gesellschaften auf der Welt, hauptsächlich in Asien, in denen eine andere Einstellung begünstigt wird – was in der Wissenschaft im Allgemeinen als Kollektivismus bezeichnet wird und im Grunde genommen das Gegenteil des Individualismus ist. In diesem Zusammenhang ist mit Kollektivismus nicht eine Art politischer Philosophie wie beispielsweise der Kommunismus gemeint, sondern vielmehr eine grundlegende Orientierung an unserer Abhängigkeit von den anderen und am Wechselspiel der Beziehungen zwischen uns und ihnen.

Betrachtet man die Sprichwörter eines Kulturkreises, lassen sich oft die grundlegenden Werte erkennen, die in dieser Kultur wichtig sind. Im Westen gibt es Sprichwörter wie „Ein Rädchen, das nicht quietscht, wird auch nicht geschmiert", was andeutet, dass derjenige, der sich am lautesten beschwert, die Aufmerksamkeit auf sich ziehen wird. Hier wird gelobt, wenn ein einzelner Mensch aus einer Gruppe hervorsticht und offen seine Meinung äußert. In asiatischen Ländern wie Japan hingegen gibt es Sprichwörter wie „Ein Nagel, der heraussteht, wird reingehämmert", was ein Hinweis auf die Reaktionen ist, die man erwarten kann, wenn man auf arrogante Weise aus der Gruppe herausragt.

Die grundlegende Frage ist also, ob die kulturellen Werte des Individualismus oder des Kollektivismus besser dazu geeignet sind, Glück unter den Mitgliedern einer Gesellschaft zu fördern. Ich hoffte, dass der Dalai Lama diese Frage im weiteren Verlauf unserer Gespräche beantworten würde.

Wir gingen immer noch der Frage von „Ich" im Gegensatz zu „Wir" nach, lenkten unseren Gedankenaustausch nun aber von der Ebene des einzelnen Menschen auf die Ebene gesellschaftlicher Haltungen und Werte, und so setzten wir unser Gespräch fort.

„Eure Heiligkeit, wir haben bisher über die Fähigkeit des einzelnen Menschen gesprochen, mit anderen Kontakt herzustellen und soziale Bindungen einzugehen. Sie haben darauf hingewiesen, dass beim Herstellen dieser Beziehungen ein stärkeres Bewusstsein dafür notwendig ist, wie wir miteinander verbunden sind, und dass diese Ideen in unserer Gesellschaft gezielt gefördert werden sollten. Sie haben auch erwähnt, wie Menschen von den Werten, die in ihrer Gesellschaft oder Kultur herrschen, beeinflusst werden.

Ich frage mich nun, in welchem Ausmaß das eigene Gemeinschaftsgefühl von den Werten der Gesellschaft, in der man lebt, beeinflusst werden kann. Ganz besonders interessieren mich dabei die Auswirkungen des Individualismus. Die Menschen in individualistischen Gesellschaften scheinen ein Gefühl für das eigene Selbst zu haben, das unabhängiger ist, im Vergleich zu einigen asiatischen Ländern, in denen das Ideal des Kollektivismus vorherrscht, der eher mit traditionellen Werten in Verbindung steht und einem stärkeren Bewusstsein für unsere gegenseitige Abhängigkeit und dafür, wie wir mit anderen in einer ständigen Wechselbeziehung stehen.

Einerseits könnte man sagen, dass individualistische Kulturen eher eine Ich-Orientierung aufweisen und die kollektivistischen Kulturen eher eine Wir-Orientierung. Aber die grundlegende Frage ist, welche Gesellschaft glücklicher ist. Es hat zum Beispiel den Anschein, dass die Förderung des Individualismus mit seinem Fokus auf dem ‚Ich' zu einem Gefühl des Getrenntseins und zu einem Mangel an Gemeinschaftssinn beiträgt, über den Sie gesprochen haben. Auf der anderen Seite scheint es einige Vorteile des Individualismus zu geben wie etwa ein Gefühl von Unabhängigkeit, Selbstständigkeit, Selbstvertrauen usw. Ich glaube sogar, dass die Förderung von unabhängigem Denken, von Selbstständigkeit und Autonomie zu gesteigerter Kreativität, persönlicher Initiative, Erfüllung und Innovation führen kann, und ..."

„Nun, eine Sache", unterbrach mich der Dalai Lama. „Wenn wir über ‚Individualismus' sprechen, ist es meiner Meinung nach wichtig zu sehen, dass es hier unterschiedliche Ebenen geben kann. Auf einer Ebene kann Individualismus etwas Positives sein und zu Kreativität, Selbstvertrauen und anderen positiven Dingen führen. Das kann aber auch extrem werden, wenn Sie sich zum Beispiel so unabhängig und autark fühlen, dass Sie denken ‚Oh, ich brauche die anderen nicht'. Das kann bis zu Ich-Zentriertheit oder Egoismus führen, wo Sie das Wohlergehen der anderen vollständig aus den Augen verlieren. Es sind also die eher *extremen* Formen des Individualismus, die Probleme verursachen können."

Da ich in Amerika aufgewachsen und vollständig vom Ideal des Individualismus beeinflusst bin, ist es mir niemals in den Sinn gekommen, zu untersuchen, ob es gesunde oder extreme Formen des Individualismus gibt, und nach Beispielen von destruktiven Einflüssen des Individualismus auf den einzelnen Menschen zu suchen. Doch nachdem der Dalai Lama diese Differenzierung vorgenommen hatte, war es ein Leichtes, Beispiele für die Gefahren von extremem Individualismus zu finden. Da kam mir etwa der Fall von Ted Kaczynski in den Sinn, dem amerikanischen Mathematiker und Bombenleger, der gemeinhin als *Una-Bomber* bekannt ist und der jahrelang der meistgesuchte und gefährlichste Terrorist der USA war – quasi ein Paradebeispiel für extremen Individualismus: Obwohl Kaczynski ein hochbegabter Mathematiker war, landete er schließlich in einer abgelegenen, verkommenen Holzhütte in den Bergen von Montana, wo er fünfundzwanzig Jahre lang in völliger Abgeschiedenheit ein erbärmliches Leben führte und als Einzelkämpfer gegen die Technologie, die Industrie, die Gesellschaft und gegen alle Formen von Kollektivismus vorging. Er verbrachte seine Zeit damit, Briefbomben zu basteln, um Menschen zu töten oder zu zerstückeln, die er nicht mochte.

Neben den Gefahren, die von extremem Formen des Individualismus ausgehen, dachte ich noch an die negativen Auswirkungen von weniger extremen Varianten des Individualismus, was mich die Frage stellen ließ: „Eure Heiligkeit, Sie sagten, dass extremer Individualismus zu Egoismus führen kann. Zur Verdeutlichung: Glauben Sie, dass auch die Förderung weniger extremer Formen des Individualismus die weitverbreitete Vereinsamung und Entfremdung, von der Sie vorher gesprochen haben, verursachen oder begünstigen kann?“

Nachdenklich hielt er inne, bevor er antwortete: „Ich glaube nicht so sehr, dass die Förderung des Individualismus zur Entfremdung der Menschen untereinander führt, sondern eher, dass oft eine Haltung fehlt, die als ausgleichendes Gegengewicht dienen könnte.

Außerdem ist es wichtig, uns daran zu erinnern, dass es in verschiedenen Ländern unterschiedliche Abstufungen des Individualismus geben kann. Auch im Westen finden wir Gesellschaften, die unsere wechselseitige Verbundenheit stärker würdigen und sich einer größeren Kooperationsbereitschaft erfreuen. Auch wenn dies vielleicht nicht in den USA der Fall sein mag, so gibt es in europäischen Ländern wie Schweden oder anderen skandinavischen Ländern oder auch in der Kibbuz-Bewegung in Israel ein stark ausgeprägtes soziales Ideal. Ebenso bekannt ist die Tatsache, dass es beim Schweizer

Modell der Demokratie eine größere Autonomie auf der Bezirksebene gibt. Wenn die Menschen ein größeres Mitspracherecht in Dingen haben, die einen direkten Einfluss auf ihr Leben haben, dann verfügen sie wahrscheinlich auch über einen stärkeren Gemeinschaftssinn. Und ich glaube, dass die Menschen, die in solchen Gesellschaften leben, wahrscheinlich um einiges glücklicher sind."

Er sollte Recht behalten. Einige Jahre nach dieser Prognose des Dalai Lama wurde zum ersten Mal eine „Weltkarte des Glücks" veröffentlicht, die aufzeigte, in welchen Ländern die glücklichsten Menschen leben. In der Liste der glücklichsten Länder landete Dänemark auf Platz 1, gefolgt von der Schweiz auf Platz 2 und Schweden auf Platz 7.

Der Dalai Lama fuhr fort: „Ich denke, das läuft auf Folgendes hinaus: *Wenn eine Gesellschaft einen engstirnigen Individualismus oder einen engstirnigen Sozialismus fördert, dann ist das in beiden Fällen kurzsichtig und wird letztendlich nicht das größtmögliche Glück der Mitglieder dieser Gesellschaft begünstigen.* Wenn eine Gesellschaft beispielsweise so extrem in ihrem sozialistischen Ansatz ist, dass dies auf Kosten des Individuums geht, dann ist diese Gesellschaft wie ein mächtiger Baum, der nur einen Stamm hat, aber keine Äste. Außer einer starken Regierung gibt es sonst nichts. Es gibt keine individuelle Freiheit, keine Kreativität, nichts. Wenn auf der anderen Seite eine Gesellschaft zu großes Gewicht auf das Individuum legt, bis zu dem Punkt, dass sich der Einzelne völlig unabhängig und völlig autark fühlt und meint, die anderen Menschen nicht zu brauchen, dann ist das wie jemand, der auf einem Ast sitzt und diesen Ast absägt. Das ist dumm!"

Wie beim extremen Individualismus sind auch beim extremen Kollektivismus die Gefahren leicht erkennbar, die hier lauern. Allzu oft hat die Welt die zerstörerischen Auswirkungen gesehen, wenn ein Staat im Namen des Kollektivs die individuellen Rechte mit Füßen getreten hat: die Gulags, die repressiven Regimes, all die Gräuel, die immer wieder geschehen, wenn Menschen ihrer individuellen Rechte beraubt werden. Auch mildere Formen von extremem Kollektivismus scheinen etwas an sich zu haben, das menschliche Kreativität, Entwicklung und persönliche Initiative unterdrückt. Ich musste an meine erste Reise nach China im Jahre 1981 denken. Damals brauchte man nur irgendeine Straße in Peking entlangzulaufen, um zu sehen, wie der Kollektivismus in dieser Gesellschaft verherrlicht wurde. Es war ein wenig beunruhigend, wenn man in einer Millionenstadt eine Straße hinabschlenderte und jeder Passant, den man traf, den gleichen dunkelblauen Mao-Anzug trug, wirklich *jeder,* außer vielleicht dem einen oder anderen Abtrünnigen, der es wagte, eine abweichende Haltung an den Tag zu legen, indem er statt eines dunkelblauen Anzugs einen dunkelgrauen trug.

Als ich mich an diese Reise erinnerte, dachte ich auch an unseren chinesischen Reiseleiter, einen sympathischen jungen Mann, der gerade die Hochschule abgeschlossen hatte. Er war kein professioneller Reiseleiter und war aufgrund seiner Sprachkenntnisse in Englisch und Französisch für unsere Reisegruppe ausgewählt worden, da es in unserer Gruppe auch einige Französisch sprechende Kanadier gab. Unser Reiseleiter war der Meinung, dass sich unsere Reisegruppe automatisch und einheitlich an das sorgfältig von der Regierung zusammengestellte Reiseprogramm halten würde, und war nicht darauf vorbereitet worden eine Gruppe zu führen, in der es auch Mitglieder gab, die persönliche Interessen und eigene Vorstellungen darüber hatten, was sie sehen wollten und zu tun gedachten. Bald nach unserer Ankunft stand die Besichtigung eines botanischen Gartens auf dem Programm. Nachdem ein Zeitpunkt vereinbart worden war, zu dem man sich wieder am Bus treffen sollte, löste sich unsere Gruppe in kleinere Grüppchen, Paare und Einzelpersonen auf, die in unterschiedliche Richtungen loszogen, um den Garten auf eigene Faust zu erkunden. Unser Reiseleiter rief sofort: „Bitte bleiben Sie zusammen! Bitte bleiben Sie *zusammen*!“ Im Versuch, die ganze Gruppe wieder zusammenzubekommen, rannte er schnell hin und wurde immer erregter, als die einzelnen Gruppenmitglieder immer weiter auseinanderdrifteten. Als ihm klar wurde, dass er nicht dazu in der Lage war, uns zusammenzutreiben und in geschlossener Formation durch den Garten zu führen, verlor er seine Beherrschung. Er kochte vor Wut und schrie in völliger Verzweiflung: *„Ihr habt überhaupt keinen echten Kollektivgeist!“* – als ob dies die schlimmste und beschämendste Beleidigung sei, die er uns entgegenschleudern konnte.

Der Dalai Lama fasste seine Sichtweise zusammen: „Ich denke, es ist möglich, dass eine Gesellschaft die Entwicklung des Individuums fördert und die Rechte des einzelnen Menschen anerkennt, gleichzeitig aber auch für das Wohlergehen der ganzen Gesellschaft Sorge trägt. Letzten Endes müssen wir auf beide Ebenen – die individuelle und die gesellschaftliche – achten, wenn wir menschliches Glück maximieren wollen. Auf individueller Ebene ist Glück immer ein subjektiver Geisteszustand. Daher müssen wir auf dieser Ebene am eigenen Geist arbeiten, wenn wir eine glücklichere Gesellschaft schaffen wollen. Denn letzten Endes setzt sich eine glückliche Gesellschaft aus glücklichen Menschen zusammen. All dies sind starke Argumente dafür, dass wir dem Wohlergehen der einzelnen Menschen unsere Aufmerksamkeit schenken sollten.

Allerdings müssen wir auch auf die Gesellschaft als Ganzes schauen und auf das Interesse der jeweiligen Gemeinschaft achten, damit die Bedingungen dafür geschaffen werden, dass die einzelnen Menschen und Gruppen wachsen und gedeihen können, dass ein Gefühl der Sicherheit herrscht, dass die soziale Fürsorge nicht vernachlässigt wird usw.

Daher brauchen wir eine umfassendere, holistischere Perspektive, die beide Ansätze mit einschließt. Letztendlich ist das eine Frage der Balance und Ausgewogenheit.“

Es gibt viele Faktoren, die das durchschnittliche Glücksniveau in einem Land beeinflussen, aber welche Gesellschaftsform ist glücklicher? *Die Antwort auf diese Frage liegt voll und ganz auf der Linie des Dalai Lama!* Wenn wir die Eigenschaften der *glücklichsten* Länder auf dieser Erde betrachten, finden wir ein Muster, das dem zentralen Leitgedanken des Dalai Lama zu folgen scheint, nämlich Balance und Ausgewogenheit. In diesen Ländern finden wir einen ausgeglichenen Ansatz, der die beiden Extreme von Unabhängigkeit und Abhängigkeit, von Individualismus und Kollektivismus vermeidet und stattdessen *beide* Ansätze mit einschließt. In den skandinavischen Ländern finden wir beispielsweise eine westliche industrialisierte Kultur, die traditionellerweise eher individualistisch geprägt ist, mit dem typisch westlichen Respekt vor individuellen Rechten und unabhängigem Denken. Gleichzeitig finden wir hier aber auch kollektivistische Werte, wie zum Beispiel die Wertvorstellung, dass man nicht zu sehr aus der Menge herausragen sollte, die ethische Auffassung also, dass „der herausstehende Nagel reingehämmert" wird. Ein ähnliches Muster herrscht in anderen Ländern, in denen sich die Menschen am glücklichsten fühlen, wie etwa der Schweiz, wo eine Balance herrscht zwischen Unabhängigkeit und Abhängigkeit, zwischen dem Respekt vor individueller Freiheit und Initiative einerseits und einem durchaus starken Gespür für das Wohl der Gesellschaft und einer größeren aktiven Beteiligung der Bürger am lokalen Geschehen andererseits, als dies in weniger glücklichen westlichen Ländern der Fall ist.

Wenn wir herausfinden möchten, welches Gesellschaftsmodell wir favorisieren sollten, um eine glücklichere Welt zu schaffen, scheinen alle momentan verfügbaren Beweise die Sichtweise des Dalai Lama zu unterstützen: Wir müssen an einer Gesellschaft arbeiten, die die individuellen Menschenrechte und die Menschenwürde achtet und die Kultivierung von persönlichen Stärken, persönlicher Integrität und Selbstvertrauen unterstützt, gleichzeitig aber auch ein tiefes Gefühl der Verbundenheit mit den Mitmenschen und die Sorge um ihr Wohlergehen fördert. Der Schlüssel liegt in der Ausgewogenheit.

Nicht „Ich oder *Wir", sondern „Ich* und *Wir"*

Ein Begleiter des Dalai Lama, ein hochgewachsener Mönch in der traditionellen braun- und safranfarbenen Kleidung und mit einem immerwährenden Lächeln auf dem Gesicht, kam leise in das Zimmer und stellte unauffällig Teegeschirr auf dem niedrigen, dunkelroten Couchtisch vor uns ab. Nachdem er mir Tee eingeschenkt und den Becher des Dalai Lama mit heißem Wasser aufgefüllt hatte, verschwand er wieder genauso geräuschlos, wie er gekommen war. Der Privatsekretär des Dalai Lama nutzte die kurze Pause, um das Zimmer zu betreten und sich kurz mit dem Dalai Lama zu besprechen. Dann setzten wir unser Gespräch fort.

„Eure Heiligkeit, wir haben über Ihre Auffassung gesprochen, dass die glücklichste Gesellschaft diejenige ist, in der Balance herrscht und in der das Wohlergehen des Individuums und das Wohlergehen der Gemeinschaft respektiert und gefördert werden; eine Gesellschaft, in der sich all dies in der Sozialpolitik und in den Werten, die in dieser Gesellschaft gefördert werden, widerspiegelt. Doch nun möchte ich noch einmal auf die Ebene des Individuums zurückkommen. Wir haben vorher darüber gesprochen, dass es wichtig ist, ein tiefes Verbundenheitsgefühl mit den anderen herzustellen, und darüber, dass dies zu größerem persönlichen Glück führen und auch dabei helfen kann, gesellschaftliche Probleme wie Voreingenommenheit, Gewaltkonflikte etc. zu überwinden. Im Wesentlichen haben wir also über die vielen Vorteile gesprochen, die aus einer grundlegenden Verlagerung unserer inneren Ausrichtung – weg vom ‚Ich', hin zum ‚Wir' – resultieren können. Dazu ist es notwendig, dass wir uns weniger auf unsere Unterschiede konzentrieren als auf unsere Ähnlichkeiten und Gemeinsamkeiten."

„Richtig."

„Doch wir haben auch die Vorteile einer gesunden individualistischen Einstellung gewürdigt. Die Frage ist also, wie wir diesen Konflikt lösen können: einerseits die Kultivierung eines gesunden Gespürs für die eigene Unabhängigkeit, eines Gefühls für das eigene ‚Ich', andererseits ein Verbundenheitsgefühl mit der Gruppe, ein Gefühl für das ‚Wir'".

„Ich sehe hier keinen Konflikt", sagte der Dalai Lama geradeheraus.

„Nun, die Frage ist, wie wir die richtige Balance zwischen diesen beiden unterschiedlichen Haltungen finden können. Auf der einen Seite haben wir ein Gefühl der Einzigartigkeit, eine individuelle Identität, und auf der anderen Seite ein Gefühl der Zugehörigkeit, eine Gruppenidentität. Es handelt sich hier um die Grundsatzfrage von ‚Ich im Gegensatz zu Wir'. Wie können wir …"

„Howard", unterbrach mich der Dalai Lama, „hier sollten wir zunächst einmal einen Punkt klarstellen. Ich habe festgestellt, dass die Menschen im Westen manchmal dazu neigen, die Dinge entweder schwarz oder weiß zu sehen, entweder alles oder gar nichts. Hier sprechen Sie über ‚Ich im Gegensatz zu Wir' auf eine Art und Weise, als ob wir uns für eines von beiden entscheiden müssten, als ob wir unsere Unterschiede vergessen müssten und *nur* das betrachten dürften, was wir mit den anderen gemeinsam haben, wenn wir zu einem Gefühl der Verbundenheit mit ihnen gelangen wollen.

Das ist aber nicht unser Ziel", sagte er nachdrücklich. „Mein Ansatz, um positive Veränderungen herbeizuführen, ist es, eine realistischere Sichtweise anzunehmen. Das heißt, eine Sichtweise, die mit der Wirklichkeit übereinstimmt. Ich sage also nicht, dass man sich selber und die eigenen Interessen vergessen soll. Das ist nicht realistisch. Ich sage, dass wir gleichzeitig an *beides* denken können, sowohl an das eigene Wohlergehen als auch an das Wohlergehen der anderen."

Nichtsdestoweniger beharrte ich auf meiner ursprünglichen Frage: „Wenn wir ein starkes Gefühl der Verbundenheit mit den anderen haben wollen und uns gleichzeitig mit der eigenen Gruppe identifizieren möchten, ob das nun eine kleine Gruppe, die kommunale Gemeinschaft oder aber die ganze Gesellschaft ist, in der man lebt, dann scheint es mir in gewisser Weise so, dass wir diese widersprüchlichen Kräfte miteinander in Einklang bringen müssen: auf der einen Seite die eigene individuelle Identität, ein Gefühl von Unabhängigkeit, Getrenntheit und Abgrenzung, und auf der anderen Seite ein Gefühl von Zugehörigkeit und Verbundenheit."

Wir fuhren eine Weile in dieser Richtung fort, und ich drängte ihn weiter, einen Weg zu finden, wie man mit den „Gegensätzlichkeiten" einer Ich-Orientierung im Gegensatz zu einer Wir-Orientierung umgehen kann. Als ich redete, rieb sich der Dalai Lama gedankenverloren mit seiner Hand über den kahl rasierten Kopf, eine Geste von Frustration, die sich auch in seinen rasch verändernden Gesichtszügen niederschlug. Sein Gesichtsausdruck fror schließlich in einer köstlichen Mischung fest, die zu drei Vierteln aus Fassungslosigkeit und einem Viertel Vergnügen bestand, gewürzt mit einer Prise Entrüstung. Dann schüttelte er seinen Kopf und lachte. „Ich bin mir einfach nicht im Klaren darüber, wo hier der Widerspruch liegen soll. Aus meiner Sicht gibt es hier keinen *inhärenten Widerspruch.*"

Es war offensichtlich, dass es hier eine grundsätzliche Verschiedenheit in der Sichtweise gab, die wie eine Kommunikationsbarriere wirkte. So etwas geschah natürlich nicht zum ersten Mal. Wir hatten diese Reihe von Gesprächen ja mit einer kurzen Auseinandersetzung begonnen, als ich salopp den Satz „Wir sind alle gleich" in die Runde geworfen hatte und seine Reaktion auf diesen allzu vereinfachenden Ansatz gewesen war, dass er scherzend eine Invasion von

Marsmenschen als Lösung für unsere globalen Probleme vorgeschlagen hatte.

Dieses Ringen darum, unsere gegensätzlichen Sichtweisen – die eines buddhistischen Mönchs einerseits und die eines westlichen Psychiaters andererseits – in Einklang zu bringen, hatte es bereits in unseren allerersten Gesprächen vor vielen Jahren gegeben, die im ersten Band dieser Buchreihe über die Glücksregeln festgehalten sind. Dieses gemeinsame Ringen war über die Jahre hinweg immer wieder aufgetaucht, hat mit der Zeit jedoch ziemlich abgenommen, weil wir eine gewisse Vertrautheit mit unseren unterschiedlichen Sichtweisen entwickelt haben.

Hin und wieder aber traten Hinweise auf unsere unterschiedlichen Standpunkte an die Oberfläche, besonders dann, wenn ich in meiner Begeisterung für eindeutige und klar umrissene Lösungen Fragen stellte, die für ihn zu umfassend waren, als dass er sie für beantwortbar gehalten hätte. Im Allgemeinen schrieb er diese Art von Fragen meinem typisch westlichen „absolutistischen" Denken zu, der Tendenz, die Dinge entweder schwarz oder weiß zu sehen, ganz im Gegensatz zu seiner gewohnheitsmäßigen Einstellung, dass menschliche Probleme oft sehr komplex strukturiert sein können, durch Mischtöne geprägt und nicht nur schwarz oder weiß. (Gelegentlich waren unsere Rollen aber vertauscht, wenn ich beispielsweise versuchte, das schlecht angepasste Verhalten eines Menschen mithilfe komplexer psychologischer Antriebskräfte zu erklären, während er dieses Verhalten vielleicht den Einflüssen aus früheren Leben oder einfach der Konditionierung zuschrieb, da sich „dieser Mensch eben an dieses Verhalten gewöhnt habe".)

Obwohl meine allzu vereinfachenden oder verallgemeinernden Fragen dem Dalai Lama hin und wieder etwas Ungemach bereiteten, so haben wir doch eine gemeinsame Lösung für den Umgang mit diesen Fragen entwickelt: Sie wurden gewöhnlich mit einem Scherz verworfen – was sich zu einer Art running joke entwickelt hat, der immer wieder in unseren Gesprächen auftauchte. Wir ordneten solche Fragen in eine von zwei Kategorien ein: „unmöglich" oder „dumm". Wenn ich eine Frage stellen wollte, von der ich wusste, dass er auf solche Weise darauf reagieren würde, ich diese Frage aber unbedingt loswerden wollte, dann stellte ich dieser Frage den

Satz voran: „Nun, Eure Heiligkeit, die folgende Frage stammt aus der Kategorie ‚unmöglich' …". Auf diese Weise kamen wir, von seiner natürlichen Gutmütigkeit und gelassenen Art unterstützt, relativ mühelos mit unseren unterschiedlichen Standpunkten zurecht.

Als der Dalai Lama an diesem Morgen Schwierigkeiten damit hatte, dass ich die einfache Idee nicht begreifen konnte, dass man mit anderen verbunden sein und gleichzeitig auch seine Individualität bewahren kann, schrieb er das lediglich dem schrulligen absolutistischen westlichen Denken zu und brach in sein warmes, ansteckendes Lachen aus. Doch ich muss gestehen, dass ich ihm seine Sichtweise zunächst nicht ganz abgenommen habe und ich meine Position, dass man zumindest einen *Teil* seiner Individualität aufgeben muss, wenn man mit einer Gruppe „verschmilzt", erst sehr viel später aufgegeben habe – als ich nämlich anfing, wissenschaftliche Beweise zu finden, die seine Sichtweise unterstützten.

Der Dalai Lama kratzte sich am Kopf, lachte noch immer und fuhr fort: „Mir ist gerade etwas in den Sinn gekommen. Der Unterschied zwischen der tibetischen und englischen Sprache weist möglicherweise auf eine grundsätzliche Verschiedenheit in der Sichtweise hin. Im Tibetischen ist ‚nga' das Wort für ‚ich' und ‚mir', und ‚nga-tso' ist das Wort für ‚wir' und ‚uns'. Auch auf der sprachlichen Ebene gibt es im Tibetischen eine enge Verbindung zwischen dem ‚Ich' als dem einzelnen Individuum und dem ‚Wir' als einer Ansammlung von Individuen. Denn wörtlich bedeutet ‚nga-tso' ‚viele Ichs' oder ‚eine Ansammlung von Ichs' und beinhaltet die Vorstellung von mehreren Individuen. Wenn man sich also mit einer größeren Gruppe identifiziert, dann ist das so, als ob man das individuelle Selbst *ausweitet,* anstatt zu *verlieren.* Im Gegensatz dazu scheinen das englische ‚ich' und ‚wir' in keiner Weise miteinander verwandt zu sein. Die Wurzeln dieser beiden Wörter scheinen verschieden zu sein, ohne … wie heißt gleich das Wort?"

„Etymologie, etymologisch?"

„Ja genau … ohne etymologische Beziehung. In Bezug auf Ihre Frage nach ‚Ich im Gegensatz zu Wir' weist dies vielleicht darauf hin, dass es da auf irgendeiner Ebene ein Gefühl von ‚Ich' in konträrem Gegensatz zu ‚Wir' gibt. Wenn man sich dann mit einer größeren Gruppe identifiziert, ist das vielleicht so, als ob man seine eigene

Identität aufgeben oder verlieren würde. Ich weiß nicht …", brütete er weiter über diesen Punkt.

„Nun", sagte ich, „natürlich kann ich die Vorzüge sehen, wenn man ein besseres Gespür für die Identität der Gruppe entwickelt und man sich selbst als Teil einer größeren Gruppe empfindet. Je mehr wir uns aber in diese Richtung bewegen – so kommt es mir zumindest auf einer bestimmten Ebene vor –, desto mehr riskiert man, die eigene Identität zu schwächen. Denn die eigene Identität hat mit der Wahrnehmung zu tun, wie einzigartig man ist und wie verschieden von den anderen."

„Nein, das ist nicht notwendigerweise der Fall", hielt er dagegen. „Dieser Prozess, die eigene Identität auszuweiten, wenn man Teil einer Gruppe ist, kann sogar ein ganz natürlicher Prozess sein und bedeutet nicht, dass man die eigene Identität verlieren muss. Beispielsweise gibt es in Ihrer Familie auch unterschiedliche Menschen, die alle voneinander verschieden sind. In diesem Fall weiten Sie auch Ihre Identität aus, um die ganze Familie mit einzuschließen, was dann zu einer gemeinschaftlichen Identität als Familie führt. Das ist also lediglich eine Frage davon, dass man den eigenen Horizont oder Geltungsbereich ausweitet. Wenn wir Menschen aber nicht gewillt sind, diesen Horizont zu erweitern, kann dies sogar innerhalb der eigenen Familie zu einer Spaltung führen und kann es aufgrund verschiedener Kriterien, wie etwa unterschiedliche politische Anschauungen, finanzielle Vereinbarungen etc., zu Abgrenzungen kommen.

Dann gibt es vielleicht eine Familie mit einer gemeinschaftlichen Familienidentität, wo dieses Gefühl von Gemeinschaftlichkeit und Affinität aber ganz stark auf die Kernfamilie – Ehepartner und Kinder – beschränkt ist. Wenn man dann nicht dazu in der Lage ist, die Arme auszustrecken und den Umfang dieses Personenkreises auszuweiten, dann ist das wiederum sehr eingeschränkt. Solch eine Familie würde sich von der Nachbarschaft abheben, sich absondern und versuchen, in völliger Unabhängigkeit zu leben. Doch es kann auch Familien geben, die sich nicht nur als Familie definieren, sondern sich gleichzeitig als einer Nachbarschaft zugehörig betrachten. Und wenn Ihre Familie dazu in der Lage ist, die Arme auszustrecken und den Bezugskreis über die unmittelbare Nachbarschaft hinaus auszuweiten, dann können Sie ein Gefühl der Verbundenheit mit den anderen Menschen entwickeln, basierend auf dem ‚Wir als Gemeinschaft'. Das würde einen großen Unterschied ausmachen.

Wenn einzelne Familien in einer Gemeinschaft sich wirklich als Teil der gleichen Gemeinschaft aufeinander beziehen, dann können natürlich auch Konflikte und Auseinandersetzungen auftreten, aber es wird dann zumindest ein Gefühl des Dazugehörens geben. Wenn Sie dann mit jemandem reden müssen, können Sie einfach bei den Nachbarn anklopfen oder die anderen zu sich einladen und Ihre Sorgen und Freuden miteinander teilen."

Er machte eine Pause und zog dann folgenden Schluss: „Auf gleiche Art und Weise könnten wir unsere Identität ausweiten und die eigene Region und das eigene Land mit einschließen. Am Ende können wir diese Einheit noch weiter ausdehnen und schließlich jedes Mitglied der menschlichen Gemeinschaft mit einschließen, um schließlich sagen zu können: ‚Wir, die Menschen dieser Erde'. Auf der Ebene der gesamten Menschheit gibt es also Unterschiede zwischen den einzelnen Mitgliedern, doch gleichzeitig können wir eine ‚Gleichheit' feststellen und somit auf einer tieferen, grundlegenderen Basis mit den anderen in Beziehung treten. Wissen Sie", fügte er hinzu, als er Anstalten machte, das heutige Gespräch zu beenden, „in letzter Zeit habe ich festgestellt, dass das Wort ‚Menschheit' immer häufigere Anwendung findet. Ich denke, dass dies eine gute Entwicklung ist, da dieses Wort sehr umfassend und gesamtheitlich ist."

Er stellte seinen Becher mit heißem Wasser ab, griff nach seinen Schuhen und fasste zusammen: „Der springende Punkt ist der, dass der oder die Einzelne sehr wohl ein Gespür für das eigene ‚Ich' haben und sich um das eigene Wohlergehen kümmern, gleichzeitig aber den Geltungsbereich der eigenen Sorge und Identität auch auf andere ausweiten kann. *Es geht nicht so sehr darum, unsere Unterschiede zu vergessen, als vielmehr darum, sich an unsere Gemeinsamkeiten zu erinnern* und diesen den gleichen Stellenwert beizumessen. Im Grunde genommen geht es also nicht um ‚Ich *oder* Wir', sondern vielmehr um ‚Ich *und* Wir'".

Wir hatten unsere Gespräche über das menschliche Glück im gesellschaftlichen Kontext mit der Untersuchung der Grundsatzfrage von „Ich im Gegensatz zu Wir" – Getrenntheit im Gegensatz zu Verbundenheit – begonnen. Der Dalai Lama vertritt die Meinung, dass wir Menschen darauf angelegt sind, uns mit anderen zu verbinden, und erläutert, wie unsere Fähigkeit zu menschlicher Zuneigung, Wärme, Freundschaft und Liebe eine verlässliche und unerschöpfliche Quelle für menschliches Glück darstellt. Wie ein alchemistisches Verfahren, bei dem Blei in Gold verwandelt wird, bringt die Umwandlung vom „Ich" zum „Wir" und die Kultivierung eines Zugehörigkeitsgefühls reichen Lohn und Befriedigung mit sich, gepaart mit besserer körperlicher, geistiger und seelischer Gesundheit. Uns mit den anderen zu verbinden hilft aber auch, die Gemeinschaft zu stärken und eine bessere Gesellschaft aufzubauen. Ob vom Standpunkt des buddhistischen Mitgefühlsideals aus betrachtet oder aber vom Standpunkt neuester wissenschaftlicher Beweise: In der Tat können wir vernünftigerweise behaupten, dass menschliche Verbundenheit und Zusammengehörigkeit, basierend auf Fürsorglichkeit und Warmherzigkeit, die größte Quelle für menschliches Glück und Zufriedenheit darstellen.

Manchmal können die Dinge aber auch falsch laufen, schrecklich falsch sogar, wofür es im Verlauf der Menschheitsgeschichte genügend Beispiele gibt. Ein Zugehörigkeits- und Wir-Gefühl hat viele Vorteile. Doch was geschieht, wenn sich die Haltung von „Wir *und* sie" in ein „Wir *gegen* sie" verwandelt? Wie kommt es, dass die bloße Wahrnehmung von „Wir" und „Sie" in Vorurteile, Hass, Konflikte und Gewalt ausufern kann? Das waren hochbrisante Fragen, denen wir uns im weiteren Verlauf unserer Gespräche zuwenden mussten.

DRITTES KAPITEL

Vorurteile („Wir“ *gegen* „sie“)

Adem, ein kroatischer Landwirt, erzählte 1992 in einem Interview mit dem amerikanischen Journalisten und Schriftsteller Peter Maas eine grauenvolle Geschichte. In diesem Interview saß Adem vornüber gebeugt, sein Gesicht zum Boden gewandt, und nuschelte einen derart niederschmetternden Bericht vor sich hin, dass man den Eindruck hatte, seine Erlebnisse hätten jegliche Kraft und Energie aus ihm herausgesaugt. Selbst seine Stimme schien nur noch zu einem Flüstern fähig. Adem erzählte, wie sich im vergangenen Jahr in seiner Heimat die Beziehungen zwischen Serben und Kroaten extrem verschlechtert hatten. Im Verlauf von nur einem einzigen Jahr schienen sich individuelle Identitäten aufgelöst und in eine übergeordnete pauschale Gesinnung verwandelt zu haben, die da lautete: „Wir *gegen* sie“. Eines Nachts schlugen die Feindseligkeiten in einen Albtraum um, aus dem Adem nicht mehr aufwachen konnte. In jener Nacht trieben Serben aus dem Nachbarort fünfunddreißig Männer aus Adems Dorf zusammen und schlitzten ihnen die Kehlen auf …

Noch im Herbst zuvor hatten die serbischen Mörder ihren kroatischen Opfern auf den Feldern bei der Ernte geholfen. Diese Kroaten waren ihre Freunde gewesen, mit denen sie ihr Leben geteilt hatten – und nun brachten sie ihnen unverständlicherweise den Tod …

Szenenwechsel: Zwei Jahre später, auf einem anderen Kontinent, ein wohltuender Frühlingsnachmittag. Den Menschen im afrikanischen Dorf Nyarubuye ging es gut. Freunde und Nachbarn halfen sich gegenseitig bei der Arbeit auf den Feldern, wo Sorghumhirse angebaut wurde, und an den Sonntagen ging man zusammen zum Gottesdienst in die Kirche. Obwohl die Menschen in ethnische Gruppen unterteilt waren und entweder den Tutsi oder den Hutu angehörten, so berichtete Gitera, ein ortsansässiger Farmer und Hutu, über diese Zeit: „Das Leben verlief normal. Solange die Ernte gut genug war und wir keine Lebensmittel auf dem Markt kaufen mussten, würde ich sagen, dass wir glücklich waren.“

Das Dorf Nyarubuye liegt in Ruanda, einem Land mit weit zurückreichenden Unruhen und Konflikten zwischen den zwei größten „Volksgruppen", den Tutsi und Hutu. Am 6. April 1994 kam Juvénal Habyarimana, der Präsident der Hutu, bei einem Attentat ums Leben, was den wackeligen Waffenstillstand zu Bruch gehen ließ, der in Kraft gewesen war, nachdem die beiden Konfliktparteien im Herbst zuvor ein Friedensabkommen unterzeichnet hatten. Habyarimanas Ermordung ließ den Hass und die Feindseligkeiten aufflammen, die schon seit Langem unter der Oberfläche geschwelt hatten, was dann zum Völkermord an der Tutsi-Minderheit durch die herrschende Mehrheit der Hutu führte.

Nur neun Tage später fand sich Gitera in der Dorfkirche wieder, ein blutiges Buschmesser in der Hand schwingend, und metzelte alle nieder, die ihm in den Weg kamen: seine Nachbarn, Mütter, Kinder, alle. Die einheimischen Tutsi waren in die Kirche geflüchtet in der Hoffnung, zumindest an jenem Ort Sicherheit finden zu können, an dem sie zuvor mit ihren Hutu-Nachbarn gebetet und gelernt hatten, dass Mord Sünde sei. Stattdessen umzingelten siebentausend Hutu-Männer die Kirche und massakrierten fast alle, die dort Zuflucht gesucht hatten, knüppelten die Opfer mit Keulen nieder und zerstückelten sie mit ihren Macheten. Gitera beschrieb eine Szene unvorstellbaren Grauens: „Menschen, denen die Hand abgehackt worden war … Menschen, die sich auf dem Boden rollten und in Todesqualen schrien, ohne Arme, ohne Beine …" Und schließlich fügte er hinzu: „Diese Menschen waren meine Nachbarn gewesen."

Im ganzen Land ereigneten sich ähnliche Szenen: Ein zehnjähriger Junge, der bei lebendigem Leibe begraben wurde; eine Hutu-Hausfrau, die zu den Nachbarn hinüberging und die Nachbarskinder abschlachtete, die die besten Freunde ihrer eigenen Kinder gewesen waren; unsägliche Grausamkeiten. Was damit angefangen hatte, dass gut organisierte Milizionäre in die Dörfer geschickt wurden, um die Tutsi zu massakrieren, verwandelte sich in einen fieberhaften Blutrausch, einen Amoklauf der Zivilbevölkerung – unterstützt von der Regierung und angestachelt vom ruandischen Staatssender, der einen unaufhörlichen Schwall unmenschlicher Propaganda entließ und die Tutsi nicht als Menschen bezeichnete, sondern als „Kakerlaken", die ausgerottet werden müssten. Große

Teile der Zivilbevölkerung haben sich an der Massenvernichtung der Tutsi beteiligt. Die Zahlen dieses Völkermordes sind niederschmetternd: In nur einhundert Tagen haben die Hutu schätzungsweise achthunderttausend bis zu einer Million Tutsi-Mitbürger (und auch gemäßigte Hutu, die sich nicht an den Massakern beteiligen wollten) ermordet, nicht mit Bomben, Maschinengewehren oder Gaskammern, sondern zumeist einzeln, hautnah, von Angesicht zu Angesicht. Ein Augenzeuge berichtete: „Ehemänner haben ihre Frauen ermordet, Ehefrauen ihre Männer. Nachbarn haben Nachbarn getötet, Brüder die eigenen Schwestern, Schwestern ihre Brüder, und Kinder haben ihre eigenen Eltern ermordet." Anscheinend hatten sich alle sozialen Kategorien wie Ehemann, Ehefrau, Schwester, Nachbar, Freund, alt, jung, Farmer, Arzt, Priester usw. einhundert Tage lang vollständig aufgelöst – bis auf „Wir" und „sie".

„Eure Heiligkeit", begann ich, „in unserem letzten Gespräch haben wir unser Augenmerk darauf gerichtet, wie wichtig es ist, uns mit anderen zu verbinden und ein Zugehörigkeitsgefühl, eine grundlegende menschliche Verbundenheit herzustellen. Sie haben erwähnt, wie wir uns mit einer Gruppe identifizieren können, ohne unser Gespür für unser eigenes Ich zu verlieren, und dass es viele Gruppen gibt, mit denen wir uns identifizieren können, etwa die eigene Familie, die eigene Gemeinschaft, die eigene Nation usw. Und in der Tat gibt es viele wissenschaftliche Studien darüber, dass soziale Verbundenheit nicht nur mit einem größeren Glücksempfinden einhergeht, sondern auch mit verbesserter körperlicher und geistiger Gesundheit und vielen anderen positiven Effekten, ja sogar einem längeren Leben.

Gleichzeitig sind wir auf das Problem gestoßen, dass es, sobald es ein ‚Wir' gibt, auch ein ‚Sie' gibt, was den Boden bereitet für Voreingenommenheit, Hass und Gewalt. In den schlimmsten Fällen kann dies sogar zu extremer Entmenschlichung führen, so dass die Unterschiede zwischen der eigenen und der anderen Gruppe so groß erscheinen, dass die anderen nicht mehr als Menschen wahrgenommen werden. Von hier ist es dann nur noch ein kleiner Schritt zu entsetzlichen Grausamkeiten und zum Völkermord."

„Eine andere Gruppe als ‚unmenschlich' zu sehen, ist ein extremes Beispiel für eine ansonsten natürliche Tendenz, die Menschen innerhalb der eigenen Gruppe als ‚Wir' von den anderen Menschen als ‚Sie' abzugrenzen", sagte der Dalai Lama. „Um die von Ihnen erwähnten Probleme also an den Wurzeln packen zu können, ist es meiner Meinung nach notwendig, einen genauen Blick auf diese natürliche menschliche Neigung zu werfen, uns in Gruppen zu unterteilen und die Welt durch die Brille von ‚wir' und ‚sie' zu sehen."

„Dann lassen Sie uns dies als das erste Thema nehmen, das wir heute gemeinsam untersuchen – diese natürliche menschliche Neigung, uns in Gruppen zu unterteilen: die Eigengruppe und die Fremdgruppe."

„Ja, sehr gut!", antwortete der Dalai Lama. Er machte einen frischen Eindruck und schien zu einer Erkundung auf diesem Gebiet bereit. Es war immer gut, wenn man am Morgen zu ihm kam.

Ich sagte: „Wenn wir auf der grundlegendsten Ebene beginnen, dann gibt es – vom Standpunkt der Evolution aus gesehen – eine biologische Grundlage dafür, dass die Menschen sich auf solche Weise gruppieren. Aber natürlich können diese Dinge manchmal sehr komplex sein, worauf Sie ja immer wieder hinweisen. Es kann also auch andere Ursachen für diese Unterteilungen in ‚wir' und ‚sie' geben, psychologische Ursachen etwa. Zum Beispiel findet gerade die Fußballweltmeisterschaft statt. Wenn wir eine bestimmte Fußballmannschaft favorisieren, wir ein Fan dieser Mannschaft sind und uns dann jemand fragt, wie ein bestimmtes Spiel ausgegangen ist, dann sagen wir nicht: „Sie haben gewonnen", sondern: „*Wir* haben gewonnen!" Man identifiziert sich mit der eigenen Mannschaft. Natürlich wollen wir ein gutes Selbstwertgefühl haben. Und eine Art, dies zu erreichen, ist es, dass wir uns mit einer Gruppe identifizieren, die erfolgreich ist.

Doch hierin lauert auch eine große Gefahr", fuhr ich fort. „Letztes Jahr hat es zum Beispiel während eines Fußballspiels in Afrika Ausschreitungen gegeben, bei denen über einhundert Menschen ums Leben gekommen sind. Das erinnert mich daran, dass mir ein Freund vor kurzem erzählt hat, dass weltweit ein wachsender Trend zu Fußballkrawallen zu verzeichnen ist – mit gewalttätigen Übergriffen, Messerstechereien, Schießereien und totgetrampelten Fans –, und dass es inzwischen weltweit tausende Vorfälle dieser Art gibt. Mein Freund bezeichnete dies als die ‚englische Krankheit'. Doch wenn derartige Gewalttätigkeiten schon bei so harmlosen Begegnungen wie einem Fußballspiel auftreten, welche Hoffnung können wir dann überhaupt noch haben?", seufzte ich.

Für eine Weile schwiegen wir beide, dann fuhr ich fort: „Ich denke, die erste Frage lautet, warum diese „Wir gegen sie"-Mentalität so tief in das Wesen der Menschen eingegraben ist."

Der Dalai Lama dachte eine Weile schweigend über die Frage nach und sagte dann: „Nun, ein Gefühl für das eigene Selbst und eine Anhaftung an die eigene Existenz sind gewiss ganz natürliche Eigenschaften. Und ich denke, dass dieses Gefühl eines ‚Wir' lediglich eine Ausdehnung des Gefühls für das eigene Ich ist: Das Ich wird erweitert, um auch andere darin einzuschließen, besonders die unmittelbare Verwandtschaft. Wir erweitern den Horizont dessen, womit wir uns identifizieren, unsere persönliche Identität, um jene mit einzuschließen, von denen wir Unterstützung erwarten. Wenn wir diesen Horizont erweitern, dann dehnen wir ihn zunächst auf unsere Familie aus, dann auf unsere kulturelle Gemeinschaft, dann auf das eigene Land usw.

In grauer Vorzeit mussten sich unsere Vorfahren in Gruppen zusammenschließen, um ihr Überleben zu sichern. Bei Kämpfen um knappe Vorräte war es von Vorteil, wenn man sich mit der eigenen Gruppe identifizierte. Um zu überleben, war man auf die Unterstützung der anderen angewiesen. Und in der Vergangenheit war die Welt auch so beschaffen, dass Gruppen oder Gemeinschaften manchmal weit getrennt voneinander lebten und sich unabhängig von anderen Gruppen entwickeln und entfalten konnten."

Der Dalai Lama fuhr fort: „Auch wenn eine ‚Wir gegen sie'-Mentalität in der Vergangenheit etwas Nützliches gewesen und für das Überleben notwendig gewesen ist, ist es allerdings eine unbestreitbare Tatsache, dass die Welt sich verändert hat. Die Realität sieht heute ganz anders aus. Die heutige Welt ist viel stärker von einer wechselseitigen Abhängigkeit geprägt, und ein Geist des Miteinanders ist für unser Überleben inzwischen von entscheidender Bedeutung. Was früher einmal nutzbringend war, ist inzwischen widersinnig und kontraproduktiv geworden, mit einer potentiell zerstörerischen Wirkung.

Nur weil diese ‚Wir gegen sie'-Mentalität eine natürliche Eigenschaft ist, bedeutet das noch lange nicht, dass wir nichts dagegen unternehmen sollten. Auch wenn dieses Gefühl für das eigene Ich und seine Ausweitung zu einem Gefühl von ‚Wir gegen sie' etwas Natürliches ist, müssen wir versuchen, dieser Neigung entgegenzuwirken, wenn wir feststellen, dass sie zu negativen Konsequenzen führt."

Freunde und Feinde

Der Vorschlag des Dalai Lama, die Entwicklung der Unterteilungen in Gruppen zurückzuverfolgen, entsprang nicht nur intellektueller Wissbegierde. Ein besseres Verständnis der Hintergründe dieser Entwicklung kann uns nicht nur dabei helfen, menschliches Verhalten besser zu verstehen, sondern bietet uns auch die Gelegenheit, unser Verhalten zu verändern, so unseren Beitrag zu einer besseren Welt zu leisten und zu einer besseren Zukunft für unsere Kinder.

Die Einteilung in Gruppen, die sich manchmal gegenseitig schaden oder gar zerstören wollen, beginnt damit, dass wir uns und andere in zwei Kategorien einteilen, die Eigengruppe und die Fremdgruppe, was ich bisher mit „Wir und sie" beschrieben habe. Die Eigengruppe ist eine Gruppe, als deren Mitglied man sich betrachtet und der man sich zugehörig fühlt. Im Gegensatz dazu fühlt man sich einer Fremdgruppe nicht zugehörig und betrachtet deren Mitglieder als verschieden von sich selbst. Der Vorgang, die Menschen in zwei Kategorien einzuteilen – die Eigengruppe und die Fremdgruppe – ist ein typisches Beispiel von *Kategorisierung*. Unser Gehirn teilt alles sehr gerne in Kategorien ein und gruppiert Menschen, Dinge und Begriffe. Warum ist das so? Wir leben in einer sehr komplexen Welt, und die Fähigkeiten unseres Gehirns, Informationen zu verarbeiten, sind begrenzt. Kategorisierung ist eine der bevorzugten Strategien unseres Gehirns, um die Sturzflut an Informationen aus unseren Sinneswahrnehmungen, denen wir ständig ausgesetzt sind, zu bewältigen.

Wenn wir wissen, in welche Kategorie ein Objekt gehört, sagt uns das bereits einiges über dessen allgemeine Eigenschaften aus und wie wir darauf reagieren können, ohne alle einzelnen Eigenschaften dieses Objekts wieder ganz von vorne untersuchen zu müssen, als ob wir ein unbekanntes Objekt zum allerersten Mal wahrnehmen würden. Dies hilft uns, so schnell und effektiv wie nur möglich auf unsere Umwelt zu reagieren und vergrößert unsere Überlebenschancen. Kategorien aufzustellen, die auf allgemeinen Eigenschaften beruhen, verlangt uns weniger komplexe Untersuchungen ab, schont unsere Gehirnressourcen und bewirkt, dass wir weniger geistige Energie aufwenden müssen.

Die wichtigste Art von Kategorisierung in unserem täglichen Leben ist *soziale Kategorisierung*: die Art und Weise, wie wir andere Menschen in unterschiedliche Gruppen aufteilen. Dazu gehört, dass wir festlegen, in welche Volks-, Geschlechts-, Rassen- oder sonstige Gruppe ein anderer Mensch gehört, um dann festzulegen, ob dieser Mensch zu „uns" oder zu „ihnen" gehört.

In der modernen Welt kann unser gesellschaftliches Umfeld äußerst komplex sein. Da unser Gehirn seine Ressourcen gerne schont, sucht es nach Wegen, die Außenwelt zu vereinfachen und den Ablauf unserer sozialen Interaktionen leichter zu steuern. *Stereotypisierung* ist eine Möglichkeit, genau dies zu tun. Stereotypen sind (klischeehafte) Überzeugungen, die wir in Bezug auf die typischen Eigenschaften oder Merkmale einer bestimmten Gruppe haben. Wenn unser Gehirn einen Menschen in eine bestimmte soziale Kategorie eingeordnet hat, werden die *stereotypen Eigenschaften* dieser Kategorie wachgerufen. Anstatt also zu versuchen, die einzigartigen Eigenschaften und Merkmale jedes einzelnen Menschen zu beurteilen, dem wir begegnen, legen wir schnell fest, in welche Kategorie diese Person gehört, und verlassen uns dann auf stereotype Eigenschaften, die etwas über diesen Menschen aussagen sollen. Stereotypen sind somit ein Beispiel für *Heuristik*, mentale Abkürzungen, die uns in kürzester Zeit Informationen darüber liefern können, wie wir uns am besten verhalten.

Der Dalai Lama hob hervor, dass die Unterteilungen in „wir" und „sie", zusammen mit unseren natürlichen Reaktionen auf die Eigengruppe und Fremdgruppe, nicht grundlos ablaufen. Bei diesen Reaktionen handelt es sich vielmehr um Anpassungsmechanismen, die unseren Vorfahren in grauer Vorzeit ihr Überleben gesichert haben. Um genau zu verstehen, warum wir auf diese Art und Weise reagieren, ist es hilfreich, einen kurzen Blick auf die Evolution unseres menschlichen Gehirns zu werfen.

Die grundlegende Anatomie und Struktur unseres Gehirns hat sich schrittweise in vielen Millionen Jahren entwickelt. Im Verlauf dieser Entwicklung wurden die natürlichen und angeborenen Reaktionen des Menschen von den Kräften der Evolution geformt und in neuralen Schaltkreisen fest ‚verdrahtet'. Die entfernten Verwandten des heutigen Menschen lebten vor über fünf Millionen Jahren. Unsere hominiden Vorfahren haben die längste Zeit der menschlichen Evolution als Jäger und Sammler gelebt, durchzogen in kleinen Gruppen weite Territorien, sammelten, was die Natur hergab, oder gingen mit ihren einfachen Steinwaffen auf die Jagd. Ihre Aufgabe war, zu überleben und ihre Gene an die nachfolgende Generation weiterzugeben. Die Entwicklung des menschlichen Gehirns begann vor etwa zwei Millionen Jahren, als die Gattung *Homo*, der auch wir angehören, auf der Weltbühne erschien. Im Zeitalter des Pleistozäns, das vor ungefähr zwei Millionen Jahren begann und bis zur letzten Eiszeit vor zirka 10 000 Jahren andauerte, mussten sich unsere menschlichen Vorfahren mühsam durchschlagen. Während dieser Zeit entwickelte sich das menschliche Gehirn rasant und vergrößerte sich dabei um mehr als das Dreifache.

Unsere frühen Vorfahren hatten es nicht leicht. Sie lebten in einer Zeit, die von extremen Klimaveränderungen, Dürren und Hungersnöten gekennzeichnet war. Unsere Urahnen mussten sowohl menschliche als auch nichtmenschliche Räuber abwehren, und ihr Leben war von stetiger Unsicherheit geprägt. Nur eins war sicher: Ständig konnten sie mit Katastrophen und Widrigkeiten konfrontiert sein. Das Gehirn entwickelte sich genau nach diesen Anforderungen, unseren fernen Vorfahren ihr Überleben zu sichern und wirksame Antworten auf die alltäglichen Probleme zu liefern, denen man im Zeitalter des Pleistozäns immer wieder ausgesetzt war, Generation um Generation um Generation. So stehen wir heute da mit einem Vermächtnis an Gehirn, das bestens dafür ausgestattet ist, Gefahren und lebensbedrohliche Situationen zu überwinden, was von einigen Forschern als das „katastrophenorientierte Gehirn" bezeichnet wurde: ein Gehirn auf der ständigen Suche nach Dingen, die falsch laufen und unser Überleben bedrohen könnten. Dieses Gehirn tendiert dazu, die guten Dinge im Leben zugunsten von schlechten zu ignorieren und funktioniert hervorragend, wenn es darum geht, den winzigen Kieselstein im

Schuh zu spüren und weniger gut, wenn es um die Wertschätzung eines schönen Sonnenuntergangs oder der herrlichen Landschaft geht, durch die wir gerade spazieren.

Aus der Sicht der Evolution betrachtet, ist es daher einfach zu verstehen, warum unser Gehirn so verdrahtet ist, dass wir die Eigengruppe favorisieren. Die zur Verfügung stehenden Ressourcen waren oft knapp, und es gereichte mit Sicherheit zum eigenen Vorteil und erhöhte die Überlebenschancen, wenn man einer Gruppe angehörte und miteinander kooperierte, um gemeinsam große Tiere zu jagen, Nahrungsmittelvorräte anzusammeln und sich gegen Angriffe und Raubtiere zu verteidigen. Darüber hinaus bewirkte das instinktive Favorisieren der Eigengruppe, dass sich Gruppen zusammenfanden, deren Mitglieder und gesellschaftliche Regeln und Normen einander ähnlich waren. Dies ermöglichte einen reibungsloseren und effektiveren gesellschaftlichen Ablauf, der wiederum die Chancen erhöhte, einen Partner zu finden, Nachkommen zu zeugen und die eigenen Gene an die nächste Generation weiterzugeben.

Der Nutzen davon, einer Gruppe anzugehören und sich mit ihr verbunden zu fühlen, beschränkte sich aber nicht nur auf den evolutionären Überlebensvorteil, dass die eigene Truppe eine saftige Bisonkeule nach Hause mitbringen oder einen griesgrämigen Säbelzahntiger außer Gefecht setzen konnte. Ein weiterer Vorteil ist auch heute noch erkennbar: Es lässt sich leichter mit einer Gruppe gemeinschaftlich zusammenzuarbeiten, mit der man vertraut ist und deren soziale Normen und akzeptierte Verhaltensweisen man kennt. Wir fühlen uns wohler mit Menschen, die uns ähnlich sind und vertrauen ihnen eher, und – wie schon erwähnt – die Menschen blühen auf und gedeihen, wenn sie mit einer Gruppe verbunden sind.

Nun ist eigentlich nichts falsch daran, die Unterschiede zwischen Gruppen zu kennen und festzustellen, dass es „uns“ und „sie“ gibt. Gleichermaßen ist es keineswegs falsch, die eigene Gruppe zu favorisieren. Das Problem liegt vielmehr darin, dass die evolutionären Kräfte und Zwänge, die an der Architektur des menschlichen Gehirns mitgewirkt haben, an dieser Stelle nicht haltgemacht haben: Wir haben nicht nur eine automatische positive Voreingenommenheit gegenüber unserer eigenen Gruppe entwickelt, sondern auch eine *instinktive negative Voreingenommenheit* gegenüber anderen Gruppen. Sobald wir jemanden entweder in die Eigengruppe oder in die Fremdgruppe eingeordnet haben, verarbeitet unser Gehirn diese Informationen weiter und bezeichnet diesen Menschen als „Freund“ oder als „Feind“, drückt diesem Bild dann sofort einen emotionalen Stempel auf und durchfärbt die Kategorie der „Freunde“ mit positiven und die Kategorie der „Feinde“ mit negativen Gefühlen. Wie wir noch sehen werden, ist genau das der Punkt, ab dem sich die Beziehungen in die falsche Richtung entwickeln können, und zwar in eine völlig falsche Richtung.

Vorurteile

„Eure Heiligkeit, als Sie gerade über die Möglichkeit negativer Konsequenzen gesprochen haben, die aus einem unterschwelligen Gefühl von ‚Wir gegen sie‘ erwachsen können, dachte ich, dass unser übergeordnetes Ziel die Erlangung von Glück ist, was ja auch das Leitthema unserer Gespräche ist. Es gibt Untersuchungen über das menschliche Glück, die belegen, dass Menschen tatsächlich glücklicher sind, wenn sie in homogenen Gemeinschaften oder Gesellschaften zusammenleben, in denen es nicht viele von ‚den anderen‘ gibt. Das überrascht wenig, kann aber für diejenigen von uns, die in multikulturellen Gesellschaften wie etwa Europa oder den Vereinigten Staaten leben, durchaus entmutigend sein.

Ich würde gerne etwas über Ihre eigenen persönlichen Erlebnisse hierzu erfahren. Tibet war traditionell eine homogene Kultur, ganz im Gegensatz zu Europa und Amerika, wo die verschiedensten Kulturen und Rassen aufeinandertreffen. Früher war Tibet eines der abgeschiedensten Länder der Welt, wo fast ausschließlich Tibeter lebten. Als ich zum ersten Mal Tibet besuchte, hat es wahrscheinlich nicht mehr als ein paar Hundert Menschen aus dem Westen gegeben, die jemals das Land besucht hatten …“

Bei diesen Worten dachte ich an die tragischen Verhältnisse in Tibet, wo die Chinesen mit ihrer Strategie der massiven Umsiedlung von Han-Chinesen aus China faktisch die endgültige Zerstörung der traditionellen tibetischen Kultur betreiben. Ich kam mir ziemlich tollpatschig vor und fragte mich, ob meine Worte dem Dalai Lama Trauer oder Schmerzen bereiteten, da sie ihn vielleicht an die andauernde

Krise in seinem Heimatland erinnert hatten. Ich konnte an ihm jedoch keinerlei Anzeichen hierfür erkennen, und seine Verfassung schien völlig unverändert: aufmerksam zuhörend und ganz bei der Sache.

Im Versuch, meine Beschämung zu verbergen, fuhr ich rasch fort: „Wir haben darüber geredet, wie Menschen sich auf natürliche Weise nach ‚wir' und ‚sie' gruppieren. Jenseits des bloßen Unterteilens in diese beiden Kategorien scheint es aber gleichermaßen natürlich zu sein, eine automatische Voreingenommenheit und negative Reaktionen gegenüber ‚den anderen' zu zeigen, ein instinktives Angstgefühl und Misstrauen gegenüber jenen, die wir als verschieden von uns wahrnehmen. Und natürlich kann sich dies dann zu Voreingenommenheit, Diskriminierung und dergleichen steigern. Darf ich neugierig sein, da Sie ja in einer sehr homogenen Kultur aufgewachsen sind …? Können Sie sich an das allererste Mal erinnern, als Sie einem Menschen aus dem Westen, einem Weißen, oder einem Menschen einer unterschiedlichen Rasse begegnet sind? Können Sie sich entsinnen, wie Sie damals auf Mitglieder einer anderen Rasse reagiert haben? Gab es da ein Gefühl von Voreingenommenheit diesen Menschen gegenüber?"

Der Dalai Lama dachte eine Weile nach, bevor er antwortete: „Nein, an das allererste Mal kann ich mich nicht erinnern. Aber natürlich …" Unvermittelt brach er ab und begann schallend zu lachen.

„Gerade habe ich mich daran erinnert", sagte er, immer noch lachend, „wie mein jüngerer Bruder als kleines Kind zum ersten Mal einen Ausländer getroffen hat. Das war ein muslimischer Herr, der sehr eindrucksvoll aussah und einen langen roten Bart trug, ein Uigure mit ostturkestanischer Abstammung. Ich habe die Begegnung der beiden nicht persönlich miterlebt, sondern erst später erfahren, dass mein kleiner Bruder davon völlig überwältigt war. Er hat sich so erschrocken, dass er beinahe in Ohnmacht gefallen wäre." Der Dalai Lama lachte so sehr, dass er kaum Atem schöpfen konnte. „Nach dieser Begegnung konnte mein Bruder drei oder vier Tage lang nicht sprechen, und offenbar musste man ein Heilritual durchführen, damit er wieder normal wurde!"

Nachdem sein Lachen ausgeklungen war, fuhr er fort: „Was mich persönlich betrifft, kann ich mich aber an keine besondere Begebenheit erinnern, wo ich überrascht auf Ausländer reagiert hätte. Als ich in Lhasa aufgewachsen bin, gab es natürlich einige Weiße, die in der britischen Mission in Lhasa lebten, und es gab damals auch einige muslimische Uiguren und Chinesen in Tibet. Als ich diese Menschen traf, war es natürlich offensichtlich, dass sie verschiedenartig waren. Diese Wahrnehmung war also durchaus vorhanden. Aber ich kann mich nicht daran erinnern, dass ich aufgrund dessen irgendein Gefühl von Distanz oder Voreingenommenheit gehabt hätte."

Unser Erbe aus ferner Vergangenheit ist der Grund dafür, dass wir eine natürliche positive Haltung gegenüber jenen haben, die wir als unserer Eigengruppe zugehörig betrachten, und dass wir eine natürliche negative Haltung gegenüber jenen haben, die wir als der Fremdgruppe zugehörig betrachten. Diese sofortige und instinktive emotionale Angst- oder gar Feinseligkeitsreaktion unseres Gehirns gegenüber Mitgliedern einer Fremdgruppe kann sowohl verdeckt als auch offensichtlich ablaufen und erstreckt sich von unbewussten Reaktionen unterhalb der Bewusstseinsschwelle bis hin zu überwältigenden Gefühlen von Angst oder Feinseligkeit. Die Reaktion des jüngeren Bruders des Dalai Lama im Kindesalter ist ein lebhaftes Beispiel dafür, wie stark diese fundamentalen Reaktionen ausfallen können.

Genau wie unsere positive Voreingenommenheit gegenüber der Eigengruppe hat auch diese negative Voreingenommenheit gegenüber Fremdgruppen vom Standpunkt der Evolution aus gesehen durchaus ihren Sinn. Denn zu der Zeit, als sich unser menschliches Gehirn entwickelte, gab es harte Kämpfe mit anderen hominiden Gruppen um die knappen Lebensmittelvorräte. Es ging ums nackte Überleben, und im Existenzkampf des Pleistozäns ging man eher mit Steinäxten auf seine Mitbewerber los statt mit ausgeklügelten Werbekampagnen – oder man wurde gleich aus dem Markt gedrängt, nicht durch einen Preiskrieg, sondern indem einem die Kehle aufgeschlitzt wurde.

Im Zeitalter des Pleistozäns war Totschlag die allerneueste und modernste Technik für Konfliktlösungen, und Fremde konnten plötzlich und in unbekannten Größenordnungen auftreten. Wenn wir nun bedenken, dass unser Gehirn sich so entwickelt hat, um am schnellsten und effektivsten auf die meistverbreiteten Gefahren und Probleme während dieser Zeit zu reagieren, dann verstehen wir, dass die feste Verdrahtung eines soliden, steinzeitlichen Gefahrenmelders in unserem Gehirn, der uns stets auf Trab hielt, zweifellos eine gute Idee war.

Diese negative Ausrichtung gegenüber Fremdgruppen entwickelte sich dann zur Grundlage der Enstehung von Vorurteilen. Vorurteile werden oft als allgemeine Haltung gegenüber anderen definiert, die sich aus zwei Bestandteilen zusammensetzt: eine instinktive, automatische Abneigung, die eine negative Gefühlsreaktion beinhaltet (wie zum Beispiel Angst oder Feindseligkeit), und eine Reihe von Klischees und Stereotypen über die andere Gruppe. Bei diesen Klischees und Stereotypen handelt es sich gewöhnlich um falsche Auffassungen, wie zum Beispiel der Glaube an die angeborene Überlegenheit der Eigengruppe und angeborene Unterlegenheit der Fremdgruppe.

Neurologische Ursprünge von Vorurteilen

Was genau geschieht in unserem Gehirn, wenn es verzerrte Ansichten und die negativen Gefühle hervorbringt, die mit Vorurteilen einhergehen?

Wenn wir die Wege der Informationsübermittlung in unserem Gehirn verfolgen, beginnen wir am besten mit den sensorischen Informationen aus unserer Umwelt, also was wir sehen, hören, riechen und tasten. Die visuellen Informationen über *jedes* Objekt, das wir sehen, werden von der Netzhaut aufgenommen, einer Schicht von Zellgewebe an der hinteren Innenseite des Auges. Diese Informationen werden über den Sehnerv und weitere Nervenbahnen ins Sehzentrum des Gehirns geleitet, das sich im Hinterkopf des Menschen befindet, wo diese Informationen dann verarbeitet werden. Das Auge selbst weiß nicht, was es sieht. Es nimmt lediglich die visuellen Eindrücke aus unserer Umgebung als Ansammlung aus Formen, Farben, Abtönungen und verschiedenen Stufen von Helligkeit und Dunkelheit wahr. Erst das Gehirn weist diesen Informationen Bedeutungen zu, etikettiert sie und sagt uns, was wir da sehen. Dabei filtert das Gehirn viele Informationen, die vom Auge kommen, einfach aus, vereinfacht das Gesehene, macht sich einige anfängliche Eindrücke über die gesehenen Objekte, teilt sie in allgemeine Kategorien ein und trifft dann eine Entscheidung darüber, was wichtig genug ist, um von uns wahrgenommen zu werden.

Um besser zu verstehen, wie das Gehirn die von der Außenwelt kommenden Informationen aufbereitet, dabei viele Informationen herausfiltert und eine vereinfachte Darstellung der Welt schafft, ist ein kleines Experiment hilfreich. Schließen Sie kurz die Augen und drehen Sie sich um 180 Grad. Öffnen Sie dann die Augen 10 Sekunden lang und nehmen Sie aufmerksam alles wahr, was sich vor Ihnen im Raum befindet. Dann drehen Sie sich wieder um und schreiben sorgfältig alles auf, was Sie während dieser 10 Sekunden gesehen haben. Haben Sie alles notiert, drehen Sie sich noch einmal um und vergleichen Sie Ihre Liste mit dem, was sich tatsächlich vor Ihnen befindet. Untersuchen Sie dabei jedes einzelne Objekt genau. Sie werden überrascht sein über die vielen Dinge, die Sie während der 10 Sekunden zwar direkt angeschaut, aber gar nicht „gesehen" haben. Obwohl Sie all diese Dinge direkt mit offenen Augen angeschaut haben, hat Ihr Gehirn diese Dinge für Sie unsichtbar gemacht.

Wenn wir ein wahrgenommenes Objekt einmal in die Kategorie „Mensch" eingeordnet haben, dann unterteilen wir weiter, ob dieser Mensch in die Eigengruppe oder in eine Fremdgruppe gehört. Ein Teil dieser Information wird an einen Bereich unseres Gehirns weitergeleitet, der als limbisches System bezeichnet wird, eine Ansammlung von Strukturen tief im Innern unseres Gehirns, die eine wichtige Rolle bei der Regulierung von Emotionen, Motivation und Gedächtnis spielt. Evolutionsgeschichtlich betrachtet ist das limbische System sehr alt und Bestandteil der primitiveren Strukturen unseres Gehirns, die auch in niedrigeren Tiergattungen vorkommen. Das limbische System ist verantwortlich für unsere unmittelbare instinktive Antwort auf Menschen oder Dinge, denen wir begegnen, für unser „Bauchgefühl": Haben wir ein positives oder negatives Gefühl über das wahrgenommene Objekt? Fühlen wir uns davon angezogen oder abgestoßen? Ist diese Person oder dieses Ding etwas Gutes oder Schlechtes?

Im Innern des limbischen Systems befindet sich ein mandelförmiges Gebilde, das Amygdala oder Mandelkern genannt wird. *Die Amygdala ist Bestandteil unseres Alarmsystems für Gefahren und verantwortlich dafür, Gefühle wie Angst und Zorn zu produzieren, starke emotionale Reaktionen also, die in gefährlichen und lebensbedrohlichen Situationen von großem Nutzen sind.* Die von der Amygdala hervorgerufenen Gefühle bereiten uns auf die berühmte Kampf-oder-Flucht-Reaktion vor: Entweder stellen wir uns der Gefahr (Raubtier, Feind etc.) oder laufen davor weg. Bei unseren sozialen Interaktionen ist die Amygdala von entscheidender Bedeutung.

Immer mehr Beweise aus wissenschaftlichen Untersuchungen belegen, dass die Amygdala aus biologischer Sicht die Hauptverantwortung trägt für die Entwicklung von Voreingenommenheit und Hass, die wiederum viele Konflikte verursachen, die heute in der Welt ausgetragen werden. Die Aktivität der Amygdala spielt bei der Wahrnehmung potentieller Bedrohungssituationen eine wichtige Rolle. In der Einschätzung unseres sozialen Umfelds kann dies zu verzerrten und voreingenommenen Reaktionen wie Angst oder Feindseligkeit gegenüber jenen führen, die wir als einer Fremdgruppe zugehörig betrachten. Für unsere vorgeschichtlichen Urahnen mag dies angemessen und hilfreich gewesen sein. Diesen Mechanismus können wir aber nur schwer ausschalten, und in der heutigen Zeit kann die Amygdala ‚Fehlalarm' auslösen.

Die Informationen, die wir aus unserer Umwelt aufnehmen, werden an unterschiedliche Bereiche des Gehirns gesendet. Während bestimmte Informationen an das limbische System geleitet werden, übermitteln andere Nervenbahnen die Information an die Großhirnrinde, jenes Hirnareal, welches das überragende Charakteristikum von uns Menschen und die Krönung menschlicher Evolution darstellt. Die Großhirnrinde (der Neokortex) bildet die äußere Nervenzellschicht unseres Gehirns und ist evolutionsgeschichtlich betrachtet die jüngste Entwicklung des Gehirns. Dieser Bereich des Gehirns wird mit den höherstehenden Hirnfunktionen wie Bewusstsein, Sprache und Logik in Verbindung gebracht und ist der Sitz unseres rationalen Denkens. Hier finden genauere Analysen eines wahrgenommenen Gegenstandes oder Menschen statt, die eine detailliertere und präzisere Erkenntnis ermöglichen. Die Großhirnrinde ist der „denkende" Teil des Gehirns, der unsere bewussten Urteile und Auffassungen über andere formt. Hier entstehen auch unsere Stereotypen oder Klischees. Wenn die negativen Klischees oder falschen Auffassungen über ein Mitglied einer Fremdgruppe mit den negativen emotionalen Reaktionen der Amygdala kombiniert werden, entstehen Vorurteile. Im Folgenden werden wir untersuchen, wie diese falschen Auffassungen entstehen und wie wir sie überwinden können.

Ein abschließender Punkt ist hier von Bedeutung: Die Bereiche rationalen Denkens im Neokortex unseres Gehirns sind über Nervenbahnen mit dem limbischen System verbunden und können mit ihm kommunizieren. Daher verfügen wir über die Fähigkeit, bis zu einem bestimmten Grad unsere gewohnheitsmäßigen Reaktionsmuster durch neue Lernprozesse, Erfahrungen und Konditionierungen bewusst zu verändern. Wie wir noch sehen werden, kann der Neokortex unsere Rettung sein, wenn wir unsere primitiven, reflexartigen Reaktionen wie Angst, Feindseligkeit, Hass und Voreingenommenheit überwinden wollen, die wir von unseren urzeitlichen Vorfahren geerbt haben.

Stereotype und falsche Überzeugungen

Nach den verheerenden Verwüstungen, die der Wirbelsturm Katrina im August 2005 in New Orleans hinterlassen hatte, waren die Medien voller Berichte über die Katastrophe, wobei sich die Berichterstattung oft mit der Not und dem Elend der Überlebenden befasste. In vielen dieser Reportagen wurden weiße Überlebende, die ihre Häuser aufgrund des Sturms verlassen mussten, mit dem korrekten Wort „Evakuierte“ bezeichnet, wohingegen schwarze Überlebende häufig mit dem falschen Begriff „Flüchtling“ beschrieben wurden. In dem Wort „Flüchtling“ schwingt eine Bedeutung mit, dass jemand in einem fremden Land Zuflucht suchen muss, somit also Ausländer ist und der Fremdgruppe zugehört. Zwei berühmt-berüchtigte Fotos machten die Runde. Auf einem war ein schwarzer Mann zu sehen, der eine große Tasche durch hüfttiefes Wasser trug. In der Untertitelung dieses Fotos war die Rede von „Plünderung“, was Assoziationen von Diebstahl, Gewalt und Gefahr weckt. Ein anderes Foto zeigte einen weißen Mann, der in der gleichen Lage die gleiche Handlung ausführte. Hier aber war von „Nahrungssuche“ die Rede, ein Wort, das völlig andere Bilder wachruft, beispielsweise süße kleine Kaninchen auf der Suche nach Karotten oder harmlose kleine Eichhörnchen, die im Wald emsig nach Eicheln suchen.

„Eure Heiligkeit", fuhr ich fort, „wenn ich über die unterschiedlichen negativen Auswirkungen einer ‚Wir gegen sie'-Mentalität nachdenke, kommt mir als US-Amerikaner, der in einer multikulturellen Gesellschaft lebt, sofort der Rassismus in den Sinn. In Amerika stellt der Rassismus ein ernsthaftes Problem dar. Er war für viele Menschen über Jahrhunderte hinweg eine Quelle großen Leids, auch wenn sich das heute im Vergleich zu früher gebessert hat. Da wir gerade von den Ursachen der destruktiven Auswirkungen dieser ‚Wir gegen sie'-Mentalität sprechen, möchte ich Sie fragen, ob Sie über andere Ursachen von Vorurteilen und Rassismus etwas sagen könnten?"

„Nun, Howard, Sie stellen hier die Frage nach dem Rassismus. Aber ich glaube, dass es bei Vorurteilen nicht nur um Rassismus aufgrund von Hautfarbe geht – Vorurteile gegen die Hautfarbe sozusagen. Vorurteile und Voreingenommenheit haben vielmehr mit mentaler Projektion und der falschen Annahme zu tun, dass *eine* Gruppe von Natur aus einer *anderen* Gruppe überlegen sei.

Wenn wir zum Beispiel eine Gesellschaft betrachten, in der es nur eine einzige Rasse gibt, dann können wir auch hier Vorurteile finden, die auf unterschiedlichen falschen Annahmen beruhen. Ich erinnere mich beispielsweise an meinen ersten Besuch in Afrika, wo ich in Gabun im Albert-Schweitzer-Zentrum an einer Veranstaltung teilgenommen habe. Auf dem Weg dorthin fuhren wir an einigen armen, unterentwickelten Dörfern vorbei. Da sah ich Kinder, die völlig nackt herumliefen und mit dem Blut von einem dieser großen Wasservögel verschmiert waren, den sie gerade erlegt hatten, einen Kranich oder Flamingo vielleicht. Das Blut lief überall an ihnen herunter. Das machte mich sehr traurig. Nicht weit von diesen Dörfern entfernt befand sich auch der Veranstaltungsort – in einer Gegend, wo die herrschende Elite des Landes und auch der Präsident in deutlich sichtbarem Luxus lebten. Man konnte die große Kluft zwischen der herrschenden Elite und der Allgemeinbevölkerung spüren. Das war sehr entmutigend und bedrückend. Hier konnte ich auch innerhalb derselben Gruppe eine gewisse Voreingenommenheit spüren, die auf der falschen Annahme von Überlegenheit und Unterlegenheit beruhte.

Wenn wir uns mit Themen wie Vorurteilen und Rassismus beschäftigen, sind natürlich immer viele Faktoren am Werk, die alle ihren Beitrag beisteuern. Wenn wir zum Beispiel dazu konditioniert sind, falsche Ansichten zu haben, kann diese Konditionierung aus unterschiedlichen Bereichen kommen. Einige dieser Ansichten können von der eigenen Familie gefördert worden sein oder von der Gruppe, der man angehört. Oder wir haben Meinungen der Gesellschaft übernommen, in der wir aufgewachsen sind. Dann gibt es auch geschichtliche Einflüsse, und ein kolonialgeschichtlicher Hintergrund spielt bei Vorurteilen unter Umständen auch eine Rolle.

So gibt es vieles, worauf sich Diskriminierung aufbauen lässt …"

„Zum Beispiel …?"

„Zum Beispiel wie viel Geld man besitzt, wie viel Macht jemand hat, welche Erziehung man genossen hat oder der eigene soziale Status: Das alles sind Faktoren, die häufig die Grundlage bilden für dieses Gefühl von angeborener Überlegenheit über andere. Die Briten verwenden beispielsweise Titel wie ‚Sir' und ‚Lord', wodurch Klassenunterschiede etabliert werden. Diese Klassenunterschiede unterstellen stillschweigend eine angeborene Überlegenheit und schaffen ein Klima der Abgrenzung. Natürlich gibt es auch andere Kriterien, mit denen wir uns gegenüber anderen abgrenzen können, zum Beispiel wenn wir denken, dass die eigene Religion die bessere sei und mehr der Wahrheit entspräche als andere Religionen.

Es kann also viele Arten von Diskriminierung und Vorurteilen geben, und ihnen allen liegt das gleiche Prinzip zugrunde. Doch wie viele Kriterien man auch für die eigene Überlegenheit anführen mag, wird dies zwangsläufig für beide Seiten schädlich sein und Probleme verursachen."

Diesen Punkt führte er weiter aus: „*Unabhängig davon, um welche Art von Vorurteil und Diskriminierung es sich handelt, wird man an deren Wurzel immer eine Verfälschung der Wirklichkeit feststellen können, nämlich falsche Überzeugungen darüber, dass eine Gruppe einer anderen überlegen ist.*"

Der Dalai Lama schaute auf seine Uhr, und ich verstand, dass unser Gespräch sich dem Ende näherte. Daher sagte ich zusammenfassend: „Um es also auf den Punkt zu bringen …"

Er führte den Satz zu Ende: „Was auch immer die Grundlage für die eigenen Vorurteile und für das Gefühl der eigenen Überlegenheit sein mag, werden diese auf lange Sicht zu Problemen führen, und wir müssen Wege finden, wie wir sie verringern können."

Eine letzte Frage kam mir in den Sinn: „Eure Heiligkeit, wir reden hier über Vorurteile und darüber, dass die Grundlage von Vorurteilen lediglich mentale Projektionen und falsche Überzeugungen sind. Aber es gibt durchaus Fälle, wo Menschen wirklich voneinander verschieden und einige Menschen den anderen überlegen sind. Beispielsweise gibt es Menschen, die im Vergleich zu anderen eine bessere Erziehung genossen haben. Wenn nun jemand ein Gefühl von Überlegenheit auf der Tatsache begründet, dass sie oder er eine bessere Ausbildung genossen hat und tatsächlich auch besser ausgebildet ist, dann ist das keine falsche Überzeugung, sondern ist auf realen Tatsachen begründet."

Der Dalai Lama erwiderte: „Howard, wenn wir uns mit menschlichen Verhaltensweisen und Ansichten beschäftigen, spielen eine ganze Reihe von Faktoren eine Rolle. Das sind äußerst komplexe Themen." Und mit einem leicht gereizten Unterton in seiner Stimme fügte er hinzu: „Und schließlich werden unsere Gespräche und dieses Buch, an dem wir arbeiten, nicht von den Vereinten Nationen beurteilt werden. Es ist also nicht so, dass wir Lösungen für alle Probleme dieser Welt finden müssten. Bei Vorurteilen oder dem Gefühl der eigenen Überlegenheit sind nicht nur falsche Überzeugungen am Werk, und aus buddhistischer Sicht sind letztendlich unsere geistigen Befleckungen die Ursache des Problems, denn Einstellungen wie Hochmut und Arroganz liegen in der Unwissenheit begründet.

Es ist richtig: Einige Menschen verfügen aufgrund von besserer Ausbildung über größere Fähigkeiten, andere sind vielleicht nicht so gut ausgebildet; einige Menschen sind reich, andere arm; einige sehen sehr gut aus, andere weniger gut. Doch trotz aller Unterschiede bleibt eines unumstößlich, dass wir nämlich gegenüber allen Menschen stets Respekt bewahren sollten. Die anderen sind genauso Menschen wie wir selbst, und wir alle haben Menschenwürde. Auf dieser fundamentalen Ebene verdienen wir alle Respekt. Das ist eine unabänderliche Wahrheit."

Der Dalai Lama zog sich seine Schuhe an und beendete damit unsere heutige Sitzung. Unsere Diskussion darüber, wie wir unsere Vorurteile überwinden können, musste bis zum nächsten Treffen warten.

Der Krieg in Ruanda zwischen den Hutu und Tutsi ist vielleicht das extremste Beispiel aus der zweiten Hälfte des vergangenen Jahrhunderts für Vorurteile und für den Glauben an die eigene Überlegenheit. Nach dem Völkermord an den Tutsi wurde von den Vereinten Nationen der Internationale Strafgerichtshof für Ruanda eingesetzt, um die herrschenden Hutu für ihren gezielten Versuch, die Tutsi auszurotten, zur Rechenschaft zu ziehen. Bereits in der ersten Sitzung des Tribunals unterzog man den Begriff „Volksgruppe" einer genauen Überprüfung. Im Allgemeinen wird mit „Volksgruppe" eine fest umrissene Gruppe oder Gemeinschaft bezeichnet, deren Mitglieder eine gemeinsame Sprache oder Kultur haben. Da die Tutsi und Hutu Sprache, Religion und Kultur miteinander teilen, erkannten die Richter bald, dass es sich hier nicht um eigenständige Volksgruppen handelte. Völkermord kann sich natürlich auch auf eine bestimmte Rasse beziehen, doch die Tutsi erfüllten auch nicht die Kriterien, um sie als eigenständige Rasse klassifizieren zu können. Die Richter stellten fest, dass die Anklage nur dann auf Völkermord lauten kann, wenn die Tutsi eine genau definierte Volksgruppe oder Rasse seien.

Über ein Jahr lang verursachten abwechselnde Richterkomitees und Rechtsexperten in diesem Tribunal ein Durcheinander verwirrender Meinungen und Entscheidungen und änderten dabei den eigenen Standpunkt vier Mal um 180 Grad. Das geschah im Versuch, die Tutsi und Hutu als zwei eigenständige Rassen oder Volksgruppen zu klassifizieren, allerdings ohne Erfolg. Die Richter kamen daher schließlich zum Schluss, dass die Opferdefinition für jeden einzelnen Fall neu festgelegt werden müsse. Das führte dazu, dass jedes Verfahren wegen Völkermords immer wieder von Neuem mit demselben verwirrenden und uneindeutigen Beweismaterial über die Identität von Hutu und Tutsi aufgerollt werden musste. Selbstverständlich gründete aber der Hass, der den Krieg und den Völkermord befeuert hatte, auf beiden Seiten in der felsenfesten Überzeugung, dass es grundlegende Unterschiede in der Volksgruppen- und Rassenzugehörigkeit zwischen den Hutu und den Tutsi gab. Doch es wurde offensichtlich, dass diese Rassen- und Volksgruppenunterschiede, die den Ausgangspunkt für entsetzliche Gräueltaten, unvorstellbares menschliches Leid und Blutvergießen bildeten, reine Einbildung waren und in keiner Weise der Wirklichkeit entsprachen.

Wie konnten solche Illusionen und falsche Überzeugungen entstehen? In Fall von Ruanda hat die lange und verwickelte Geschichte des Landes – mit ständig wechselnden politischen Grundsatzprogrammen, Machtstrukturen und Regierungsparteien – allmählich bei den Tutsi und den Hutu die Überzeugung entstehen lassen, dass sie unterschiedlichen Volksgruppen angehören. *Die Begriffe „Tutsi" und „Hutu" waren jedoch ursprünglich als Bezeichnung für die gesellschaftliche und ökonomische Identität eines Menschen entstanden und nicht für seine Zugehörigkeit zu einer bestimmten Rasse oder Volksgruppe. Die Bezeichnungen wurden flexibel verwendet, hatten fließende Übergänge und bedeuteten für verschiedene Menschen an verschiedenen Orten zu verschiedenen Zeiten ganz unterschiedliche Dinge.* Ursprünglich wurden Menschen mit adliger Herkunft oder Menschen, die über einen gewissen Grad an Macht und Wohlstand verfügten, als „Tutsi" bezeichnet, wohingegen „Hutu" eher Menschen aus den niedrigeren Gesellschaftsschichten waren. Die Bezeichnungen waren allerdings so fließend, dass jemand mit einer Hutu-Abstammung schließlich Tutsi werden konnte, wenn er oder sie genügend Vermögen, Macht oder Einfluss erlangt hatte. In solchen Fällen gerieten die eigenen Wurzeln als Hutu allmählich in Vergessenheit.

Die „Ethnisierung" der Begriffe „Hutu" und „Tutsi" ist ein politisches Konstrukt der jüngeren Zeit, und einige Forscher sind der Meinung, dass sie vom Hof der herrschenden Tutsi im achtzehnten oder neunzehnten Jahrhundert in Umlauf gesetzt wurde, damit die Tutsi Ansprüche auf Überlegenheit gegenüber den Hutu geltend machen konnten. Später verfestigten deutsche und belgische Kolonialherrscher die verbliebenen fließenden Übergänge und institutionalisierten ein System der Zuordnung in eine der beiden Rassen oder Volksgruppen mit den jeweils dazugehörigen Vorstellungen von Überlegenheit und Unterlegenheit. Politisch war das ein geschickter Schachzug, durch den die Kolonialherren die Tutsi für die Festigung der eigenen Herrschaft instrumentalisieren konnten. Dies unterstützte und verfestigte die Polarisierung zwischen den beiden Gruppen. Die Kriterien für die Zuordnung in die eine oder andere „Rasse" oder „Volksgruppe" waren allerdings so willkürlich, dass die *Belgier im Jahr 1933 jemanden, der weniger als zehn Kühe besaß, als Hutu bezeichneten und jemanden mit mehr als zehn Kühen als Tutsi!*

Das Dilemma, vor dem das UN-Kriegsverbrechertribunal beim Völkermord in Ruanda stand, unterstreicht die Tragik von Rassenhass und Vorurteilen in all ihren Ausprägungen. Wie der Dalai Lama bemerkte, beruhen Rassenhass und Vorurteile auf verzerrten und falschen Überzeugungen, seien dies nun die Illusion über grundlegende Rassenunterschiede zwischen zwei Gruppen oder der fälschliche Glaube an die angeborene Überlegenheit oder Unterlegenheit einer Gruppe gegenüber einer anderen.

Der Dalai Lama weist darauf hin, dass falsche Überzeugungen und eine Verfälschung der Wirklichkeit die Wurzel aller Vorurteile bilden. Wenn wir die Abläufe im menschlichen Gehirn bei der Entstehung unserer Vorurteile betrachten, ist es leichter zu verstehen, wie solche Verfälschungen der Wirklichkeit entstehen können. Wie wir bereits aufgezeigt haben, teilt unser Gehirn – das einer Flut an hereinkommenden Informationen ausgesetzt ist – die Objekte und Menschen, denen wir begegnen, gern in allgemeine Kategorien ein. Sobald wir einen Menschen einmal in eine bestimmte gesellschaftliche Kategorie oder Gruppe eingeordnet haben, werden sofort Stereotype oder Klischees über diese Gruppe wachgerufen. Stereotypen sind eine Form von Heuristik, mentale Abkürzungen, die das Gehirn benutzt, um besser mit einer komplexen Welt zurechtzukommen. Dieses Vorgehen bietet gewisse Vorteile, zum Beispiel, dass wir sehr schnell auf das reagieren können, was um uns herum geschieht, und dass die Ressourcen unseres Gehirns geschont werden. Dafür zahlen wir aber einen hohen Preis, denn dieses Vorgehen kann dazu führen, dass wir die Wirklichkeit verfälschen und falsche Überzeugungen und Klischees über andere Gruppen entwickeln, die möglicherweise zu Vorurteilen, Hass und schließlich sogar Gewalt führen können.

Wie geschieht das genau? Soziale Kategorien basieren darauf, dass wir Informationen vereinfachen, verallgemeinern und rasch Urteile fällen. Genau hier beginnt die Verfälschung der Wirklichkeit. Es ist nahezu unmöglich, ein komplexes Wesen wie einen Menschen mit all seinen unterschiedlichen Charaktereigenschaften, Fähigkeiten, Talenten, Werten etc. umfassend und richtig zu verstehen, wenn wir nur ein paar allgemeine Eigenschaften der Gruppe heranziehen, der dieser Mensch angehört. Gleichzeitig ist es sehr einfach, stark zu verallgemeinern. Es gibt viele Studien, die belegen, dass wir dazu neigen, die *Unterschiede zwischen* Gruppen stark zu vergrößern, die *Ähnlichkeiten innerhalb* von Gruppen zu überschätzen und die charakteristischen Merkmale der Individuen in einer Gruppe zu übersehen – das Phänomen „Die sehen alle gleich aus".

Unsere Stereotypen einer bestimmten gesellschaftlichen Gruppe oder Kategorie können positiv oder negativ ausfallen und unterschiedlich zutreffend sein. Allerdings beruhen auch „zutreffende" Stereotypen – zum Beispiel in Bezug auf tatsächliche Unterschiede zwischen verschiedenen Gruppen – auf einer Verzerrung, und je mehr wir einen komplexen Menschen in all seinen Einzelheiten auf ein paar charakteristische Haupteigenschaften reduzieren und ihn dann nur noch als Mitglied einer bestimmten Gruppe wahrnehmen, desto unzuverlässiger wird unser Urteil über diesen Menschen ausfallen. Schließlich beinhaltet der Prozess der Stereotypisierung schon ein Urteil über einen anderen Menschen, bevor wir ihn überhaupt kennengelernt haben. Darüber hinaus vergessen wir leicht, dass jemand, den wir aufgrund seiner Zugehörigkeit zu einer bestimmten gesellschaftlichen Gruppe beurteilen, gleichzeitig auch vielen anderen gesellschaftlichen Gruppen angehören kann, die wir einfach außer Acht lassen.

Das Problem mit unseren Vorurteilen ist nicht nur, dass wir zu diesen falschen und verzerrten Überzeugungen über andere Gruppen tendieren, sondern dass sich diese falschen Überzeugungen und Vorurteile tendenziell gegenseitig verstärken. Vorurteile haben ihren Ausgangspunkt in einer negativen emotionalen Reaktion auf eine andere Gruppe, und wir haben eine natürliche Neigung dazu, Überzeugungen über die andere Gruppe zu entwickeln, die mit unserem „Bauchgefühl" und unserer emotionalen Voreingenommenheit übereinstimmen. Auf gleiche Weise neigen wir dazu, unserer eigenen Gruppe positive Eigenschaften zuzuschreiben, was dazu führt, dass wir die Eigengruppe eher als überlegen und die Fremdgruppen als unterlegen ansehen. Eine Studie an dreißig Stämmen in Afrika hat beispielsweise gezeigt, dass jeder einzelne Stamm glaubte, allen anderen Stämmen überlegen zu sein.

Natürlich entwickeln sich diese Überzeugungen unabhängig davon, ob sie richtig oder falsch sind. Leider haben falsche Überzeugungen, Klischees und Stereotypen oft die Eigenschaft, dass sie besonders starr und unflexibel sind, wenn wir sie erst einmal entwickelt haben. Untersuchungen belegen, dass das menschliche Gehirn dazu neigt, aus der Umwelt die Informationen aufzunehmen, die zu unseren Überzeugungen – wie etwa dem Glauben an die angeborene Überlegenheit der Eigengruppe über Fremdgruppen – stimmen, und dass wir Informationen, die mit unseren Überzeugungen unvereinbar sind, ausblenden. Wenn Verhaltensweisen oder Charaktereigenschaften, die wir an anderen wahrnehmen, mehrdeutig sind, dann filtern und verzerren wir diese Wahrnehmungen, bis sie schließlich mit unserer vorgefassten Meinung zusammenpassen.

Obwohl – wie der Dalai Lama klarmacht – unsere falschen Ansichten über andere Gruppen die direkte Ursache für viele Grausamkeiten sind, die sich in der Welt ereignen, sind wir uns tragischerweise im Normalfall noch nicht einmal dessen bewusst, wie unser Gehirn die hereinkommenden Informationen filtert, auswählt, reduziert oder übertreibt, damit sie mit unseren Überzeugungen im Einklang stehen.

Damals und heute

Vor einigen Jahren führten Wissenschaftler ein Experiment durch, mit dem die Favorisierung der Eigengruppe untersucht werden sollte. Dafür teilte man Versuchspersonen in zwei Teams ein, die ein Computerspiel miteinander spielten. Dabei konnten die Versuchspersonen den anderen Spielern, egal in welchem Team, Geld zukommen lassen. Gleichzeitig wurden die Versuchspersonen darauf hingewiesen, dass sie selbst von keinem der anderen Spieler Geld bekämen. Das Favorisieren der Eigengruppe wurde nun daran gemessen, wie viel Geld die Spieler den Mitgliedern des eigenen Teams zukommen ließen. Wie zu erwarten war, haben die Versuchspersonen die eigene Gruppe bevorzugt und deren Mitgliedern mehr Geld zukommen lassen. Das eigentlich Interessante jedoch: Erstens brachte es den Teilnehmern keinen Vorteil, die Eigengruppe zu favorisieren. Zweitens hatten die Teilnehmer keinerlei Informationen über die anderen Mitspieler und über die Mitglieder der jeweiligen Teams– das Spiel wurde anonym und über Computer durchgeführt. Die Versuchspersonen waren nach dem Zufallsprinzip durch Münzwurf in eines der beiden Teams eingeteilt worden. Die Tendenz der Versuchspersonen, die Eigengruppe zu favorisieren oder ihre Wahrnehmung, dass die Eigengruppe auf irgendeine Weise besser oder der anderen Gruppe überlegen sei, war daher völlig *willkürlich und unbegründet* und beruhte lediglich auf der Tatsache, dass man dieser Gruppe angehörte.

Dieses Experiment unterstreicht einen wichtigen Punkt, auf den der Dalai Lama hingewiesen hat. In einer weit zurückliegenden Vergangenheit unserer menschlichen Gattung war es ein Zeichen von Anpassungsfähigkeit, die Eigengruppe zu favorisieren und Vorurteile gegenüber Fremdgruppen zu haben. Zu einer Zeit, als das eigene Leben sehr oft durch Mitglieder von Fremdgruppen bedroht war, konnte eine automatische und instinktive Gefahrenmeldung als Reaktion auf Fremdgruppen lebensrettend sein. Auch das Favorisieren der Eigengruppe brachte sehr viele Vorteile mit sich und unterstützte uns im Überlebenskampf und bei der Fortpflanzung. Auch heute können diese Reaktionen unter bestimmten Umständen natürlich hin und wieder hilfreich sein. Beispielsweise fördert das Favorisieren der Eigengruppe ein Gefühl von Affinität, Verbundenheit und Zugehörigkeit. Sogar die negativen Voreingenommenheiten, die Bestandteil des Gefahrenalarmsystems unseres Gehirns sind, können durchaus nützlich und auch lebensrettend sein, wenn wir uns in einer lebensbedrohlichen Situation befinden und von den Mitgliedern einer anderen Gruppe angegriffen werden.

Das Problem liegt jedoch darin, dass wir heute mit einem Gehirn ausgestattet sind, das sich für die Bewältigung von Problemen entwickelt hat, denen sich unsere Vorfahren im Pleistozän vor etwa einer Million Jahren gegenüber sahen; einem Gehirn, das sich in den letzten einhunderttausend Jahren anatomisch nicht mehr verändert hat. Im Vergleich zu damals ist unsere Welt heute eine ganz andere, und doch reagiert unser Gehirn immer noch automatisch, instinktiv und blind auf die gleiche Art und Weise wie vor Hunderttausenden von Jahren, selbst wenn dies heute weder Vorteil noch Nutzen hat, wie beispielsweise in dem eben erwähnten Computerspiel.

Natürlich ist hier das Problem nicht nur, wie der Dalai Lama betont, dass wir auf eine Weise reagieren, die uns keinen Vorteil oder Nutzen bringt, sondern vielmehr, dass ein auf diesen eher primitiven instinktiven Reaktionen beruhendes Verhalten möglicherweise verheerende Folgen haben kann. In der Tat ist es so, dass genau die Strategien, die unser Gehirn entwickelt hat, um mit den Problemen der Welt des Pleistozäns fertig zu werden und um das menschliche Wohlergehen und Überleben unserer Ur-Ur-Urahnen zu sichern, uns heute große Probleme bereiten können.

Unser Gehirn ist bestens dafür ausgerüstet, um Gefahren und Bedrohungen aufzuspüren, damit wir schnell reagieren können. Wenn wir aber Klischees und Stereotypen entwickeln, die auf eingebildeten Unterschieden beruhen, Vorurteile auf diesen Stereotypen aufbauen und dann blind Programme abspulen, die für unsere Vorfahren aus ferner Vergangenheit entwickelt worden und fest in den Schaltkreisen unseres Gehirns codiert sind, kann das katastrophale Folgen haben. In unserer heutigen interdependenten Welt, in der wir alle miteinander verbunden sind und in der *unser eigenes Überleben von der Kooperation mit anderen Gruppen abhängt*, ist es von großem Nachteil, wenn wir auf andere Gruppen automatisch so reagieren, als ob sie unsere Feinde seien. Die Gewalt und die Grausamkeiten, die wir bis zum heutigen Tag erlebt haben, stammen weitgehend daher, dass wir unser Verhalten auf einigen dieser eher primitiven Mechanismen unseres Gehirns begründen.

VIERTES KAPITEL

Vorurteile überwinden

Im November 2008 wählte das amerikanische Volk den ersten Präsidenten der USA mit afroamerikanischer Abstammung. In der Geschichte des Landes stellte dies einen Meilenstein dar, der noch vor einer Generation völlig undenkbar gewesen wäre. Vor nur zwei Generationen war Rassentrennung in den Südstaaten der Vereinigten Staaten noch eine gängige Praxis, und Menschen aller Gesellschaftsschichten brachten ganz unumwunden ihre fanatischen und rassistischen Meinungen zum Ausdruck. Und weniger als drei Generationen trennen uns von den Schrecken des Holocaust, der schlimmstmöglichen Ausgeburt von Vorurteilen und menschlichem Hass, ein absoluter Tiefpunkt in der Menschheitsgeschichte. Wenn wir auf die unverhohlene Rassendiskriminierung, die ostentative Bigotterie und den Fanatismus zur Zeit unserer Groß- und Urgroßeltern zurückblicken, dann hat es den Anschein, dass wir große Fortschritte darin gemacht haben, Vorurteile, Rassismus und Diskriminierungen abzubauen.

Es ist allerdings viel zu früh, selbstzufrieden die Hände in den Schoß zu legen. Denn neuere Forschungsergebnisse deuten darauf hin, dass die Probleme, die von unseren Vorurteilen verursacht werden, noch lange nicht überwunden sind. Voreingenommenheit und Vorurteile sind stärker verbreitet, als den meisten von uns bewusst ist, und sie sind noch längst nicht von der Bildfläche verschwunden, sondern treten nur weniger offensichtlich zu Tage. Einigen Schätzungen zufolge sind 80 Prozent der Menschen in westlichen demokratischen Ländern der Auffassung, dass sie keine voreingenommenen Meinungen haben und kein offensichtlich diskriminierendes Verhalten an den Tag legen. Und nur etwa zehn Prozent dieser Menschen, eine kleine Minderheit also, geben zu, offen rassistisch zu sein und Vorurteile zu haben.

Allerdings zeigen Untersuchungen, dass Menschen, die der Meinung sind, völlig unvoreingenommen zu sein, oft schockiert sind, wenn sie in psychologischen Tests herausfinden, dass sie immer noch unterschwellige Voreingenommenheiten hegen. Obwohl diese unbewussten voreingenommenen Haltungen weniger offensichtlich zu Tage treten, können sie sich destruktiv auswirken und unser Urteil und Verhalten auf subtile, aber sehr konkrete Weise beeinflussen.

Nachdem wir bisher das Entstehen von Vorurteilen und ihre zerstörerischen Auswirkungen beleuchtet haben, ist es nun an der Zeit, Wege zu erkunden, wie wir Vorteile überwinden und die Mauern einreißen können, die zwischen verschiedenen Menschen und Gruppen existieren. Dabei werden wir Möglichkeiten aufzeigen, wie wir eine grundlegende Verbundenheit auch mit jenen herstellen können, die wir normalerweise als verschieden von uns betrachten.

Ich begann: „Eure Heiligkeit, vorläufig wird dies unser letztes Zusammentreffen sein. In dieser Woche haben wir über die Vorteile gesprochen, die es hat, wenn wir unsere Perspektive vom ‚Ich' zum ‚Wir' verlagern und ein Zusammengehörigkeitsgefühl mit einer größeren Gemeinschaft entwickeln. Wir haben auch die möglichen Gefahren erörtert, die auftreten, wenn sich ein gesundes Gefühl von ‚Wir' in eine ungesunde Haltung von ‚Wir gegen sie' verwandelt, was zu Vorurteilen, Diskriminierungen und Rassismus führen kann."

„Das ist richtig."

„Gestern haben Sie von der Notwendigkeit gesprochen, unsere Vorurteile, rassistische Einstellungen und falsche Überzeugungen, die wir gegenüber anderen Gruppen hegen, zu überwinden. Das bringt uns nun zum letzten Thema dieser Woche, nämlich wie wir unsere Vorurteile überwinden können."

„Sehr gut."

„Was schlagen Sie also vor, was wir hier tun sollen, um unsere Vorurteile zu überwinden?", fragte ich.

Er antwortete: „Ich glaube, dass es *keine Universallösung* gibt", antwortete er. „Wir brauchen viele Ansätze."

„Nun, nehmen wir an, dass es in einer bestimmten Gesellschaft besonders starke Vorurteile und ausgeprägten Rassismus gibt und viele Mitglieder dieser Gesellschaft an die Überlegenheit der eigenen Gruppe glauben und starke Vorurteile und Feindseligkeiten gegenüber einer anderen Gruppe an den Tag legen. Wo würden Sie hier ansetzen? Wie würden Sie anfangen, diese Menschen davon zu überzeugen, ihre Vorurteile und rassistischen Haltungen aufzugeben?"

„Wir werden ganz natürlich immer eine gewisse Vorliebe für die Mitglieder unserer eigenen Gruppe haben. Hier geht es allerdings darum, unsere Voreingenommenheit und Vorurteile gegenüber anderen Gruppen zu verringern. Wie bereits gesagt, kann es dafür unterschiedliche Methoden geben.

Der erste Schritt wird aber darin liegen, *die Menschen hierzu zu motivieren.* Natürlich muss eine Bereitschaft vorhanden sein, die eigenen voreingenommenen Haltungen zu überprüfen. Das ist von grundlegender Bedeutung. Dann muss auch eine gewisse Offenheit vorhanden sein, die gewohnten Haltungen zu korrigieren."

„Wo setzen Sie an, um die Menschen zu motivieren, ihre voreingenommenen Einstellungen zu korrigieren?", wollte ich wissen.

„Indem wir das Bewusstsein dieser Menschen von den Nachteilen ihrer Einstellungen erweitern und sie dazu anregen, darüber nachzudenken, wie es ihnen selbst auf lange Sicht hin schaden wird, wenn sie andere Mitmenschen schlecht machen und herabwürdigen."

„Und der nächste Schritt?"

„Der nächste Schritt besteht darin, die falschen Überzeugungen über die anderen in Frage zu stellen, auf denen die Vorurteile aufbauen, wie etwa der Glaube an die eigene angeborene Überlegenheit. Im Allgemeinen sind Vorurteile, auf welcher Grundlage auch immer, eine Folge von Konditionierung, da sie von der eigenen Familie, der eigenen Kultur etc. übernommen werden. Es gilt also, diese Konditionierungen zu überwinden. Dies kann erreicht werden, indem wir uns gezielt mit verzerrten Einstellungen und falschen Überzeugungen auseinandersetzen. Wir können dafür werben, diese Überzeugungen zu revidieren, indem wir aufzeigen, wo es falsche Annahmen gibt, auf denen die falschen Überzeugungen und Projektionen aufbauen. Letztendlich geht es hier darum, die Wirklichkeit aufzudecken und zu erkennen."

Paradoxerweise begünstigt das in westlichen Kulturen vorherrschende Klima der „politischen Korrektheit" möglicherweise die Tatsache, dass 80 Prozent der Menschen in westlichen Gesellschaften immer noch unterschwellige Vorurteile mit sich herumtragen. Der Wunsch nach gesellschaftlicher Anerkennung und eine aufrichtige Beschämung über die eigenen Ansichten können dazu führen, dass Menschen ihre voreingenommenen Haltungen und Gefühle unterdrücken. Es gibt Studien, die belegen, dass sich *Vorurteile nicht dadurch überwinden lassen,* dass wir versuchen, sie zu unterdrücken und schnell unter den Teppich zu kehren. *Im Gegenteil, sie werden dadurch möglicherweise noch vergrößert.*

Einigen Forschern zufolge hängt das mit dem „Phänomen des rosa Elefanten" zusammen. Je mehr man sich bemüht, nicht an einen rosa Elefanten zu denken, desto wahrscheinlicher ist es, dass man genau daran denkt. Das mag eine Erklärung dafür sein, warum heutzutage die meisten Menschen in den USA rassistische Haltungen ablehnen – auf jeden Fall bedeutend mehr als noch vor zwei Generationen. Dennoch ist die amerikanische Gesellschaft aufgrund von unterschwelligen Vorurteilen, über die sich viele Menschen vielleicht gar nicht bewusst sind, immer noch voller rassistisch motivierter Spannungen. Wissenschaftliche Untersuchungen belegen, dass in scheinbar friedlichen und toleranten Gesellschaften, unter deren Oberfläche subtile und weitverbreitete Vorurteile schwelen, in einer Phase außerordentlicher Belastungen, sozialer Unruhen oder wirtschaftlichen Abschwungs Rassenvorurteile und Konflikte offen ausbrechen und die Menschen in primitive Verhaltensformen zurückgeworfen werden können.

Der Dalai Lama bietet eine fundierte Vorgehensweise an, wie wir sowohl unterschwellige Voreingenommenheit als auch unverhohlene Vorurteile auflösen können. Er beginnt damit aufzuzeigen, wie wichtig es ist, die eigenen Vorurteile und stereotypen Überzeugungen wahrzunehmen und ehrlich anzuerkennen, anstatt sie zu verstecken, zu unterdrücken oder zu verleugnen. Darauf folgen ein Infragestellen und eine gezielte Auseinandersetzung mit allen Überzeugungen, welche nicht mit der Wirklichkeit vereinbar sind. Es gibt Studien, die bestätigen, dass wir unsere Vorurteile dadurch überwinden können, dass wir sie offen anerkennen und uns direkt mit ihnen auseinandersetzen, statt sie zu unterdrücken. Und es steht außer Frage, dass einige unserer falschen Überzeugungen derart tief verwurzelt sind, dass es einer starken Motivation bedarf, um sie zu überwinden. Ein vertieftes Bewusstsein von dem langfristigen Schaden, den unsere Vorurteile letztendlich auch für uns selber bringen werden, kann solch eine starke Motivation erzeugen.

Nur ein derartiger Ansatz kann unsere Vorurteile erwiesenermaßen verringern – doch im weiteren Verlauf unserer Gespräche zeigte der Dalai Lama noch einige ergänzende Strategien auf, wie wir unsere Vorurteile und Voreingenommenheit überwinden können …

Bei der Untersuchung darüber, wie wir unsere Vorurteile überwinden können, schien der Vorschlag des Dalai Lama sehr plausibel, dass wir durch gezieltes Infragestellen unserer falschen Haltungen über unsere eigene Konditionierung hinauswachsen können. Doch für den Durchschnittsmenschen ist das unter Umständen gar nicht so einfach. Schließlich verfügen die allerwenigsten von uns über eine jahrzehntelange Ausbildung in Logik und Debattierkunst oder über eine lebenslange Schulung des eigenen Geistes. Daher merkte ich an: „Es scheint aber, dass diese Konditionierungen manchmal so stark sind, dass man die Menschen nur schwer dazu bewegen kann, ihre tief verwurzelten Überzeugungen zu ändern … Aus reiner Neugier: Sind Sie schon einmal persönlich Zeuge davon geworden, wie jemand seine Denkweise über derartig falsche Einstellungen geändert hat?"

„Oh ja", antwortete er mit offensichtlichem Enthusiasmus. „Ich erinnere mich an ein Erlebnis in Südafrika, das mich wirklich sehr tief berührt hat."

„Können Sie mehr davon erzählen?"

„Ja, das war in der Township* Soweto, einem Elendsviertel in Johannesburg, wo ich die Gelegenheit hatte, eine gewöhnliche Familie

---

* Township ist eine Bezeichnung für die während der Apartheid eingerichteten, oft slumartigen Wohngebiete für Farbige in Südafrika, die sich zu Zentren des Widerstandes der Schwarzen gegen die Apartheid entwickelten. Eine dieser Townships ist Soweto (eine Abkürzung für South Western Township) im Südwesten von Johannesburg, das heute zum Stadtgebiet von Johannesburg gehört. [A.d.Ü.]

in ihrer einfachen Unterkunft zu besuchen. Ich bin etwa zwei Stunden dort geblieben, mir wurde Tee angeboten, und wir hatten Zeit, uns ausgiebig zu unterhalten. Ein Freund der Familie – ein Schullehrer – gesellte sich zu uns. Dieses Treffen ereignete sich kurz nach dem Ende der Apartheid, und daher sagte ich zu ihnen: ‚Ihr Land ist jetzt demokratisch geworden, es hat einen Regierungswechsel gegeben, und Sie haben politische Gleichberechtigung erlangt. Daher glaube ich, dass Ihnen jetzt alle Möglichkeiten offen stehen. Da es aber Zeit braucht, um die Denkweisen und Einstellungen der Menschen zu verändern, kann es bei einigen Leuten noch eine Weile dauern, bis sie diese Gleichheit auch psychologisch akzeptieren.' Daraufhin antwortete mir der Schullehrer: ‚Selbst wenn wir hier nun Chancengleichheit haben, so können wir uns doch nicht mit den Weißen messen, da wir von Natur aus weniger intelligent sind als sie.' Dieser Schullehrer war tatsächlich der Meinung, dass die Schwarzen den Weißen genetisch unterlegen und dass die Gehirne der Schwarzen nicht so gut seien wie die der Weißen. Es stimmte mich sehr traurig, dass er tatsächlich dieser Überzeugung war. So habe ich mich mit ihm darüber auseinandergesetzt. Ich sagte ihm, dass dies eine Auffassung sei, die nicht mit der Wirklichkeit übereinstimme, aber er hat mir nicht geglaubt. Seine Konditionierung war so stark, dass er wirklich von der Idee der rassischen Unterlegenheit überzeugt war.

Ich habe dann lange mit ihm geredet und verschiedene Argumente angeführt, um ihn davon zu überzeugen, dass er den Weißen nicht unterlegen sei. Gegen Ende unserer Unterhaltung konnte ich ihn schließlich doch noch überzeugen. Da tat er einen tiefen Seufzer und sagte: ‚Ja, ich glaube Sie haben Recht. Sie haben mich davon überzeugt, dass wir wirklich gleich sind.' Das war ein Tag, an den ich mich noch heute ganz genau erinnern kann. Ich war wirklich sehr glücklich und erleichtert: Dieser Lehrer hatte tatsächlich seine Einstellung geändert, und ich dachte mir, dass es zumindest hier einen Menschen gab, bei dem ich etwas bewegt hatte."

Als der Dalai Lama dies erzählte, schwang eine gewisse Begeisterung und Intensität in seiner Stimme mit, und ein ernsthafter Ausdruck lag in seinen Augen; er vermittelte einen unmissverständlichen Eindruck tiefer Befriedigung und Freude, ein Gefühl echter

Errungenschaft, als ob er über eine der wirklich herausragenden Leistungen seines Lebens berichtete. Das Leben das Dalai Lama ist geprägt von überragenden Leistungen, die sich in unzähligen Ehrungen, Preisen und Auszeichnungen – ja sogar dem Friedensnobelpreis – widerspiegeln. Und dennoch habe ich ihn in all den Jahren, die ich ihn nun kenne, nur selten über etwas mit dem gleichen ungezügelten Enthusiasmus, offensichtlichen Stolz und Genugtuung sprechen hören wie hier, als er von seinem Besuch bei diesem südafrikanischen Schullehrer erzählte.

Ich hakte nach: „Mit welchen Argumenten konnten Sie ihn überzeugen?"

„Ich habe unterschiedliche Argumente angeführt. Zunächst habe ich versucht, meine eigenen Erfahrungen zu vermitteln, meine Erfahrungen mit den Chinesen. Ich erklärte ihm, dass viele Chinesen uns Tibeter als rückständig und minderwertig betrachten und glauben, dass Tibeter grundsätzlich verschieden von den Chinesen sind. Dann habe ich ihm gesagt, dass dies nicht der Fall ist, und ich habe ihm von unseren Erfahrungen als Flüchtlingen berichtet. Ich habe ihm Beispiele genannt, die zeigen, wie wir Tibeter durch Anstrengungen und harte Arbeit mit den Chinesen gleichziehen und wir genauso gut wie sie werden können, wenn uns denn dieselben Bildungsmöglichkeiten offenstehen. Ich habe ihm gezeigt, dass Chancengleichheit, Zugang zu Bildungsmöglichkeiten und das Selbstvertrauen, diese Chancen auch zu nutzen, das Entscheidende sind. Schließlich habe ich ihm noch erklärt, dass es aus wissenschaftlicher Sicht und auf der grundlegenden biologischen Ebene unseres Gehirns keine Unterschiede gibt. *Alle Menschen haben das gleiche Potential.* Das waren in etwa die Argumente, die ich angeführt habe."

„Eure Heiligkeit, das Beispiel dieses Schullehrers unterscheidet sich etwas von dem, was wir bislang besprochen haben. Bis jetzt haben wir darüber geredet, dass die Menschen dazu neigen, die Eigengruppe zu favorisieren und gegenüber Fremdgruppen, wie beispielsweise Rassenminderheiten, Vorurteile zu hegen. Infolgedessen blickt die Menschheit auf eine unerfreuliche und hässliche Geschichte der Unterdrückung von Minderheiten und stigmatisierten Gruppen zurück.

Doch bei diesem Schullehrer handelt es sich um den tragischen Fall, dass ein Mitglied der unterdrückten Gruppe selber die falsche Überzeugung, unterlegen zu sein, angenommen hat. Wie bereits erörtert, tendieren wir Menschen gewöhnlich dazu, an die Überlegenheit der eigenen Gruppe zu glauben. In diesem Fall gibt es also eine weitere Dynamik, die das Bild verkompliziert. Und Ihre Schilderung dieser Begebenheit erinnerte mich an einige wissenschaftliche Theorien über unterschwellige psychologische Mechanismen in Fällen wie diesem."

„Was für Theorien sind das?", wollte er wissen.

„Ein Faktor ist, dass eine unterdrückte Gruppe die erlebten Ungerechtigkeiten unter Umständen rationalisieren muss, da es einfacher sein kann, zu glauben, dass man selber oder die eigene Gruppe etwas falsch gemacht hat, anstatt zu erkennen, dass man ein hilfloses Opfer einer diskriminierenden und voreingenommenen Gesellschaft ist. Ich denke, dass es auf einer tiefen psychischen Ebene weniger Beklemmung und Unbehagen hervorruft, an die angeborene Unterlegenheit der eigenen Gruppe zu glauben, statt an eine ungerechte, willkürliche und tyrannische Welt, in der grundlos Schlimmes geschieht. Es hat also den Anschein, dass unsere Stereotypen und Klischees oft der Rationalisierung dienen oder dazu, Sinn in einer sinnlosen Welt finden zu können. Das kann in beide Richtungen ablaufen: Negative Stereotypen und Klischees über eine Gruppe können zu Ungerechtigkeiten führen, und diese Ungerechtigkeiten wiederum können die Stereotypen und Klischees am Leben erhalten.

Natürlich kann diese Art der Rationalisierung sowohl die Vorurteile der Unterdrücker als auch die Vorurteile der Unterdrückten nähren. Es gibt Studien, die darauf hinweisen, dass wir Menschen nur ungern an eine ungerechte Welt glauben. Für die meisten von uns ist die Vorstellung, in einer ungerechten Welt zu leben, in der willkürlich böse Dinge geschehen, auf einer tiefen Ebene erschütternd, da wir dann denken: ‚Wenn jemand grundlos schlecht behandelt wird, ohne es zu verdienen, dann kann das Gleiche auch mir widerfahren!' Wenn mit jemandem etwas Schlimmes geschieht, dann möchte daher zumindest ein Teil in uns daran glauben, dass er oder sie das so verdient hat. Wenn wir also erleben, wie unterprivilegierte oder gar aktiv unterdrückte Gruppen in unserer Gesellschaft diskriminiert werden, neigen wir zu der Annahme, dass die Mitglieder dieser Gruppen Eigenschaften haben müssen, die für die Diskriminierung verantwortlich sind."

Der Dalai Lama nickte nachdenklich, als ich fortfuhr: „Jedenfalls erinnerte mich Ihr Bericht über diesen afrikanischen Lehrer auch an eine der schädlichsten und tragischsten Auswirkungen von Rassenvorurteilen, nämlich der *Bedrohung durch Stereotype.*“

„Was ist das?“, erkundigte er sich.

„Das ist eine Situation, in der ein Mitglied einer stereotypisierten Gesellschaftsgruppe in einer bestimmten Tätigkeit auf eine Weise unterdurchschnittlich abschneidet, die mit einem bestimmten negativen Stereotyp oder Klischee über diese Gruppe übereinstimmt. Der Mechanismus, der hier zugrunde liegt, ist wahrscheinlich eine unbewusste Angst, dass das eigene Verhalten oder die eigene Leistung ein existierendes Stereotyp über die Gruppe, der man angehört, bestätigt. Dies löst eine Art Beklommenheit aus, die dann mehrere Hirnfunktionen wie beispielsweise das Gedächtnis oder kritisches Denken beeinträchtigen und zu einer Minderung der eigenen Leistung führen. Letztendlich wird hierdurch das negative stereotype Bild bestätigt, das die Person über sich selbst hat.

Viele Studien belegen diese *Bedrohung durch Stereotype.* Oft reicht bereits eine Kleinigkeit aus, durch die eine Testperson daran erinnert wird, einer stereotypisierten Gruppe anzugehören, um diesen Effekt auszulösen. Beispielsweise musste eine Gruppe schwarzer Studenten vor dem Ablegen eines Standardtests einen Formularbogen ausfüllen, auf dem sie in einem Kästchen ihre Rasse angeben sollten. Allein dies war ausreichend, um in ihrem Unterbewusstsein das Klischee zu aktivieren, dass schwarze Studenten weniger intelligent sind und in solchen Standardtests im Allgemeinen schlechter abschneiden, und sie schnitten dann tatsächlich schlechter ab. In einer anderen interessanten Studie wurde eine Gruppe asiatischer Studentinnen daran erinnert, dass sie Asiatinnen waren. Dies verbesserte ihre Leistungen in einem Mathematiktest, da das Stereotyp aktiviert wurde, dass Asiaten besser in Mathematik sind. In einem späteren Test schnitten dieselben asiatischen Studentinnen schlechter ab, nachdem man sie an ihr Geschlecht erinnert und dadurch das Klischee aktiviert hatte, dass Frauen schlechter in Mathematik sind. Solche Studien ließen einige Forscher den Schluss ziehen, dass *Bedrohung durch Stereotype* eine Rolle spielen könnte bei den seit Langem bestehenden Unterschieden in der akademischen Leistung zwischen weißen Studenten einerseits und Studenten, die Rassenminderheiten angehören, beispielsweise schwarzen oder lateinamerikanischen Studenten andererseits."

Ich war mir unsicher, ob der Dalai Lama sich nicht vielleicht langweilte, da ich das Gespräch an mich gerissen hatte. Da ich seine Ansicht erfahren wollte, fuhr ich fort: „Jedenfalls möchte ich darauf zurückkommen, wie wir unsere Vorurteile gegenüber anderen abbauen können. Sie haben einige der Argumente erwähnt, die Sie eingesetzt haben, um ein Mitglied einer unterdrückten Gesellschaftsgruppe davon zu überzeugen, den anderen in Wirklichkeit gar nicht unterlegen zu sein. Doch ich frage mich, welche Argumente Sie anführen würden, um jemanden auf der ‚überlegenen' Seite zu überzeugen, etwa einen Rassisten oder einen religiösen Eiferer. Würden Sie die gleichen Argumente anführen? Wie würden Sie mit Leuten argumentieren, die sich anderen überlegen fühlen, um ihnen zu helfen, ihre Vorurteile zu überwinden?"

Der Dalai Lama hielt einen Moment lang inne. „Die Argumente sind hier genauso stichhaltig, und es spielt keine Rolle, wem sie vorgelegt werden. Es geht immer noch um das Überwinden von falschen Auffassungen im Zusammenhang mit der eigenen kulturellen Konditionierung. Kurzum: Die Vorstellung, die eigene Rasse sei einer anderen überlegen, ist reine Unwissenheit und letztendlich Dummheit", sagte er mit Überzeugung. „Tatsache ist, dass es weder eine wissenschaftliche noch moralische noch ethische Grundlage für solche Diskriminierungen gibt. Man kann mit allem Nachdruck darauf hinweisen, dass dieses auf Rassenzugehörigkeit basierende Überlegenheitsgefühl in Wirklichkeit eine Täuschung ist. Wenn zum Beispiel jemand auf Unterschiede im Vermögen hinweist, um damit die Unterlegenheit anderer zu rechtfertigen, können wir aufzeigen, dass diese Unterschiede mit der Zeit verschwinden werden, wenn alle die gleichen Chancen haben. Wenn den Mitgliedern der anderen Rasse die gleichen Möglichkeiten offenstehen und sie die Chance bekommen, sich zu bewähren, dann wird es diese Unterschiede nicht mehr geben. Wir können also logische Gründe dafür anführen, dass wir alle die gleichen natürlichen Anlagen haben."

Ich wendete ein: „Dennoch glaube ich, dass es schwieriger wäre, die Person, die sich den anderen überlegen fühlt, hiervon zu überzeugen. Gibt es irgendwelche anderen Argumente, die Sie noch anführen würden?“

Der Dalai Lama dachte nach und sagte schließlich: „Man könnte an ihr Eigeninteresse appellieren und die Nachteile und schädlichen Auswirkungen solcher Überzeugungen aufzeigen. Nehmen wir beispielsweise an, dass diese Person unternehmerisch tätig ist. Der Erfolg des Unternehmens hängt dann auch von ihrem Renommee ab, und ein schlechter Ruf aufgrund von Voreingenommenheit und Vorurteilen würde sich negativ auf das Geschäft und den finanziellen Erfolg auswirken. Es könnte auch sein, dass diese Person den Respekt der eigenen Mitarbeiter verliert und der Teamgeist darunter leidet. Letzten Endes wird sie also selber unter den eigenen Vorurteilen zu leiden haben. Somit lässt sich zeigen, dass rassistische Einstellungen gegenüber anderen auch im eigenen Leben negative Auswirkungen haben können, zumindest auf lange Sicht.

Ein weiterer Punkt: Ich würde diese Person auch bitten, über die Unsicherheit und die Spannungen nachzudenken, die es in einer rassistischen Gesellschaft gibt. Auf psychologischer Ebene müssen wir einen hohen Preis dafür zahlen, in einer Gesellschaft zu leben, in der es solche Spannungen aufgrund von Rassendiskriminierungen gibt. Auch auf körperlicher Ebene kann dieser Preis sehr hoch sein, da es in solchen Gesellschaften leichter zu Gewaltausbrüchen kommt.“

Der Dalai Lama nahm einen Schluck heißen Wassers und fuhr dann fort: „Wissen Sie, das erinnert mich daran, dass Sie zuvor gefragt haben, wie sich das natürliche Empfinden von ‚wir‘ und ‚sie‘ in etwas Destruktives und in Gewalt verwandeln kann. Ein wichtiger Faktor ist hier der Mangel an Kontakt mit den Menschen ‚auf der anderen Seite‘. Wenn wir das genauer untersuchen, stellen wir fest, dass dieser Kontaktmangel schrittweise zu Gewalt führen kann. Mangel an Kontakt mit den anderen und unsere Isolation von ihnen spielen hier eine wichtige Rolle, weil das zur Unwissenheit über die andere Gruppe führt. Diese Unwissenheit kann dann zu den ‚Stereotypen‘ oder Klischees führen, über die Sie gesprochen haben. Das wiederum kann dazu führen, dass man den Mitgliedern der anderen Gruppe noch mehr Misstrauen entgegenbringt. Misstrauen kann sich leicht zu Angst entwickeln. Und wenn Menschen aus Angst handeln, dann ist Aggressivität ein mögliches Reaktionsmuster, genau genommen sogar eines der am weitesten verbreiteten. Wir sehen also, dass das Verhalten der Menschen aggressiver und gewalttätiger werden kann, wenn sie aus Misstrauen und Angst handeln.

Wann immer es diese tiefen Gräben zwischen den Menschen gibt, lauert da auch die Gefahr der Gewalt. Vor einigen Jahren kam es beispielsweise in einem Stadtviertel von Los Angeles, das überwiegend von Koreanern bewohnt wird, zu gewalttätigen Ausschreitungen, die auf Rassenspannungen zurückzuführen waren. Es liegt aber im ureigenen Interesse aller, in einer stabilen Gesellschaft und einer sicheren Umgebung zu leben. Das ist einfach nur gesunder Menschenverstand. Ich würde diese Person daher auch bitten, über die Gefühle von Misstrauen, Angst und Unbehagen nachzudenken, die sie erleben würde, wenn sie in einer Gegend spazieren ginge, die hauptsächlich von den Mitgliedern jener Minderheit bewohnt wird, über die sie ihre Vorteile hegt. Dann würde ich diese Person fragen, ob sie einen Vorteil darin sähe, wenn sie im Gegensatz dazu in einer Gegend leben könnte, wo man ohne irgendein Gefühl der Unsicherheit überall spazieren gehen könnte."

„Nun", hielt ich entgegen, „ich weiß nicht, ob dieses Argument auch bei eingefleischten Rassisten schlagkräftig wäre. Einige von ihnen würden darauf vielleicht antworten: ‚Nun, dann gehen wir einfach nicht in diesen Gegenden spazieren.'"

Der Dalai Lama lachte: „Dann gibt es immer noch die Möglichkeit, dass Mitglieder der anderen Rasse an die Haustür dieses Rassisten klopfen und – mit Schlagstöcken und Knüppeln bewaffnet – ihre Argumente vortragen!" Er lachte wieder und fuhr dann fort: „Spaß beiseite, es wird immer Leute geben, die sich niemals ändern. Es gibt so viele unterschiedliche Menschen. Doch jede und jeder Einzelne von uns kann für sich selbst versuchen, etwas zu bewirken. Und wir können an die erwähnte Person appellieren, sich vorzustellen, wie wunderbar es wäre, in einer Gesellschaft mit weniger Spannungen, weniger Angst und weniger Feindseligkeiten zu leben. Und wir können sie fragen, ob sie stattdessen ihre eigenen Kinder lieber in einer Gesellschaft voller Hass und Angst aufwachsen sähe. Letzten Endes wünschen wir uns alle, dass wir und unsere Familien in einer sichereren Welt leben können."

„Eure Heiligkeit, gerade habe ich mich an unsere Unterhaltung erinnert, in der ich Sie über Ihre Erfahrungen befragt habe, als Sie zum ersten Mal einem Mitglied einer anderen Rasse begegnet sind. Sie haben gesagt, dass Sie sich nicht an irgendeine Voreingenommenheit oder negative Reaktion auf ein Mitglied einer anderen Rasse erinnern konnten. Doch es scheint mir, dass es neben rassischen Unterschieden auch noch andere Unterscheidungskriterien zwischen unterschiedlichen Gruppen gibt. Obwohl Sie also keine Vorurteile gegenüber anderen Menschen aufgrund ihrer Rassenzugehörigkeit hatten, als Sie in Tibet aufgewachsen sind, würde es mich interessieren, ob es damals andere Formen der Diskriminierung in der tibetischen Gesellschaft gab. Haben Sie niemals in *irgendeiner* Weise eine Art von Voreingenommenheit gegenüber den Mitgliedern anderer gesellschaftlicher Gruppen empfunden?"

Der Dalai Lama dachte über die Frage nach. „Doch, vielleicht habe ich aus religiösen Gründen einige Voreingenommenheiten gehabt."

„Inwiefern?"

„In der Vergangenheit empfand ich eine gewisse Distanz – ja sogar Voreingenommenheit – gegenüber anderen religiösen Traditionen. In Tibet gab es beispielsweise Moslems, die ihre Religion ausübten, ebenso wie Praktizierende des Bön, der vorherrschenden indigenen Religion vor der Ankunft des Buddhismus in Tibet. Ich erinnere mich daran, dass ich ihnen gegenüber ein gewisses Gefühl von Distanz verspürt habe. Doch später konnte ich diese Vorurteile überwinden."

„Und wie haben Sie Ihre Vorurteile überwunden?"

„Durch Lernen, indem ich mehr über die Ansichten dieser Menschen in Erfahrung gebracht und somit ein größeres Verständnis für sie entwickelt habe."

„Das würde ich gerne klären: Wenn Sie sagen, dass Lernen eine Strategie zur Überwindung von Vorurteilen sein kann, meinen Sie dann Lernen im Sinne formaler Schulbildung, also etwas über die anderen Gruppen zu lesen und in Erfahrung zu bringen?", fragte ich.

„Ja, das kann hilfreich sein", erwiderte er. „Doch hier bezog ich mich eher auf ein Verständnis, das sich aufgrund von persönlichem Kontakt mit den Menschen dieser anderen Traditionen entwickelte. *Das* war der wichtigste Faktor.

Bei uns Tibetern wird zum Beispiel manchmal viel über die Chinesen geredet. Wenn Tibeter an Chinesen denken, kann es sein, dass hier zunächst ein oberflächliches Gefühl von Distanz und Opposition vorherrscht. Wenn diese Tibeter dann aber wirklich mit Chinesen zusammentreffen und ihnen von Mensch zu Mensch begegnen, dann können diese oberflächlichen Gefühle verringert werden. Dann wird den Tibetern klar, dass sie unterscheiden müssen zwischen den Chinesen im Allgemeinen und jenen Chinesen, die für die Gräueltaten verantwortlich sind, die an Tibetern verübt werden. Ich persönlich freue mich darüber, wenn ich mich mit Chinesen treffen kann. Wenn wir Menschen einer anderen Rasse begegnen, besonders dann, wenn man mit deren Gruppe oder Volk in Konflikt steht, ist es wichtig, sie nicht einfach nur als *Repräsentanten* dieser Gruppe oder dieses Volkes zu sehen, sondern als *individuelle* Menschen."

Niemand von uns kommt ohne jegliche Voreingenommenheit auf die Welt, noch nicht einmal der Dalai Lama. Während er seine eigenen Voreingenommenheiten und Vorurteile gegenüber anderen religiösen Traditionen in seinen jüngeren Jahren eingestand, zeigte er zugleich die Faktoren auf, die es ihm ermöglicht haben, seine Vorurteile zu überwinden. Seine Bemerkungen hierzu gab er mit einer derartigen Schlichtheit und Beiläufigkeit von sich, dass man geneigt sein könnte, sie als Allgemeinplätze oder banale Binsenweisheiten abzutun. In diesen präzisen und prägnanten Äußerungen eines kurzen Momentes im Lauf unseres langen Gesprächs, hat der Dalai Lama tiefgründige Wahrheiten aufgedeckt und auf drei unterschiedliche, eindeutige Erfolgsstrategien zur Überwindung von Vorurteilen hingewiesen, drei Strategien, die das Potential haben, unsere Gesellschaft zu verändern: 1) persönlicher Kontakt, 2) Lernen und Erziehung und 3) Wahrnehmung der anderen als einzelne Individuen. Die Wirksamkeit jeder dieser Strategien wird von umfangreichem wissenschaftlichem Beweismaterial untermauert, darunter einige überraschende, aktuelle und wegweisende Studien, die unser Verständnis von Vorurteilen und von den Wegen, wie wir sie überwinden können, vertiefen helfen. Es lohnt sich daher, jede dieser drei Strategien genauer zu betrachten.

Persönlicher Kontakt

Die Vorstellung, dass persönlicher Kontakt zwischen verschiedenen Gruppen dazu beitragen kann, Voreingenommenheiten und Vorurteile zu verringern, findet sich in der wissenschaftlichen Literatur bereits seit ca. 1930. In den 1940ern war dann ein wachsendes Interesse an Studien über persönliche Kontakte und Rassenvorurteile zu verzeichnen, teilweise angeregt durch Soldaten, die aus dem Zweiten Weltkrieg heimkehrten. Obwohl in der Armee der Vereinigten Staaten während des Zweiten Weltkriegs noch Rassentrennung herrschte, wurden gegen Ende des Krieges in begrenztem Umfang Experimente zur Rassenintegration durchgeführt, wie etwa integrierte Offiziersanwärterschulen, was das Interesse von Sozialwissenschaftlern weckte, die herausgefunden haben, dass integrierte Trainingslager und Kampferfahrungen in vielen Fällen helfen, Vorurteile abzubauen.

1954 führten dann Muzafer Sherif, einer der Begründer der Sozialpsychologie, und seine Frau Carolyn Wood Sherif ihr bahnbrechendes Räuberhöhlen-Experiment durch. Hierbei handelt es sich um eine klassische Studie darüber, wie schnell sich Vorurteile und Feindseligkeiten zwischen Gruppen bilden können, als auch über den potentiellen Nutzen von Kontakten zwischen den Mitgliedern der verschiedenen Gruppen zur Überwindung von Vorurteilen und Konflikten. Das ist auch einer der Grundsätze, die für den Dalai Lama in seinem eigenen Leben von großem Nutzen gewesen ist.

Dieses Experiment wurde in einem Ferienlager nahe dem *Robbers Cave State Park* in Oklahoma durchgeführt, wobei sich Muzafer Sherif und seine Kollegen als Lagerleiter ausgaben. Das Experiment verlief in drei Abschnitten. In der ersten Phase wählte man 22 elfjährige Knaben mit ähnlicher Herkunft aus und teilte sie in zwei Gruppen auf. Jede Gruppe wurde in einem separaten Bus in das Ferienlager gefahren, wo Quartiere bezogen wurden, die soweit auseinander lagen, dass die beiden Gruppen zunächst nichts voneinander wussten. Diese Phase diente dazu, innerhalb der jeweiligen Gruppe ein starkes Verbundenheitsgefühl und eine ausgeprägte Eigengruppenidentität zu erzeugen. Wie erwartet, fanden die Jungen in jeder der beiden Gruppen schnell zueinander, gaben sich „Klapperschlangen" und „Adler" als Gruppennamen, und innerhalb nur weniger Tage hatten sich in jeder Gruppe soziale Strukturen und Hierarchien gebildet.

Die zweite Phase des Experiments diente dazu, zwischen den beiden Gruppen Spannungen aufzubauen. Nachdem arrangiert worden war, dass jede Gruppe von der jeweils anderen erfahren hatte, wurde ein gemeinsamer Sportwettbewerb abgehalten, in den man gezielt einige Frustrationselemente eingebaut hatte. Die Experimentatoren hatten mehr Erfolg als erwartet. Die Feindseligkeiten brachen bereits vor dem ersten Zusammentreffen der beiden Gruppen aus – allein schon in Erwartung des Wettbewerbs – und eskalierten dann schnell, von Beschimpfungen, zu Überfällen in den Quartieren der anderen Gruppe, bis hin zur Zerstörung von Eigentum. Das führte sogar so weit, dass die beiden Gruppen nicht mehr gemeinsam in derselben Kantine essen wollten. Die Forscher mussten diese zweite Phase frühzeitig abbrechen, nachdem es zu körperlichen Ausschreitungen zwischen einzelnen Gruppenmitgliedern gekommen war und man anfing, sich um die Sicherheit der Kinder Sorgen zu machen.

Der Schlüssel zu diesem Experiment liegt in der dritten und letzten Phase, in der die Wissenschaftler eine Methode anwandten, um durch persönlichen *Kontakt* zwischen den beiden Gruppen die Feindseligkeiten zu beenden und die beiden Gruppen miteinander auszusöhnen. Die angewandte Methode war einfach und dennoch äußerst erfolgreich und bestand darin, dass plötzlich Probleme und Aufgaben auftauchten, die von keiner Gruppe alleine gelöst werden konnte und somit die Aufmerksamkeit aller Jungen und die Kooperation zwischen beiden Gruppen erforderten. Diese Herausforderungen *gingen über den Konflikt zwischen den beiden Gruppen hinaus* und bestanden unter anderem in einem Problem in der Trinkwasserversorgung des Ferienlagers, einem Lastwagen mit einer Panne, der mit vereinten Kräften angeschoben werden musste und der Organisation eines gemeinsamen Filmabends. Die erforderliche Zusammenarbeit zur gemeinsamen Lösung der Herausforderungen *brachte die Feindseligkeiten wie durch ein Wunder zum Erliegen.* Die beiden Gruppen überwanden ihre gegenseitigen Vorurteile bis hin zu dem Punkt, dass sie am Ende des Ferienlagers einstimmig darauf bestanden, gemeinsam im gleichen Bus zurückzufahren.

Trotz dieser Experimente wird im Allgemeinen Gordon Allport das Verdienst zugesprochen, als erster die Methode untersucht zu haben, wie sich Gruppenkonflikte und Vorurteile zwischen Gruppen abbauen lassen. In seinem Buch *The Nature of Prejudice* stellt er seine *Kontakthypothese* vor, die besagt, dass direkter Kontakt zwischen den Mitgliedern unterschiedlicher Gruppen beim Abbau von Vorurteilen helfen kann. In seinen Untersuchungen wurde allerdings deutlich, dass persönlicher Kontakt *alleine* nicht ausreicht. Die Sklavenbesitzer im Alten Süden der USA kamen schließlich täglich mit ihren Sklaven in direkten Kontakt wurden oft sogar von schwarzen Kindermädchen großgezogen, was den Abbau von Vorurteilen allerdings keineswegs begünstigt hat. Allport hat einige Faktoren identifiziert, die seiner Meinung nach vorhanden sein müssen, damit persönlicher Kontakt Konflikte zwischen Gruppen lösen und Harmonie zwischen ihnen herstellen kann. Er führt an, dass man zunächst versuchen muss, zwischen den Gruppen ein Gefühl von Gleichheit in Bezug auf die gesellschaftliche Stellung zu schaffen. Als nächstes müssen die beiden Gruppen ein *gemeinsames Ziel* haben, beispielsweise die Lösung eines Problems oder einer Aufgabe. *Kooperation* zwischen den Gruppen, in der die Gruppen voneinander abhängig sind, ist ein weiterer entscheidender Bestandteil. Idealerweise sollten diese Kontakte innerhalb alltäglicher Beschäftigungen stattfinden, um zu vermeiden, dass ein Gefühl von Gekünsteltheit entsteht. Und schließlich sollten – falls möglich – die Kontakte und die Zusammenarbeit zwischen den Gruppen *von der Gemeinschaft, in der sie stattfinden, unterstützt werden*, von offiziellen Stellen und Gesetzen legitimiert sein und in Übereinstimmung mit örtlichen Gebräuchen stehen.

Lernen und Bildung

Eine andere Schlüsselstrategie, die der Dalai Lama empfiehlt, besteht im Lernen und in der Bildung. Die These des Dalai Lama, dass Lernen über die andere Gruppe dabei hilft, Vorurteile zu schwächen und allmählich aufzulösen, wird sowohl von gesundem Menschenverstand als auch von umfangreichem wissenschaftlichem Beweismaterial bestätigt.

Es gibt drei hauptsächliche Wege, dies zu erreichen. Erstens: Je mehr Informationen wir über die Mitglieder der anderen Gruppe haben, desto eher werden wir dazu in der Lage sein, die anderen auf einer individuellen und persönlichen Ebene als einzigartige Menschen wahrzunehmen statt als eindimensionale Repräsentanten einer bestimmten Gruppe. Zweitens: Ein größeres Wissen über die anderen kann dazu beitragen, unsere Unsicherheit und eventuelles Unbehagen im Umgang mit ihnen abzubauen. Das verringert die Wahrscheinlichkeit, dass wir Mitgliedern der anderen Gruppe gezielt aus dem Weg gehen. Drittens: Ein verbessertes interkulturelles Verständnis und Feingefühl sowie ein größeres Wissen über geschichtliche Hintergründe können dazu beitragen, Vorurteile abzubauen, indem so Ungerechtigkeiten leichter erkannt werden. Wenn wir erfahren, welche Leiden und Diskriminierungen eine Gruppe erduldet, und uns dabei in die Opfer hineinversetzen, kann das in uns die Überzeugung hervorbringen, dass die Opfer diese Misshandlungen nicht verdient haben. Wenn die Opfer diese ungerechte Behandlung aber nicht verdient haben, können wir es unmöglich vertreten, weiterhin negative Einstellungen über sie aufrechtzuerhalten.

Um zu verstehen, wie Vorurteile durch Bildung und Erziehung tatsächlich überwunden werden können, ist es hilfreich, noch einmal die neurologischen Entsprechungen von Vorurteilen zu betrachten und das, was im Gehirn geschieht, wenn wir mehr über eine unterdrückte Gruppe erfahren. Es wurde bereits angeführt, dass Vorurteile das Ergebnis von Nervenverbindungen sind, die fest im menschlichen Gehirn verdrahtet sind. In gewisser Weise kommen wir mit einer fest eingebauten Veranlagung zu Vorurteilen auf die Welt. Wie schon erwähnt, ist dies ein sehr alter Bestandteil unserer normalen Gehirnfunktionen, und hier sind die eher primitiven Bestandteile unseres Gehirns am Werk, wie etwa das limbische System und die Amygdala, die für unsere negativen Gefühlsreaktionen gegenüber Fremdgruppen verantwortlich ist.

Das mag eine deprimierende Tatsache unserer menschlichen Existenz sein, doch zum Glück ist das nur die halbe Wahrheit. *Unser Gehirn ist auch mit einer fest verdrahteten Fähigkeit ausgestattet, Vorurteile zu überwinden.* Dies wird durch Nervenbahnen ermöglicht, welche die neueren und weiter entwickelten Bereiche des Gehirns –

den präfrontalen Kortex und Sitz unseres höheren Denkens – mit den älteren und primitiveren Bereichen wie der Amygdala verbinden. Diese neuronalen Schaltkreise ermöglichen es, dass der Bereich rationalen Denkens und der Bereich der Emotionen in unserem Gehirn miteinander kommunizieren. Wenn wir unsere Fähigkeit zu logischem Denken und zu kritischem Unterscheidungsvermögen dazu einsetzen, falsche Überzeugungen, verzerrte Ansichten und Vorurteile zu bekämpfen, hat das zur Folge, dass Informationen vom präfrontalen Kortex über Nervenverbindungen zur Amygdala gesendet werden, die verhindern, dass die Amygdala aktiviert wird. Durch diesen Mechanismus können Lernen und Bildung unsere instinktiven negativen Reaktionen gegenüber Fremdgruppen verändert, und so unsere Vorurteile überwunden werden.

Je mehr Kontakt wir mit Mitgliedern von Fremdgruppen haben, desto mehr Informationen werden wir über sie erlangen. Je mehr Informationen wir über andere haben, desto wahrscheinlicher ist es, dass wir sie auf individuelle und persönliche Weise als einzigartige Menschen wahrnehmen können statt als eindimensionale Vertreter irgendeiner Gruppe. Das führt uns zur nächsten Strategie des Dalai Lama, unsere Vorurteile zu überwinden, nämlich *die Mitglieder der stereotypisierten Fremdgruppe als Individuen zu betrachten.*

Individuen wahrnehmen: Die „Gemüsemethode“

Bis vor kurzem waren Wissenschaftler noch der Meinung, dass unsere negativen Vorurteile automatisch wachgerufen werden, wenn wir dem Mitglied einer Fremdgruppe begegnen, und dass diese Reaktionen durch Lernen, Erziehung und gezieltes Hinterfragen unserer falschen Überzeugungen abgeschwächt werden können. Man glaubte, dass sich im Vorfeld nichts unternehmen ließe, um die Entstehung dieser negativen Reaktionen zu verhindern, da sie einfach zu schnell ablaufe. In anderen Worten: Wenn unsere negativen Voreingenommenheiten und klischeehaften Überzeugungen erst einmal aktiviert sind, gibt es Methoden, um sie zu entschärfen und unverhohlene Vorurteile oder diskriminierende Handlungen zu vermeiden. Man glaubte aber, nichts gegen ihre automatische Aktivierung tun zu können.

Warum? Die primitiveren Bereiche des Gehirns, die unsere Gefühle hervorrufen, beispielsweise die Amygdala, haben sich im Verlauf unserer natürlichen Evolution so entwickelt, dass wir möglichst schnell und effektiv auf Gefahren und Bedrohungen reagieren. Wenn wir also einem anderen Menschen begegnen, dann ist die Analyse, die in diesen Bereichen des Gehirns über diesen Menschen stattfindet, sehr rudimentär und zieht nur einen einzigen Aspekt in die Betrachtung mit ein: „Ist das ein Freund oder ein Feind? Gehört dieser Mensch zur Eigengruppe oder zu einer Fremdgruppe?“ Das geschieht blitzschnell, in Bruchteilen einer Sekunde. Fällt der andere Mensch in die Kategorie von „Feind“, wird Gefahrenalarm ausgelöst, was negative Gefühle wie Angst oder Feindseligkeiten hervorruft. Im Gegensatz dazu untersucht das „denkende“ Gehirnareal, der Neokortex, wo bewusstes Denken, Überzeugungen, Ideen, vernünftige Überlegung etc. ihren Ort haben, den anderen Menschen genauer und zieht dafür nicht nur eine einzige, sondern mehrere Eigenschaften und Wesensmerkmale unseres Gegenübers mit in Betracht. Logischerweise braucht diese komplexere Analyse mehr Zeit. Daher haben unsere emotionalen Reaktionen längst stattgefunden, wenn wir einen Menschen bewusst wahrnehmen und die Stereotypen und Überzeugungen über ihn uns zu Bewusstsein kommen.

Bislang schien es so, dass wir es hier mit einem unlösbaren Problem zu tun haben, da diese voreingenommenen Reaktionen nicht nur automatisch und unwillkürlich sind, sondern auch völlig unbewusst ablaufen. Es kann passieren, dass wir Voreingenommenheiten gegenüber einer anderen Gruppe in uns tragen, gleichzeitig jedoch der Meinung sind, völlig unvoreingenommen und ohne jegliche Vorurteile zu sein. Wir denken gern über uns selbst, dass wir fair und unvoreingenommen sind, sind aber dennoch von der uns umgebenden Gesellschaft konditioniert, manchmal ohne uns dessen bewusst zu sein. Die Konditionierungen, die uns beeinflussten, stammen nicht notwendigerweise von eindeutig parteiischer Propaganda wie das in vergangenen Generationen der Fall gewesen sein mag. Voreingenommene Reaktionen können wir schon aufgrund unterschwelliger sozialer Signale erleben, die von anderen ausgesendet werden, beispielsweise dadurch, dass wir die angstvollen Gesichtsausdrücke eines Menschen registrieren, der einem Mitglied einer Fremdgruppe begegnet. Das Problem liegt natürlich darin, dass selbst unbewusste instinktive Voreingenommenheiten gegenüber Mitgliedern einer anderen Rasse oder Gruppe dennoch zu subtilen nachteiligen Auswirkungen auf unser Urteil über sie und auf unsere Beziehungen zu und Interaktionen mit ihnen haben können.

Wenn wir uns aber unserer Voreingenommenheiten noch nicht einmal bewusst sind, wie können wir sie dann bekämpfen? Oder verhält es sich einfach so, dass negative Reaktionen gegenüber Fremdgruppen bis zu einem bestimmten Grad niemals vermieden werden können?

Tatsächlich sind unsere Vorurteile weitaus weniger hartnäckig, als man bisher angenommen hat, und die Effektivität jener einfachen Methode, über die der Dalai Lama sprach, nämlich die Mitglieder einer stereotypisierten Gruppe als eigenständige Individuen zu betrachten, hat das bisherige wissenschaftliche Denken vollständig umgekrempelt.

Einige bahnbrechende Experimente auf diesem Gebiet wurden von der Psychologin Susan Fiske und ihrem Forscherteam mit funktioneller Magnetresonanztomografie und kognitiven Tests an der Universität Princeton durchgeführt. Mit Hilfe dieser funktionellen Magnetresonanztomografie, abgekürzt fMRT, lässt sich eine Art lebendiger Röntgenaufnahme des Gehirns erstellen, mit der man die Bereiche des Gehirns erkennen kann, die zu einem bestimmten Zeitpunkt besonders aktiv sind. Die Versuchsperson liegt für diese Gehirnscans flach auf einem Tisch und wird in den fMRT-Scanner geschoben, der wie ein gigantischer Hightech-Donut den Kopf umgibt. Dieser fRMT-Scanner bzw. Kernspintomograf erzeugt hochauflösende Bilder von Querschnitten des Gehirninneren, die man auf einem Bildschirm betrachten kann. Es können jedoch nicht nur unbewegliche Fotografien erzeugt werden, sondern auch Filmaufnahmen von Vorgängen im Gehirn, wo aktive Bereiche des Gehirns in unterschiedlichen Farben „aufleuchten".

Susan Fiske und ihr Forscherteam legten in einer wichtigen Experimentenreihe einer Gruppe weißer Versuchspersonen Fotos verschiedener Gesichter von unbekannten weißen und schwarzen Menschen vor. Dabei wurden die Gehirne der Testpersonen mithilfe des Kernspintomografen gescannt. Man stellte fest, dass, wenn man den weißen Probanden Fotos von Schwarzen zeigte, ihre Amygdala aktiviert wurde, was aber bei Fotos von Weißen, also Menschen ihrer eigenen Rasse, nicht der Fall war. In früheren Experimenten hatte man herausgefunden, dass, je stärker die Amygdala eines Probanden „aufleuchtete", umso höher die Punktezahl war, die die betreffende Person in einem Standardtest für Rassenvorurteile erreichte. Interessanterweise wurde selbst bei Versuchspersonen, die von sich behauptet hatten, keinerlei vorgefasste rassistische Einstellungen zu haben, beim Betrachten der Gesichter der Schwarzen ihre Amygdala bis zu einem bestimmten Grad aktiviert, was den automatischen und unwillkürlichen Charakter dieser Reaktionen verdeutlicht.

Mit dieser Studie ließ sich jedoch nur die emotionale Komponente von Vorurteilen, die negative Voreingenommenheit, bewerten, nicht aber die kognitive Komponente, die Stereotypen und falschen Überzeugungen. Gehirnscans können niemals unsere Gedanken und Überzeugungen lesen. Sozialpsychologen haben jedoch kognitive Tests entwickelt, um die stereotypen Überzeugungen einer Person messen zu können. Diese Tests beinhalten die sogenannte Priming-Technik (vom englischen *to prime:* grundieren, bahnen, vorbereiten), einem bedeutenden Verfahren in der experimentellen Untersuchung von Sprachverarbeitung. Hier werden Versuchspersonen in einem ersten Schritt dazu gebracht, über eine Fremdgruppe nachzudenken, indem ihnen zum Beispiel eine Fotografie eines Mitglieds dieser Fremdgruppe gezeigt wird. Im zweiten Schritt wird der Versuchsperson gewöhnlich eine Reihe von Wörtern vorgelegt. Einige dieser Wörter beinhalten negative stereotype Eigenschaften, die normalerweise mit dieser Fremdgruppe assoziiert werden. Die Versuchsperson wird dann beispielsweise gebeten, diese Wörter so schnell wie möglich vorzulesen. In früheren Untersuchungen hatte man festgestellt, dass Versuchspersonen, die stereotype Überzeugungen über diese Fremdgruppe hegen, die Wörter, welche stereotype Eigenschaften beschreiben, messbar schneller erkennen und aussprechen können als Wörter, welche neutrale oder positive Eigenschaften beschreiben. Mit Hilfe solcher Methoden können die Wissenschaftler feststellen, ob Vorurteile vorhanden sind, selbst wenn die Versuchsperson sich ihrer eigenen Vorurteile gar nicht bewusst ist.

Die entscheidende Frage lautet hier, ob es eine Möglichkeit gibt, uns vollständig von Vorurteilen zu befreien. Ein bahnbrechendes Experiment von Fiske und ihrem Team lieferte eine überraschende und frappante Antwort hierauf. In diesem Experiment wurden bei einer Gruppe von Versuchspersonen sowohl die emotionalen als auch die kognitiven Komponenten von Vorurteilen gemessen. Hierzu wurden Gehirnscans und die gerade beschriebenen kognitiven Testmethoden angewandt. Die Untersuchung wurde später unter anderen Bedingungen mit unterschiedlichen Anweisungen wiederholt.

Im ersten Teil des Experiments wurden weiße Versuchspersonen gebeten, Fotos von Gesichtern Schwarzer zu betrachten und dabei zu überlegen, ob der betreffende Mensch älter oder jünger als 21 Jahre sei. Durch diese Aufforderung wurden die Versuchspersonen dazu angeregt, die Gesichter unter dem Vorzeichen gesellschaftlicher Kategorisierung zu betrachten, um zu einer schnellen Entscheidung zu gelangen, in welche der beiden Gruppen (über oder unter 21 Jahre alt) dieser Mensch gehörte. Die Zugehörigkeit in eine bestimmte Altersgruppe ist, wie auch Rassen- oder Geschlechtszugehörigkeit, eine ausgeprägte gesellschaftliche Kategorisierung, die wir in unserer Kultur sofort erkennen. Die Betrachtung der Gesichter unter dem Gesichtspunkt, ob diese Menschen einer bestimmten gesellschaftlichen Gruppe angehörten, hielt die Versuchspersonen davon ab, sich die Fotos so anzuschauen, als ob es sich bei den dargestellten Personen um konkrete Individuen handelte, denn dies hätte eine genauere Untersuchung der individuellen Eigenschaften eines Gesichtes notwendig gemacht. Das Betrachten der Gesichter unter dem Aspekt der Zugehörigkeit in eine der beiden Altersgruppen löste bei den Versuchspersonen ihre Rassenvorurteile aus, sowohl die negativen emotionalen Voreingenommenheiten (die Amygdala leuchtete beim fMRT-Scan auf) als auch die rassischen Stereotypen (ermittelt durch kognitive Tests).

Im zweiten Teil des Experiments wurden die Versuchspersonen dazu angeregt, die Personen auf den Fotos als individuelle Menschen zu betrachten statt unter dem Aspekt der Zugehörigkeit zu einer Alters-, Geschlechts- oder Rassengruppe. Dies erreichten die Forscher dadurch, dass sie vor jedem Foto den Namen einer Gemüsesorte auf dem Bildschirm aufleuchten ließen und die Versuchspersonen baten, darüber nachzudenken, ob der Mensch auf dem Foto diese Gemüseart mochte oder nicht. Hierdurch sollten die Probanden dazu veranlasst werden, über jedes Foto als Darstellung eines individuellen Menschen mit persönlichen Neigungen und Charaktereigenschaften nachzudenken. Verblüffenderweise und zum Erstaunen vieler Wissenschaftler verhinderte die bewusste Absicht, die Menschen auf den Fotos als Individuen zu betrachten, die voreingenommenen Reaktionen auf solch grundlegende Weise, dass nun bei den Versuchspersonen weder die Amygdala aktiviert, noch die rassischen Stereotypen wachgerufen wurden! Die Vorurteile hatten sich einfach in Luft aufgelöst!

Dieser Befund hat die ehemals stark vertretene Auffassung, dass Vorurteile eine unausweichliche Eigenschaft des menschlichen Charakters sind und dass wir nichts tun können, um diese „automatischen" und „unbewussten" Reaktionen zu verhindern, völlig über den Haufen geworfen. Sozialpsychologen und Neurowissenschaftler scheinen bisher unsere Fähigkeit grob unterschätzt zu haben, andere Menschen so wahrzunehmen, wie sie wirklich sind, nämlich als einzigartige Individuen wie „wir", anstatt auf Unbekannte automatisch mit einem steinzeitlichen Gefahrenalarm zu reagieren, als ob es sich bei ihnen um feindliche Höhlenbewohner handelte, die nur daran interessiert sind, uns mit einer Steinaxt den Schädel einzuschlagen und unsere Vorräte an getrockneten Beeren und Mammut-Hüftsteaks zu plündern.

Diese Ergebnisse waren in der Tat verblüffend! Denn dieselben Versuchspersonen hatten zuvor noch Rassenvorurteile an den Tag gelegt, zumindest bis zu einem bestimmten Grad. Selbst wenn jemand keine stereotypen Überzeugungen hegte, war man der Meinung gewesen, dass zumindest die negative emotionale Voreingenommenheit gegenüber anderen Gruppen eine tief verwurzelte und automatische menschliche Reaktion ist, die jenseits unserer bewussten Kontrolle liegt. Doch nun hat es den Anschein, dass dieses grundlegende und angeborene menschliche Reaktionsverhalten von „Wir gegen sie", das die Wurzel von Vorurteilen, Hass, Konflikten und sogar Gewalt darstellt, schnell und einfach aufgelöst werden kann. Alles, was wir dafür benötigen, ist lediglich die gezielte Absicht, andere Menschen als Individuen zu betrachten: „Hmm, mich würde mal interessieren, welche *Gemüsesorte* dieser Mensch mag."

Diese Technik ist so einfach und so wirkungsvoll, dass die Wissenschaftler sich fragten, ob die Dinge wirklich so einfach sein konnten. Daher entschieden sie sich, den Einsatz zu erhöhen. Bereits in früheren Studien waren voreingenommene Reaktionen gegenüber unterschiedlichen Fremdgruppen aufgrund von Kriterien wie Alterszugehörigkeit, Geschlechtszugehörigkeit, Behinderungen oder Wohlstand dokumentiert worden. Genau wie die Fotos der Gesichter von Menschen unterschiedlicher Rassen hatten auch diese Fotos verschiedene automatische Gefühlsreaktionen ausgelöst. Nun entschieden sich die Forscher dazu, die „Gemüsemethode" auch mit Mitgliedern „extremer" Fremdgruppen durchzuführen, Fremdgruppen, die in unserer Gesellschaft in hohem Maße stigmatisiert werden wie beispielsweise Obdachlose oder Drogenabhängige.

Frühere Studien mit extremen Fremdgruppen hatten schon einige unerwartete Tatsachen ans Tageslicht gefördert: Unter Anwendung des bereits beschriebenen fMRT-Verfahrens hatte man festgestellt, dass das Betrachten der Fotos von Mitgliedern extremer Fremdgruppen in den Versuchspersonen sofort einen Bereich des Gehirns aktivierte, der *Inselrinde* genannt wird. Das ist ein tiefer liegender Teil der Großhirnrinde, der bei Vermeidungsverhalten und starkem Ekel eine Rolle spielt. (In anderen Studien hatte man diese Art von Gehirnaktivität als Reaktion auf menschliche Ausscheidungen, Verstümmelungen oder nichtmenschliche Objekte wie Müll und Schmutz beobachtet.) Das *auffälligste* Ergebnis dieser Untersuchung war jedoch, dass beim Betrachten der Fotos von obdachlosen Menschen der dorsomediale präfrontale Kortex *nicht aktiviert* wurde; das ist ein Bereich des Gehirns, der auf gesellschaftlich bedeutende Reize reagiert und immer dann aufleuchtet, wenn Versuchspersonen an andere Menschen oder an sich selber denken. Welche Schlussfolgerung zog man aus diesem Ergebnis? Die Forscher formulierten, diese Hirnreaktionen sei so, *„als ob die Versuchspersonen über einen Müllhaufen gestolpert wären"*.

Susan Fiske und ihr Forscherteam wandten nun die „Gemüsemethode" auch bei diesen Fotos „menschlichen Mülls" an. Und auch bei diesen Fotos, die Obdachlose und Drogenabhängige zeigten, konnten mit der Gemüsemethode die vorurteilsbehafteten Reaktionen außer Kraft gesetzt werden, mit dem Ergebnis, dass der Gehirnbereich, der für das Erkennen von „menschlichen Wesen" zuständig ist (der dorsomediale präfrontale Kortex), aktiviert und die Reaktion auf „ekelhaften Müll" nicht aktiviert wurde. Das war unfassbar simpel: Die einfache Frage „*Was meinen Sie: Welche Gemüsesorte mag dieser Bettler?*" ermöglichte es den Versuchspersonen, einen wirklichen Menschen wahrzunehmen statt eines leblosen, nichtmenschlichen Müllhaufens.

Dieses Prinzip der Gemüsemethode kann mitwirken, nicht nur unsere Vorurteile gegenüber anderen Gruppen, sondern auch ein weitverbreitetes gesellschaftliches Problem zu überwinden, von dem bereits zuvor die Rede war: Die *Bedrohung durch Stereotype.* Das herausstehende Merkmal der Gemüsemethode ist der bewusste Versuch, jemanden als Individuum zu sehen statt als Repräsentanten einer bestimmten Gruppe. Der Psychologe Geoffrey Cohen hat dasselbe Prinzip angewandt und mit seinem Forscherteam an der Universität von Colorado eine Studie durchgeführt, die enorme Auswirkungen auf unser Erziehungssystem und auf die *Leistungskluft aufgrund von Rassenzugehörigkeit* haben könnte. Diese Leistungskluft aufgrund von Rassenzugehörigkeit ist die bekannte Tatsache, dass beispielsweise schwarze Studenten in ihren akademischen Leistungen im Durchschnitt schlechter abschneiden als ihre weißen Mitstudenten, was im Allgemeinen auf die Bedrohung durch Stereotype zurückgeführt wird.

Für diese Studie wählten die Forscher eine Schulklasse der Jahrgangsstufe 7 aus, die zur Hälfte aus schwarzen und weißen Schülern bestand. Zu Beginn eines Schuljahres wurde jedem Schüler dieser Klasse eine Liste mit Zielen vorgelegt wie z. B.: gute Beziehungen zu Freunden und der eigenen Familie zu pflegen; sich für gute Noten in Kunst anzustrengen; sportliche Fähigkeiten zu entwickeln etc. Die Forscher teilten dann die Klasse nach dem Zufallsprinzip in eine Versuchsgruppe und eine Kontrollgruppe ein. Die Schüler der Versuchsgruppe wurden gebeten, aus der Liste den Punkt herauszusuchen, der ihnen persönlich am wichtigsten erschien und einen kurzen Aufsatz darüber zu schreiben, warum sie diesen Punkt für besonders wichtig erachteten. Die Schüler in der Kontrollgruppe wurden gebeten, aus der Werteliste das auszusuchen, was ihnen am unwichtigsten war und einen Aufsatz darüber zu schreiben, warum dieser Punkt für jemand anderen von Bedeutung sein mochte.

Nachdem die Aufsätze geschrieben worden waren, steckte jeder Schüler den eigenen Aufsatz in einen Umschlag und überreichte ihn dem Lehrer, der danach mit dem normalen Unterrichtsplan fortfuhr. Der gesamte Vorgang dauerte ungefähr fünfzehn Minuten.

Am Ende des Schuljahres erhielten Geoffrey Cohen und sein Kollegenteam Zugang zu den Noten der Schüler. Das Ergebnis war überraschend: Wie erwartet, schnitten die schwarzen Schüler im Durchschnitt schlechter ab als die weißen. Die schwarzen Schüler der Versuchsgruppe hatten sich jedoch in ihren Noten durchschnittlich um etwa um 25 Prozent eines Notenpunktes verbessert; das kam einer Reduzierung der *Leistungskluft aufgrund von Rassenzugehörigkeit um 40 Prozent* gleich.

Die Ergebnisse dieser Studie waren derart überwältigend, dass die Forscher ihnen kaum Glauben schenken wollten. Daher wiederholten sie ihre Untersuchung mit einer anderen Schülergruppe – mit dem gleichen Ergebnis. Die Wahrscheinlichkeit, dass dieses Ergebnis durch Zufall zustande kam, liegt somit etwa bei eins zu 5000. Die Autoren der Studie stellten die Hypothese auf, dass lediglich das Verfassen dieses einen kleinen Aufsatzes die positive Auswirkung hatte, das Selbstwertgefühl, die Integrität und die persönlichen Werte der betreffenden Schüler zu stärken. Diese Aufgabenstellung scheint also für Schüler aus Minderheiten wie ein Puffer gegen die Bedrohung durch Stereotype und deren Konsequenzen gewirkt zu haben.

Hierbei handelt es sich freilich nur um eine vorläufige Studie, doch die Folgerungen, die sich daraus ziehen lassen, sind enorm. Die Leistungskluft aufgrund von Zugehörigkeit zu einer bestimmten Rasse oder Minderheit ist nicht nur in der US-amerikanischen Gesellschaft ein großes Thema für Lehrer, Erzieher und Pädagogen, und es steht außer Frage, dass hier viele unterschiedliche Faktoren mitspielen. Wenn wir aber an die Unsummen denken, die jährlich mit der Zielsetzung ausgegeben werden, diese Leistungskluft zu verringern, und wenn wir die unzähligen Arbeitsstunden bedenken, die in speziellen Programmen hierfür aufgewendet werden, dann könnte eine simple Maßnahme, die – wie dieses Experiment – nur wenige Minuten in Anspruch nimmt, von unschätzbarem Wert sein und weit über den Bereich akademischer Leistungen hinausreichen.

Unsere fundamentale Gleichheit

„Eure Heiligkeit, lassen Sie uns Ihre Vorgehensweise zur Überwindung von Vorurteilen kurz wiederholen: Sie haben gesagt, dass wir hierzu verschiedene Methoden benötigen, beispielsweise persönlichen Kontakt oder das Wahrnehmen von anderen Menschen als Individuen statt als Repräsentanten einer Gruppe. Doch Ihre wichtigste Empfehlung scheint zu sein, dass wir unsere negativen Konditionierungen überwinden, indem wir unsere falschen Überzeugungen, etwa von angeborener Überlegenheit oder Unterlegenheit, abbauen …"

„Ja, das stimmt", bestätigte er.

„Haben Sie noch andere Vorschläge oder Argumentationshilfen, die wir anwenden könnten, um unsere negativen Konditionierungen und falschen Überzeugungen zu überwinden?"

„Ja", antwortete er, „eine andere Möglichkeit ist es, über unsere grundlegende Gleichheit als Menschen nachzudenken. *Je größer unser Bewusstsein von der fundamentalen Gleichheit zwischen allen Menschen ist und je mehr wir dieses Ideal fördern, desto weniger Vorurteile wird es in einer Gesellschaft geben.*"

„Können Sie Methoden aufzeigen, die uns dabei helfen, uns unserer fundamentalen Gleichheit als Menschen bewusster zu werden?", fragte ich nach.

„Zum Beispiel", führte er aus, „haben die moderne Biologie und Genetik deutlich und eindrucksvoll bewiesen, wie gering die Unterschiede zwischen den einzelnen Menschen in Wirklichkeit sind. Wir können also auf wissenschaftlicher Grundlage argumentieren und darauf hinweisen, dass auf genetischer Ebene gar keine Rassenunterschiede existieren, die irgendwelche Überlegenheitsansprüche rechtfertigten. Es könnte also hilfreich sein, diese wissenschaftlichen Forschungsergebnisse zur Kenntnis zu nehmen. Vielleicht können Sie diesen Punkt genauer recherchieren und Ihre Ergebnisse in unser Buch mit einfließen lassen. Außerdem gibt es auf dem Gebiet säkularer Weltanschauungen und politischen Denkens Auffassungen, die die Gleichheit aller Menschen betonen, wie zum Beispiel die Vorstellung von naturgegebenen Rechten oder die sozialistische Vorstellung von der Brüderlichkeit des Proletariats, das alle nationalstaatlichen

Grenzen übersteigt. In liberalen demokratischen Ländern gibt es die Vorstellung, dass alle Menschen gleichberechtigt geboren werden. Darüber hinaus gibt es in rechtsstaatlichen Systemen die grundlegende Prämisse, dass wir vor dem Gesetz alle gleich sind …"

„Eure Heiligkeit, Sie schlagen hier vor, ganz aufrichtig und tiefgehend über unsere fundamentale Gleichheit als Menschen nachzudenken. Mir fällt auf, dass ihre Argumente alle aus einer westlichen Perspektive stammen. Doch wie sieht es mit der buddhistischen Sichtweise aus? Gibt es da keine Übungen, die dabei helfen könnten, ein Gefühl für diese grundlegende Gleichheit zwischen allen Menschen zu entwickeln?"

„Aber gewiss. Im Buddhismus gibt es zum Beispiel die Übung, Gleichmut zu entwickeln. Das kann uns helfen, unsere Voreingenommenheiten zu verringern."

„Könnten Sie diese Übung näher beschreiben?"

„Gern. Diese Meditationsübung beinhaltet, dass wir uns drei Personen vorstellen, einen Freund oder eine Freundin, einen Feind oder eine Feindin und eine neutrale Person, die Ihnen unbekannt ist. Gestatten Sie sich zunächst, auf Ihre ganz gewöhnliche Weise auf diese drei Menschen zu reagieren. Beobachten Sie, wie Sie Zugehörigkeit für den Menschen spüren, den Sie lieben, wie Sie gegenüber dem Menschen, der Ihr Feind ist, Feindseligkeit empfinden und wie Sie gegenüber dem fremden Menschen gleichgültig sind oder gar kein Gefühl haben. Als nächsten Schritt fragen Sie sich: ‚Warum empfinde ich für diese drei Menschen diese unterschiedlichen Gefühle?' Wahrscheinlich werden Sie einige Gründe hierfür finden können, etwa dass Ihr Freund dieses oder jenes für Sie getan hat, freundlich zu Ihnen gewesen ist usw. Dann überlegen und analysieren Sie, ob dies wirklich stichhaltige und vernünftige Gründe sind. Wenn Sie auf diese Weise nachdenken, dann werden Sie feststellen, dass Ihre Gründe, weshalb Sie den einen als Ihren Freund, den anderen als Ihren Feind und den dritten Menschen als Fremden bezeichnen, nicht dauerhaft sind und sich jederzeit ändern können. Ihr Freund kann sich in einen Feind verwandeln und Ihnen Schaden zufügen, Ihr Feind könnte anfangen, freundlich zu Ihnen zu sein und zu einem Freund werden, und der fremde Mensch könnte in der Zukunft zu einem Feind oder einem Freund werden. Wenn Sie auf solche Weise ernsthaft nachdenken, werden Sie erkennen, dass es in der Tat keine stichhaltigen Gründe dafür gibt, dass Sie so zwischen diesen Menschen unterscheiden und ihnen gegenüber diese starken Gefühle der Zuneigung, Abneigung oder Gleichgültigkeit entwickeln sollten. Sie werden mit der Zeit erkennen, dass die Bezeichnungen ‚Freund', ‚Feindin' oder ‚Fremder' vorübergehende Etikette sind, die wir an diese Menschen anheften und die sich jederzeit ändern können.

Diese Übung kann positive oder negative Voreingenommenheit gegenüber anderen Menschen verringern und die starken Gefühlsschwankungen, die Sie anderen gegenüber erleben, ausgleichen. Der Sinn solch einer Übung ist es, eine stabile Grundlage zu schaffen, auf der Sie das gleiche Gefühl der Nähe und Fürsorge für alle Erdenbewohner kultivieren können – das gleiche Mitgefühl für alle."

Dann fügte er noch hinzu: „Diese Übung kann aus buddhistischer Sicht besonders kraftvoll sein, wenn wir unsere unzähligen vergangenen Leben mit in Betracht ziehen und daraus die logische Schlussfolgerung ziehen, dass unser heutiger bester Freund schon einmal unser ärgster Feind gewesen ist und dass unsere heutigen Feinde schon öfters genau die Menschen gewesen sind, die wir am meisten geliebt haben. Das ist der Grund, warum es sehr hilfreich ist, wenn wir viele verschiedene Begründungen und Argumentationslinien zur Verfügung haben – für den einen mag ein spezielles Argument besonders geeignet sein, für den anderen wiederum ein anderes. Aber unabhängig davon, ob wir das vom wissenschaftlichen oder buddhistischen Standpunkt aus betrachten: Die Hauptsache ist, dass wir ernsthaft über diese Wahrheiten nachdenken, damit sie Bestandteil unserer grundlegenden Haltung werden und sie nahtlos in unseren Umgang mit anderen Menschen eingehen."

Der Mythos der Rasse

Es gibt mindestens eine Hinsicht, in der wir Menschen wirkliche Meister sind: Wir haben eine schier unerschöpfliche Phantasie, wenn es darum geht, unsere Mitmenschen als verschieden von uns wahrzunehmen. Aber unabhängig davon, welche Eigenschaften wir als Gründe anführen, uns von den anderen zu unterscheiden und uns in die unterschiedlichsten Gruppen aufzuteilen, können dieselben Eigenschaften auch als Grundlage für Vorurteile, Diskriminierungen oder Hass dienen. In der heutigen Welt finden sich Vorurteile aufgrund unterschiedlichster Eigenschaften und Kriterien: Zugehörigkeit zu einem Geschlecht, einer Nationalität, einer Altersgruppe, einer Gewichtsklasse, einer bestimmten Religion, Wohlstandsklasse oder politischen Partei, aufgrund körperlicher Attraktivität, der sexuellen Orientierung, der Rasse und vielen anderen Attributen.

Wenn wir über die destruktiven Auswirkungen der unterschiedlichen Formen von Vorurteilen nachdenken, besteht kein Zweifel daran, dass Vorurteile aufgrund von Rassenzugehörigkeit eine der größten Quellen menschlichen Leids und Elends darstellen. Es ist daher auf jeden Fall der Mühe wert, Rassismus und den Begriff der Rasse etwas genauer in Augenschein zu nehmen.

In der Volkszählung, die 1990 in den USA durchgeführt wurde, haben sich die Bewohner der USA in dreihundert unterschiedliche Rassen und ethnische Gruppen eingeteilt. Doch wo haben sich diese vielen Rassen überall versteckt? Mir jedenfalls sind sie bisher noch nicht alle über den Weg gelaufen. Latinos haben sich in siebzig unterschiedliche Kategorien unterteilt und die Indianer sogar in *sechshundert* verschiedene Stämme. Einerseits wird gesagt, dass Rasse ein biologisches Phänomen sei, andererseits greifen wir aber eine bestimmte Religion heraus, um von der jüdischen Rasse zu sprechen, oder wir bezeichnen eine bestimmte Staatszugehörigkeit als Rasse und reden von der „irischen“ Rasse. In dieser Hinsicht ist vielleicht der Begriff der „arischen Rasse“ mein persönlicher Favorit: jene reine Herrenrasse der Nazis und Skinheads. Geschichtlich betrachtet hat es sich bei den Ariern um Indo-Europäer gehandelt, die um 4000 v. Chr. in Gebieten der heutigen Staaten Iran, Afghanistan und Indien lebten. Diese Gebiete wurden später von den Hethitern besiedelt, die sich durch ihre urindogermanischen Sprachen auszeichneten. Mag sein, dass ich zu skeptisch bin, aber ich wage die Vermutung, dass wahrscheinlich weniger als die Hälfte der Nazis und Skinheads in den Gebieten der alten Hethiter aufgewachsen sind und fließend urindogermanisch sprechen. Und ich gehe jede Wette ein, dass noch weniger Skinheads und Nazis diese Sprache auch lesen und schreiben können!

In diesem Kapitel haben wir bisher erörtert, dass Menschen mit angeborenen Voreingenommenheiten auf die Welt kommen und dazu neigen, auf andere Rassen mit einer negativen emotionalen Ausrichtung zu reagieren. Bei genauerer Betrachtung fällt jedoch auf, *dass Menschen keine instinktive Voreingenommenheit gegenüber anderen Rassen haben*, sondern eher eine Voreingenommenheit gegenüber anderen Gruppen im Allgemeinen, also gegenüber jenen, die anders erscheinen als wir selbst und die wir in *Fremdgruppen* einordnen. Das ist aber keine Rassenfrage. Während der Zeit, als die Kräfte der Evolution unsere grundlegenden Hirnstrukturen formten, existierten die heutigen Rassen noch nicht einmal. Die unterschiedlichen Rassen, wie wir sie heute auf der Erde vorfinden, entwickelten sich erst vor etwa 100 000 oder 200 000 Jahren, als unser Gehirn bereits die meisten Veränderungen im Verlauf seiner evolutionären Entwicklung durchgemacht hatte.

Als Anfang unseres neuen Jahrtausends das Humangenomprojekt die vollständige Sequenz der ungefähr 25 000 menschlichen Gene verkündete, fand eine erneute Debatte darüber statt, was genau eigentlich „Rasse" sei. Drei Milliarden unterschiedliche Basenpaare machen unsere menschliche Desoxyribonukleinsäure (DNS bzw. DNA) aus. Diese Basenpaare sind die unterschiedlichen Kombinationsmöglichkeiten der vier grundlegenden chemischen Bausteine des DNA-Moleküls und die „Buchstaben" unseres genetischen „Alphabets". Nahezu jede Zelle unseres Körpers enthält einen kompletten Satz der beiden langen, ineinander verdrehten Stränge von DNA-Molekülen, die in einzelne Abschnitte oder Gene unterteilt werden können, wobei jedes Gen die Anleitung für die Herstellung eines oder mehrerer Eiweißbausteine enthält. Das ist der Bauplan allen Lebens, der alle notwendigen Informationen enthält, um einen menschlichen Körper zu schaffen und am Leben zu erhalten. Die Entschlüsselung der Sequenz dieser menschlichen Gene war eine außergewöhnliche Errungenschaft, an der Wissenschaftler auf der ganzen Welt beteiligt waren und die über zehn Jahre intensiver Forschungsarbeit in Anspruch genommen hat.

Dieser Einblick in die Geheimschrift allen Lebens hat ein erneutes Interesse an den Fragen wachgerufen, wer wir sind und was es bedeutet, ein Mensch zu sein; er hat aber auch neuen Anlass gegeben, die

Unterschiede und Gemeinsamkeiten zwischen den verschiedenen Rassen zu untersuchen. In der Boulevardpresse fanden sich Berichte darüber, dass Menschen genetisch zu 99,9 Prozent mit anderen Menschen übereinstimmen und dass die genetische Ausstattung der Menschen innerhalb einer Rasse größere Unterschiede aufweist als die genetische Ausstattung von Menschen, die unterschiedlichen Rassen angehören! Aufgrund dieser Befunde kamen viele Leute zu dem Schluss, dass wir Menschen eine solch grundlegende Ähnlichkeit miteinander haben, dass der Begriff der Rasse ein veraltetes Modell ist und es sich dabei im Grunde genommen – zumindest aus biologischer Sicht – um einen Mythos und eine mentale Projektion handelt. Beispielsweise messen wir in unserer Gesellschaft der Hautfarbe überaus großen Stellenwert bei, doch der genetische Unterschied zwischen zwei Menschen aufgrund ihrer Hautfarbe ist so verschwindend gering, dass er beinahe nichtexistent ist. Nach der Bekanntgabe der Entschlüsselung des menschlichen Genoms war in der Presse zu lesen, dass lediglich *ein einziger von drei Milliarden „Buchstaben" der DNA-Sequenz* für eine weiße Hautfarbe verantwortlich ist! Wir meinen zu wissen, was Rasse sei – eigentlich „weiß das jeder" – doch wenn es darum geht, wirklich darzulegen, was genau „Rasse" ist, dann stehen wir ziemlich ratlos da. Je genauer wir nach der Essenz einer bestimmten Rasse und nach dem einen Menschen suchen, der als biologisches und genetisches Paradebeispiel für diese Rasse dienen kann, desto mehr scheint diese Rassenidee lediglich in unserer Vorstellung zu existieren.

Bald nach Bekanntwerden dieser Forschungsergebnisse begannen einige Wissenschaftler, wie das üblicherweise der Fall ist, diese Ergebnisse zu hinterfragen, indem sie darauf hinwiesen, dass es durchaus einige genetische Unterschiede zwischen verschiedenen Populationen gebe, wenn man einige „Allele" in die Betrachtung mit einbeziehe (das sind alternative Ausprägungsformen eines Gens, die zu einer unterschiedlichen Ausprägung des dazugehörigen Merkmals führen können). Dennoch bleibt die Tatsache bestehen, dass es, genetisch gesehen, keine eindeutigen Unterscheidungsmerkmale zwischen den Rassen gibt, da es immer Mitglieder anderer Populationen oder Rassen geben wird, die auch dieses „besondere" Allel in sich haben, von dem angenommen wird, dass es das Charakteristikum einer ganz bestimmten Rasse ist.

Die Ergebnisse aktueller wissenschaftlicher Forschungen erinnern uns auch daran, dass wir alle eine Familie sind – im wahrsten Sinne des Wortes. Wir alle haben gemeinsame Vorfahren, und die älteste gemeinsame weibliche Vorfahrin *aller heute lebender Menschen* wird im Allgemeinen „mitochondrische Eva" genannt. Das ist nicht die Eva, die wir aus der Bibel kennen, denn diese mitochondrische Eva lebte vor etwa 140 000 Jahren in Afrika und war nicht die einzige Frau auf der Welt, sondern hatte eine Familie und Freunde, und wir haben einige ihrer Eigenschaften geerbt. Wissenschaftler haben unsere Abstammung von ihr aufgrund eines besonderen DNA-Bausteinchens ermittelt, welches sich in Mitochondrien befindet (das sind kleine, strukturell abgegrenzte Bereiche von Zellen, die wurstähnlich aussehen, im Zellinneren als „Energiekraftwerke" arbeiten und den Zellen die notwendige Energie liefern). Der größte Teil unserer DNA ist ein Gemisch der DNA beider Eltern, mitochondrische DNA wird jedoch ausschließlich von Mutterseite vererbt und verändert sich dabei nicht. Mithilfe spezieller mathematischer Berechnungsverfahren haben Wissenschaftler die gemeinsame Abstammung aller heute lebenden Frauen auf eine einzige Frau in einer ununterbrochenen Übertragungslinie zurückführen können, eben dieser mitochondrischen Eva.

Aber nicht nur alle Frauen sind Schwestern, sondern auch alle Männer sind Brüder. Denn alle heute lebenden Männer haben einen gemeinsamen ältesten männlichen Vorfahren, den „Adam des Y-Chromosoms", der in Afrika vor etwa 60 000 Jahren lebte, was mithilfe gleicher Berechnungsverfahren ermittelt werden konnte, denn das Y-Chromosom wird im Gegensatz zu anderen Chromosomen ausschließlich von Vater zu Sohn vererbt, vermischt sich ebenfalls nicht mit anderer DNA und ist daher wie ein genetischer Nachname, mit dem Männer ihre väterliche Abstammung zurückverfolgen können.

Die Vorstellung von Rassen mag uns als etwas Reales und Konkretes erscheinen, da wir mit unseren eigenen Augen Unterschiede zwischen den Rassen wahrnehmen können, und so hinterfragen nur wenige, was Rassen eigentlich wirklich sind. Die Tatsache, dass die meisten Leute der Rasse einen großen Stellenwert beimessen, scheint für viele von uns Beweis genug, dass man die Menschen eindeutig in unterschiedliche Rassen unterteilen kann. Wir meinen intuitiv und aus dem Bauch heraus zu wissen, dass es grundlegende und objektive biologische Unterschiede zwischen den Rassen gibt. Doch was genau sind diese Unterschiede?

Wissenschaftler haben die Theorie aufgestellt, dass die charakteristischen Erkennungsmerkmale unterschiedlicher Rassen von bestimmten, getrennt lebenden Populationen herrühren, die viele tausende Jahre lang in verschiedenen geographischen Gebieten gelebt haben. Wenn man in heißen und sonnigen Gegenden lebte, brauchte die Haut mehr Pigmente für den Schutz gegen das Sonnenlicht, und der Körperwuchs wurde etwas größer, um mehr Oberfläche zur Verdunstung von Schweiß und somit zur Kühlung zu bieten. Wenn man aber in kalten Gegenden mit weniger Sonnenlicht lebte, benötigte man weniger Hautpigmente und einen eher kleinen und gedrungenen Körperwuchs mit mehr Fett zur Speicherung der Körperwärme. Vor diesem Hintergrund erscheint es falsch, soviel Gewicht auf reine Äußerlichkeiten zu legen. Denn die Bedeutung dieser Äußerlichkeiten ist ungefähr so groß, wie wenn verschiedene Mitglieder der gleichen Familie unterschiedliche Kleidung tragen, da sie in anderen Klimazonen aufgewachsen sind.

Wir nahmen die Erörterung der Themen Rassismus und Vorurteile wieder auf, und ich sagte: „Eure Heiligkeit, Sie sagen, dass innerhalb einer Gesellschaft bestimmte positive Denkweisen gefördert werden können, um das Bewusstsein unserer grundlegenden Gleichwertigkeit zu stärken und um Vorurteile und rassistische Einstellungen zu überwinden. Gerade dachte ich daran, dass nach der Entschlüsselung des menschlichen Genoms viele Medien berichtet haben, 99,9 Prozent des genetischen Bauplans unseres Körpers seien mit dem genetischen Bauplan aller anderen Menschen, denen wir jemals begegnen werden, völlig identisch. Diese Zahl hat mich sehr beeindruckt! Für mich war das ein überzeugender Beweis dafür, wie ähnlich wir einander sind. Auf genetischer Grundlage überwiegen die Ähnlichkeiten zwischen den Menschen, wohingegen die Unterschiede unwesentlich sind. Selbst der amerikanische Präsident Bill Clinton hat diese Zahl im Fernsehen angeführt und sie auch nach seiner Präsidentschaft immer wieder öffentlich erwähnt.

Des Weiteren ist es eine Tatsache, dass in unserer Gesellschaft Werte oder Ideale wie Demokratie, Gleichberechtigung etc. breite Unterstützung finden. Und dennoch scheint dieses Bewusstsein keinen allzu großen Einfluss auf die menschliche Gesellschaft als ganze zu haben. Immer noch beuten sich Menschen auf der ganzen Welt gegenseitig aus, bekämpfen einander und verhalten sich, als ob die Unterschiede, die uns voneinander trennen, gewaltig seien, beinahe so, als ob die Beteiligten völlig unterschiedlichen Gattungen angehörten. Ich frage mich also, warum das trotz allem so ist …"

„Howard, betrachten wir es aus einer umfassenderen Perspektive, können wir erkennen, dass die Förderung dieser Werte eigentlich schon recht gut funktioniert. Vom Standpunkt der Menschheitsgeschichte aus betrachtet hat es großartige Fortschritte auf der Welt gegeben, hat sich das Bewusstsein von diesen Werten verstärkt und ist das Ideal der Gleichberechtigung bereits stark verbreitet. Schauen Sie sich nur die Fortschritte an, die innerhalb der vergangenen paar Hundert Jahren gemacht worden sind!"

„Nun, das mag zutreffend sein", gab ich zu, „aber ich weiß nicht – für einige Leute scheint es immer noch sehr schwer zu sein, ihren Standpunkt und ihre Auffassungen zu revidieren, ihren Horizont zu erweitern und im tiefen Gefühl von fundamentaler Gleichwertigkeit mehr und mehr Menschen in die Eigengruppe mit einzuschließen."

„Ja, das mag schwierig sein", antwortete der Dalai Lama. „Aber auch wenn das in einigen Fällen schwierig sein mag, denke ich doch, dass Veränderungen möglich sind. Nehmen Sie die Vereinigten Staaten und das Phänomen der Bürgerrechtsbewegung als Beispiel. Vor nicht allzu langer Zeit gab es in den USA noch Orte mit vollständiger Rassentrennung. Aber in den Fällen, in denen den schwarzen Minderheiten aufgrund der Bürgerrechtsbewegung gleiche Chancen eingeräumt wurden und diese Minderheiten dann den gleichen sozioökonomischen Entwicklungsstand erreichten, in den gleichen Wohngegenden wie die anderen lebten und die gleichen gemeinschaftlichen Anliegen hatten, wie etwa die Erziehung der Kinder, gab es meiner Meinung nach viel weniger Unterteilungen vom Typ ‚Wir im Gegensatz zu ihnen'. Auf der anderen Seite gibt es in den Gemeinschaften, wo den Schwarzen weniger Bürgerrechte zugestanden wurden und man weiterhin getrennt voneinander lebt, mehr Misstrauen zwischen den beiden Rassen. Dies ist meiner Meinung nach ein deutlicher Beweis dafür, dass diese Unterteilungen und Trennungen verringert werden können und dies kein Ding der Unmöglichkeit ist."

„Das stimmt", sagte ich noch einmal. Er fing an mich zu überzeugen. Und dennoch fragte ich mich immer noch, ob es auch in Fällen hartnäckigster Konflikte zwischen Gruppen unterschiedlicher Rassen oder Ethnien eine Möglichkeit für wirkliche Veränderungen gab. Als hätte er meine Zweifel gespürt, fuhr er fort: „Howard, wir sprechen hier über Vorurteile und Konflikte zwischen unterschiedlichen Gruppen, und das erinnert mich an eine bewegende Begebenheit, von der ich einmal auf einem meiner Besuche in Israel gehört habe. Dort habe ich einige Leute getroffen, die in einer Volksfriedensbewegung aktiv waren, in der sowohl israelische als auch palästinensische Kinder zusammengeführt wurden. Man brachte diesen Kindern bei, Gottes Ebenbild in allen anderen Kindern zu sehen und sich darin zu üben, Gott auch in den Kindern der ‚anderen Seite' wahrzunehmen, genauso wie Er ja auch in ihnen selber wohnte. Das war also eine Art Übung in Gleichmut.

Man sagte mir, dass beim Auftreten neuer Konflikte es für diejenigen Kinder, die man gelehrt hatte, Gott auch in den Mitschülern der anderen Seite zu sehen, beinahe unmöglich war, gegenüber den anderen Kindern Hassgefühle zu entwickeln und sie in die allgemeine Kategorie von ‚Feind' zu stecken. Ich denke, das ist wirklich wunderbar!", sagte der Dalai Lama mit hörbarer Begeisterung in der Stimme.

„Daher bin ich der festen Überzeugung, dass wirklicher Wandel tatsächlich möglich ist", schloss er. „Aber natürlich brauchen Veränderungen ihre Zeit. Wie bereits erwähnt, basieren Vorurteile und Voreingenommenheiten auf falschen Überzeugungen und verzerrten Ansichten, und alle Veränderungen in einer Gesellschaft beginnen auf der Ebene des einzelnen Menschen mit der Umwandlung seiner Haltung und seines Herzens. Dieser Wandel geschieht Schritt für Schritt, bei einem Mensch nach dem anderen."

FÜNFTES KAPITEL

Extremer Nationalismus

„Eure Heiligkeit, in dieser Woche haben wir über die Abgrenzungen einer ‚Wir im Gegensatz zu ihnen'-Mentalität gesprochen und über die Gefahren, die drohen, wenn sich hieraus Vorurteile, Konflikte und Gewalt entwickeln. Ich glaube, dass die Identifikation mit dem eigenen Land und dem eigenen Volk eines der besten Beispiele für ein solches ‚Wir' ist. In Zeiten nationaler Krisen scheinen Patriotismus und Nationalismus immer wieder aufzuflammen. Oft kommt dieser Nationalismus als verbaler Patriotismus daher, mit Unterstützungsbekundungen für das Vaterland, viel Pomp und Fahnenwehen. Historisch betrachtet ist es aber so: Je intensiver diese Art von Nationalismus, desto größer auch die Gefahr, in destruktive Verhaltensmuster zu verfallen. Von einem übereifrigen Patriotismus ist es kein weiter Weg mehr zu offenen Feindseligkeiten gegenüber anderen Ländern. Derartige Strömungen haben in der Vergangenheit immer wieder Konflikte angeschürt.

Daher interessieren mich Ihre Gedanken zum Nationalismus, seine Vor- und Nachteile und über das destruktive Potential, das ihm innewohnt."

Der Dalai Lama antwortete: „Ich glaube nicht, dass Nationalismus an sich etwas Destruktives ist. Einwohner eines bestimmten Landes zu sein, kann Teil des Identitätsgefühls eines Menschen sein. Insofern kann Nationalismus etwas Positives sein und den Menschen ein Gefühl der Zugehörigkeit und einen gewissen Nationalstolz geben. Das ist durchaus positiv. In meinen Augen ist Nationalismus so etwas wie ein Werkzeug oder eine Wissenschaft: Wenn wir sie falsch einsetzen, kann das Unheil bringen und in die Katastrophe führen. Wenn wir sie aber richtig gebrauchen, dann ist sie für uns von Nutzen. Es liegt also an uns, sie richtig und angemessen zu verwenden.

Wenn wir vom Nationalismus sprechen, dann reden wir über die Unterschiede im nationalen Selbstverständnis, wo kulturelles und geschichtliches Erbe eine Schlüsselrolle spielen. Jede Nation hat eine charakteristische Kultur und ein kulturelles Erbe. Natürlich gibt es auch die geographischen Grenzen zwischen verschiedenen Nationen, die ebenfalls eine Rolle spielen. Doch ich denke, dass Kultur das Wesentliche ist. Und selbstverständlich hat jede Nation und jede Gemeinschaft das Recht auf die Wahrung der eigenen Kultur, einschließlich der Sprache, Gebräuche, Kleidungsgewohnheiten usw."

Ich hakte nach: „Sie sprechen von dem Nutzen, den der Nationalismus mit sich bringen kann und von der Wichtigkeit, eine kulturelle oder ethnische Identität zu bewahren. Meinen Sie aber nicht, dass der Nationalismus auch Nachteile mit sich bringen und negative Aspekte beinhalten kann?"

Er führte aus: „Hier würde ich zwischen gesundem und extremem Nationalismus unterscheiden. Wenn Nationalismus extrem wird, kann er sich zu einer gefährlichen Ideologie entwickeln, die die Menschen dazu anstacheln kann, gewalttätige Handlungen auszuführen. Wie so etwas passieren kann, haben wir an den tragischen Ereignisse auf dem Balkan am Ende des 20. Jahrhunderts gesehen, als Begriffe wie ‚ethnische Säuberung' und ‚Balkanisierung' Eingang in den allgemeinen Sprachgebrauch gefunden haben. In dieser Tragödie sind wir Zeugen geworden, wie extremes Nationalbewusstsein in einen Teufelskreis der Gewalt zwischen Serben, Kroaten und Bosniern geführt hat. Das war ein deutliches Beispiel dafür, wie die Auswirkungen eines extremen Nationalbewusstseins andere Aspekte menschlichen Selbstverständnisses außer Kraft gesetzt haben, aufgrund derer die Menschen hätten zusammenkommen und miteinander kooperieren können."

„Was können wir als Gesellschaft Ihrer Meinung nach von diesen tragischen Erfahrungen auf dem Balkan lernen?", fragte ich nach.

„Eine wichtige Lektion ist auf jeden Fall die, dass für viele Menschen das Nationalbewusstsein einen großen Stellenwert besitzt und daher respektiert werden sollte. Insbesondere müssen wir darauf achten, dass, wenn unterschiedliche Nationalitäten innerhalb einer größeren Gemeinschaft zusammenleben – ob das nun in einem Verbund von Ländern wie in der Europäischen Gemeinschaft oder innerhalb eines einzelnen Landes ist –, diese unterschiedlichen Nationalitäten respektiert werden und ihnen mit Würde begegnet wird.

Wenn es in einem Land unterschiedliche Kulturen gibt, dann sind Freiheit und eine gute, gerechte, auf Rechtstaatlichkeit basierende Verfassung von großer Bedeutung, damit all diese Kulturen gedeihen können.“

Als der Dalai Lama über diese Themen – Freiheit, Rechtsstaatlichkeit, Respekt vor allen Kulturen und Nationen – sprach, befand sich die tibetische Kultur und der historische Status Tibets als Nation in einem Überlebenskampf, von dessen Ausgang die Existenz einer alten Tradition und eines einzigartigen Kulturerbes abhängt. Für den Dalai Lama handelt es sich hierbei also um keine abstrakten Philosophien, sondern um brandaktuelle Themen, und Begriffe wie ‚Freiheit‘, ‚Respekt vor individuellen Kulturen‘ und ‚Rechtsstaatlichkeit‘ sind für ihn weit mehr als nur leere Parolen oder Worthülsen aus den Abendnachrichten. Die innere Leidenschaft, mit der er sprach, und der energische Ausdruck in seinen Augen vermittelten ein echtes Gefühl der Dringlichkeit. Man konnte spüren, dass es dem Dalai Lama hier um tatsächliches menschliches Leiden ging und dass sein Engagement für diese Prinzipien und seine Sorge sich nicht allein auf die tibetische Kultur, sondern auf alle Kulturen unserer Welt erstreckte. Ich konnte nicht anders, als tief berührt und ergriffen zu sein.

Er fuhr fort: „Auf jeden Fall glaube ich, dass die Tragödie auf dem Balkan eine wichtige Lehre dafür ist, was passieren kann, wenn uns diese Art von grundlegendem Respekt abhanden gekommen ist …“ Er hielt einen Moment lang inne und fügte dann leise hinzu: „Respekt vor anderen Traditionen ist in unserer heutigen Welt so überaus wichtig.“

Ich musste an eine Aussage des Dalai Lama denken, die ich einmal von ihm gehört hatte, dass wirklicher Friede mehr als die bloße Abwesenheit von Krieg ist, und mir kam der Gedanke, dass wirklicher Respekt vor anderen mehr als die bloße Abwesenheit von Vorurteilen ist.

Dies ließ ich in meine nächste Frage einfließen: „Bisher haben wir darüber gesprochen, wie wir Vorurteile überwinden können. Es hat den Anschein, dass wir jetzt einen Schritt weitergehen und erörtern müssen, wie wir Respekt für andere Gruppen entwickeln können. Die folgerichtige Frage wäre, ob Sie Gedanken dazu haben, wie wir einen größeren Respekt für andere Kulturen oder Nationalitäten entwickeln können?“

„Ja, wir haben bereits darüber gesprochen, dass einige Menschen vielleicht eine bessere Erziehung genossen haben, die einen vielleicht mehr Wohlstand besitzen, die anderen weniger. Doch trotz all dieser Unterschiede handelt es sich immer um Menschen, die auf einer grundlegenden Ebene menschliche Würde und Respekt verdienen. Dasselbe Prinzip lässt sich auch auf ganze Kulturen und Nationalitäten anwenden: Da mag es Populationen geben, die sich sehr von uns unterscheiden und deren Lebensformen, Sitten und Kleidungsgewohnheiten wir nicht verstehen. Aber dennoch können wir ihnen und ihrer menschlichen Würde auf der Grundlage unserer gemeinsamen Menschlichkeit Respekt entgegenbringen.

Und es gibt hier noch einen anderen wichtigen Punkt", fuhr er fort, „der auf vielen Ebenen von großer Bedeutung ist, dass wir nämlich lernen, die Vielfalt wertzuschätzen, dass wir wirklich über den Wert der Vielfalt und ihre Vorteile nachdenken. Je besser wir die Vielfalt wertschätzen, desto leichter wird es uns fallen, auch die Menschen zu respektieren, die sich von uns unterscheiden. Denn auch vom Standpunkt der gesamten Menschheit aus betrachtet stellt eine Vielfalt an Kulturen und unterschiedlichen Volksgruppen eine Bereicherung für die Menschheit als ganze dar. *Damit die Gemeinschaft der ganzen Menschheit gedeihen kann, ist es unbedingt erforderlich, dass auch die einzelnen Mitglieder dieser Gemeinschaft wachsen und gedeihen können.* Das lässt sich sehr schön mit einem Garten vergleichen. Für einen herrlichen und prachtvollen Garten benötigen wir viele verschiedene Blumen und Pflanzen, deren unterschiedliche Farben, Größen und Formen alle zur Gartenpracht beitragen. Doch jede einzelne Pflanze muss in ihrer eigenen Umgebung wachsen und gedeihen können. Wenn Sie es nur mit einer Pflanzensorte in einem einzigen Arrangement versuchen, werden Sie keine Freude an Ihrem Garten haben. Erst die *Vielfalt* verleiht dem Garten seine Anmut und Schönheit."

Unsere Gesprächszeit war abgelaufen. Ich war so in die Worte des Dalai Lama vertieft, dass ich noch nicht einmal die übliche Unruhe seiner Mitarbeiter draußen auf der Veranda bemerkt hatte, die sich darauf vorbereiteten, den einen Gast heraus- und den nächsten Gast hineinzugeleiten. Doch nun gab der Sekretär des Dalai Lama, der vor der Fliegengittertür des Audienzzimmers auf der Veranda herumlief, ein unmissverständliches Zeichen, und ich packte schnell meine Sachen zusammen.

Als ich auf die Veranda hinaustrat, von deren Gittergeländer purpurfarbene Bougainvilleen in dichter Anordnung herunterhingen, konnte ich die nachfolgenden Gäste des Dalai Lama beobachten, die in das Audienzzimmer geleitet wurden. Es handelte sich um eine kleine Gruppe von Frauen und Männern unterschiedlicher Nationalitäten, die alle in ihrer Begeisterung vereint schienen, den Dalai Lama sehen zu können – ein treffliches Ende für unser Gespräch über Harmonie zwischen allen Nationalitäten. Als ich den Weg zum Zugangstor des einfachen Gebäudekomplexes der Residenz des Dalai Lama hinunterging, erfreute ich mich an der üppigen Pflanzenwelt der Anlage: dichte Bambusbüsche, Eichen, Tannen und Kiefern, wilder Rhododendron und vielerlei Topfpflanzen, die in mannigfaltigen Farben blühten – violett, gelb, rot, orange … Als ich langsam den Hügelweg hinunterging, die herrliche Vielfalt dieses wahrlich paradiesischen Gartens genießend und immer noch über die Gartenmetapher des Dalai Lama als Beschreibung menschlicher Vielfalt nachdenkend, überkam mich ein Gefühl des Friedens und der Hoffnung, dass die Vision des Dalai Lama eines Tages Wirklichkeit werden könnte.

Wir brauchen nicht weit in die Geschichte zurückzugehen, um auf abscheuliche Beispiele für die destruktiven Kräfte zu stoßen, die von extremem Nationalismus oder ethnischen Vorurteilen und Feindseligkeiten ausgelöst werden. Das Beispiel, das der Dalai Lama zur Illustration gewählt hatte, der Bosnien-Krieg, datiert noch nicht allzu lange zurück. Beinahe unmittelbar, nachdem die Republik Bosnien-Herzegowina 1992 ihre Unabhängigkeit vom früheren Jugoslawien ausgerufen hatte, wurde die Welt Zeuge der schlimmsten Art von extremem Nationalismus, als die drei unterschiedlichen ethnischen Gruppen der orthodoxen Serben, katholischen Kroaten und muslimischen Bosniaken einen erbitterten Krieg auf der Grundlage von ethnischem Nationalismus anzettelten. Jede dieser drei Gruppen kämpfte um die politische Kontrolle über das neue Land bzw. Teile davon. Als 1995 das Abkommen von Dayton diesen Krieg beendete, beklagte man mehr als 100 000 Todesopfer und mehr als zwei Millionen Vertriebene. Der Krieg verwüstete weite Gebiete dieser Region und führte zur Zerstörung oder Beschädigung von 60 Prozent der Wohnhäuser, der Hälfte aller Schulen und einem Drittel aller Krankenhäuser. Hinzu kam die Zerstörung von Kraftwerken, Straßen und Wasserversorgungssystemen. Es gab Folter und Vergewaltigungen, Frauen wurden vor ihren eigenen Familienangehörigen vergewaltigt, auf öffentlichen Plätzen, es gab sogar Gruppenmissbrauch und Gruppenvergewaltigungen, manchmal tage- und sogar wochenlang. Alle drei Seiten hatten ihren Anteil am Geschehen. Die Serben waren in ihren Bemühungen um „ethnische Säuberung" besonders erbarmungslos, brannten systematisch Wohnhäuser nieder und steckten Männer in Gefangenenlager, wo einige gefoltert oder zu Tode gehungert wurden und entwickelten gezielte Strategien, um Mitglieder der anderen beiden ethnischen Gruppen, die auf serbischem Gebiet lebten, auszurotten.

Wenn Leid in solch gewaltigen und unvorstellbaren Größenordnungen geschieht, ist es manchmal einfacher, derartige Kriege als „Weltgeschehen" zu betrachten und die Sensibilität dafür zu verlieren, welch enormen Einfluss extremer Nationalismus im Leben gewöhnlicher Menschen haben kann. Die Geschichte dreier Menschen mag hier als anschauliches Beispiel dienen, zu welchen menschlichen Tragödien ein „Wir im Gegensatz zu ihnen"-Denken führen kann.

In unserem vorangegangenen Gespräch hat der Dalai Lama über die Beziehung zwischen Individuum und Gruppe gesprochen und aufgezeigt, wie man ein starkes Vertrauen auf die eigene Identität, Unabhängigkeit und Stärke haben und gleichzeitig auch in tiefer Verbundenheit einer Gruppe angehören kann. „Es geht nicht um ‚Ich *oder* Wir', sondern vielmehr um ‚Ich *und* Wir'", hatte er gesagt. Und nun wendet er das gleiche Prinzip auch auf Gruppen an, in der Überzeugung, dass unterschiedliche ethnische Gruppen harmonisch in einem Land zusammenleben können, wobei jede einzelne Gruppe ihre Einzigartigkeit bewahren und ihre Traditionen würdigen kann, gleichzeitig aber auch ein Zugehörigkeitsgefühl und Nationalbewusstsein kultiviert.

Dieses Modell einer idealen Balance zwischen individueller Identität und Gruppenidentität konnte man vor Beginn des Balkankonfliktes sehr gut anhand einer Gruppe von 16- und 17-jährigen bosnischen, kroatischen und serbischen Basketballspielern beobachten, die 1984 zusammengekommen waren, um im jugoslawischen Junioren-Basketball-Team zu spielen, einem Team, das zu einer Legende werden sollte. Dieses Team junger Basketballspieler war vier Jahre lang unschlagbar gewesen, ein Traum von einer Mannschaft, die niemals ein offizielles internationales Turnier verloren hat und die auch außerhalb des Spielfeldes gemeinsam aufwuchs. Die Mannschaftsmitglieder reisten, wohnten, trainierten und spielten zusammen, verbrachten ihre Zeit miteinander, und so entwickelten sich tiefe Freundschaften zwischen ihnen. Ihre Kameradschaft und ihr Vertrauen auf die eigenen athletischen Leistungen waren in all diesen Jahren unerschütterlich. In der Nacht vor ihrem wichtigsten Spiel, der Junioren-Basketballweltmeisterschaft 1987, schlichen sie sich aus ihrem Hotel und verbrachten die Nacht mit gemeinsamem Trampolinspringen. Und dennoch gingen sie am nächsten Tag als Sieger aus dem Endspiel hervor und schlugen die Amerikaner in deren eigenem Spiel mit 86 zu 76 Punkten.

Nachdem sie die Junioren-Weltmeisterschaft gewonnen hatten, spielten einige dieser zukünftigen Stars der Basketball-Profiliga der USA (National Basketball Association) in der jugoslawischen Nationalmannschaft weiter. Doch die tiefen Freundschaften, die sich zwischen einigen serbischen Spielern, wie zum Beispiel Vlade Divac oder Aleksander Djordjevic, und kroatischen Spielern, wie beispielsweise Dino Radja oder Toni Kokoč gebildet hatten, hielten sich. Diese Männer spielten bis zur Europameisterschaft in Rom 1991 weiter zusammen, wo sie ebenfalls den Sieg errangen.

Die ersten Anzeichen vom Ende dieses Dream-Teams traten am Nachmittag der Meisterschaftsschlussrunde auf, nur wenige Tage bevor Slowenien die Unabhängigkeit von der jugoslawischen Föderation ausrief. Der Sportminister des neuen zukünftigen Landes bestellte ein slowenisches Mannschaftsmitglied zu sich und teilte ihm mit, dass er als Verräter seines Landes betrachtet werden würde, wenn er an diesem Abend spiele.

Als der Balkan im Begriff war, auseinanderzubrechen und in Konflikt zu versinken, entstanden plötzlich völlig neue Kategorien und Zugehörigkeiten. Die Spieler dieser Basketballmannschaft waren nun keine Jugoslawen mehr, sondern wurden in neue Teams unterteilt, die mit neuen Bezeichnungen versehen wurden: Das Team der Kroaten, der Serben und der Bosniaken. Für viele schienen diese neuen Etiketten alle anderen Aspekte ihres Lebens völlig in den Hintergrund zu drängen. Das Mannschaftsmitglied Teo Alibegovic, ein bosnischer Muslim, sagte: „Als wir miteinander trainiert und gespielt haben, habe ich mir nie Gedanken darüber gemacht, welcher Nationalität die anderen angehört haben. Und ich bin mir sicher, dass die anderen Spieler auch nicht gewusst haben, zu welcher Gruppe ich gehörte. Nun, jetzt wissen wir es." Die Freundschaften, die zuvor noch unzerbrechlich schienen, drohten unter diesem Druck in die Brüche zu gehen.

Für zwei der besten Spieler, den serbischen Vlade Divac und den kroatischen Toni Kokoč, die in all den Jahren zu unzertrennlichen Freunden geworden waren, war dies besonders schlimm. Divac versuchte, mit seinen früheren Teammitgliedern in Kontakt zu bleiben. Obwohl die Kontakte nicht vollständig abbrachen, war Divac über die angeschlagenen Freundschaften besonders aufgewühlt und brach 1996 in einem Interview sogar in Tränen aus, als er von den tragischen Ereignissen erzählte. Unterdessen berichtete Kokoč: „Letztes Jahr habe ich im Sommer einige Krankenhäuser besucht, um Verwundete zu besuchen. Wenn man neunzehn- und zwanzigjährige junge Männer ohne Arme und ohne Beine sieht, dann vergehen einem alle Gedanken an Basketball."

Zum Glück sind im Verlauf der Jahre die Brüche zwischen den meisten der früheren Mannschaftskameraden verheilt. Divac und Kokoč sind heute wieder Freunde und widmen sich auf dem Balkan humanitären Aufgaben und bringen Kindern gegenseitige Toleranz nahe – mithilfe des Basketballs.

Wenn man solch eine Basketballmannschaft spielen sieht, dann ist das etwas, das bloßen Sport übersteigt und als Metapher dienen kann für die volle Entfaltung menschlichen Potentials (wie etwa die Boston Celtics der 1960er, angeführt von den Basketballgrößen Bill Russell, John Havlicek und Sam Jones)! Innerhalb eines Teams bzw. einer Gruppe findet sich hier eine perfekte Balance zwischen höchster individueller und gemeinschaftlicher Anstrengung: Individualismus *und* Gruppengeist der Spitzenklasse. In diesen wahrhaft großen Basketballteams lassen sich fünf unterschiedliche Individuen mit ihren einzigartigen Talenten und besonderen Charakterzügen beobachten: Ein Spieler mag in der Verteidigung und Ballabwehr besonders gut sein, ein anderer im Angriff, und wiederum ein anderer trumpft auf als dominierender Korbschütze. Keiner der Spieler vereinigt all diese Stärken. Jeder Spieler verfügt über sein spezielles Talent und kann sich gleichzeitig auf die Stärken der anderen Mitspieler verlassen. Beim gemeinsamen Spiel entsteht ein einheitliches Zusammenwirken, als ob es sich bei den verschiedenen Spielern um einen einzigen Organismus handle, der als Einheit großartiger ist und weitaus mehr bewirken kann als die Summe seiner einzelnen Bestandteile.

Mir kommt keine passendere Metapher in den Sinn für die Auffassung des Dalai Lama von der Möglichkeit, gleichzeitig sowohl über eine starke individuelle Identität als auch über eine ausgeprägte Gruppenidentität zu verfügen. Diese Metapher bietet auch eine treffende Beschreibung der vielen Vorteile, die aus der Zusammenarbeit unterschiedlicher Individuen innerhalb eines größeren Ganzen entstehen, ob es sich dabei um die einzelnen Spieler einer Basketballmannschaft oder um verschiedene ethnische Gruppen innerhalb eines größeren Verbundes handelt.

Der Dalai Lama empfiehlt tiefes Nachdenken über die Vorteile der Vielfalt als leistungsstarke und praktikable Strategie zur Entwicklung von Respekt gegenüber denen, die anders als wir sind. Das Bild einer Basketballmannschaft hat hier als Metapher und Illustration für die vielen Vorteile der Vielfalt gedient. Doch es gibt auch zahlreiche wissenschaftliche Studien, die konkrete Beweise für den Nutzen und die Vorteile der Vielfalt liefern. Es lohnt sich, darauf einen kurzen Blick zu werfen.

Die Vorteile der Vielfalt

Der US-amerikanische Journalist James Surowiecki eröffnet sein Buch *Die Weisheit der Vielen* mit einer Begebenheit aus dem Leben von Francis Galton, einem britischen Wissenschaftler und Experten auf dem Gebiet der Vererbungslehre, der sich eines Tages im Jahr 1906, als er bereits über 80 Jahre alt war, dazu entschloss, auf eine

Nutztiermesse zu gehen. Galton hatte ein seit langer Zeit bestehendes Interesse an der Tierzucht und war gespannt darauf, sich auf dieser Messe die neuesten Züchtungsergebnisse anzuschauen. Der Autor beschreibt dann, wie Galton Zeuge eines Schätzwettbewerbes wurde, bei dem jeder Besucher eine Schätzung über das Gewicht eines zur Schau gestellten Mastochsens abgeben konnte, „*nachdem* dieser ‚geschlachtet und ausgenommen' worden war". Für die besten Schätzungen wurden Preise ausgelobt, und so nahmen knapp 800 Personen an dem Wettbewerb teil. Die Teilnehmer waren eine bunt gemischte Menge. Es gab mehrere Metzger und Landwirte unter ihnen, doch viele verfügten über kein ausgeprägtes Fachwissen über Rinder oder Viehzucht. Galton vermutete, dass – von den wenigen Experten abgesehen – die meisten Leute wohl keine Vorstellung vom tatsächlichen Gewicht des Ochsens hatten und dass die durchschnittliche Schätzung der Menge das tatsächliche Gewicht weit verfehlen würde. Nach Beendigung des Wettbewerbs lieh sich Galton die abgegebenen Schätzzettel aus und wertete sie aus. Er addierte alle Schätzungen und ermittelte dann den durchschnittlichen Wert, der gleichsam die „kollektive Weisheit" aller teilnehmenden Wettbewerber widerspiegelte. Das Ergebnis versetzte Galton in großes Erstaunen: „Das Urteil der Menge war im Grunde genommen perfekt!", schreibt Surowiecki. Der Ochse wog, nachdem er geschlachtet und ausgenommen worden war, 1198 britische Pfund, der durchschnittliche Schätzwert der Menge betrug 1197 Pfund.

In seinem Buch führt Surowiecki dann zahlreiche weitere Beispiele und ähnliche Begebenheiten an und ergänzt sie mit wissenschaftlichen Theorien und Beweisen, um die grundlegende Aussage seines Buches zu untermauern, dass „ Gruppen unter den richtigen Umständen erstaunlich intelligent und manchmal sogar klüger als die klügsten Gruppenmitglieder sind." Er kommt dann zu dem kontraintuitiven Schluss, dass Gruppen besser in der Lage sind, Probleme zu lösen und gute Entscheidungen zu treffen als selbst die Spitzenexperten einer Gruppe.

Natürlich wissen wir alle auch, wie unglaublich dumm Menschen manchmal sein können und wie anfällig für Idiotie, wenn sie Teil einer Masse sind, von den Hexenverfolgungen bis hin zu unvorstellbaren Grausamkeiten wie etwa der Lynchjustiz. Der Schlüssel liegt also im Erkennen der „richtigen Umstände“, von denen Surowiecki spricht, den Voraussetzungen also, unter denen die Weisheit der Gruppe zum Vorschein kommen kann. Die Bedingungen, die Surowiecki anführt, unterstützen das Argument des Dalai Lama, dass Vielfalt manchmal große Vorteile bietet, unabhängig davon, ob es sich um die Vielfalt unterschiedlicher Individuen in einer Masse, um die Vielfalt an Kulturen innerhalb einer Nation oder um die Vielfalt von Nationen auf unserer Erde handelt. Surowiecki zieht viele wissenschaftliche Studien heran, zitiert eine Fülle konkreter Beispiele und kommt dann zu folgendem Schluss: „Damit die Weisheit der Massen zum Tragen kommen kann, sind folgende Bedingungen notwendig: Vielfalt, Unabhängigkeit und eine bestimmte Art von Dezentralisierung.“

Somit bietet Vielfalt also einen weiteren beachtlichen Vorteil: Vielfalt steigert die *Weisheit* einer Gruppe und verbessert unsere Fähigkeit für Problemlösungen und Entscheidungsfindungen. Mit derart vielen Problemen in unserer heutigen Welt ist dies ein Nutzen, den man nicht vorschnell abtun sollte. Wenn eine Gruppe von Menschen ein Problem lösen oder in einer wichtigen Frage zu einer Konsensentscheidung finden möchte, dann unterstützen neue Informationsquellen, eine *Vielfalt* neuer Perspektiven und unterschiedliche Wissensressourcen die Weisheit und Stärken einer Gruppe. In gewisser Weise lässt sich hier ein Vergleich zur alten indischen Erzählung vom „Elefanten und den blinden Männern“ ziehen, in der eine Gruppe blinder Männer einen Elefanten beschreiben soll. Der eine von ihnen betastet den Schwanz des Elefanten und beschreibt diesen als etwas, das man mit einem Seil vergleichen kann, ein anderer befühlt das Bein und beschreibt es als Säule usw. Wenn es um die Gesamtbeschreibung des Elefanten geht, verfehlt jeder dieser Männer in seiner eingeschränkten Schilderung das Ziel. Doch wenn eine genügend große Gruppe an blinden Personen den Elefanten charakterisiert und alle zum Gesamtbild beitragen, dann werden sie schließlich zu einer ziemlich guten Gesamtbeschreibung eines Elefanten gelangen.

Eine Studie, die 2004 an der Stanford-Universität durchgeführt wurde, demonstriert unmittelbar, wie die Vielfalt in einer Gruppe das Denkvermögen der Gruppe verbessern hilft. Die Wissenschaftler Anthony Antonio und Kenji Hakuta teilten weiße Studenten in kleine

Gruppen ein, die über einige umstrittene Themen wie etwa die Todesstrafe diskutieren sollten. Was die Teilnehmer nicht wussten, war, dass man sie anhand von zuvor ausgefüllten Fragebögen in Gruppen eingeteilt hatte, in denen alle Mitglieder in Bezug auf die umstrittenen Themen derselben Meinung waren. Die Teilnehmer wussten ebenfalls nicht, dass es in jeder Gruppe einen geheimen „Kollaborateur" gab, der mit den Forschern zusammenarbeitete. Die eine Hälfte der Kollaborateure waren Schwarze, die andere Hälfte Weiße. Darüber hinaus waren einige Kollaborateure angewiesen, mit der Meinung der anderen Gruppenmitglieder konform zu gehen, die anderen waren angewiesen, unterschiedlicher Meinung zu sein.

Die Forscher untersuchten dann sorgfältig die fünfzehnminütigen Aufsätze, die von den Gruppenmitgliedern sowohl vor als auch nach den Diskussionen geschrieben worden waren und stießen auf überzeugende Beweise, dass Vielfalt in diesen Gruppen vorteilhafte Auswirkungen auf das Denkvermögen der einzelnen Gruppenmitglieder hatte und ganz besonders eine Art des Denkens förderte, die als „*integrative Komplexität*" bezeichnet wird. Das ist eine Art Maßeinheit für intellektuelles Denken auf hoher Stufe und beinhaltet etwa die Fähigkeit, ein bestimmtes Problem von unterschiedlichen Standpunkten aus zu betrachten, um dann in der Lage zu sein, diese verschiedenen Standpunkte miteinander zu verknüpfen, um zu einer Schlussfolgerung zu gelangen. Diese *integrative Komplexität* ist ein wertvolles Instrument für Problemlösungen und Entscheidungsfindungen. In dieser Studie traten die vorteilhaften Auswirkungen der Vielfalt dann auf, wenn es in einer Gruppe ein Mitglied einer anderen Rasse gab, unabhängig davon, ob der oder die Schwarze mit der Gruppe einer Meinung war oder nicht. Auf gleiche Weise waren diese vorteilhaften Auswirkungen auch dann sichtbar, wenn es in der Gruppe jemanden mit einer unterschiedlichen Meinung gab, wobei es unerheblich war, ob der „Kollaborateur" eine schwarze oder weiße Hautfarbe hatte.

Wenn man bedenkt, dass dies lediglich ein kleines Beispiel für die zahlreichen Vorteile der Vielfalt ist, kann man sich berechtigterweise die Frage stellen: „Wenn Vielfalt wirklich so großartig ist, warum sind dann die ‚Menschenmengen' nicht vielfältiger, und zwar auf allen gesellschaftlichen Ebenen, und warum wählen nicht mehr Menschen Arbeits- und Lebensumfelder, die von einer größeren Vielfalt geprägt sind?"

Die Antwort lautet, dass alles – wie immer – nicht so einfach ist und bei menschlichem Verhalten stets viele Parameter zu berücksichtigen sind. Trotz der offensichtlichen Vorteile von Vielfalt gibt es da auch einen Haken: Die Gruppe muss ein Interesse daran haben, zusammenzuarbeiten und aus den Verschiedenheiten innerhalb der Gruppe keine Streitereien oder Konflikte entstehen zu lassen, die die Gruppe daran hindern könnten, produktiv zusammenzuarbeiten. Um in den Genuss der Vorteile der Vielfalt zu gelangen, müssen die Mitglieder der unterschiedlichen Rassen oder Ethnien zunächst die Gelegenheit haben, miteinander in Kontakt zu kommen, um dann daran zu arbeiten, jene Einstellungen abzubauen, die sich zu Barrieren zwischen den unterschiedlichen Gruppen entwickeln könnten.

Um gezielt bei diesem Problem anzusetzen, ist es wichtig zu wissen, dass nicht nur bunt gemischte Gruppen Vorteile bringen, sondern auch homogene Gruppen, nämlich zum Beispiel eine gesteigerte Produktivität aufgrund von Solidarität und stärkerem innerem Zusammenhalt. Neuere Studien belegen unmissverständlich, dass Menschen in homogenen Gemeinschaften oder in der mehrheitlichen Gruppe einander mehr vertrauen, ein stärkeres Gemeinschaftsgefühl haben, dass die Verbrechensraten niedriger und die Neigung zu Depressionen und Angststörungen geringer ist. Wir müssen also die Tatsache, dass Menschen sich glücklicher fühlen, wenn sie mit Angehörigen einer ähnlichen Rasse oder Ethnie zusammenleben, mit der unbedingten Notwendigkeit für Harmonie, Zusammenarbeit und Vertrautheit zwischen den unterschiedlichen Gruppen, Rassen und Nationalitäten in unseren zunehmend multikulturellen Gesellschaften in Einklang bringen. Die Wichtigkeit dieses Themas wird in westlichen Gesellschaften durch die intensive Debatte unterstrichen, die zwischen den Anhängern zweier Lager geführt wird: Die einen vertreten die Ansicht, dass wir unsere rassischen und ethnischen Unterschiede positiv sehen sollten und dass nichts falsch daran sei, „unter unseresgleichen" zu bleiben. Die anderen machen sich für eine bessere Integration der unterschiedlichen Gruppen in unseren multikulturellen Gesellschaften stark und befürworten manchmal sogar die vollständige Assimilation aller Menschen in eine einzige, große, glückliche Menschheitsfamilie.

Der Dalai Lama hat anfangs von der Notwendigkeit eines ausgeprägteren Gemeinschaftssinns gesprochen und davon, dass wir Verbundenheitsgefühl mit den anderen und engere soziale Bindungen kultivieren müssen. Hier lassen sich zwei Arten sozialer Bindungen und Kontakte unterscheiden: Die eine Art verbindet die Menschen innerhalb einer Gruppe miteinander. Dies geschieht auf der Grundlage gemeinsamer Eigenschaften wie Rassen- oder Religionszugehörigkeit. Die andere Art bringt die Mitglieder unterschiedlicher Gruppen näher zusammen, was oft als Brückenkontakt bezeichnet wird. Die meisten Sozialwissenschaftler stimmen heute darin überein, dass in den zeitgenössischen westlichen Gesellschaften diese Brückenkontakte dringend notwendig sind – im Balkankonflikt mangelte es den Serben, Kroaten und Bosniaken tragischerweise genau an dieser Art von sozialen Kontakten und Bindungen. Die Herausforderung liegt nun freilich darin, wie wir diese Brückenkontakte herstellen, ein Verbundenheitsgefühl mit einer umfassenderen Gemeinschaft herstellen und gleichzeitig unsere ethnische und kulturelle Identität bewahren können.

Studien belegen, dass sich die Menschen glücklicher fühlen, wenn sie mit ihresgleichen zusammen sind. *Was aber bedeutet „ihresgleichen“?* Das scheint der springende Punkt bei diesem Problem zu sein, einem Problem, das der Dalai Lama klar benannt hat, als er über die destruktiven Aspekte der „Wir gegen sie“-Mentalität sprach und dann zu folgendem Schluss kam: *„Wir müssen eine einschließendere Art und Weise kultivieren, uns auf andere Menschen zu beziehen. Das ist unbestritten.“* Wir müssen Wege finden, um die Mitglieder anderer Rassen und anderer ethnischer oder nationaler Gruppen als Teil eines größeren und umfassenderen „Wir“ wahrzunehmen.

In diesem Kapitel hat der Dalai Lama einige fundierte Strategien aufgezeigt, wie wir Vorurteile, Voreingenommenheiten und Feindseligkeiten überwinden können, die uns daran hindern, unsere Mitmenschen auf ganzheitlichere und umfassendere Weise wahrzunehmen. Im Dritten Teil dieses Buches werden wir auf die Frage zurückkommen, wie wir mit den anderen auf umfassendere Weise in Beziehung treten können, und wir werden aufzeigen, wie dies zu größerem persönlichen Glück führen und uns helfen kann, viele der gesellschaftlichen Probleme unserer heutigen Welt zu überwinden. Bevor der Dalai Lama und ich uns diesen Themen zuwenden konnten, wurden wir jedoch durch große Weltereignisse daran erinnert, dass noch andere Themen von entscheidender Bedeutung zur Diskussion standen, wenn es darum geht, in unserer verunsicherten Welt zu Glück zu finden.

ZWEITER TEIL

Dialog versus Gewalt

SECHSTES KAPITEL

Ein Blick auf die Natur des Menschen

Die Ereignisse, die sich am Morgen des 11. September 2001 in den Vereinigten Staaten ereigneten, sollten die Welt verändern. Als die beiden Türme des World Trade Centers in New York in Trümmer gingen, schlief der Dalai Lama friedlich im bescheidenen Schlafzimmer seines Domizils in den Südausläufern des Himalaya in Nordindien. Am nächsten Morgen wachte er zu seiner gewohnten Zeit um halb vier Uhr auf, schüttelte kurz den Schlaf von sich und begann dann um vier Uhr seine allmorgendlichen, vierstündigen Meditationen und Gebete als buddhistischer Mönch. Während in Amerika der Fanfarenstoß ertönte, der einen neuen Krieg einläutete, war der Dalai Lama in tiefer Meditation versunken, die lediglich vom behaglichen Nieseln des leichten Monsunregens begleitet wurde, der auf das dünne Dach seines Privatquartiers niederging. Draußen war das kleine abgelegene Bergdorf noch in Dunkelheit und friedliche Beschaulichkeit gehüllt.

Schon bald nach diesem 11. September habe ich mich wieder in der Residenz des Dalai Lama in Dharamsala eingefunden, um unsere gemeinsamen Gespräche fortzuführen. Es war nun über ein Jahr her, seit ich das letzte Mal in seinem Audienzzimmer gewesen war, und in der Zwischenzeit schien sich in diesem Zimmer nichts verändert zu haben. Genaugenommen schien sich hier in all den zwanzig Jahren nichts verändert zu haben, während derer ich immer wieder hierher gekommen war: Es herrschte die gleiche großzügige und friedliche Atmosphäre und Weiträumigkeit, hervorgerufen durch große Fenster auf beiden Seiten, auf der einen den Blick freigebend auf schneebedeckte Berge, auf der anderen dem weiten Kangra-Tal mit seinem üppigen Grün zugewandt. Dieselben Thankas (buddhistischen Rollgemälde) der Gottheit Tara hingen in leuchtendem Seidenbrokat eingerahmt an den hellgelben Wänden. Dieselbe Landkarte Tibets bedeckte die gegenüberliegende Wand von der Decke bis fast zum Boden, und derselbe Altar mit edlen buddhistischen Statuen und Kultobjekten, rituellen Schalen und Butterlampen stand immer noch am selben Ort. Sogar der schlichte Polstersessel des Dalai Lama und das passende Sofa für die Gäste, auf dem ich Platz genommen hatte, und die beide um einen tiefroten Couchtisch angeordnet waren, schienen noch die gleichen zu sein.

Nein, hier hatte sich tatsächlich nicht viel verändert, dachte ich, als ich mich in dem Raum umsah. So weit ich sehen konnte, hatten sich in all diesen Jahren die einzigen Veränderungen ausschließlich im angrenzenden Zimmer zugetragen, das für die Gäste des Dalai Lama bestimmt war, die hier mitunter auf eine Audienz mit ihm warten. Über all die Jahre hatten sich die Wände dieses Warteraums mit immer mehr Preisen, Auszeichnungen und Gedenktafeln zur Erinnerung an die Ehrendoktorwürden vieler Universitäten und die Ehrenbürgerschaften zahlreicher bedeutender Städte aus der ganzen Welt gefüllt.

Doch die Welt dort draußen hatte sich verändert, und seit unserem letzten Gespräch in diesen Wänden hatten sich die Terroranschläge des 11. September zugetragen, die uns einmal mehr daran erinnerten, welch grausame und schreckliche Dinge die Menschen einander antun können.

An diesem Morgen begannen wir unsere Untersuchung über die dunkleren Seiten menschlichen Verhaltens, all die abscheulichen Gewalttaten und Grausamkeiten, die sich Menschen zufügen können. In unserer letzten Gesprächsreihe hatten wir die Ursachen unserer dualistischen „Wir gegen sie"-Mentalität beleuchtet, die zu Vorurteilen und Konflikten führen kann. Nun richteten wir unsere Aufmerksamkeit auf die aggressiveren Varianten menschlichen Verhaltens und versuchten, die Ursachen der Gewalt zu verstehen. Im Bemühen, die Ursachen von Gewalttaten bis zu ihren Wurzeln zurückzuverfolgen, hoben wir unseren Gesprächsfaden mit der fundamentalen Frage wieder auf: Sind Gewalt und Aggression Bestandteil unserer grundlegenden menschlichen Natur?

Sind wir von Natur aus gewalttätig?

Der Dalai Lama erinnerte sich an den 11. September: „An jenem Morgen kam nach meiner Meditation mein Begleiter Lobsang Gawa in mein Arbeitszimmer und sagte mir, dass ein Anschlag auf das World Trade Center in New York verübt worden sei. Er teilte mir mit, dass die beiden Türme vollständig eingestürzt seien."

„Was war Ihre erste Reaktion?", wollte ich wissen.

„Fassungslosigkeit. Ich dachte, dass dies unmöglich wahr sein konnte! Ich glaubte, dass mir jemand einen Bären aufbinden wollte. So habe ich mein Radio eingeschaltet und selber gehört, wie der BBC World Service darüber berichtete. Dann schaltete ich den Fernseher ein und konnte in den BBC-Nachrichten sehen, wie die zwei Flugzeuge in das World Trade Center rasten und die beiden Türme in Flammen aufgingen. Da wusste ich, dass diese schrecklichen Neuigkeiten stimmten. Ich habe die verzweifelten Versuche der Menschen gesehen, die in den oberen Stockwerken eingeschlossenen waren, dem Verbrennen bei lebendigem Leibe dadurch zu entrinnen, dass sie sich aus den Fenstern in den sicheren Tod stürzten. Wie traurig! Was für eine Zerstörung! Es war undenkbar. Einfach unvorstellbar."

„Was war Ihre zweite Reaktion, nachdem Sie Ihre Fassungslosigkeit überwunden hatten?"

Der Dalai Lama schüttelte traurig den Kopf: „Mit aller Deutlichkeit wurde einem hier das zerstörerische Potenzial vor Augen geführt, das uns Menschen innewohnt. Welch ein Hass! Das ist beinahe jenseits menschlicher Vorstellungskraft. Dann habe ich für all die unschuldigen Opfer und ihre Familien gebetet."

Bei dieser Antwort musste ich an die Reaktion des amerikanischen Volkes an jenem Tag denken: Empörung, und eine sofortige Entschlossenheit, die Verantwortlichen des Verbrechens ihrer gerechten Strafe zuzuführen, und so fragte ich: „Nun, wenn Sie an das unvorstellbare Leid denken, das diese Terroristen und Leute wie Osama bin Laden über tausende unschuldige Menschen gebracht haben und daran, dass Menschen so etwas einander wirklich antun können – untergräbt das dann nicht ihren grundsätzlichen Glauben an das Gute im Menschen und in der menschlichen Natur?"

„Nein", antwortete der Dalai Lama, ohne auch nur einen einzigen Augenblick zu zögern, „keineswegs. Auch wenn solche entsetzlichen Handlungen von einer Handvoll Menschen ausgeführt werden, bin ich weiterhin der festen Überzeugung, dass der Mensch in seinem innersten Wesen gut ist und dass die grundlegende Natur des Menschen sanft und nicht gewalttätig ist."

Es war nicht das erste Mal, dass wir über diese grundlegende menschliche Natur sprachen. Ich dachte an das allererste Mal zurück, als wir dieses Thema erörtert hatten, vor über einem Jahrzehnt.* Ich erinnerte mich an seinen direkten und durchdringenden Blick, als er damals gesagt hatte: „*Ich bin der festen Überzeugung, dass die menschliche Natur im Grunde genommen mitfühlend und sanft ist. Das ist das vorherrschende Wesensmerkmal der menschlichen Natur.*" Seine Ansichten über dieses Thema hatten sich offensichtlich nicht verändert.

Obwohl mir die grundlegend positive Einstellung des Dalai Lama über die menschliche Natur durchaus geläufig war, so war ich dennoch überrascht vom unbeirrten Ton tiefster Überzeugung als er sagte, dass die Ereignisse des 11. Septembers, die erst kurz zurücklagen, seinen Glauben an das grundlegend Gute im Menschen nicht beeinträchtigt hätten. Selbst der grausame und sinnlose Mord an tausenden unschuldigen Menschen ließ ihn keinen Augenblick lang zögern, seine Aussage über das Gute im Menschen zu wiederholen, und es schien mir, dass seine Überzeugung sogar noch stärker war als je zuvor. Da ich verstehen wollte, woher er die Kraft für seine Überzeugung nahm, fragte ich: „Wie gelingt es Ihnen, dass die grausamen und entsetzlichen Dinge, die Menschen sich manchmal gegenseitig antun, die Terrorakte des 11. September mit eingeschlossen, keinerlei Auswirkungen auf Ihren festen Glauben an das grundlegend Gute im Menschen haben?"

Der Dalai Lama dachte einen Augenblick lang nach und sagte dann: „Vielleicht liegt es daran, dass ich solche Ereignisse aus einer größeren Perspektive betrachte. Wenn derartig schreckliche Dinge geschehen, dann neigen wir oft dazu, einen einzelnen Menschen oder eine Gruppe von Menschen dafür verantwortlich zu machen. Ich denke aber, dass es falsch ist, nur eine einzelne Person oder Gruppe herauszugreifen, um diese dann als alleinige Ursache hinzustellen. Wenn wir eine umfassendere Sichtweise einnehmen, können wir erkennen, dass es viele unterschiedliche Ursachen für Gewalt gibt. Und es kann viele Faktoren geben, die zu solchen fürchterlichen Ereignissen beitragen, sehr viele Faktoren. Im Fall des 11. September beispielsweise spielen auch religiöse Überzeugungen eine Rolle.

---

* *Die Regeln des Glücks.* Bergisch Gladbach, 1999.

Wenn Sie diesen konkreten Fall genauer untersuchen, können Sie also sehen, dass viele Faktoren zu dieser Tragödie beigetragen haben. Für mich persönlich ließen diese Ereignisse daher einen entscheidenden Punkt deutlich werden: Wenn menschliche Intelligenz über moderne Technologie verfügt und sich dann von negativen Emotionen leiten lässt, kann das zu derart unvorstellbaren Katastrophen führen."

„Könnten Sie bitte genauer ausführen, was Sie damit meinen?"

Er antwortete: „Sehen Sie, diese Terroristen mussten eine enorme, ja fast unvorstellbare Entschlossenheit gehabt haben, ihr eigenes Leben zu opfern, um solch eine Tat ausführen zu können. Ohne äußerst starke, negative Emotionen wäre dies niemals möglich gewesen. Damit hätten wir die Motivation für die Handlung. Aber nur die Motivation und die negativen Emotionen alleine verursachen noch keine Ereignisse dieser Größenordnung. Sehen wir genauer hin, erkennen wir, dass akribische Planungen in diese Anschläge eingeflossen sind: Monate, wenn nicht gar Jahre an Planungen, bis ins allerkleinste Detail. Die Anschläge waren zum Beispiel so berechnet gewesen, dass die Flugzeuge noch möglichst viel Kerosin mit sich führten, um die Zerstörung zu vergrößern. Diese sorgfältigen Planungen wären ohne Einsatz menschlicher Intelligenz unmöglich gewesen. Und dann bedurfte es auch konkreter Mittel, um die Anschläge auszuführen. Hier wurden Flugzeuge eingesetzt, modernste Technologie also. Das ist das, was ich meine.

Wissen Sie", fuhr er mit einem Seufzer fort, „bei solchen entsetzlichen Terrorakten sind so viele unterschiedliche Faktoren mit im Spiel. Die Menschen, die diese Anschläge ausgeführt haben, waren sicherlich auch vom Hass angetrieben. Als ich zum ersten Mal gesehen habe, wie Türme des World Trade Center eingestürzt sind, habe ich mir gedacht: ‚Hass, das ist hier der *wirkliche* Übeltäter.'"

„Eure Heiligkeit, ich kann Ihre Auffassung verstehen, dass all diese Faktoren zu diesen Terrorakten geführt haben. Doch es ist auch eine Tatsache, dass letztlich alles auf einen einzelnen Menschen oder eine Gruppe von Menschen hinausläuft, die diese gewalttätigen Handlungen ausgeführt und Leid über andere Menschen gebracht haben. Ist es daher nicht vorstellbar, wenn wir all diese komplexen Faktoren und Ursachen kurz außer Acht lassen, dass einige Menschen einfach nur böse sind, dass ihre grundlegende Natur böse ist?"

Der Dalai Lama schüttelte den Kopf und antwortete: „Diese Vorstellung des Bösen, ja sogar das Wort ‚das Böse' selbst, kann durchaus problematisch sein. Wir haben schon einmal darüber gesprochen, dass die Menschen im Westen manchmal dazu neigen, in absoluten Kategorien zu denken und die Dinge schwarzweiß zu sehen, entweder weiß oder schwarz, entweder alles oder gar nichts. Diese Tendenz verstärkt sich unter dem Einfluss negativer Geisteszustände wie Hass sogar noch, was zu einer Verzerrung im eigenen Denken und in der eigenen Wahrnehmung führt. Wenn Sie dann an derartige Terrorakte denken, suchen Sie – wie bereits erwähnt – sofort nach einer Zielscheibe, nach einem Menschen oder einer Gruppe von Menschen, denen Sie alle Schuld zuschieben können und auf die Sie all Ihren Ärger und Ihre Empörung lenken können. In diesem Zustand nehmen Sie alle Dinge in den Kategorien von ‚ausschließlich gut' oder ‚ausschließlich schlecht' wahr und sehen die Menschen als entweder gut oder böse. Von diesem Standpunkt aus betrachtet kann es dann passieren, dass Sie einen Menschen als hundertprozentig böse betrachten.

Doch aus buddhistischer Perspektive existiert kein *absolutes Böses* in dem Sinne, dass dieses Böse unabhängig von anderen Faktoren und aus sich selbst heraus existiert und nicht durch andere Faktoren und Bedingungen beeinflusst und verändert werden könnte. Im Begriff des ‚absoluten Bösen' schwingt die Bedeutung von etwas Ewigem und Unveränderlichem mit. Daher kann ich der Vorstellung von durch und durch bösen Menschen, deren wahre und unveränderliche Natur böse ist und die sich immer böse verhalten werden, nicht zustimmen.

Es gibt im Buddhismus aber durchaus die Vorstellung, dass man sich unter dem Einfluss von negativen Emotionen und schlechten Beweggründen böse verhalten und Böses tun kann. Dieses böse Verhalten wird allerdings als Ergebnis bestimmter Ursachen und Bedingungen angesehen. So lassen sich solche Ereignisse erklären, ohne dass wir eine metaphysische Macht wie etwa ‚das Böse' ins Feld führen müssten."

Dann fasste er zusammen: „Wenn jemand eine äußerst destruktive Handlung ausführt, dann können wir sagen, dass diese Handlung etwas Böses ist. Das steht völlig außer Frage. *Wir sollten uns bö-*

sen Handlungen immer widersetzen und eine klare Stellung gegen sie beziehen. Wenn die Motivation für eine solche Tat Hassgefühle sind, dann ist sowohl die Motivation als auch die daraus resultierende Handlung aufgrund ihrer Destruktivität etwas Böses. Das heißt aber nicht, dass die Person, die diese Handlung mit dieser Motivation ausführt, wirklich ein ‚böser Mensch' ist und sich stets schlecht verhalten wird. Denn es gibt immer die Möglichkeit, dass andere Bedingungen ins Spiel kommen und dieselbe Person sich dann nicht mehr böse verhält."

„Ich verstehe, was Sie meinen", sagte ich, „doch wenn Sie diese schlechte Tat unter dem Aspekt von Ursachen und Bedingungen betrachten und sagen, dass der Täter sich lediglich unter dem Einfluss all dieser und vielleicht auch noch anderer Faktoren befand, besteht dann nicht die Gefahr, dass Sie dieses böse Verhalten entschuldigen oder gar billigen, als ob das Verhalten gar nicht die Schuld dessen wäre, der sie ausgeführt hat? Es hat für mich den Anschein, dass Sie den Täter umso ungeschorener davonkommen lassen, je mehr Sie die Aufmerksamkeit auf die verschiedenen Ursachen und Bedingungen lenken, die zu der Tat geführt haben."

„Nein. Wenn wir sagen, dass die Täterin oder der Täter nicht grundsätzlich und immer böse ist und dass das Böse ein relativer Zustand ist, der von anderen Faktoren abhängt, darf dies von niemandem als Vorwand genommen werden, böse Handlungen auszuführen. Dem Täter die Möglichkeit einzuräumen, die eigene Motivation oder das eigene Verhalten in Zukunft zu verändern, bedeutet nicht, dass wir böse Handlungen entschuldigen oder gar billigen oder dass wir den Täter aus der Verantwortung für seine Tat entlassen, als ob er gar nichts mit seiner Handlung zu tun hätte."

„Nun", entgegnete ich, „unabhängig davon, ob wir entsetzliche Gewaltakte als Ergebnis von Ursachen und Bedingungen betrachten, oder ob wir sie bösen Menschen zuschreiben, ist es eine Tatsache, dass Menschen zu solchem Verhalten fähig sind. Im Verlauf der Menschheitsgeschichte haben die Menschen sich immer wieder gegenseitig ausgebeutet und einander Leiden zugefügt. Sie haben selbst gesagt, dass Ihre zweite Reaktion auf die Anschläge des 11. September – nachdem Ihnen klargeworden war, dass man Ihnen keinen Bären aufgebunden hatte – die Deutlichkeit war, mit der Ihnen ‚das zerstörerische Potenzial vor Augen geführt wurde, das uns Menschen innewohnt'. In der Geschichte der Menschheit gibt es viele Gewaltakte, die unsere Vorstellungskraft übersteigen, wie zum Beispiel der Holocaust … Ich weiß nicht, aber derart krasse Beispiele für unser destruktives Potenzial und unserer Fähigkeit, den Mitmenschen zu schaden und ihnen Leiden zuzufügen, sollte uns auf jeden Fall innehalten lassen, um über die dunkleren Seiten der menschlichen Natur nachzudenken."

Mit einem ernsten Nicken erwiderte er: „Ja, wenn man mit Grausamkeiten wie denen des Holocaust konfrontiert wird, kann das unseren Glauben an das Humane im Menschen an sich erschüttern. Ich werde niemals meinen ersten Besuch im Konzentrationslager von Auschwitz vergessen. Vieles, was ich dort sah, machte mich sehr betroffen, unter anderem eine große Sammlung von Schuhen der Opfer des Konzentrationslagers. Darunter gab es viele kleine Schuhe – Kinderschuhe! Das zu sehen, war erschütternd und hat mich mit tiefster Trauer erfüllt. Ich wurde von Mitgefühl für diese unschuldigen Kinder überwältigt: Sie wussten noch nicht einmal, wo sie sich befanden und was mit ihnen geschah! Ich konnte es einfach nicht begreifen, wie jemand so etwas tun konnte. Und so habe ich dort gebetet."

Die letzten Worte hatte er ganz leise gesprochen. Der betrübte Ausdruck in seinem Gesicht ließ mich eine Weile innehalten, ehe ich fortfuhr. Der Dalai Lama glaubt nicht an die Vorstellung eines absoluten Bösen. Er scheint keinen Drang zu verspüren, Adolf Hitler und seine bösen Schergen als alleinige Ursache für den Holocaust hinzustellen, um dann seine moralische Empörung und die volle Kraft seines Ärgers auf sie zu lenken. Wenn er aber über Erfahrungen wie in Auschwitz spricht, kann man anhand seiner Stimme und seines Verhalten spüren, wie tief betroffen er ist – weit davon entfernt, keine moralische Entrüstung zu empfinden. Er sieht keineswegs über die Schrecken solcher Tragödien hinweg und ist sich vollkommen im Klaren darüber, wie viel Böses die Menschen einander antun können. Doch in vollem Bewusstsein über die menschliche Fähigkeit, Böses zu tun, bleibt seine feste Überzeugung unerschüttert, dass der Mensch in seinem Innersten gut ist.

Ich sagte: „Eure Heiligkeit, man könnte meinen, wenn wir an den Holocaust oder an Ereignisse ähnlicher Größenordnung denken, dass derartige Gräuel nicht nur die Existenz des Bösen in der Welt bestätigen, sondern auch Ihren wohlwollenden Standpunkt über die menschliche Natur in Frage stellen."

„Nochmals", sagte er, „ich glaube, es wäre ein Fehler, aus der Betrachtung derartiger Ereignisse den Schluss zu ziehen, dass diese Ereignisse unsere grundlegende menschliche Natur widerspiegelten, als ob wir irgendwie dazu gezwungen wären, uns so zu verhalten. Wir dürfen nicht vergessen, dass solche Situationen nicht die Norm sind und auch nicht gewöhnliches Alltagsleben wiedergeben. In der buddhistischen Ethik gibt es eine Liste sogenannter ‚schwerer Vergehen', wenn man zum Beispiel die eigenen Eltern tötet, in der eigenen Glaubensgemeinschaft ein Schisma herbeiführt etc. Doch es wäre falsch, aus der Möglichkeit solcher Vergehen den Schluss zu ziehen, dass wir Menschen nicht dazu in der Lage wären, ein gutes Leben zu führen."

„Ja, das mag stimmen, aber ..."

„Howard", fuhr er fort, „wir sollten uns daran erinnern, dass wir hier eine Verhaltensweise vorschlagen wollen, die auf der Erkenntnis des grundlegenden Gutseins der menschlichen Natur beruht, und wie wir in vollem Bewusstsein dessen eine Lebensweise annehmen können, die dieses Gutsein zum Ausdruck bringt. Das ist unser Ziel, und deswegen versuchen wir, die Menschen zu schulen. Wir versuchen die Betrachtungsweise zu verstärken, dass die grundlegende Natur des Menschen gut ist, damit wir unseren Gemeinschaftssinn und unsere Fürsorge füreinander fördern können. Das ist keine rein religiöse Angelegenheit und ebenso wenig eine rein philosophische Frage. Hier geht es um unsere Zukunft ..."

Als er dies sagte, schwang eine Art unendlichen Mitgefühls in seiner Stimme mit, als ob er in vollkommener Klarheit und tiefer Trauer das unermessliche Leiden sehen könne, das Menschen einander aufgrund ihrer Unwissenheit über die wahre menschliche Natur zufügen: Eine Unwissenheit, die unsere Sicht verschleiert und unser Verständnis des uns innewohnenden Gutseins vernebelt und unser unerschöpfliches Potenzial für Mitgefühl blockiert; eine Unwissenheit, die zur Folge hat, dass wir in Angst und Dunkelheit leben und einander mit Argwohn und Feindseligkeit begegnen.

Zugleich kommt das Mitgefühl des Dalai Lama niemals sentimental oder fatalistisch daher. Vielmehr ist es mit einer Entschlossenheit und einer kühnen Zielstrebigkeit gepaart, andere nach besten Kräften zu erziehen und ihnen zu helfen, sich als das zu erkennen, was sie wirklich sind, und sich selbst so zu sehen, wie er sie sieht: als grundlegend integer und gut. Der Dalai Lama brachte nun noch einmal kurz einige seiner Hauptargumente vor, die er bereits Jahre zuvor erläutert hat, und führte sorgfältig Beweise für seine Sichtweise über die Natur des Menschen an, die nicht nur auf der buddhistischen Theorie über die Buddhanatur* beruhten, sondern vorwiegend auf der Biologie. Zunächst verwies er auf die körperlichen, emotionalen und gesundheitlichen Vorteile von Mitgefühl und Fürsorge und auf die vielen destruktiven Auswirkungen von Feindseligkeiten und Aggression, wie etwa Herz-Kreislauf-Erkrankungen, und appellierte dann an unseren gesunden Menschenverstand und die menschliche Vernunft, indem er die Frage stellte, welche „Natur" für den menschlichen Geist und Körper und für das Gedeihen menschlichen Lebens besser geeignet sei, eine aggressive oder eine sanfte.

Ich stellte fest, dass er komplexere Beispiele anführte und über ein tieferes wissenschaftliches Verständnis verfügte als in unseren ersten Gesprächen über dieses Thema vor vielen Jahren. Er führte nun zum Beispiel Argumente wie dieses an: „Medizinischen Erkenntnissen zufolge ist einfacher Körperkontakt zwischen einem heranwachsenden Baby mit seiner Mutter oder einer anderen Bezugsperson in den ersten Wochen unmittelbar nach der Geburt für die Entwicklung des menschlichen Gehirns von entscheidender Bedeutung." Aber trotz der rationalen Art seiner Argumente war seine Herangehensweise weit entfernt davon, die eines distanzierten Anthropologen oder gefühlskalten Humanbiologen zu sein. Vielmehr sprach er mit einer Wärme und einer Fürsorge, als ob genau in diesem Augenblick menschliches Leben auf dem Spiel stünde.

Obwohl seine Sichtweise über die menschliche Natur zutiefst optimistisch war, handelte es sich hier um keinen blinden Optimismus.

---

* In der buddhistischen Philosophie ist ‚Buddhanatur' eine Bezeichnung für die grundlegende, unsterbliche und feinste Natur unseres Geistes. Dieser Geisteszustand wohnt allen Lebewesen inne und wird von keinerlei negativen Gedanken und Emotionen getrübt. Es ist somit die Buddhanatur, manchmal auch das ursprüngliche klare Licht oder die wahre Natur des Geistes genannt, die jedem Menschen das Potenzial verleiht, die Erleuchtung zu erlangen.

Wie immer temperierte er seine Ansichten mit gesundem Menschenverstand und Vernunft und kam zu folgendem Schluss: „Natürlich schließt das fundamentale Gutsein der Menschen nicht aus, dass einige Menschen destruktive Akte wie die des 11. September ausführen. Wir können unmöglich erwarten, dass jeder Mensch sein Handeln an jenen Grundsätzen orientiert, die unsere fundamental gute menschliche Natur widerspiegeln. Genau betrachtet haben alle unsere großen Religionsführer und spirituellen Lehrer darin versagt, die gesamte Menschheit in eine gute zu verwandeln. Der Buddha hat diesbezüglich versagt, und Jesus Christus hat versagt. Doch daraus den Schluss zu ziehen, dass es unnötig sei, uns anzustrengen, da wir ebenfalls versagen werden, wäre dumm. Was wir tun können, sollten wir auch tun."

Unsere grundlegende Natur neu überdenken

In den vergangenen Jahrzehnten scheint sich auf dem Gebiet der Wissenschaften in der Untersuchung der ewigen Frage über die Natur des Menschen eine Revolution zu ereignen, der Frage nämlich, ob die Natur des Menschen grundsätzlich aggressiv und gewalttätig oder aber gütig und sanft ist. In den vergangenen Jahrhunderten hatte sich in der westlichen Kultur die ziemlich düstere und pessimistische Auffassung etabliert, dass der menschliche Charakter von Natur aus aggressiv, selbstsüchtig und territorial sei. Die Grundlage für diese Einstellung wurde von sehr vielen Denkern geschaffen, angefangen von Philosophen wie Thomas Hobbes und George Santayana bis hin zu Verhaltensforschern wie Robert Ardrey und Konrad Lorenz. In den vergangen Jahren aber hat eine rasch anwachsende Zahl an führenden Wissenschaftlern diese eher traditionelle, pessimistische und düstere Sichtweise der menschlichen Natur als aggressiv und gewalttätig aufgegeben. Am anderen Ende der Skala finden wir die Sichtweise des Dalai Lama, dass die menschliche Natur überwiegend von positiven Zuständen wie Güte, Fürsorge, Mitgefühl und sogar Sanftheit geprägt ist.

Die zunehmende Verlagerung zur Position des Dalai Lama führt dazu, dass sich die meisten Wissenschaftler und Denker irgendwo in der Mitte zwischen diesen beiden Polen wiederfinden. Mehr und mehr Wissenschaftler kommen zu dem Schluss, dass wir zwar ein Nervengefüge besitzen, das uns die Fähigkeit zu gewalttätigem Handeln verleiht, dass es aber in unserer Neurophysiologie oder der menschlichen Beschaffenheit nichts gibt, das uns dazu *zwingt*, uns so zu verhalten. Aufgrund umfangreicher wissenschaftlicher Studien in den vergangenen Jahren haben sich immer mehr Ergebnisse angesammelt, die eine angeborene gewalttätige Natur des Menschen in Frage stellen und stattdessen die Sichtweise vorschlagen, dass uns Menschen sowohl positives als auch negatives Potenzial innewohnt und es größtenteils von der eigenen Konditionierung, Schulung und situationsbedingten Umständen abhängt, was von beiden entwickelt und durch unser Handeln zum Ausdruck gebracht wird – ob wir uns also gütig oder gewalttätig verhalten.

Auch wenn sich viele Wissenschaftler in die Richtung der Position des Dalai Lama bewegen, ist diese Frage unter den Forschern natürlich noch lange nicht geklärt, und in der Öffentlichkeit herrscht immer noch die Meinung vor, dass die menschliche Natur aggressiv ist. Wo also liegt die Wahrheit?

Wenn wir uns auf die Suche nach der Wahrheit der menschlichen Natur begeben, kann dies ein trostloses, fast sogar hoffnungsloses Bild hervorbringen. Die Tatsachen lassen sich nur schwer verleugnen: Allein im vergangenen Jahrhundert zwei Weltkriege, in die beinahe der ganze Planet verwickelt war; in der ersten Hälfte des vergangenen Jahrhunderts der Holocaust und gegen Ende des Jahrhunderts Ereignisse wie der Völkermord in Ruanda. Offensichtlich haben wir nur wenig dazugelernt. Und die Gewalt kommt in unterschiedlichster Gestalt daher, nicht nur in Form von Kriegsopfern. Häusliche Gewalt ist die häufigste Einzelursache für die Verletzung von Frauen! Millionen Frauen auf der ganzen Welt werden immer wieder zu Opfern von Gewalt, Körperverletzung, Vergewaltigung und Mord. In vielen Ländern der Welt haben Gewaltverbrechen erschreckende Ausmaße angenommen. Nur zwanzig Jahre nach dem Ersten Weltkrieg, dem „Krieg, der alle Kriege beenden sollte", war unser Planet schon wieder in eine weltumspannende bewaffnete Auseinandersetzung verwickelt, die 72 Millionen Todesopfer gefordert hat: Soldaten, Zivilpersonen, Unschuldige, Frauen und Kinder.

Nach der endgültigen Niederlage der Achsenmächte des Zweiten Weltkrieges keimte dann echter Optimismus auf: Die Welt hatte die Gelegenheit, neu anzufangen, es gab die Chance, Streitigkeiten und Konflikte mithilfe von Bündnissen und Organisationen wie den Vereinten Nationen zu lösen. Das war damals die große Hoffnung. Und die heutige Wirklichkeit? 50 Jahre nach dem Ende des Zweiten Weltkrieges enthüllte eine Studie, die auf der Webseite der NATO veröffentlicht wurde, dass es in diesem halben Jahrhundert 150 bewaffnete Konflikte gegeben hat, mit geschätzten 25 bis 30 Millionen Toten, wobei in dieser horrenden Zahl die Todesopfer aufgrund von Hungersnöten, Krankheiten oder anderen indirekten Auswirkungen der bewaffneten Konflikte noch nicht einmal mit eingerechnet sind. Und wie viele Tage ohne kriegerische Auseinandersetzungen hat es in diesen 50 Jahren gegeben? Wie viele Tage Frieden auf Erden? Ganze *26 Tage!!!*

Wenn wir uns diesen Tatsachen gegenübersehen, müssen wir dann im Grunde nicht die Schlussfolgerung ziehen, dass die menschliche Natur grundlegend aggressiv ist?

Glücklicherweise lautet die Antwort hierauf: Nein!

Wenn wir dem gewohnten Hinweis des Dalai Lama folgen, menschliches Verhalten von einer umfassenderen Perspektive aus betrachten und das Wechselspiel der Ereignisse mit einbeziehen, die zu jeder Situation beitragen, um dann die Häufigkeit von aggressivem, gewalttätigem Verhalten der menschlichen Spezies auf lange Sicht hin zu untersuchen, dann sehen die Fakten ganz anders aus, und es entsteht ein völlig anderes Bild: Einigen Wissenschaftlern zufolge starben im Zeitalter, als wir noch Jäger und Sammler waren, *30 Prozent der männlichen Bevölkerung aufgrund von Gewaltanwendung durch andere Menschen.* Und wie hoch war dieser Prozentsatz im Zwanzigsten Jahrhundert, alle Kriege, Völkermorde und die permanenten bewaffneten Konflikte mit eingerechnet? *Weniger als 1 Prozent!* Zu Beginn des neuen Jahrtausends hat sich dieser Prozentsatz noch einmal deutlich verringert. Der Harvard-Psychologe und Autor Steven Pinker hat nach weiterem Beweismaterial für diesen Trend Ausschau gehalten und festgestellt, dass selbst an den gefährlichsten Orten der heutigen Welt die Mordrate *20 mal niedriger* ist als zu Zeiten unserer Ureinwohner.

Auch wenn das Ausmaß an Gewalt und Aggression über die Jahrtausende hinweg großen Schwankungen und Zyklen unterlag, ist der Entwicklungstrend klar erkennbar: Die Tendenz zu Gewalt und Mord nimmt langsam ab. Das gibt berechtigten Anlass zur Hoffnung, dass der Dalai Lama am Ende mit seiner Einstellung über die Natur des Menschen doch richtig liegt.

Es ist nicht notwendig, das Verhalten der Menschen in modernen westlichen Gesellschaften mit unseren prähistorischen Urahnen zu vergleichen, um überzeugendes Datenmaterial dafür zu finden, dass Menschenliebe menschliche Grausamkeit überwiegt. Eine breit angelegte Studie des Nationalen Meinungsforschungsinstituts (*National Opinion Research Center*) an der Universität Chicago, einem der größten und renommiertesten Meinungsforschungsinstitute der USA, kam im Jahr 2004 zu dem Ergebnis, dass jeder erwachsene US-Amerikaner durchschnittlich 109 altruistische Handlungen pro Jahr ausführt. Wenn man diese Zahl mit der erwachsenen Bevölkerung der USA in jenem Jahr multipliziert, stellt man fest, dass es dort im Jahr der Umfrage 23 980 000 000 uneigennützige Handlungen gegeben hat. Im gleichen Zeitraum meldete das FBI für die USA 1 367 000 Gewaltverbrechen jeglicher Art. Hält man diese Zahlen zusammen, erkennt man, dass im Jahr 2004 in Amerika jedem Gewaltverbrechen umgerechnet 17 540 altruistische Handlungen gegenüberstanden!

Vergleicht man diese erstaunlich positive Statistik mit der in unserer Gesellschaft vorherrschenden Sichtweise, dass die menschliche Natur aggressiv und selbstsüchtig sei, dann wird deutlich, dass viele von uns eine verzerrte Sichtweise der menschlichen Natur haben. Ein anderes Beispiel: Laut FBI hat von 1990 bis 1998 die Totschlagrate in den USA um 32,9 Prozent *abgenommen*. In der gleichen Zeit hat sich die Berichterstattung über Totschlagsdelikte im amerikanischen Fernsehen um 473 Prozent *gesteigert*! Das ist jedoch kein Zufall. Denn vom evolutionsgeschichtlichen Standpunkt aus betrachtet gibt es gute Gründe dafür, warum wir ein größeres Interesse daran haben, Gewaltakte im Fernsehen zu sehen anstatt Handlungen der Nächstenliebe. Wie bereits erläutert, haben sich unsere Gehirne so entwickelt, dass wir unsere Umwelt effektiv auf Gefahren und Lebensbedrohungen hin absuchen. Daher verfügen wir über ein Gehirn, das von einigen Forschern als „katastrophenorientiertes Gehirn“ bezeichnet wird, dessen nervlichen Schaltkreise hervorragend arbeiten, wenn es um die Wahrnehmung von Dingen geht, die in der Außenwelt *falsch* laufen, bei der Wahrnehmung von Dingen, die *gut* laufen, aber nur unzureichend funktionieren. Da sich unser Interesse und unsere Aufmerksamkeit von Natur aus stärker auf Gewaltakte richten als auf Akte der Nächstenliebe, ist es unwahrscheinlich, dass die Nachrichtensender plötzlich eine neue Programmpolitik umsetzen und anfangen werden, für jede Sendung über eine Gewalttat 17 540 Reportagen über altruistische Handlungen zu senden.

Es liegt daher an uns, unsere Umwelt zu erforschen und gezielt Ausschau nach Hinweisen auf Nächstenliebe und positive menschliche Eigenschaften zu halten. Eine erstaunliche Studie, die in der Folge des Zweiten Weltkriegs entstand, brachte einen der aussagekräftigsten und überzeugendsten solcher Hinweise hervor. Die niederschmetternde Zahl von 72 Millionen Todesopfern dieses Krieges lässt sich auf unterschiedlichste Tötungsmethoden zurückführen: Gewehrkugeln, Bomben, Torpedos, Landminen, Konzentrationslager, aber auch auf Kriegsfolgen wie zum Beispiel Hungersnöte usw. Von allen Tötungsmethoden ist jedoch die Bereitwilligkeit des einzelnen Soldaten, auf dem Schlachtfeld gezielt gegnerische Soldaten zu erschießen, vielleicht der beste Indikator für angeborene menschliche Aggression. Hier handelt es sich um einen der seltenen Fälle legal sanktionierten Tötens, wo gewalttätiges und aggressives Verhalten nicht nur toleriert, sondern sogar gefordert wird und wo man bemüht ist, den einzelnen Soldaten von Schuldgefühlen freizusprechen. Darüber hinaus steht auf dem Schlachtfeld oft auch das eigene Leben des Soldaten auf dem Spiel.

Nach dem Zweiten Weltkrieg führte der Brigadegeneral und Militärhistoriker der US-Armee S.L.A. Marshall eine einflussreiche Studie durch. Dafür wurden zum ersten Mal in der Menschheitsgeschichte die Schussraten von Soldaten im Schlachtfeld untersucht. Die Ergebnisse waren überwältigend. Man stellte fest, dass *nur fünfzehn bis zwanzig Prozent der Soldaten gewillt waren, im Kampf direkt auf den Feind zu schießen!* In verschiedenen Untersuchungen wurde diese Zahl immer wieder konstant bestätigt. Diese Tötungshemmung ließ sich nicht mit Feigheit erklären, da sich die Soldaten auf dem Schlachtfeld befanden und oft willens waren, ihr eigenes Leben zu riskieren, um andere zu retten. Es mangelte ihnen also nicht an Tapferkeit. Es war verblüffend. Nachdem dieses Phänomen eingehend untersucht worden war, kam man zur eindeutigen Schlussfolgerung, dass *Menschen selbst unter Lebensgefahr eine angeborene Abneigung haben, andere Menschen zu töten.* Traurigerweise sah sich das Militär durch diese Ergebnisse dazu veranlasst, nach Wegen zu suchen, wie sich die Soldaten besser konditionieren ließen, den Feind zu töten, woraufhin die Schussraten im Korea- und Vietnamkrieg sprunghaft anstiegen. Die ursprünglichen Ergebnisse dieser Studie sind aber ein klarer Beweis für die Auffassung des Dalai Lama von einer guten und wohlwollenden Menschheit, in der Nächstenliebe verbreiteter ist als Gewalt und Sanftheit stärker als Aggression.

Auf unserer Suche nach der wirklichen Beschaffenheit der menschlichen Natur lohnt sich vielleicht auch ein Blick auf die Ansichten jenes Menschen, von dem viele glauben, dass er die moderne Sichtweise über die menschliche Natur am stärksten mitgeprägt hat: Charles Darwin. Seine Theorien über natürliche Selektion, die Evolution und das „Überleben des Stärkeren“ hat die Art unseres Denkens über uns selbst revolutioniert. Dennoch haben heutzutage viele Menschen nur eine vage Vorstellung von dem Gedankengut Darwins. Die Vorstellung von natürlicher Selektion und vom Überleben des Stärkeren hat jedoch zu der landläufigen Meinung geführt, dass die Kräfte der Evolution von Natur aus aggressive, territoriale, starke und gewalttätige Menschen bevorzugen, da dies Eigenschaften sind, die es einem ermöglichten, den Kampf um knappe Ressourcen zu gewinnen und die eigenen Gene an die Nachkommen weiterzugeben.

Diese Auffassung ist weit von der Wirklichkeit entfernt. In seinem Buch *Die Abstammung des Menschen* legt Darwin dar, dass unsere stärksten Empfindungen (die Eigenschaften im innersten Kern der menschlichen Natur) unsere sozialen Instinkte sind, unsere Sympathie, Sorge um andere und Freude am Wohlergehen der anderen: die gleichen grundlegenden Eigenschaften also, von denen auch der Dalai Lama spricht! Charles Darwin entwickelte seine Sichtweise über die menschliche Natur aufgrund von sorgfältigen Studien an anderen Gattungen, durch seine vielfältigen und detaillierten Beobachtungen von Menschen und auch durch Studien an seinen eigenen zehn Kindern. In den letzten Jahren sind einige führende Persönlichkeiten auf dem Gebiet der Evolutionstheorie zu den ursprünglichen Beobachtungen Charles Darwins zurückgekehrt, um bestimmte menschliche Merkmale aus einem neuen Blickwinkel zu betrachten, wie zum Beispiel den beachtlichen Aufwand an Fürsorge, der beim Großziehen von Kindern notwendig ist. Daher formulieren diese Wissenschaftler ihre Ansichten über die menschliche Natur neu und stimmen eher mit der Sichtweise des Dalai Lama überein.

Vielleicht ist es aber auch so, dass die konkrete persönliche Sichtweise der menschlichen Natur als entweder positiv oder negativ letzten Endes eine Frage der Wahlmöglichkeit ist, abhängig davon, ob wir den Fokus auf die gewalttätige und aggressive Vergangenheit des Menschen legen oder aber auf die Indizien für menschliche Güte und Nächstenliebe. Diese Wahlmöglichkeit ist nicht nur eine philosophische Fragestellung oder akademische Übung, sondern sie ist von grundlegender Bedeutung und hat sowohl auf individueller als auch gesellschaftlicher Ebene weitreichende Auswirkungen. Auf gesellschaftlicher Ebene betrifft die Frage nach der menschlichen Natur den Kernpunkt unserer bisherigen Diskussion über unseren Gemeinschaftssinn, unsere Fürsorge und unser Mitgefühl für andere – der Glaube des Dalai Lama an die Möglichkeit, bedeutungsvolle zwischenmenschliche und gesellschaftliche Bindungen einzugehen und aufrechtzuerhalten, basiert auf seiner Überzeugung, dass die menschliche Natur von Grund auf positiv ist.

Doch unsere Sichtweise der menschlichen Natur hat auch auf individueller Ebene entscheidende und weitreichende Folgen. Letzten Endes ist es hier unser Ziel, in unserer verunsicherten Welt zum Glück zu finden. Stichhaltiges Beweismaterial belegt, dass die Art, wie wir unsere Umwelt betrachten, Auswirkungen auf unser Glücksempfinden hat. Eine umfangreiche Studie an über 11 000 Amerikanern, die vom Soziologieprofessor Abbott Ferris an der Emory-Universität in Atlanta durchgeführt wurde, bestätigte, was wir alle vielleicht schon intuitiv geahnt haben: Wie wir unsere Welt – und somit die menschliche Natur – wahrnehmen, als etwas Gutes oder Schlechtes, übt einen direkten Einfluss auf die Stärke unseres Glücksempfindens aus. Ferris fand heraus, dass Menschen, die dazu neigten, in der Welt mehr Schlechtes zu sehen, erheblich unglücklicher waren als jene, für die die Welt und die Menschen darin grundsätzlich gut waren.

Die weitreichenden Folgen unserer Einstellung verdeutlichte der Dalai Lama folgendermaßen: „Der Unterschied in unserer Sichtweise über die menschliche Natur kann ausschlaggebend dafür sein, ob wir in einer Welt voller Menschen leben, die wir als feindselig, gewalttätig und gefährlich wahrnehmen, oder in einer Welt voller Menschen, die uns im Wesentlichen freundlich, hilfsbereit und liebenswürdig erscheinen. Ein tiefgehendes Bewusstsein von dem grundlegenden Gutsein der Menschen kann uns Mut und Hoffnung verleihen. Auch auf individueller Ebene kann solch eine positive Sichtweise auf unsere grundlegende Natur helfen, unser persönliches Wohlbefinden zu verbessern und unser Verbundenheitsgefühl mit den anderen zu stärken.

Auch wenn die objektive Beweislage aus historischer oder wissenschaftlicher Sicht weder die eine noch die andere Sichtweise stichhaltig belegen würde“, sagte er weiter, „dann wäre es von einem pragmatischen Standpunkt aus betrachtet dennoch in unserem eigenen Interesse, eine positivere Sichtweise über die menschliche Natur einzunehmen. Schließlich haben wir Menschen eine Neigung dazu, das, woran wir glauben, in die Wirklichkeit umzusetzen – ein wenig in der Art einer sich selbst erfüllenden Prophezeiung.“

SIEBTES KAPITEL

Gewalt: Die Ursachen

Im Verlauf unserer Gespräche haben der Dalai Lama und ich viele unterschiedliche Themen angesprochen, wobei eine Frage all unsere Diskussionen wie ein roter Faden durchzog: die Frage nämlich, wie wir in unserer verunsicherten Welt zu Glück finden können. Wenn wir die unterschiedlichen Faktoren betrachten, die im Verlauf der Menschheitsgeschichte menschliches Glück immer wieder untergraben und in großem Umfang Leid und Elend über die Welt gebracht haben, dann ist Gewalt mit Sicherheit einer dieser Hauptfaktoren.

Im heutigen Gespräch lenkten wir unsere Aufmerksamkeit auf eine genauere Untersuchung der Gewalt, und ich begann: „Eure Heiligkeit, im Versuch, die Ursachen der Gewalt in der Gesellschaft aufzudecken, haben Sie klargestellt, dass wir dafür nicht nur die bösartige Natur des Verursachers verantwortlich machen können und …"

„Ja. Das ist richtig", unterbrach er mich. „Wenn wir an die Wurzel des Problems gelangen möchten, ist es nicht ausreichend, die Ursachen der Gewalt lediglich einem einzelnen Individuum oder einer einzelnen Gruppe zuzuweisen und es dabei bewenden zu lassen. Es ist vielmehr wichtig, die tiefer gehenden Ursachen für solche Gewaltakte zu verstehen. Denn um die Gewalt zu überwinden, müssen wir zuerst deren Ursachen verstehen."

„Nun, dann frage ich mich, ob wir an dieser Stelle einige dieser Ursachen untersuchen können. Die grundsätzliche Frage wäre, ob Sie irgendwelche Ideen haben, was die allgemeinen Ursachen der Gewalt sein könnten."

„Das ist ziemlich kompliziert", antwortete er mit einem leichten Seufzer. „Es gibt viele Ursachen und Bedingungen, die zu Gewalt und gewalttätigen Konflikten führen können. Wir können unmöglich den Finger auf nur einen oder zwei Faktoren legen und dann sagen: ‚Hier, das ist die Ursache.' Aus buddhistischer Sicht ist die Natur der Wirklichkeit eine interdependente, in der alles in wechselseitiger Abhängigkeit miteinander verbunden ist. Daher gibt es in jedem Geschehen oder in jeder Krise viele unterschiedliche Faktoren, die alle aus unterschiedlichen Ebenen etwas zu dem Problem beigesteuert haben. Jede Situation hat ihre eigenen Umstände und Bedingungen, die alle einen Beitrag zu dem Problem geleistet haben."

„Können Sie vielleicht einige der ‚unterschiedlichen Ebenen', von denen Sie gesprochen haben, benennen und einige der Ursachen aufzählen?", fragte ich. Um eine weitere vage Antwort, wie die, dass alles von den Umständen abhängt, zu vermeiden und um eine konkretere Antwort zu bekommen, fügte ich hinzu: „Vielleicht können Sie Ihren Standpunkt am konkreten Fall der Terroranschläge des 11. September veranschaulichen."

„Da wir über menschliche Probleme sprechen, sind diese Konflikte und Gewaltakte natürlich von Menschen hervorgerufen. Daher bilden menschliche Gefühle, Denkweisen und die leidbringenden Emotionen wie Hass, Gier und Unwissenheit die Wurzel des Problems. Und mit diesen leidbringenden Emotionen geht oft ein verzerrtes Denken einher. Das ist also eine Ebene: die *inneren Faktoren*. Diese stehen mit der eigenen Motivation in Beziehung, und im konkreten Fall der Terroristen des 11. September können Hassgefühle die treibenden Beweggründe gewesen sein. Auf einer anderen Ebene gibt es weiterreichende *kulturelle Faktoren*, wie zum Beispiel die Werte, die in einer bestimmten Gesellschaft vermittelt werden. Im Fall des 11. September haben auch religiöse Überzeugungen eine Rolle gespielt. Das ist eine andere Ebene …"

Er hielt inne, um einen Augenblick lang in Stille nachzudenken, was in Anbetracht der Tragweite meiner Frage nicht verwunderlich war. Dann fuhr er fort: „Wissen Sie, wenn wir über die Ursachen von Hass und Gewalt sprechen, dann spielt auch die eigene Konditionierung eine gewichtige Rolle. Konditionierung kann auf ganz unterschiedlichen Ebenen geschehen …"

„Ebenen?"

„Ja", erklärte er. „Konditionierung kann auf gesellschaftlicher Ebene stattfinden, durch die Werte und Botschaften, die im Erziehungswesen, von den Medien und Führungspersönlichkeiten einer Gesellschaft vermittelt werden. Konditionierung findet auch in der eigenen Familie statt und an vielen ähnlichen Orten.

Im konkreten Umfeld und Milieu eines Menschen kann es zahlreiche Einflüsse geben. Die Terroristen des 11. September haben nicht nur aus rein persönlichen Beweggründen gehandelt. Sie sind in Gemeinschaften aufgewachsen, wo vielleicht langjährige Ressentiments existierten aufgrund dessen, wie man dort die USA oder den Westen wahrgenommen hat. Vielleicht betrachteten diese Gemeinschaften die Vereinigten Staaten oder den Westen als Mächte, die andere Teile der Welt irgendwie ausbeuten. Es kann sein, dass in diesen Gemeinschaften ein – in ihren Augen berechtigter Groll – über einige Missstände gärte und man dort der Meinung war, über kein adäquates Forum zu verfügen, auf dem man diesen Ärger zum Ausdruck bringen konnte, und dass niemand diese Anliegen hören wollte. Mit der Zeit hat sich dieser Groll dann vielleicht verdichtet und in Hass verwandelt.

Natürlich kann es auch sein, dass einige Individuen von anderen Mitgliedern der Gruppe beeinflusst wurden. Diese *situationsbedingten Umstände* sind eine weitere Ebene. Darüber hinaus kann Gewalt in einigen Fällen auch historische Wurzeln haben. Selbst wenn Hass der Beweggrund für eine gewalttätige Handlung ist, können die Wurzeln, beziehungsweise die wahrgenommenen Wurzeln dieses Hasses, in der Vergangenheit liegen und einige davon sogar Jahrhunderte weit zurückreichen.

Wenn wir also einen umfassenderen Standpunkt einnehmen", fasste er zusammen, „dann werden wir erkennen, dass in Wirklichkeit viele Faktoren zu derartig entsetzlichen Gewalttaten beisteuern."

Vor nicht allzu langer Zeit fanden sich im Mittleren Osten Familien in ihren Wohnzimmern mit frisch zubereitetem, warmem Popcorn zum gemeinsamen Fernsehabend zusammen …

An diesem Abend läuft im saudiarabischen Fernsehen eine Talkshow, die von einer attraktiven, sorgsam geschminkten Moderatorin geleitet wird, die elegant gekleidet ist und den traditionellen Hijab trägt. Sie spricht Arabisch mit dem gelassenen, bedächtigen und selbstbeherrschten „Nachrichtenakzent", der charakteristisch für Nachrichtensprecher auf der ganzen Welt ist. Sie informiert die Zuschauer darüber, dass ihnen an diesem Abend etwas Besonderes geboten werde. Sie spricht darüber, wie wichtig es sei, die nachfolgenden Generationen zu erziehen und dass sie hierfür in dieser Talkshow ein dreieinhalbjähriges Mädchen interviewen würde.

„Möge Gott unseren Kindern die gleiche Erziehung angedeihen lassen, damit unsere Kinder der kommenden Generation wahre Muslime sind, die wissen, wer ihre Feinde sind", sagt die Moderatorin. Dann stellt sie dem Publikum ein kleines Mädchen namens Basmallah vor, ein Mädchen mit dem Gesicht eines Engels. Basmallah trägt ein mit Rüschen besetztes weißes Hemdchen unter einem rosarot und weiß karierten Jackett und hat ebenfalls das traditionelle Kopftuch auf – ein entzückendes Kind, der Inbegriff von Unschuld und Anmut.

Nachdem die Interviewerin Basmallah nach ihrem Namen und Alter gefragt hat, kommt sie gleich zur Sache. „Kennst du die Juden?", fragt sie.

„Ja", antwortet Basmallah in der charakteristischen Tonhöhe und Klangfarbe von Kleinkindersprache und der charmanten Selbstsicherheit eines überzeugten Kindes.

„Magst du sie?"

„Nein!", sagt das kleine Kind entschieden.

„Warum magst du sie nicht?", fragt die Moderatorin.

„Weil das Schweine und Affen sind", antwortet Basmallah in einem überzeugten und sachlichen Ton, als ob sie eine Miniaturzoologin sei, die eine fremde Tiergattung beschreibt.

Die Moderatorin lächelt, nickt zustimmend und fragt nach: „Wer hat das gesagt?"

„Unser Gott."

„Wo hat er das gesagt?"

„Im Koran."

„Das ist richtig!", ruft die Interviewerin entzückt und scheint von der Weisheit des Mädchens verzaubert. „Er hat das im Koran gesagt."

Die Interviewerin fährt fort: „Basmallah, was machen die Juden?"

Jetzt wirkt das kleine Mädchen ein wenig verwirrt. „Was?", fragt sie.

Die Interviewerin wiederholt: „Was machen sie?"

Etwas Unsicherheit schleicht sich in Basmallahs Gesicht. Dennoch antwortet sie: „Die Pepsi-Firma!"

Die Moderatorin sieht etwas verlegen aus, lässt aber das Fernsehpublikum wissen: „Oh, sie weiß alles über den Boykott!" Dann fährt sie fort, das Mädchen zu bedrängen: „Was haben die Juden mit unserem Propheten Mohammed gemacht?"

Das Kind nimmt einen zweiten Anlauf: „Er hat jemanden getötet."

Wiederum lenkt die Moderatorin die falsche Antwort in die richtige Richtung und spricht zu dem Mädchen: „Natürlich war unser Prophet Mohammed so stark, dass er sie [die Juden] töten konnte!"

Die Interviewerin bedrängt das Kind weiter, zu erzählen, welch bösen Dinge die Juden getan haben, bis Basmallah dann auf die richtige Antwort kommt und schließlich, durch die Interviewerin unterstützt, dem Publikum die Geschichte einer jüdischen Frau erzählt, die das Essen des Propheten vergiftet hat. Basmallah endet schließlich mit den Worten: „… und er sagte zu seinen Begleitern: ‚Ich werde diese Frau *töten* …'".

Dann beschloss die Moderatorin das Interview: „Niemand könnte sich ein frömmeres Mädchen wünschen! … Die Kinder der kommenden Generation müssen wahre Muslime sein!"

Dieses aus dem wirklichen Leben gegriffene Beispiel illustriert auf tragische Weise das Argument des Dalai Lama, dass Konditionierungen eine große Rolle spielen können, wenn es um Hass und Gewalt geht. Es braucht nicht viel Phantasie, um sich Basmallah als Siebzehnjährige vorzustellen, wie sie einen mit rostigen Nägeln und Schrauben gefüllten Sprengstoffgürtel um den Bauch trägt, eine Grundschule in Israel oder den USA betritt und sich mit einem glückseligen Lächeln auf dem Gesicht und in ekstatischer Erwartung der Ewigkeit im himmlischen Paradies in die Luft jagt, um möglichst viele unschuldige jüdische Kinder mit in den Tod zu reißen – Kinder mit der gleichen Unschuld, die sie selber an jenem glücklichen Tag gehabt hatte, als sie im saudiarabischen Fernsehen ihr hübsches rosarot-weißes Kostümchen trug und dafür gepriesen wurde, eine fromme Muslimin zu sein.

Der Dalai Lama lässt sich in seiner Überzeugung nicht erschüttern, dass Gewalt und Bösartigkeiten nicht einfach einer Handvoll Leuten zuzuschreiben sind, deren innerste Natur gewalttätig und böse ist. Da er erkennt, dass solche Erscheinungen aus vielen verschiedenen Ursachen und auf mehreren Ebenen entstehen, besteht sein Ansatz zur Überwindung von Gewalt darin, die darunterliegenden Ursachen sorgfältig zu untersuchen. Diese Sichtweise, dass das Böse aus benennbaren Ursachen und Bedingungen entsteht, wird von der modernen Wissenschaft geteilt und von einer gewaltigen Fülle an wissenschaftlichem Beweismaterial bestätigt, das sich im Verlauf der vergangenen fünf oder sechs Jahrzehnte angesammelt hat. In der Tat leitete eine einflussreiche Versuchsreihe aus den 1960er Jahren, die von einigen legendären Forschern auf dem Gebiet der Sozialpsychologie durchgeführt wurde, ein „goldenes Zeitalter" jener wissenschaftlichen Forschung ein, die sich der Untersuchung der „Ursachen und Wirkungen" widmete, die zu bösartigem Verhalten führen.

In gewisser Weise lässt sich dieses goldene Zeitalter wissenschaftlicher Forschung auf ein konkretes Ereignis im Jahr 1961 zurückführen, das als Wendepunkt in modernen wissenschaftlichen Untersuchungsmethoden über das Böse im Menschen gelten kann: Der Gerichtsprozess in Jerusalem gegen Adolf Eichmann, einen der führenden Köpfe des Holocaust und von Hitlers „Endlösung", der für den Tod von Millionen Juden verantwortlich ist. Dieser Prozess war die erste Gerichtsverhandlung in der Menschheitsgeschichte, die öffentlich im Fernsehen übertragen wurde: Einem fassungslosen Fernsehpublikum auf der ganzen Welt, das sich großteils über das Ausmaß und den Umfang der Gräueltaten gar nicht bewusst war, wurden die Schrecken des Holocaust deutlich vor Augen geführt. Der Prozess schockierte nicht nur die Öffentlichkeit, sondern lenkte auch die Aufmerksamkeit vieler Wissenschaftler auf das unglaubliche Ausmaß dieser rassenmörderischen Verbrechen, so dass sich viele dieser Wissenschaftler fragten: „Wie konnte so etwas möglich sein?" Es schien jegliche Vorstellungskraft zu sprengen!

Einer der Zuschauer dieses Prozesses war der damals 28-jährige Sozialpsychologe Stanley Milgram von der Yale-Universität, der zusammen mit Zuschauern auf der ganzen Welt mitverfolgte, wie Eichmann, der jahrelang untergetaucht und schließlich Arbeiter in einer Autofabrik geworden war, nun in seinen Mittfünfzigern 16 Wochen lang hinter schusssicheren Scheiben in einem Glaskasten saß und unaussprechlicher Verbrechen angeklagt wurde. Während Dutzende Opfer seine barbarische Brutalität und undenkbaren Gräueltaten wiedergaben, saß Eichmann in seinem Glaskasten da und schien des Öfteren ziemlich desinteressiert. Er bewegte sich kaum, abgesehen von seinen wild blickenden Augen und den dünnen Lippen, die er manchmal aneinander rieb und dabei Grimassen zog, als wolle er einen schlechten Geschmack in seinem Mund loswerden. Im Allgemeinen saß er mit ausdrucksloser Mine da, als Zeuge nach Zeuge aufgerufen wurde und berichtete, wie Eichmann seine Arbeit voller Engagement und Diensteifer ausgeführt hatte. Auf alle Anklagepunkte zuckte er lediglich mit den Schultern und entgegnete: „Was gibt es hier einzugestehen? Ich habe meine Befehle ausgeführt."

Für viele Menschen waren das banale Auftreten Eichmanns, sein nichtssagendes Äußeres und das merkwürdig *Gewöhnliche* in seinem Wesen die überraschendsten und beunruhigendsten Aspekte dieses Prozesses. Er trat als durchschnittlicher und unscheinbarer Mann in einem einfachen dunklen Anzug auf, mit einer grauen Ausstrahlung, kahl werdendem Kopf und einer dunklen Hornbrille auf seiner Nase. Er erschien nicht als sadistisches Monster unvergleichlichen Ausmaßes, als menschliche Anomalie der Natur, sondern eher wie ein farbloser Funktionär und Bürokrat, ein Mann mit durchschnittlichen Fähigkeiten. Die in Hannover geborene Philosophin, Publizistin und Politologin Hannah Arendt, Schülerin von Martin Heidegger und Karl Jaspers, berichtete über diesen Prozess und war von diesen Eigenschaften Eichmanns äußerst betroffen. In ihrer Berichterstattung über den Prozess, die später als Buch veröffentlicht wurde, prägte sie den Begriff von der „Banalität des Bösen", der zu einem geflügelten Wort werden sollte.

Stanley Milgram, der diesen Prozess aufmerksam mitverfolgte, war von Arendts Beobachtungen fasziniert und wurde von einer hartnäckigen Frage gepackt: War es wirklich möglich, dass Eichmanns banale und empörende Behauptung, er habe „lediglich seine Befehle ausgeführt", tatsächlich für die systematische Ausrottung von sechs Millionen Juden verantwortlich gewesen sein konnte?

Als Jude, in Verbindung mit seinem fachlichen Interesse als Wissenschaftler, verspürte Milgram eine zwingende Notwendigkeit, eine Antwort auf diese verwirrende Frage zu finden. Dies führte zu einem der einflussreichsten, umstrittensten und alarmierendsten wissenschaftlichen Experimente des 20. Jahrhunderts.

Das Experiment begann damit, dass man eine Gruppe bezahlter Versuchspersonen, die alle auf Freiwilligenbasis an dem Experiment teilnahmen, willkürlich in Lehrer und Lernende unterteilte. Zuvor hatte man sie darüber informiert, dass ihre Teilnahme an dem Experiment der Wissenschaft helfen könne, neue Wege zu finden, um menschliches Erinnerungsvermögen zu steigern. Die Lernenden mussten eine Liste von Wortpaaren, wobei die zwei Wörter eines Paares immer in einem gewissen Beziehungsverhältnis standen, auswendig lernen, während die Lehrer die Tests durchführten. In Wirklichkeit waren die Lernenden aber gar keine Versuchspersonen, sondern professionelle Schauspieler, die als „Kollaborateure" mit dem Leiter des Experiments, Stanley Milgram, zusammenarbeiteten.

Man erläuterte den Lehrern ihre Aufgabe, die darin bestand, korrekte Antworten der Lernenden verbal zu bestätigen, sie aber für falsche Antworten – und darauf kam es an – sofort mit Elektroschocks zu bestrafen. Die Schocks fingen bei milden 15 Volt an und wurden mit jeder falschen Antwort um jeweils 15 Volt erhöht, bis sie eine maximale Höhe von 450 Volt erreicht hatten. Die Lehrer saßen dabei vor einem beeindruckenden Schaltpult, das über dreißig Schalter verfügte, die mit Bezeichnungen wie „Leichter Schock" bis hin zu „Achtung: Starker Schock" versehen waren – die letzten beiden Schalter von 435 und 450 Volt trugen lediglich die unheilverkündende Beschriftung „XXX".

Die Lehrer beobachteten dann, wie die Lernenden in einen angrenzenden Raum gebracht und in einen elektrischen Stuhl eingespannt wurden, der mit einem Stromgenerator und dem Schaltpult im anderen Zimmer verbunden war. Bevor das Experiment dann begann, wurde dem Lehrer ein unangenehmer, aber „milder Schock" von 45 Volt verpasst, um vorzuführen, wie sich der Elektroschock anfühlte. Der Experimentleiter und der Lehrer gingen dann zurück in das Zimmer mit dem Schaltpult, von wo aus man mit dem Lernenden kommunizieren, ihn aber nicht sehen konnte.

Der oder die „Lernende" hat dann die ersten paar Fragen richtig beantwortet, fing aber bald an, Fehler zu machen. Nach einigen Steigerungen der verabreichten Elektroschocks begann er oder sie, sich über die Stromschläge zu beschweren. (Natürlich waren alle Antworten der Lernenden genau vorgegeben, und in Wirklichkeit wurden keine Schocks verabreicht.) Bei weiteren Erhöhungen der verabreichten Schocks steigerten sich die Reaktionen des Lernenden Schritt für Schritt, beginnend mit einem anfänglichen Stöhnen oder Knurren, über heftiges Schlagen an die Wand und Ausrufen wie „Ich halte diesen Schmerz nicht mehr länger aus, lasst mich hier raus!", bis hin zu lautstarkem Klagen über Herzbeschwerden und Schmerzensschreien. Bei ungefähr 300 Volt schlug der Lernende heftig gegen die Wand, weigerte sich, weitere Fragen zu beantworten und verlangte, das Experiment abzubrechen. Der Experimentleiter erinnerte dann den Lehrer einfach an die Regeln: Eine ausbleibende Antwort zähle als Fehler – daher müsse der Lehrer weitermachen. Die Reaktionen auf die nachfolgenden Elektroschocks waren dann nur noch Schmerzensschreie. Bei 375 Volt gab es einen letzten lauten Schmerzenschrei, zusammen mit verzweifeltem Schlagen gegen die Wand, danach gab es keine weiteren Reaktionen mehr – nur noch Todesstille. Ausbleibende Antworten wurden jedoch als Fehler gewertet, und der Lehrer wurde angewiesen fortzufahren, bis schließlich 450 Volt erreicht waren.

Falls der Lehrer das Experiment abbrechen wollte, versicherte ihm der Experimentleiter: „Ich übernehme die volle Verantwortung", erinnerte ihn an seine Einwilligung, die Forschungsarbeit zu unterstützen, und gab dann schrittweise nachdrücklicher werdende Aufforderungen zum Weitermachen, von „Bitte fahren Sie fort" bis hin zu „Sie haben keine andere Wahl. Sie *müssen* fortfahren!" Wenn der Lehrer nach vier Aufforderungen immer noch aufhören wollte, wurde das Experiment beendet. Ansonsten wurde es fortgeführt, bis der Lehrer drei aufeinanderfolgende Maximalschocks von 450 Volt abgegeben hatte.

Vor der Durchführung des Experiments hatte Milgram sowohl unter Psychologiestudenten der fortgeschrittenen Semester der Yale-Universität als auch unter vielen seiner Fachkollegen Umfragen durchgeführt und dabei Prognosen erbeten, wie viele Versuchspersonen in der Rolle der Lehrer den anderen Versuchspersonen Stromschläge bis zu den maximalen 450 Volt verabreichen würden. Die Voraussagen der Studenten lagen bei durchschnittlich einem Prozent. Die Psychologen, allesamt Experten auf dem Gebiet, menschliches Verhalten vorherzusagen, sagten durchschnittlich 0,1 Prozent voraus – begrenzt auf ein paar ganz wenige, wirklich sadistische, pathologische oder „böse" Individuen wie z. B. Adolf Eichmann.

Die Vorhersagen lagen völlig falsch. Mehr als 65 Prozent der Lehrer führte das Experiment bis zum Schluss durch! Über 65 Prozent der

Versuchspersonen – ganz normale und anständige Menschen – fuhren fort, den anderen Menschen, Versuchspersonen wie sie selbst, Elektroschocks zu verpassen, während das Stöhnen, die Beschwerden über Herzbeschwerden, Schmerzensschreie und Wandschläge zu hören war, bis schließlich nur noch unheilvolles Schweigen herrschte, bei dem man vernünftigerweise davon ausgehen konnte, dass der „freiwillige" Proband im anderen Zimmer bereits tot war! Und dabei handelte es sich um kein rein zufälliges Ergebnis. In den Folgejahren wurde dieses Experiment in verschiedenen Ländern auf der ganzen Welt immer wieder durchgeführt, zuletzt für eine Dokumentation des britischen Senders BBC im Mai 2009, und die Gehorsamkeitsrate der „Lehrer" beim Verabreichen der Elektroschocks bis hin zum „tödlichen" Grad hat sich dabei immer in einer ähnlichen Größenordnung wie beim ursprünglichen Experiment von Stanley Milgram bewegt.

Dieses Experiment gab vielen Forschern einen ersten Einblick in die psychologischen Bedingungen, die zu den Gräueltaten des Zweiten Weltkrieges geführt haben könnten und enthüllte, wie selbst anständige Menschen dazu verleitet werden können, „böse" Gewaltakte und Grausamkeiten auszuführen. Diese Versuchspersonen waren weder sadistisch, verschroben oder in irgendeiner Weise pathologisch. Milgram zog nach seinem Experiment folgenden Schluss: *„Ganz gewöhnliche Menschen, die einfach ihre Arbeit tun, können, ohne ihrerseits besondere Feindseligkeiten aufzuweisen, zu Akteuren in einem furchtbar zerstörerischen Prozess werden."*

Was sind also die „Ursachen und Bedingungen", die die gefügigen Versuchspersonen dazu verleitet haben, ihre Mitprobanden zu quälen und zu malträtieren? Was ging hier vor sich? Wie sich später herausstellte, haben die Versuchspersonen *nicht* schlagartig jegliches Gespür für ethisches Verhalten oder jegliches Verantwortungsgefühl verloren; diese Eigenschaften waren lediglich für eine Weile „entführt" oder – besser gesagt – von den Versuchspersonen einfach der Autorität des Experimentleiters überantwortet worden. Milgram stellte die Überlegung an, dass die Situation des Experiments Bedingungen geschaffen hatte, in denen der Experimentleiter von den Versuchspersonen als „rechtmäßige Autorität" angesehen wurde, als jemand, der allem Anschein nach wissenschaftlichen Fortschritt und Weiterentwicklung verkörperte – also zweifelsohne eine gute Sache. Diese Umstände haben die psychologische Voraussetzung dafür geschaffen, dass *die Versuchspersonen vorübergehend ihr persönliches Verantwortungsgefühl einer rechtmäßigen Autorität übertrugen.* Es war alarmierend zu sehen, dass es nur eines weißen Laborkittels, eines Klemmbretts mit schriftlichen Aufzeichnungen und eines distanzierten und klinischen Auftretens bedurfte, um diese „Autorität" zu legitimieren.

Es war aber nicht so, dass die gehorsamen Versuchspersonen sich ganz plötzlich in gleichgültige und gefühllose Individuen ohne jegliche menschliche Empfindungen verwandelt hätten. Sie alle sind während des Experiments in mehr oder minder schwere Bedrängnis gekommen und haben oft Anzeichen von außerordentlichen Stressbelastungen, Unbehagen und Widerwillen an den Tag gelegt. Wenn sie aber einmal ihr ethisches Verantwortungsgefühl dem Experimentleiter übertragen hatten, betrachteten sie sich von da an *nur noch als Agenten, die im Auftrag der Autorität handelten.* Psychologisch betrachtet war das so, als ob sie von nun an nur noch in Vertretung agierten und in der Verantwortung und ethischen Auffassung des Experimentleiters handelten und nicht mehr in ihrer eigenen.

Die Ergebnisse dieses Gehorsamkeitsexperiments von Stanley Milgram waren so unerwartet und besorgniserregend, dass sie schon in den 1960ern eine Welle an anderen Studien und Experimenten auslösten, die wiederum versuchten, die unterschiedlichen Ursachen und Bedingungen zu erforschen, die zu gewalttätigen und bösen Handlungen führen können. Milgram und andere Forscher haben dabei viele andere situationsbezogene Bedingungen und Variablen ermittelt, die das Verhalten und die Bereitwilligkeit einer Versuchsperson beeinflussen konnten, die schweren Elektroschocks zu verabreichen. Milgram fand beispielsweise heraus, dass die Anwesenheit eines positiven sozialen Vorbildes – in diesem Fall ein anderer „freiwilliger Lehrer", der in Wirklichkeit aber ein Komplize des Experimentleiters war und der gegen die Schocks rebellierte – die Bereitschaft zur Regelbefolgung auf unter 10 Prozent drückte. Wurde die Versuchsperson aber dem „Team" des Experimentleiters zugeordnet, führte dies dazu, dass nun 90 Prozent der Versuchspersonen den „Lehrer" (der wiederum ein Komplize war) anwiesen, den Maximalschock zu verabreichen.

Neben Autoritätshörigkeit haben die Forscher auch viele andere Faktoren ermittelt, die die Bereitwilligkeit einer Versuchsperson beeinflussen können, Mitmenschen Schaden zuzufügen. Bei diesen Faktoren handelte es sich beispielsweise um das Experimentierumfeld, die konkrete Rolle der Versuchperson in der jeweiligen Situation oder die Bereitschaft der Versuchsperson, mit dem Druck innerhalb einer Gruppe konform zu gehen.

Heute, nach fast fünfzig Jahren intensiver Forschung auf diesem Gebiet, gibt es eine überwältigende Fülle an Beweisen, die den Einfluss gesellschaftlicher Umstände und Rahmenbedingungen belegen, wenn es um die Veränderungen im Denken und Handeln einzelner Menschen, Gruppen und Nationen geht. In welcher Größenordnung bewegt sich diese Fülle an Beweisen? Die Psychologieprofessorin Susan T. Fiske von der Universität Princeton hat dieses Beweismaterial dokumentiert und stellt fest: *„Der Einfluss des gesellschaftlichen Umfeldes auf die Handlungen eines Menschen wurde in etwa 25 000 Studien mit über 8 000 000 Teilnehmern belegt.“* Bei einer solch umfangreichen Beweislage scheinen fast alle führenden Sozialpsychologen mit Stanley Milgram übereinzustimmen, der zu dieser Schlussfolgerung kam: *„Die Sozialpsychologie dieses Jahrhunderts offenbart eine wichtige Lektion: Oft sind es nicht die Charaktereigenschaften eines Menschen, die sein Verhalten bestimmen, sondern vielmehr die Art von Situation, in der er sich wiederfindet.“*

Aufgrund der Fülle dieser maßgeblichen Forschungen nehmen die meisten Sozialpsychologen heute eine „situationsbedingte“ Sichtweise ein, wenn es um die Erklärung von bösem Verhalten geht. Doch gleichzeitig ist die Vorstellung, dass „böse Menschen“ mit durch und durch böser Wesensart die einzige Ursache für das Böse auf unserer Welt sind, in der landläufigen Meinung immer noch hartnäckig verankert. Wie der Dalai Lama erläutert hat, lässt sich, wenn schlimme Dinge geschehen, oft die Tendenz erkennen, einzelne Individuen in den Vordergrund zu rücken, um ihnen alle Schuld zuzuschieben. Diese allzu grob vereinfachende Vorstellung, dass böse Menschen „die Ursache“ für das Böse und für Gewalt sind, ist wenig geeignet, die Natur des Bösen und der Gewalt umfassend zu verstehen, um wirkliche Lösungen für deren Überwindung finden zu können. Diese simplifizierende Vorstellung ist genauso hilfreich wie etwa die Theorie von einem kleinen bösen Homunkulus, der selbständig im Schädel einer bösen Person heranwächst, bis er eines

Nachts, vollständig ausgeformt, plötzlich aus den Ohren dieser Person herausspringt, um die Welt mit seinen bösen Taten zu übersäen.

Es gibt also keinen Zweifel daran, dass situationsbedingte Umstände unser Verhalten beeinflussen. Doch die Vorstellung, dass das Böse lediglich ein Ergebnis vorübergehender situationsgebundener Kräfte und Bedingungen ist, die ihren schädlichen Einfluss auf gewöhnliche, gesunde Leute ausüben, stellt ein anderes Extrem dar und ist für unser Verstehen nur eingeschränkt hilfreich. Die vorübergehenden situationsgebundenen Kräfte und Bedingungen sind Faktoren auf einer Ebene. Doch wie der Dalai Lama betont, lassen sich Ursachen für Gewalt auch auf anderen Ebenen finden. Während des Holocaust gab es beispielsweise beträchtliche Unterschiede in Bezug auf „böses Verhalten": Einige Konzentrationslagerwächter haben kleine Kinder absichtlich gegen eine Wand zu Tode geschmettert, während die Mütter gezwungen wurden, dabei zuzusehen; andere Wächter zwangen Mädchen zum Geschlechtsverkehr mit den eigenen Vätern und Frauen zu sexuellen Handlungen mit Pferden; wiederum andere warfen Häftlinge in die Lagerlatrine, um sie in den Fäkalien zu ertränken – es gab Gräueltaten unvorstellbaren Ausmaßes. Aber längst nicht alle Lagerwächter haben derartige Grausamkeiten begangen. Grausamkeit in solchem Ausmaß ging eindeutig weit über bloßen Gehorsam und über den Einfluss situationsbedingter Faktoren auf gewöhnliche, anständige Menschen hinaus.

Um in solchen Extrembeispielen die Ursachen des Bösen in vollem Umfang verstehen zu können, müssen wir über rein situationsbedingte Faktoren hinausschauen und die persönliche Ebene mit einbeziehen, um auch die starken *inneren Kräfte* – hier: blanker Hass – mit in Betracht zu ziehen, die der Beweggrund für solche Handlungen sind. Natürlich kommen Menschen nicht mit Hass auf die Welt, daher können hier *weiter reichende gesellschaftliche Bedingungen* ebenfalls eine Rolle spielen, im Fall dieser Lagerwächter etwa ein virulenter Antisemitismus, erworben durch gesellschaftliche Konditionierung, Propaganda, Erziehung und andere Quellen.

Bei unserer Betrachtung der verschiedenen Ebenen, auf denen sich die Wurzeln der Gewalt bilden können, hat der Dalai Lama jedoch auf die grundlegendste Ebene hingewiesen, nämlich unsere destruktiven Emotionen und ein verzerrtes Denken, das mit diesen Emotionen einhergeht. Diesem Thema wandten wir uns als nächstes zu.

ACHTES KAPITEL

Die Wurzeln der Gewalt

Unsere Emotionen und die Verzerrung der Wirklichkeit

Da Kriege im Geist der Menschen entstehen,
muss auch der Frieden im Geist der Menschen verankert werden.
Aus der UNESCO-Verfassung aus dem Jahr 1945*

„Eure Heiligkeit, wir haben darüber gesprochen, dass es viele Ursachen und Bedingungen auf unterschiedlichen Ebenen geben kann, wenn wir die Ursachen der Gewalt bestimmen wollen. Dabei haben Sie einige weiter reichende Ursachen erwähnt, wie etwa soziale Konditionierungen, die dazu führen können, dass bestimmte Gesellschaften anfälliger für Gewalt sind. Und auf einer anderen Ebene haben Sie Faktoren wie beispielsweise die situativen Umstände oder den Einfluss der eigenen Gemeinschaft oder Familie genannt. Das sind alles äußere Faktoren. Als erstes hatten Sie jedoch angeführt, wie die Wurzeln der Gewalt im menschlichen Geist, in unseren destruktiven Emotionen und dem daraus resultierenden verzerrten Denken begründet liegen."

„Das ist richtig", bestätigte der Dalai Lama.

„Ich würde unser Gespräch nun gerne auf einige dieser inneren Faktoren lenken, nämlich auf die Emotionen und charakteristischen Denkweisen, die hier vielleicht von Bedeutung sind."

„Gut, einverstanden. Der vielleicht wichtigste Punkt, den es hier zu erkennen gilt, ist, dass meistens bestimmte negative Geisteszustände die Wurzeln menschlicher Konflikte und Gewalt bilden. Wenn wir uns beispielsweise unter dem Einfluss von negativen Emotionen wie Zorn, Hass, Angst, extremer Anhaftung und Gier befinden, dann öffnet das mentalen Projektionen und verzerrtem Denken

---

* Der gesamte Wortlaut der Verfassung findet sich unter: www.unesco.de/verfassung.html. [A.d.Ü.]

Tür und Tor, die uns daran hindern können, die wirkliche Beschaffenheit der Situation umfassend zu verstehen. Dies kann dann zu noch größeren Konflikten und Problemen führen."

„Wenn wir uns diese negativen Emotionen anschauen, dann kann ich verstehen, wie wichtig es ist, genau hier anzusetzen, wenn wir bis zu den Wurzeln der Gewalt vordringen möchten", stimmte ich zu. „Schließlich bilden Gefühle wie Zorn und Hass den Kern jeglicher Gewalt, und auch Gefühle wie etwa Angst sind untrennbar mit solchen Problemen verknüpft. Genau betrachtet ist Angst in unserer verunsicherten Welt – als Folge von Bedrohungen durch terroristische Gewaltakte – nicht nur ein weit verbreiteter Geisteszustand, sondern spielt auch bei der Entstehung von Gewalt eine Rolle. Denn Aggression ist ja eine der möglichen Reaktionen auf Angst.

Doch was Ihre Ansicht angeht, dass wir in Konfliktsituationen die Wirklichkeit nicht klar erkennen, bin ich mir nicht so sicher", wandte ich ein. „Denn beim Betrachten von Konfliktsituationen kann es sein, dass eine oder beide der Konfliktparteien *sehr wohl* die Wirklichkeit im Auge haben. Ich meine, dass ‚Realität' oder ‚Wirklichkeit' hier grundsätzlich dasselbe ist wie die objektiven Tatsachen. Und es gibt durchaus Konflikte, in denen die beteiligten Parteien im Auge haben, was objektiv geschehen ist, um auf dieser Grundlage zu reagieren. Um ein Beispiel zu nennen: Ein Selbstmordattentäter sprengt ganz bewusst Babys und Schulkinder in die Luft. Oder auf persönlicher Ebene: Jemand wird von anderen geschädigt, beleidigt, ausgeraubt, betrogen usw. Das Opfer kann mit Zorn und vielleicht sogar mit Gewalt reagieren, doch gleichzeitig auch die realen und objektiven Tatsachen betrachten, den angerichteten Schaden, wie viele Täter es waren, wie viele Menschen getötet wurden usw. Ich denke nicht, dass dies zwangsläufig eine Verzerrung der Wirklichkeit der jeweiligen Situation darstellt. Mit anderen Worten: Manchmal ist es Realität, dass eine Situation übel ist."

„Nun, solche Situationen können sehr verzwickt sein, weswegen es manchmal beim Betrachten dieser Dinge besser ist, von Fall zu Fall vorzugehen. Es mag stimmen, was Sie sagen. Es kann aber sein, dass das Opfer in Ihren Beispielen zwar die objektiven Tatsachen betrachtet, dabei aber nur *einige* der Tatsachen und lediglich einen *Teil* des Gesamtbildes sieht. Während die Beweise, die das Opfer betrachtet, zutreffend und wahr sein mögen, stellt es dennoch eine gewisse Verzerrung der vollen Wirklichkeit dar, wenn nur einige Tatsachen betrachtet, andere aber ausgeblendet werden. In jeder Situation gibt es viele unterschiedliche Ebenen und Gesichtspunkte, viele Ursachen und Bedingungen, die mit diesem konkreten Ereignis in Beziehung stehen: Wenn wir die *volle* Wirklichkeit sehen wollen, dann müssen wir *alle* wichtigen Fakten in unsere Betrachtung mit einbeziehen."

„Da haben Sie Recht", gab ich zu.

Er fuhr fort: „Wenn wir gewalttätige Konfliktsituationen also wirklich bis auf den Grund hin untersuchen, dann lässt sich meiner Meinung nach des Öfteren feststellen, dass die betroffenen Parteien das Problem nicht wirklich realistisch sehen und eine *gewisse Einengung der Wahrnehmung* stattfindet, als ob man das Problem durch eine bestimmte Art von geistigem Filter betrachten würde. Und es scheint mir keinen Zweifel daran zu geben, dass starke Emotionen immer zu unrealistischem Denken führen. Daher wohnt allen leidbringenden oder destruktiven Emotionen das Potenzial inne, die klare Wahrnehmung der Wirklichkeit zu blockieren."

„Eine solche Verbindung zwischen den destruktiven Emotionen und verzerrtem Denken erinnert mich in gewisser Hinsicht an die kognitive Psychologie, die auf dieser Idee aufbaut", bemerkte ich. „Es ist zum Beispiel eine anerkannte Tatsache, dass bestimmte Arten von verzerrtem oder irrationalem Denken zu Depressionen führen können. Wenn Sie also davon sprechen, dass die destruktiven Emotionen zu verzerrtem Denken führen können, dann frage ich mich, ob das Ihrer Meinung nach auch in umgekehrter Richtung erfolgen kann. Anders ausgedrückt: Sind Sie der Meinung, dass verzerrtes Denken oder verfälschte Wahrnehmungen zu einer Beeinträchtigung unserer Gefühle führen und somit Zorn, Hass, Angst, Gier etc. schaffen oder zumindest dazu beitragen können?"

„Oh ja, das funktioniert in beide Richtungen", antwortete er. „In der Tat basieren Hass und alle anderen leidbringenden Emotionen auf einer Verzerrung der Wirklichkeit. Die leidbringenden Emotionen sind Geisteszustände, die auf der Grundlage einer falschen Wahrnehmung der Wirklichkeit basieren ..."

„Zum Beispiel?"

„Zum Beispiel … Es gibt eine Begebenheit, wo ich persönlich erleben konnte, wie sich so etwas entfaltet. In den 1970ern besuchte ich einmal die damalige Sowjetunion. Da fiel mir auf, wie sogar die einfachen Leute dort der festen Überzeugung waren, dass die westlichen kapitalistischen Länder einen derartigen Hass auf die Sowjetunion hegten, dass sie jederzeit zum Angriff bereit waren! Da ich damals bereits mehrere westeuropäische Länder bereist hatte, wusste ich, dass das nicht stimmte und einer völligen Verzerrung der Wirklichkeit gleichkam. Dass der Westen als tatsächliche Bedrohung wahrgenommen wurde, machte ihn zu einer legitimen Zielscheibe für Hass."

Sein Beispiel schien mir nicht ganz zu passen: „Eure Heiligkeit, ich weiß nicht, aber in Ihrem Beispiel scheint es sich um einen Hass zu handeln, der aus einem faktischen Fehler, nämlich der falschen Vorstellung über die Absichten und Ziele des Westens, entstanden ist. Doch hier sprechen wir über destruktive Emotionen und verzerrtes Denken als Ursachen für Gewalt, und da scheint mir das Problem tiefer zu gehen als lediglich ein Tatsachenfehler. Leidbringende Emotionen und verzerrtes Denken scheinen auf einer viel umfassenderen und grundlegenderen menschlichen Ebene zu Gewalt zu führen …"

Mit zustimmendem Kopfnicken sagte er langsam: „Ja, das stimmt." Dann fuhr er in seiner Erklärung auf methodische und analytische Weise fort: „Unsere menschliche Intelligenz unterscheidet uns Menschen von den Tieren, und diese Intelligenz kann auf hervorragende und konstruktive Weise eingesetzt werden. Diese Intelligenz kann uns aber auch in Schwierigkeiten führen. Im Vergleich zu den Tieren verfügen wir Menschen auch über eine viel größere Fähigkeit, was die Planung unserer Zukunft anbelangt. Darüber hinaus zeichnen wir uns außerdem durch ein hoch entwickeltes Gedächtnis aus und durch die Fähigkeit, an Dinge zu denken, die schon weit in der Vergangenheit zurückliegen. Nun gibt es in vielen Konfliktsituationen Leute, die immer noch auf Ereignisse reagieren, die bereits in der Vergangenheit stattgefunden haben, manchmal sogar vor vielen Jahrhunderten. Diese Menschen hängen stark an vergangenen Begebenheiten, die längst nicht mehr aktuell sind und sind daher nicht gewillt, die Wirklichkeit der jetzigen Situation zu sehen. Das stellt eine Art von verzerrtem Denken und eine Art Einengung der eigenen Wahrnehmung dar …"

„In welcher Weise hängen die destruktiven Emotionen mit dieser Art von verzerrtem Denken zusammen?“, wollte ich wissen.

„Die leidbringende Emotion des Hasses ist beispielsweise der stärkste Brennstoff, um Gewaltkonflikte anzuheizen. Ärger und Zorn sind zwar Bestandteile von Hass, doch Hass scheint mir eine weitere Komponente zu haben, da er dazu ermutigt, sich an vergangenes Geschehen und vermeintliches Unrecht, das in der Vergangenheit geschehen ist, zu klammern. Daraus entsteht tiefer Groll und der Wunsch nach Rache und Vergeltung. Der Hass hindert uns also daran, vorwärts zu schreiten – er kettet uns an die Vergangenheit. In der Tat liegt eine der Grundvoraussetzungen von Versöhnung darin, nicht mehr mit Zorn auf Dinge zu reagieren, die bereits geschehen sind.“

Als der Dalai Lama diese Worte sprach, konnte ich nicht umhin, an die schier unerschöpfliche Fähigkeit der Menschen zu denken, sich an vergangene Kränkungen zu klammern. Hier scheint es keinerlei Grenzen zu geben. Später, nachdem ich von Dharamsala nach Hause zurückgekehrt war, fiel mir zum Beispiel auf, wie sich radikalislamische Fundamentalisten routinemäßig und detailliert mit Ereignissen befassen, die vor vielen Jahrhunderten geschehen sind, um dadurch das Töten von unschuldigen Zivilisten und andere Schreckenstaten in der heutigen Zeit zu rechtfertigen. Bisher hatte ich solchen Dingen nicht viel Aufmerksamkeit geschenkt, musste nun aber feststellen, wie es unter radikalislamischen Militanten- und Terroristengruppen eine durchaus übliche Praxis ist, sich mit Regelmäßigkeit immer wieder auf die Kreuzzüge zu beziehen, um andere zu Hass und Gewalt anzustacheln, wobei der Begriff „Kreuzfahrer“ undifferenziert für alle westlichen Länder als auch für Christen verwendet wird …

Genau genommen sind viele radikale und fundmentalistische Führer jeglicher Couleur wahre Meister darin, die Vergangenheit heraufzubeschwören – um eigene Ziele zu erreichen. Der serbische Führer Slobodan Milošević zum Beispiel, der später wegen Verbrechen gegen die Menschlichkeit und wegen Völkermord vor dem UN-Kriegsverbrechertribunal in Den Haag angeklagt wurde, markierte den Beginn seiner politischen Karriere im Jahre 1989 mit einem Akt, von dem er sicher sein konnte, dass er unter den Serben Hass schüren und starke emotionale Reaktionen hervorrufen würde. Ganz bewusst ist Milošević dafür in den Kosovo gegangen, das wegen seiner vielen

Klöster und Kirchen auch als das „serbische Jerusalem“ bezeichnet wird und für die Serben dasselbe bedeutet wie Jerusalem für die Juden. Dort hielt Milošević eine flammende Rede am Schauplatz der Schlacht auf dem Amselfeld (Kosovo Polje), dem Ort, an dem die Serben von den Osmanen im Jahr 1389 geschlagen worden waren. Indem er auf tief verwurzelte serbische Ängste vor Niederlage und Unterjochung anspielte, konnte er seinen eigenen Einfluss stärken, sich den Rückhalt im eigenen Volk sichern und sein Volk später zu Handlungen aufwiegeln, die es ansonsten abgelehnt hätte.

Der Dalai Lama weist darauf hin, dass bei großflächigen gewalttätigen Konflikten oft historische Streitpunkte eine Rolle spielen – Streitpunkte, die destruktive Emotionen wie Hass und Angst hervorrufen. Eine oder alle betroffenen Parteien eines Konfliktes agieren dann in der Gegenwart auf der Grundlage von in der Vergangenheit erhaltenen Wunden und Verletzungen und reagieren so auf vergangene Bedrohungen der eigenen Existenz – Bedrohungen, die heute nur noch in der Vorstellungswelt der miteinander Streitenden existieren. Wenn destruktive Emotionen wie Hass und Angst aber erst einmal in einer Gesellschaft Fuß gefasst haben und in die kollektive Seele des Volkes eingesickert sind, wird die Urteilskraft der Menschen in Mitleidenschaft gezogen. Die Bevölkerung wird anfällig für Manipulationen der Anführer oder Regierungspropaganda und empfänglich für Entscheidungen, die auf verzerrtem Denken, Übertreibungen und Lügen beruhen.

Wir werden später in diesem Kapitel noch darauf zurückkommen, wie die destruktiven Emotionen nicht nur Veränderungen in unserem Denken, sondern auch signifikante Veränderungen in unserem Körper hervorrufen. Soviel vorab: Forscher haben vor kurzem herausgefunden, dass bestimmte Hormone, wie zum Beispiel Epinephrin (Adrenalin), die beim Erleben von Angst ausgeschüttet werden, den Effekt haben können, dass die in unserem Gedächtnis gespeicherten Erinnerungen intensiver, stärker und hartnäckiger werden. Das ist deswegen sinnvoll, da Angst die Funktion hat, uns auf Gefahren und Bedrohungen hinzuweisen. Daher ist es eine Anpassungsleistung, wenn wir Bedrohungen der eigenen Existenz als lebendige Erinnerungen im Gedächtnis abspeichern. Wenn jedoch weitverbreitete Ängste, die durch Krieg, Terrorismus, Gewaltakte und Völkermord erzeugt werden, im kollektiven Gedächtnis eines ganzen Volkes abgespeichert werden, dann werden sie ebenfalls stärker und hartnäckiger: Das ist der Grund, warum die Öffentlichkeit von zweifelhaften Anführern leichter manipuliert werden kann, wenn sie Erinnerungen an historische Ereignisse wachrufen. Deshalb redet Osama bin Laden immer wieder von den „Kreuzzügen", und deswegen hat Slobodan Milošević den Schauplatz der Schlacht auf dem Amselfeld aufgesucht, um Hass zu schüren und Ängste zu wecken, die in Zusammenhang mit der Zugehörigkeit zu einer Volksgruppe standen.

Indem sich Anführer und Scharfmacher einer Rhetorik bedienen, die aufgrund von historischen Ereignissen Ängste auslösen, können sie ihre Gefolgsleute so manipulieren, dass sie einen Weg beschreiten, der zu Krieg, Terrorismus und sogar Völkermord führt – es gibt keine Ausgeburt des Bösen, die nicht irgendwann in den Köpfen jener auftaucht, die von dem berauschenden Cocktail aus Angst, Hass und Vorurteilen angetrieben werden. Derartige Gewalt kann auch zu einem nicht endenwollenden Teufelskreises eskalieren, der sich von einer Generation zur nächsten fortsetzt und in dem Angst zu Aggression und Gewalt führt, die erlebte Gewalt wiederum größere Angst hervorruft, die dann noch mehr Gewalt entfesselt.

In der Erkenntnis, dass wir diese Gewalt nur dadurch aus der Welt schaffen können, dass wir bis zu ihren Wurzeln vordringen, führten wir unsere Analyse fort und verfolgten die Entwicklung von Gewalt bis zu ihren Ursprüngen im menschlichen Geist, den destruktiven Emotionen und verzerrtem Denken, zurück.

„Eure Heiligkeit, wenn wir die Wurzeln der Gewalt auf der inneren Ebene suchen, dann ist es leicht ersichtlich, dass die negativen Emotionen zu Gewalt führen können – hinter Gewaltakten jeglicher Art stecken oft nicht nur Gefühle wie Zorn, Hass und Angst, sondern auch Eifersucht und Gier. Aber genauso wie es eine Vielzahl negativer Emotionen gibt, die am Entstehen von Gewalt beteiligt sind, kann es auch viele Möglichkeiten geben, wie sich unser Denken verzerrt und wie unsere Wahrnehmung eingeschränkt wird. Sie haben zuvor zum Beispiel die Tendenz erwähnt, unsere Aufmerksamkeit engstirnig auf die Vergangenheit zu richten, wodurch die gegenwärtige Wirklichkeit und auch die Zukunft aus dem Blickfeld geraten. Ich frage mich, ob es noch andere Arten gibt, wie unser Denken und oder unsere Wahrnehmungen verzerrt werden können."

„Ja", antwortete er. „Das ist ein sehr wichtiger Punkt. *Diese Einengung der Perspektive kann auch mit dem Versäumnis zusammenhängen, die Situation in einem umfassenderen Kontext zu sehen und eine Langzeitperspektive einzunehmen. Dadurch kann unsere Fähigkeit eingeschränkt werden, die beste Lösung für ein Problem zu finden. Und die im Westen verbreitete Tendenz, die Dinge in absoluten Kategorien zu sehen, entweder Schwarz oder Weiß, haben wir ja bereits erörtert. All dies führt oft zu einer Starrheit des eigenen Blickwinkels und zur Unfähigkeit, einen möglichen mittleren Weg in Betracht zu ziehen. Außerdem gibt es manchmal auch einen Mangel zur Bereitschaft, in Konfliktsituationen im Dialog nach gemeinsamen Interessen und Lösungen zu suchen.*"

Als er über die unterschiedlichen Arten verzerrten Denkens sprach, lebte er sichtlich auf: „Ich denke, dass unsere Tendenz zur Verallgemeinerung und Übervereinfachung eine der gefährlichsten Erscheinungsformen einer eingeengten Perspektive ist, die in Krisenzeiten besonders häufig zu beobachten ist. Ich erinnere mich an eine Pressekonferenz, auf der ich einmal gefragt wurde, ob ich in den Ereignissen des 11. Septembers einen Hinweis auf einen grundlegenden Kampf zwischen zwei Kulturen sehe. Ich fragte: ‚Von welchen zwei Kulturen sprechen Sie hier?' Ich bekam zur Antwort, dass es sich einerseits um die westliche christliche Kultur und auf der anderen Seite um die muslimische Kultur handele. Darauf antwortet ich sofort mit einem entschiedenen ‚Nein!' Denn so sehe ich die Ereignisse des 11. September nicht. Für mich ist Osama bin Laden eine Einzelperson. Er ist Araber, und ja, er ist auch Muslim. Das heißt jedoch nicht, dass bin Laden die gesamte islamische Kultur und Zivilisation vertritt. Für mich sind die Terrorakte des 11. September weitgehend das Ergebnis der Handlungen, Beweggründe, Feindseligkeiten und des Hasses eines einzelnen Menschen und der Gruppe von Leuten um ihn. Das stellt aber keinen Kampf zwischen zwei Kulturen dar!"

Wie immer waren die Beweisführung des Dalai Lama und die Klarheit seines Geistes makellos. Doch leider wird es auch immer Leute geben, die dem nicht zustimmen werden, und Osama bin Laden hat einmal gesagt: „Im Krieg der Kulturen ist es unser erklärtes

Ziel, unser Volk angesichts des christlichen Kreuzzuges zu vereinen … Das ist ein immer wiederkehrender Krieg."

Der Dalai Lama fuhr fort: „Ich denke, dass dieses Schlagwort ‚Kampf der Kulturen' sehr gefährlich ist. Wenn wir anfangen, Konflikte unter dem Aspekt eines ‚Kampfes der Kulturen' zu betrachten, dann wird das zu der Einstellung führen, dass Kulturen und Zivilisationen grundsätzlich miteinander in Konflikt stehen. Wir werden dann ein Verhalten entwickeln, das mit dieser Sichtweise übereinstimmt, wodurch es schwerer wird, uns mit anderen Gruppen zu identifizieren."

Er tat einen Seufzer und sagte dann: „Es hat den Anschein, dass wir Menschen eine Neigung besitzen, die Dinge zu verallgemeinern und allzu sehr zu vereinfachen. Beim übermäßigen Vereinfachen ist die Verzerrung der Wirklichkeit ein Schlüsselelement. In diesem Fall beinhaltet die Verzerrung der Wirklichkeit hauptsächlich eine Übertreibung der Beschaffenheit und des Ausmaßes eines konkreten Ereignisses, aber auch eine gefährliche Tendenz zur Übertreibung der Unterschiede, die uns voneinander trennen, statt dass auf die Gemeinsamkeiten geschaut würde, die uns miteinander verbinden.

In der Tat lässt sich dies überall beobachten. Hier in Indien zum Beispiel kommt es hin und wieder innerhalb bestimmter Gemeinschaften zu Gewalt. Doch anstatt sich auf die Lösung der konkreten Situation zu konzentrieren und sich mit den konkreten Verantwortliichen zu befassen, kann es passieren, dass einige hinduistische Anführer und Meinungsmacher lautstark schreien: ‚Seht her, was die *Moslems* uns *Hindus* angetan haben!' Gleichermaßen fangen moslemische Anführer vielleicht an herumzuposaunen: ‚Was haben die *Hindus* uns *Moslems* nur wieder angetan!' Solche unverhältnismäßigen Verallgemeinerungen und Übertreibungen lösen im Vergleich zu gemäßigten Äußerungen ganz andere Reaktionen aus, was Unruhe und Unfrieden in den betroffenen Gemeinschaften stiftet. Ich denke, dass dies absolut falsch ist. In Wirklichkeit handelt es sich hier sogar um eine Art von Manipulation."

Dann fing er unvermittelt an zu lachen: „Als ich gerade von unserer Neigung zu Übertreibungen gesprochen habe, hat mich das an eine Begebenheit mit einer älteren Tibeterin aus Westtibet erinnert, die mich einmal besuchte. Sie berichtete mir von ihren Erfahrungen, als sie von den Chinesen verfolgt worden war. Was sie mir erzählte, war natürlich eine sehr ernste und äußerst traurige Angelegenheit. Doch als die alte Frau darüber berichtete, schwoll ihre Stimme an, und sie wurde immer aufgewühlter, bis sie schließlich gegen Ende ihres Berichtes ausrief: ‚Und wir sind alle ins Gefängnis geworfen worden und *sind ums Leben gekommen*!" Er musste immer noch lachen: „Sehen Sie, diese Frau stand direkt vor mir und hat mir in diesem völlig übertriebenen Ton erzählt, dass sie gestorben sei!"

Bei den folgenden Worten legte sich sein Lachen wieder: „Spaß beiseite: Ich denke, dass diese Tendenz zu allzu starker Vereinfachung und Verallgemeinerung noch aus einem anderen Grund sehr gefährlich sein kann. Oft lässt sich beobachten, wie politische oder religiöse Führungspersönlichkeiten bestimmte vereinfachende Beschreibungen verwenden wie etwa ‚Diese Gruppe ist böse' oder ‚Jene Gruppe ist böse', um die Leute aufzuwiegeln. Das kann sogar zu ganz gezielten Manipulationen führen. Ich denke, dass dieser Hang zur Schwarzweißmalerei, alles entweder als völlig gut oder als völlig schlecht zu betrachten, uns in sehr viele Probleme verwickeln kann."

„Probleme wie zum Beispiel ...?"

„Wenn wir einen Menschen als durch und durch böse ansehen, als jemanden, dessen Natur dauerhaft und unabänderlich böse ist, dann gibt es eine viel stärkere Tendenz dazu, in der Beseitigung dieses Menschen die einzige Lösung für ein Problem zu sehen. Im Buddhismus sprechen wir von Ursachen und Wirkungen und sehen, dass es Gründe und Bedingungen gibt, die dazu führen, dass sich ein Mensch negativ oder destruktiv verhält. So erkennen wir, dass böses Verhalten vorübergehender Natur sein kann. Das eröffnet die Möglichkeit für Veränderungen."

Er fuhr fort: „Betrachten wir die Gefahren, die darin lauern, wenn wir andere Menschen mit dem Etikett ‚böse' versehen, dann sehe ich grundsätzlich zwei Hauptgefahren. Erstens: Wenn wir jemanden als von Natur aus böse charakterisieren und sein Verhalten auf dieser Grundlage erklären wollen, dann hindert uns das daran, tiefer zu gehen und die wirklichen Wurzeln und Ursachen dieses Verhaltens ausfindig zu machen. Das kann sogar soweit führen, dass man das eigentliche Problem absichtlich vermeidet. Wenn dies geschieht, dann können wir unmöglich lernen, wie sich ähnliche Ereignisse in Zukunft effektiv verhindern lassen. Das ist der Preis, den wir dafür bezahlen. Indem wir zum Beispiel Adolf Hitler als die böse Macht bezeichnen, die für alle Gräueltaten des Zweiten Weltkrieges verantwortlich war, laufen wir Gefahr, dass wir nicht weiter nach anderen Ursachen suchen. Das kann dazu führen, dass wir die Rolle ignorieren, welche das deutsche Volk und politische, wirtschaftliche und gesellschaftliche Bedingungen vor und während der Nazizeit gespielt haben.

Die zweite Hauptgefahr, eine Einzelperson oder bestimmte Gruppe mit der Bezeichnung ‚böse' zu versehen, ist die, dass dies automatisch zur Dämonisierung dieser Person oder Gruppe führt. *Wenn sich diese Art von Wahrnehmung durchsetzt, dann beginnt auch ein Prozess der Entmenschlichung.* Diese Leute werden dann als etwas Unmenschliches angesehen. Und wenn wir den anderen nicht mehr als menschliches Wesen betrachten, nicht mehr als jemanden wie wir selbst, dann haben wir keine gemeinsame Basis mehr. *Ohne gemeinsame Basis fehlt uns aber die Grundlage, auf der wir Empathie entwickeln können. Das Endergebnis hiervon ist, dass sämtliche Wege geebnet werden für die Rechtfertigung aller nur erdenkbaren Ungerechtigkeiten, Abscheulichkeiten und Gräueltaten, die man diesen Menschen antun kann. Das kann sogar zum Völkermord führen.*"

Er schüttelte seinen Kopf, seufzte und fügte leise hinzu: „Wissen Sie, Howard, diese leidbringenden Emotionen und das mit ihnen einhergehende verzerrte Denken sind nicht nur eine Quelle von Gewalt, sondern auch von vielen anderen Problemen. Verzerrtes Denken und seine einengende Auswirkungen auf unsere Wahrnehmung kann sich auf vielfältige Weise manifestieren und wird letztendlich zu Leiden führen und unser Glück untergraben."

„Eure Heiligkeit, wir haben nun das Problem diagnostiziert und die destruktiven Emotionen und verzerrten, engstirnigen Denkweisen als die hauptsächlichen Wurzeln der Gewalt erkannt. Morgen können wir damit fortfahren, über das Heilmittel zu sprechen, wie wir negative Emotionen und engstirniges Denkens überwinden können."

„Sehr gut", sagte der Dalai Lama mit einem warmen und aufgeschlossenen Lächeln. „Dann sehen wir uns morgen wieder."

In dieser Woche haben wir dann eine entscheidende negative Emotionen, nämlich Angst, sehr ausführlich behandelt. Es stellte sich aber heraus, dass es noch eine geraume Zeit dauern würde, bis wir wieder auf das Thema zurückkamen, wie wir negative Emotionen und verzerrtes, engstirniges Denken überwinden können, das sowohl Ursache für die negativen Emotionen als auch ihre Folge sein kann.

Der Dalai Lama betont, dass die Wurzeln der Gewalt letztendlich in unseren destruktiven Emotionen liegen und in deren Kraft, unsere Wahrnehmung der Wirklichkeit zu trüben und zu verzerren. Um die Tragweite der negativen Emotionen und des verzerrten Denkens als Hauptursache für Gewalt zu verstehen, kann es hilfreich sein, einen kurzen Blick darauf zu werfen, was Emotionen sind, warum wir sie haben und warum sie mit verzerrtem Denken in Verbindung stehen. Auch wenn wir bestimmte Emotionen als negativ oder destruktiv klassifizieren, ist es zunächst wichtig, uns daran zu erinnern, dass sich jedes menschliche Gefühl zu einem konstruktiven Zweck entwickelt hat: Aus evolutionsgeschichtlicher Sicht betrachtet, dienen alle Emotionen unserem Überleben und unserer Fortpflanzung. Unsere Gefühle haben sich entwickelt, damit wir schnell auf lebenswichtige Ereignisse in unserem Leben reagieren können. Das Wort Emotion für Gefühl geht auf das lateinische Wort *motio* zurück, das *Bewegung* bedeutet. Emotionen sind im Allgemeinen hocheffektive Mechanismen, die uns helfen, Situationen einzuschätzen, um uns dann in eine Richtung zu *bewegen*, die für unser Wohlergehen und Überleben förderlich ist. Die „destruktiven" Emotionen haben sich genau genommen dafür entwickelt, uns zu helfen, möglichst schnell auf gefährliche und lebensbedrohliche Situationen in einer Weise zu reagieren, die unsere Überlebenschancen erhöhte. Destruktive Emotionen teilen uns mit, dass etwas „Schlimmes" geschehen ist oder geschehen wird und schlagen eine bestimmte Vorgehensweise vor. Und in der Tat tun sie das sehr *eindringlich*. Natürlich haben Emotionen auch andere nützliche Funktionen, besonders auf dem Gebiet der Kommunikation, wo sie uns dabei behilflich sind, anderen durch charakteristische Gesichtsausdrücke oder Körpergestik unseren inneren Zustand mitzuteilen. In den letzten Jahren entstanden auch einige neue Theorien über die Funktion der *positiven* Emotionen, die wir später noch im Detail untersuchen werden.

Wie bereits erörtert, hat sich die grundlegende Struktur unseres Gehirns während des Pleistozäns geformt, einer Zeit, in der unsere Umwelt viel häufiger als heutzutage lebensgefährliche Situationen aufwies. Unsere elementaren negativen Emotionen wie Angst, Ekel, Zorn und Trauer haben sich als äußerst wirksame Strategien entwickelt, um mit den immer wiederkehrenden Problemen umzugehen, denen sich unsere Urahnen im Pleistozän ausgesetzt sahen. Jedes einzelne dieser Gefühle hatte seine eigene adaptive Funktion. Angst hat uns beispielsweise geholfen, auf Gefahren und Bedrohungen zu reagieren. Ekel und der damit einhergehende Drang zum Ausstoßen war dazu gedacht, Vergiftungen zu vermeiden und Nahrung, die möglicherweise giftig war, zu verschmähen. Zorn hat uns im Kampf und beim Angriff geholfen, konnte aber auch als nützliches Signal oder Warnzeichen dienen, wenn uns etwas behinderte und im Weg stand. Die Trauer schließlich dürfte uns nach erlittenen Verlusten dazu ermutigt haben, eine notwendige Auszeit zu nehmen, uns neu zu gruppieren, vorsichtig zu sein und unsere Energiereserven zu schonen. Trauer half uns sicherlich auch, Hilfe und Unterstützung zu erhalten. Somit hat jede Emotion ihre ganz bestimmte Aufgabe oder Zielsetzung und ist mit charakteristischem Fühlen, Denken und Handeln verknüpft, und alles ist darauf ausgelegt, uns zu unterstützen, diese Ziele zu erreichen.

Da die meisten dieser negativen Emotionen dafür vorgesehen waren, uns bei der Bewältigung von kritischen oder lebensbedrohlichen Situationen zu helfen, in denen bereits der Bruchteil einer Sekunde über Leben und Tod entscheiden konnte, mussten sie uns sehr schnell und entschieden in *Bewegung* setzen. In solchen gefährlichen Situationen bleibt keine Zeit für eine ausführliche Tiefenanalyse des Problems. Daher fangen die Emotionen bereits an zu wirken, bevor die verfügbaren Informationen in der Großhirnrinde, dem Denkzentrum des Gehirns, verarbeitet werden. Wie bereits beschrieben, ist das limbische System des Gehirns die Produktionsstätte für unsere negativen Emotionen, wo in Arealen wie der Amygdala Gefühle von Angst und Feindseligkeit hervorgerufen werden. Der unangenehme Beigeschmack von negativen Emotionen mag manchmal kein sonderlich großes Vergnügen sein, ist aber von großem Vorteil für uns, da dadurch unsere Aufmerksamkeit auf das gelenkt wird, was gerade geschieht, damit wir uns dorthin *„bewegen“*, uns um das vorliegende Problem zu kümmern. Die Empfindung von drohendem Untergang, die beispielsweise für die Emotion der Angst charakteristisch ist, kann äußerst unbehaglich sein, doch genau dieses Unbehagen stellt unsere volle Aufmerksamkeit sicher, regt uns an, nicht länger herumzutrödeln und rüttelt uns dazu auf, Gegenmaßnahmen zu ergreifen.

Natürlich stehen Emotionen nicht nur mit „Gefühlen und Empfindungen“ in Verbindung. Jede Emotion wird auch von Veränderungen in unserem Denken und charakteristischen Veränderungen in den physiologischen Abläufen in unserem Körper begleitet. Die Botschaften, die über Nervenbahnen vom limbischen System an den Neokortex gesandt werden, können die Art und Weise unseres Denkens beeinflussen. Ebenso gibt es komplexe Verbindungen vom limbischen System sowohl zu anderen Bereichen des Gehirns, als auch zu verschiedenen Organen im Körper. Informationen, die über diese Nervenbahnen oder neuralen Schaltkreise weitergeleitet werden, können blitzschnelle Veränderungen im ganzen Körper auslösen. In Bezug auf diese körperlichen Veränderungen steht jede negative Emotion mit einer ganz bestimmten „Handlungstendenz“ in Verbindung, einer Reihe an physiologischen Veränderungen, die zu gezielten Handlungen mobilisieren – Handlungen, mit denen wir auf die Gefahr reagieren und unser Überleben sichern.

Für ein besseres Verständnis dieser Abläufe können wir analysieren, was geschieht, wenn wir beispielsweise „Angst“ empfinden. Angst ist ein Schutzmechanismus, der uns auf drohende Gefahren hinweist, ganz besonders auf lebensbedrohliche Situationen. Wie die anderen Emotionen auch, bereitet die Angst uns darauf vor, zügig auf eine Art und Weise zu reagieren, die unser Überleben sicherstellt. Wie wirkt dieser Mechanismus genau? Nachdem unsere Sinnesorgane die potenzielle Gefahr wahrgenommen haben, wird diese Information von den Sinnesorganen zur Amygdala übermittelt. Dort wird Angst geschaffen, ein unangenehmes Gefühl von drohendem Unheil, das sicherstellt, dass wir uns motiviert fühlen, etwas zu tun. Als nächstes versetzt die Amygdala unseren Körper in Handlungsbereitschaft: Über fest verdrahtete nervliche Schaltkreise werden Botschaften übermittelt, die Kontakt zu bestimmten Zielorganen herstellen oder Drüsen zur Produktion von chemischen

Botenstoffen wie z. B. Hormonen anregen, die über den Blutkreislauf zu anderen Organen gelangen.

Diese Botenstoffe lösen eine ganze Kaskade an Reaktionen im Körper aus, alle mit dem Ziel, den Körper darauf vorzubereiten, das zu tun, was er tun muss, um zu überleben: Die Herzschlagfrequenz und der Blutdruck schnellen in die Höhe und stimmen uns auf sofortiges Handeln ein. Die Atemfrequenz erhöht sich ebenfalls, wodurch mehr Sauerstoff zur Verfügung gestellt wird. Die Muskeln spannen sich an. Unsere Wahrnehmung verschärft sich. Die Schweißbildung wird angeregt, für den Fall, dass der Körper nach einem anstrengenden Spurt Kühlung durch Schweißverdunstung benötigen sollte. Stresshormone wie zum Beispiel Adrenalin oder Cortisol überfluten den Körper. Diese Hormone dienen dazu, lebenswichtige Funktionen zu verbessern und führen zu einem verstärkten Blutfluss in die Muskeln, besonders in die großen Muskeln der Arme und Beine, was uns darauf vorbereitet, zu kämpfen oder zu fliehen. Diese Hormone mobilisieren aber auch unsere Energiereserven, indem sie in der Leber Glukose freisetzen – eine für den Körper sofort verfügbare Energiequelle. Die ausgeschütteten Hormone bewirken sogar Veränderungen in den Blutplättchen, damit sichergestellt wird, dass das Blut im Falle einer Verletzung schneller gerinnt. Gleichzeitig werden Botschaften übermittelt, die zu einer Stilllegung unnötiger Körperfunktionen führen: Das Immunsystem, der Verdauungstrakt und das Fortpflanzungssystem werden vorübergehend stillgelegt. Wenn Sie von einem gemeingefährlichen Wahnsinnigen verfolgt werden, der eine Axt in der Hand schwingt und Ihnen ans Leder will, dann kommt Ihr Gehirn schnell zu dem Ergebnis, dass dies wahrscheinlich nicht der beste Augenblick für eine kleine Siesta mit ein bisschen Sex ist, auch nicht dafür, das köstliche Mittagsmahl zu verdauen und Fett für den kommenden Winter einzuspeichern, ebenso wenig wie dafür, Antikörper zu produzieren, um eine Infektion abzuwehren.

Diese physiologischen Veränderungen werden oft als Stressreaktion oder als Kampf-oder-Flucht-Reaktion bezeichnet. Sie versetzen uns in die Lage, je nach Art der Bedrohung entweder Fluchtmaßnahmen zu ergreifen oder aber, falls Flucht unmöglich ist, zum Angriff überzugehen. Sofortige Ruhigstellung oder Immobilisierung sind eine andere Reaktionsmöglichkeit auf Angst, was ein angemessenes Verhalten wäre, wenn man von einem Klippenrand ausrutscht und in die Tiefe stürzt oder für den Fall, dass Verstecken die besten Überlebenschancen verspricht. Hierdurch kann in manchen Fällen sogar der Angriffsreflex von einigen Beutegreifern unterdrückt werden.

Wir können also sehen, wie die körperlichen Veränderungen, die mit den negativen Emotionen einhergehen, in den lebensbedrohenden Situationen, für die sie konzipiert worden sind, von äußerst großem Nutzen sind. Diese Veränderungen üben aber auch einen gewissen eingrenzenden und einengenden Effekt auf unser Verhalten aus. Diese „Handlungstendenzen" – die vorprogrammierten physiologischen Veränderungen im Körper, die mit den Emotionen in Verbindung stehen – treiben uns an, auf eine ganz bestimmte Weise zu handeln, zum Beispiel zu kämpfen, wegzurennen, uns bei Ekel zu übergeben usw. Doch wir können immer noch selber entscheiden, wie wir handeln wollen: Obwohl das Gefühl von Angst unseren Körper beispielsweise darauf vorbereitet, zu fliehen, werden wir nicht dazu *gezwungen*, wegzurennen, und wir können uns stattdessen dazu entscheiden, eine Arie zu singen oder ein kleines Nickerchen zu machen. Unser Handlungsspielraum wird aber „eingeengt", da der Körper auf einige eingegrenzte und spezifische Handlungsweisen „getrimmt" worden ist.

Die negativen Emotionen haben natürlich nicht nur Auswirkungen auf die Abläufe in unserem Körper, sondern beeinflussen auch unser Denken. Die Kombination dieser Auswirkungen auf Geist und Körper wird manchmal mit dem Begriff „Denk- und Handlungs-Tendenzen" umschrieben. Der Dalai Lama hat darauf hingewiesen, dass die negativen Emotionen dazu tendieren, unser Denken zu verzerren und einen „einengenden" Einfluss auf unsere Wahrnehmung auszuüben, genau wie sie einen einengenden Einfluss auf unser Verhalten haben. So können wir sagen, dass die negativen Emotionen eine insgesamt einengende Wirkung auf unsere Denk- und Handlungs-Tendenzen haben.

Die entscheidende Frage ist nun, wie die negativen Emotionen und das mit ihnen einhergehende eingeengte Denken ebenso wie die daraus resultierende verzerrte und verfälschte Wahrnehmung der Wirklichkeit zu Gewalt und destruktivem Verhalten führen.

Schließlich dreht sich die Hauptprämisse des Dalai Lama genau hierum. Um diese Frage zu beantworten, ist es hilfreich, zunächst die konkreten Veränderungen in unserem Denken zu betrachten, die von destruktiven Emotionen verursacht werden.

Wissenschaftliche Forschungen haben Beweise dafür geliefert, dass die negativen Emotionen im Allgemeinen einen „einengenden" Effekt auf unser Denken haben. Wenn wir uns noch einmal die Gründe anschauen, warum sich die negativen Emotionen entwickelt haben, sehen wir, dass dieser einengende Effekt durchaus sinnvoll ist. In lebensbedrohlichen Situationen sind unsere Überlebenschancen am größten, wenn wir all unsere kognitiven Ressourcen dafür einsetzen, uns mit dem vorliegenden Problem auseinanderzusetzen, wenn wir also unsere gesamte Aufmerksamkeit, Intelligenz und Denkfähigkeit darauf verwenden, wie wir jetzt in dieser besonderen Situation am besten überleben können. Es liegt also in der Natur der Sache, dass unser Denken und unsere Wahrnehmung in solchen Situationen eingeengt werden, sich auf das vorliegende Problem beschränken und auf den gegenwärtigen Augenblick fokussieren.

In gefährlichen Situationen, in denen der Bruchteil einer Sekunde über Leben und Tod entscheiden kann, sind unsere Reaktionsgeschwindigkeit und Entschlossenheit von entscheidender Bedeutung. Um unsere Überlebenschancen zu maximieren, verbleibt dem Gehirn keine Zeit, die vorhandenen Informationen eine Etage höher in die Denkareale der Großhirnrinde zu senden und die Situation zu analysieren, um dann zu einer wohlüberlegten und bewusst getroffenen Entscheidung zu gelangen, welche Vorgehensweise hier am besten geeignet sei. Stattdessen sind wir programmiert, im Rückgriff auf die primitiveren Mechanismen des Gehirns zu reagieren, die wir bereits im Zusammenhang mit Vorurteilen und Stereotypisierungen besprochen haben. In gefährlichen Situationen will das Gehirn die Sachlage und vorhandenen Informationen möglichst schnell einordnen und verlässt sich dabei auf Schwarzweißdenken und einfache binäre Kategorien wie „gefährlich – ungefährlich" etc. Diese Art von Denken geht sparsam mit den vorhandenen kognitiven Ressourcen um und stellt sicher, dass wir schnell und effizient handeln können. Für diesen entscheidenden Vorteil der Vergrößerung unserer Überlebenschancen zahlen wir jedoch einen Preis: Wir vernachlässigen langfristiges Denken. Das Schwarzweißdenken erlaubt es uns, schnell zu reagieren, jedoch auf Kosten der „Graubereiche“, die nicht wahrgenommen werden.

Diese Verzerrungen schränken unsere Wahrnehmung ein, so dass wir weiterreichende Sachverhalte, die ebenfalls mit dem aktuellen Problem zusammenhängen, nicht sehen. Leider wird dadurch unsere Fähigkeit zu logischem und kritischen Denken quasi „entführt“, da die höher liegenden Denkbereiche unseres Gehirns größtenteils umgangen werden. Das erklärt, warum die von den negativen Emotionen verursachten Veränderungen in unserem Denken auch unsere Fähigkeiten einschränken, Lösungen für unsere Probleme zu finden. Das erklärt ferner, warum diese Art zu denken uns davon abhält, mit den Konfliktpartnern eine gemeinsame Grundlage für Kompromisse zu finden, wenn wir versuchen, unsere Konflikte gewaltlos zu lösen. Über beide Punkte hat der Dalai Lama in unserem Gespräch seine Besorgnis zum Ausdruck gebracht.

Diese Arten „eingeengten“ Denkens sind allen negativen Emotionen gemein. Wie bereits gezeigt, ist aber jede negative Emotion eine maßgeschneiderte Antwort auf eine ganz bestimmte Art von Bedrohung. Neben diesen *allgemeinen Auswirkungen* von negativen Emotionen führt *jede einzelne negative Emotion zu konkreten charakteristischen Verzerrungen im Denken und zu konkreten Auswirkungen auf die Urteils- und Entscheidungsfähigkeit des betroffenen Menschen,* die sich von den anderen negativen Emotionen deutlich unterscheiden. Da jede Emotion mit einer bestimmten Art der Beurteilung über die vorliegende Situation verknüpft ist und mit einer charakteristischen Tendenz, eine bestimmte Auswahl zu treffen und zu bestimmten Entscheidungen zu gelangen, stellt dies eine weitere Art der Verzerrung und Einengung des Denkens dar.

Die charakteristischen Verzerrungen des Denkens, die beispielsweise durch Ärger und Zorn hervorgerufen werden, sind umfangreich dokumentiert und können gut als Illustration für die verzerrenden und einengenden Auswirkungen der negativen Emotionen dienen. Umfangreiche Untersuchungen haben die Beobachtungen des Dalai Lama bestätigt: Wenn zornige Menschen eine Situation oder einen anderen Menschen betrachten und versuchen, eine Lösung für ein Problem zu finden, dann neigen sie dazu, die Tatsachen allzu sehr zu vereinfachen, oberflächlich zu denken und vorschnelle Schlussfolgerungen zu ziehen. Das Denken zorniger Menschen ist daher engstirnig oder begrenzt, Details werden ausgeblendet und eine tiefer gehende Analyse wird vermieden. Diese Eigenschaften stehen in deutlichem Gegensatz zur verzerrenden Wirkung der Trauer, da traurige Menschen vorhandene Informationen durch das *Fokussieren* auf bestimmte Details verarbeiten und oft umfangreiche Analysen durchführen, dabei aber das Gesamtbild vernachlässigen und sich stattdessen verstärkt auf die Informationen konzentrieren, welche die traurige Stimmung unterstützen.

Zornige Menschen tendieren bei Entscheidungen auch zu einer unterschwelligen Bestimmtheit und Gewissheit sowohl in Bezug auf ihre eigenen Meinungen als auch in Bezug auf die vorliegenden Tatsachen. Das kann zu übersteigertem Selbstvertrauen und Optimismus führen, gleichzeitig aber auch die Fähigkeit zu objektiver und rationaler Betrachtung einschränken.

Diese Tendenzen können leicht auf die Grundfunktion von Ärger und Zorn zurückgeführt werden: Wenn wir daran gehindert werden, unser Ziel zu erreichen, dann entfaltet Ärger seine Wirkung, um das Hindernis aus dem Weg zu räumen. Das Hindernis wird als etwas Externes betrachtet, das wir bekämpfen und überwinden müssen. So steht beispielsweise unsere Neigung, eine Problemursache außerhalb unserer selbst zu suchen und die Schuld auf andere zu schieben, wenn Ärger in uns wachgerufen wird, ebenfalls in Verbindung mit dieser grundlegenden Orientierung des Ärgers an der Abwehr von Gefahren oder der Überwindung von Hindernissen. Es gibt wissenschaftliche Studien, die belegen, dass das bloße Erleben von Ärger automatisch eine Art des Denkens wachrufen kann, die zu Vorurteilen führt.

Diese für Ärger und Zorn typische Art des Denkens führt auch dazu, dass zornige Menschen eine größere Neigung haben, strengere Strafen zu erteilen, wenn sie die Gelegenheit dazu erhalten. In einer Studie wurde zum Beispiel eine Gruppe von Versuchspersonen dazu gebracht, Zorn zu empfinden. Danach wurden sie gebeten, eine Reihe fiktiver Gerichtsverfahren zu beurteilen, die in keinerlei Zusammenhang mit den Umständen standen, weswegen sie zornig geworden waren. Im Vergleich zu der nicht verärgerten Kontrollgruppe, wiesen die verärgerten Versuchspersonen eine stärkere Tendenz auf, den Angeklagten die Schuld zuzuweisen und härtere Strafen zu verhängen.

Dieses Experiment weist auch auf einen weiteren, äußerst problematischen Aspekt der negativen Emotionen hin: Die schädlichen Auswirkungen von negativen Emotionen auf das eigene Denken und Verhalten bleiben tendenziell auch dann weiterhin bestehen, wenn die Ursache, die die negative Emotion hervorgerufen hat, längst nicht mehr vorhanden ist. Wirkt man dem nicht entgegen, dann kann das auch in Situationen, die mit dem ursprünglichen Ereignis in keinerlei Beziehung stehen, negative Auswirkungen haben. Es gibt umfangreiches wissenschaftliches Beweismaterial, das belegt, dass negative Emotionen nachfolgende Entscheidungen und Beurteilungen beeinflussen können, selbst wenn sich der Einzelne darüber gar nicht bewusst ist. Bei Untersuchungen beispielsweise, die an Angestellten an ihrem Arbeitsplatz durchgeführt worden sind, hat man festgestellt, dass der Ärger, den eine Versuchsperson verspürt hat, sich auch auf ihr Urteil über Arbeitskollegen übertrug, sodass verärgerte Versuchspersonen ihren Arbeitskollegen weniger Vertrauen entgegenbrachten, obwohl die Kollegen gar nichts mit den Ursachen für den Zorn dieser Personen zu tun hatten. In solchen Fällen gibt es bis zum Auflösen der negativen Emotion eine Tendenz bzw. „kognitive Prädisposition", nachfolgende Ereignisse durch einen unbewussten Filter wahrzunehmen und diese Ereignisse verzerrt zu interpretieren, was natürlich einen Einfluss auf die Urteilsfähigkeit und die Entscheidungen selbst hat.

In unserer Diskussion hat der Dalai Lama dargelegt, wie die destruktiven Emotionen zu Veränderungen im eigenen Denken führen können, die dazu tendieren, die Wirklichkeit zu verschleiern und zu verzerren. Er führte aus, wie einige dieser üblichen Verzerrungen des Denkens – beispielsweise mangelndes Bewusstsein von den Langzeitkonsequenzen unserer Handlungen, Schwarzweißdenken, Mißachtung der tieferen Gründe eines Problems etc. – eine große Quelle für menschliches Leiden sind. Beim Erörtern des Bindeglieds zwischen den destruktiven Emotionen und verzerrtem Denken hat er auch auf einen anderen kritischen Punkt hingewiesen: Es ist nicht nur so, dass destruktive Emotionen verzerrtes Denken verursachen können. Vielmehr kann verzerrtes Denken auch zu destruktiven Emotionen führen. Dieser Prozess kann in beide Richtungen ablaufen. Das ist von großer Bedeutung: Wenn Faktoren wie soziale Konditionierung, Propaganda, manipulative Führungskräfte oder situationsbedingte Umstände unser Denken und unsere Wahrnehmung verzerren, kann dies unter bestimmten Umständen dazu führen, dass in uns selbst destruktive Emotionen wie Zorn und Hass wachgerufen oder verstärkt werden, mit möglicherweise desaströsen Folgen.

Als der Dalai Lama auf diese potenzielle Ursache für Gewalt hinwies hat, führte er als Beispiel den Gebrauch einer Rhetorik von „Gut und Böse" an, die Menschen dazu bringen kann, die Wirklichkeit zu verzerren und allzu sehr zu vereinfachen. Schlimmstenfalls kann dies auch dazu eingesetzt werden, Menschen zu manipulieren und zu aggressivem und gewalttätigem Verhalten aufzuwiegeln. Genau betrachtet handelt es sich hierbei um eine weitverbreitete Strategie, die in der gesamten Menschheitsgeschichte und überall auf der ganzen Welt von Führern jeglicher Art immer wieder angewandt worden ist. In den Tagen nach den Anschlägen des 11. September war die amerikanische Regierung eifrig darum bemüht, die Verantwortlichen zu benennen. Als man Osama bin Laden als Hauptverdächtigen ausfindig gemacht hatte, war die Öffentlichkeit brennend an Informationen über diesen Unbekannten interessiert. In Erwiderung auf dieses Informationsbedürfnis war vom amerikanischen Präsidenten George W. Bush zu hören: „Das Einzige, was ich mit Sicherheit über ihn sagen kann, ist, dass er *böse* ist."

Man darf annehmen, dass es da ein paar Dinge gab, die der Präsident sicherlich über bin Laden wusste, ein paar nützliche Informationen, die er der Öffentlichkeit hätte zukommen lassen können. Denn Osama bin Laden war für die amerikanischen Vollzugsbehörden und den Geheimdienst kein unbeschriebenes Blatt und befand sich schon seit langem auf ihren Radarschirmen: Als islamischer Widerstandskämpfer hatte er, mit Unterstützung der USA, bereits gegen den Einmarsch der Sowjetunion in Afghanistan gekämpft. Doch alles, was der amerikanische Präsident nach dem 11. September 2001 mit Sicherheit über ihn sagen konnte, war, dass der Mann *böse* war … Anscheinend war dies alles, was wir wirklich über ihn wissen mussten.

In den folgenden Tagen erfuhr die Weltöffentlichkeit von bin Ladens Organisation „al-Quaida“, die George W. Bush auch als „böse“ bezeichnete. Kurz darauf wurde uns gesagt, dass al-Quaida von den Taliban in Afghanistan unterstützt wurde, und nun waren auch die Taliban „böse“. In den darauffolgenden Wochen war zu beobachten, wie George W. Bush seine Sprache plötzlich sehr großzügig mit einer „Rhetorik des Bösen“ würzte. Eine Studie der Universität Washington, in der die Reden von George W. Bush vor und nach dem 11. September untersucht wurden, hat dies genau belegt. Und so wuchs das „Böse“ heran. Nur vier Monate später waren in seiner Rede zur Lage der Nation schon ganze Länder, die nun als „Schurkenstaaten“ bezeichnet wurden, zur immer länger werdenden Liste des Bösen hinzugefügt worden, und der Irak, Iran und Nordkorea hatten sich plötzlich in eine „Achse des Bösen“ verwandelt. Machthaber und Führungspersonen haben sich immer wieder dieser Art von Rhetorik bedient, um im eigenen Volk Zustimmung für Kriege zu bekommen – Kriege wie der amerikanische Einmarsch in Afghanistan und in den Irak, die auf die Terroranschläge des 11. September folgten.

Am Ende unseres Gesprächs wies der Dalai Lama darauf hin, dass unsere destruktiven Emotionen und verzerrten Denkweisen unermessliches Leid hervorrufen können. Daher ist es von entscheidender Bedeutung, Strategien zu entwickeln, um unsere destruktiven Emotionen zu verringern und unser verzerrtes Denken zu korrigieren. Bevor wir uns aber einer breiteren Diskussion der Gegenmittel für diese negativen Emotionen und verzerrten Denkweisen widmen konnten, nahm unser Gespräch zunächst einen Umweg, um genauer zu untersuchen, wie wir mit einer speziellen negativen Emotion besser umgehen können – einer negativen Emotion, die bei vielen Problemen in unserer heutigen Welt eine ausschlaggebende Rolle spielt.

NEUNTES KAPITEL

Vom Umgang mit der Angst

„Eure Heiligkeit, bisher haben wir über die Wurzeln der Gewalt gesprochen, und wir haben diese Wurzeln bis zu den menschlichen Emotionen und Denkweisen zurückverfolgt. Ich denke, dass es in diesem Zusammenhang von überragender Bedeutung ist, eine konkrete Emotion eingehender zu untersuchen, nämlich die Angst. Neben Hass und Gewalt stellt Angst einen der Hauptgründe für die Zerstörung menschlichen Glücks dar. Von allen negativen Emotionen verursacht Angst vermutlich das meiste menschliche Leid, besonders im Hinblick auf das ihr innewohnende Potenzial, Gewalt in großem Umfang hervorzurufen. Hier scheint mir der Angst sogar eine noch größere Bedeutung zuzukommen als Zorn und Hass, da Kriege meist eher auf der Grundlage von Angst als auf der Grundlage von Hass angezettelt werden. Außerdem kann sich Angst auch in einen Teufelskreis entfalten: Sie kann Gewalt hervorrufen, und die Gewalt, die wir in einer Gesellschaft erleben, löst natürlich auch Angst aus. Im Grunde genommen haben terroristische Akte nicht nur das Ziel, anderen durch Gewaltanwendung Schaden zuzufügen, sondern vor allem auch Angst und Schrecken zu verbreiten.

Ich frage mich also, ob Sie Vorschläge haben, wie wir mit der Angst umgehen können, die nach Terroranschlägen wie denen des 11. September schnell in einer Gesellschaft Wurzeln fassen kann", sagte ich. Dann kam mir ein weiterer Punkt in den Sinn, und ich fügte hinzu: „Dabei braucht sich unsere Diskussion nicht nur auf die Furcht vor Terrorismus zu beschränken. Mich persönlich interessiert hier auch die Frage, wie wir mit der Angst im Allgemeinen umgehen können, ganz unabhängig von ihren Ursachen. Beispielsweise kann es in Zeiten von Wirtschafts-, Finanz- oder anderen Krisen weitverbreitete Angst und Verunsicherung geben."

Der Dalai Lama erwiderte: „Ja. Wenn wir wirklich wirksame Strategien zum Umgang mit der Angst finden wollen, dann müssen wir zunächst die unterschiedlichen Kategorien der Angst erkennen, damit wir für jede Kategorie die am besten geeignete Methode anwenden können ..."

„Was meinen Sie mit unterschiedlichen Kategorien der Angst?", fragte ich.

„Realistische Angst ist eine Kategorie, wenn die Angst also begründet ist und es tatsächlich eine Bedrohung oder Gefahr gibt. Die angemessene Antwort auf diese berechtigte Art von Angst wäre es, Vorsicht walten zu lassen und so gut es geht aktive Maßnahmen zu ergreifen, um sich bestmöglich zu schützen."

„Das erinnert mich daran, dass wir bereits über die destruktive Natur der Angst gesprochen haben. Doch Angst und Furcht können natürlich auch eine positive Funktion haben. Denn aus biologischer und evolutionsgeschichtlicher Sicht hat sich das Angstzentrum in unserem Gehirn als Alarmsystem entwickelt, um uns vor lebensbedrohlichen und gefährlichen Situationen zu warnen."

„Das ist richtig", sagte er. „Neben einer größeren Vorsicht und Wachsamkeit kann es, je nach Umständen, auch andere positive Funktionen der Angst geben. Die Angst vor Terrorismus beispielsweise mag als etwas Destruktives angesehen werden, kann die Mitglieder einer Gesellschaft aber auch näher zusammenrücken lassen und ein größeres Zusammengehörigkeitsgefühl bewirken, so dass man anfängt, die Nachbarn in der Umgebung mehr wertzuschätzen. Das ist durchaus möglich."

Er lächelte und bemerkte: „So viele Möglichkeiten! Es hat manchmal den Anschein, dass die Gedanken, Vorstellungen und Sichtweisen der Menschen ohne Ende sind!"

Ich flocht folgenden Hinweis ein: „Dieses Alarmsystem im Gehirn aktiviert natürlich die Kampf-oder-Flucht-Reaktion im Körper, wodurch der Körper darauf vorbereitet wird, entweder zu fliehen oder sich aggressiv zu verhalten, um unser Überleben zu sichern. Das Problem ist allerdings, dass in der heutigen Welt die wenigsten von uns regelmäßig in lebensbedrohliche Situationen kommen, unsere Gehirne aber dennoch so reagieren, als ob dies der Fall wäre."

„Ja genau", stimmte er zu. „Das bringt uns zur nächsten Kategorie der Angst, nämlich zu den unrealistischen oder übertriebenen Ängsten. Diese Ängste beruhen auf Übertreibungen, mentalen Projektionen und falschen Überzeugungen, die durchaus weit verbreitet sein können. Denn vergleichbar mit den anderen negativen Emotionen, über die wir gesprochen haben, wohnt auch der Angst ein großes Potenzial inne, die Wirklichkeit zu verzerren und ein korrektes Verständnis der Situation zu verschleiern und zu erschweren.

Der Hauptansatzpunkt liegt also darin, die Bedingungen zu untersuchen, aufgrund derer Angst entsteht und nachzuprüfen, ob die Bedrohung real ist und unmittelbar bevorsteht oder ob es sich um eine realitätsferne Projektion handelt, die auf Übertreibungen und Verzerrungen beruht. Wir müssen dazu in der Lage sein, den Punkt zu erkennen, ab wo eine begründete Angst zu einer unbegründeten Angst wird, den Punkt also, ab wo unsere emotionalen Reaktionen keine angemessenen Reaktionen auf Gefahr mehr sind, sondern anfangen, exzessiv und kontraproduktiv zu werden.“

Ich hielt entgegen: „Auch wenn man dazu in der Lage ist, begründete Ängste von übertriebenen oder auf Einbildung beruhenden Ängsten zu unterscheiden, ist es dennoch notwendig, Möglichkeiten zu finden, mit den begründeten Ängsten umzugehen. Die Frage ist: Wie soll man mit einer berechtigten Angst umgehen, die auf ganz realen Gefahren beruht, wenn man keine Schutzmassnahmen ergreifen kann und man letztendlich gar nichts dagegen tun kann? Nach dem 11. September 2001 hat das damals neu gegründete amerikanische Heimatschutzministerium beispielsweise ein Terrorwarnsystem eingeführt, das den Bedrohungsgrad durch Terroranschläge in den Farben Grün, Blau, Gelb, Orange und Rot angab. Doch selbst bei den höchsten Bedrohungsstufen gab es nichts, was der einzelne Bürger hätte dagegen unternehmen können. Dadurch wurde lediglich eine Atmosphäre der Angst geschaffen.“

„Das ist nun ein wenig kompliziert“, sagte er. Wenn jemand Angst hat, dann, denke ich, tritt im Allgemeinen immer eine gewisse Verzerrung der Wirklichkeit ein, auch dann, wenn die Angst begründet ist und eine tatsächliche Bedrohung da ist. Angst übertreibt oft die wahrgenommene Gefahr. Es kann also sein, dass durch dieses Terrorwarnsystem der Eindruck geschaffen wurde, dass überall eine erhöhte Terrorgefahr herrschte. Mein Grundansatz in Bezug auf Angst ist es, zunächst die Wirklichkeit und die Sachlage zu untersuchen. Auch wenn eine tatsächliche Bedrohung durch terroristische Gewaltakte vorhanden ist, kann es sein, dass Sie beim genaueren Hinsehen feststellen, dass in der Gegend, in der Sie wohnen, die Bedrohung viel weniger akut ist und dass nicht im ganzen Land der gleiche Bedrohungsgrad herrscht. So können Sie angemessener auf die Situation reagieren. Selbst nur ein klein wenig Übertreibung kann meiner Meinung nach bereits eine stärkere Angst hervorrufen. Durch diesen Ansatz ist es möglich, zumindest den Teil der Angst zu verringern oder gar ganz auszuschalten, der von der eigenen Einbildung durch Übertreibung und Verfälschung der Wirklichkeit hervorgerufen wurde. Je aufmerksamer wir also die Wirklichkeit wahrnehmen, je mehr wir zwischen begründeten und eingebildeten Ängsten unterscheiden können, und je bewusster wir uns über mögliche Übertreibungen und Verfälschungen der Wirklichkeit sind, desto besser werden wir in der Lage sein, mit der Angst umgehen zu können."

Wir haben bereits die evolutionsgeschichtlichen Grundlagen der destruktiven Emotionen erörtert und verstehen daher die Gründe für die einengende Wirkung, welche diese Gefühle auf unser Denken und unsere Wahrnehmung ausüben. Wie die anderen negativen Emotionen auch, führt Angst zu spezifischen Verzerrungen und Einengungen unseres Denkens und unserer Wahrnehmung. Der Dalai Lama wies konkret darauf hin, dass Angst eine starke Tendenz zu übermäßiger Vereinfachung und Verallgemeinerung hervorruft. Das ist nicht verwunderlich. Denn in lebensbedrohlichen Situationen ist es durchaus angemessen, die Lage schnell einzuschätzen und die Umstände und beteiligten Personen schnurstracks in vertraute Kategorien einzuordnen, um zu einem raschen Urteil zu gelangen. In Situationen, wo es um Leben oder Tod geht, ist es ein durchaus vernünftiges Vorgehen, alles, was uns begegnet, zu vereinfachen und nur die allerwichtigsten Punkte zu betrachten, um uns gegebenenfalls schleunigst aus dem Staub machen zu können.

Es ist unschwer erkennbar, dass es für die Gattung Mensch in grauer Vorzeit eine ausgeklügelte Anpassungsstrategie gewesen ist, die Dinge zu vereinfachen, ja sogar übermäßig zu vereinfachen. Wenn man zum Beispiel eine Schlange sah, dann war es für das eigene Überleben vorteilhafter, wenn man dieses „Tier" flugs in die Kategorie

„Schlange“ einordnete, um dann mit einem Knüppel das Problem zu beseitigen oder wegzurennen, anstatt sich die Zeit zu nehmen, anhand des Musters der Schlange festzustellen, ob es sich um eine giftige oder eine harmlose Schlange handelte. Unsere Urahnen, die es nicht schafften, Schlangen schnell zu kategorisieren, waren einer größeren Wahrscheinlichkeit ausgesetzt, gebissen zu werden und sind daher nicht so erfolgreich gewesen, ihre Gene weiterzugeben. Wenn unsere Vorfahren andererseits allzu stark vereinfachten, ein Rankengewächs oder krummen Stock in schummrigen Lichtverhältnissen zu schnell in die Kategorie „Schlange“ einordneten und dann irrtümlicherweise Angst verspürten und schnell zurücksprangen, dann schadete das niemandem, und sie überlebten trotzdem. Wir sind also von Grund auf daraus ausgerichtet, stark zu verallgemeinern, krumme Stöcke als Schlangen zu sehen und manchmal Angst zu empfinden als Reaktion auf Illusionen und Verzerrrungen der Wirklichkeit.

In der modernen Welt haben wir es im Allgemeinen jedoch selten mit Schlangen und krummen Stöcken im Schummerlicht zu tun, aber der Einfluss dieser Verzerrungen in Wahrnehmung und Denken kann sehr weitreichend sein. Der Dalai Lama hat zum Beispiel erwähnt, wie Angst dazu führen kann, dass wir Gefahren übertreiben. Dies wurde in einem ungewöhnlichen Experiment über Emotionen bestätigt, das nach dem 11. September an der Carnegie-Mellon-Universität durchgeführt wurde. Viele wissenschaftliche Studien werden oft mit nur wenigen Versuchspersonen durchgeführt, häufig Universitätsstudenten, unter denen man immer mühelos Willige für wissenschaftliche Experimente findet. Diese groß angelegte Studie wurde aber an einer repräsentativen Auswahl von 1000 Amerikanern aus allen Altersklassen und Gesellschaftsschichten durchgeführt, deren emotionale Reaktionen unmittelbar nach dem 11. September und ein weiteres mal einige Wochen später gemessen wurden. Diese Studie brachte zum Vorschein, dass die Medien einen starken Einfluss darauf haben können, welche Emotionen Menschen erleben: Medienberichte über Menschen in islamischen Ländern, die nach den Ereignissen des 11. September in Jubel ausbrachen, lösten Zorn aus, und Berichterstattungen über die Milzbrandanschläge kurz danach, als Briefe mit dem Anthraxerreger mit der Post verschickt wurden, führten – wie zu erwarten war – zu Angst. Die Studie wies aber auch darauf hin, dass Zorn und Angst auch anders hervorgerufen werden können, indem sich beispielsweise Politiker und Führungspersonen einer bestimmten Rhetorik bedienen.

Außerdem zeigte die Studie, wie diese Emotionen zu verzerrtem Denken, wie etwa Übertreibungen, führen können. *Die Forscher fanden heraus, dass Versuchspersonen, die verstärkt Angst empfanden, nicht nur dazu neigten, die Gefahr, innerhalb des folgenden Jahres selbst zu einem Opfer terroristischer Gewalt zu werden, stark zu überschätzen, sondern auch andere Gefahren und Bedrohungen zu überschätzen* (obwohl sie sich selbst im Vergleich mit dem Durchschnittsamerikaner durchweg als weniger gefährdet einstuften). Die Wissenschaftler waren sogar der Meinung, dass Angst auch den Pessimismus nährte, der zum wirtschaftlichen Abschwung nach dem 11. September beigetragen hat. Auch wenn Angst tendenziell der Grund dafür war, dass die Menschen den tatsächlichen Bedrohungsgrad als größer wahrnahmen, führte sie dennoch zu einem lauteren Ruf nach strengeren Sicherheitsvorkehrungen in den USA und zu einer größeren Bereitschaft, bestimmte gewohnte Freiheiten für die „Sicherheit" aufzuopfern.

Wir können also sehen, dass die Verbreitung von Angst in einer Gesellschaft möglicherweise weitreichende Folgen nicht nur für das Verhalten des Einzelnen, sondern auch für die öffentliche Ordnung hat. Da Angst auch leicht dazu eingesetzt werden kann, um bei Völkern Unterstützung für Kriege, Völkermord und Schreckenstaten jedweder Art zu bekommen, kann Angst letztendlich Gräuel verursachen, die jenseits jeglicher Vorstellungskraft liegen. Wie wir gesehen haben, entsteht Angst aus unseren primitiven Antrieben, die in der Amygdala ihren Ursprung haben. Diese primitiven Gehirnmechanismen bewirken Vereinfachung, Verallgemeinerung und ein Denken in „Wir im Gegensatz zu ihnen"-Kategorien, alles erstklassige Zutaten für Stereotypisierungen und Klischeevorstellungen. Wenn diesem Gemisch schließlich noch Hass und ein ausgeprägtes Denken in Kategorien von „Überlegenheit und Unterlegenheit" beigefügt werden, dann braucht nur noch die Propagandamaschinerie irgendeines Anführers oder einer Regierung die Idee in die Köpfe der Menschen zu pflanzen, dass ihre Existenz durch die „unterlegene" Gruppe irgendwie *bedroht* wird, um die Art von Angst hervorzurufen, die zu Massengewalt führt.

Vor einigen Jahren hat ein Politiker einmal unverblümt beschrieben, wie sich Angst in der Politik instrumentalisieren lässt: „Natürlich will das Volk keinen Krieg", sagte er. „Aber schließlich sind es die Führer eines Landes, die die Politik bestimmen, und es ist immer einfach, das Volk zum Mitmachen zu bewegen, ob es sich nun um eine Demokratie, eine faschistische Diktatur, um ein Parlament oder eine kommunistische Diktatur handelt. Das Volk kann mit oder ohne Stimmrecht immer dazu gebracht werden, den Befehlen der Führer zu folgen. Das ist ganz einfach. Man braucht nichts weiter zu tun, als dem Volk zu sagen, es würde angegriffen, den Pazifisten ihren mangelnden Patriotismus vorzuwerfen und zu behaupten, sie brächten das Land in Gefahr. Diese Methode funktioniert in jedem Land."*

Der Politiker, der dies sagte, war Hermann Göring, einer der führenden deutschen Politiker während der Zeit des Nationalsozialismus und von 1935 bis 1945 Oberbefehlshaber der deutschen Luftwaffe. Diese Worte hat er während den Nürnberger Prozessen im April 1946 in seiner Gefängniszelle gegenüber dem amerikanischen Gerichtspsychologen Gustave Gilbert geäußert. Sie waren Görings achselzuckende Antwort auf die Aussage des Psychologen, dass einer der Unterschiede zwischen Demokratien und Diktaturen der sei, dass in Demokratien wie beispielsweise den Vereinigten Staaten nur das Parlament beschließen könne, einen Krieg auszurufen.

Angst entwickelte sich ursprünglich als unser Gefahrenwarnsystem und erwies unseren Vorfahren gute Dienste, indem sie ihnen half, mit den alltäglichen Gefahren fertig zu werden, denen sie sich immer wieder ausgesetzt sahen. Auch heute noch ist Angst in gefährlichen und lebensbedrohlichen Situationen von großem Nutzen. Doch gleichzeitig kann uns die Angst auch in große Schwierigkeiten verwickeln, da unser menschliches Gehirn nicht sehr gut darin ist zu erkennen, bei welchen Dingen es angemessen ist, mit Angst zu reagieren, ein Umstand, der katastrophale Folgen nach sich zieht. Unsere Angstreaktionen haben sich in grauer Vorzeit entwickelt, und in der modernen Welt von heute wird Angst oft als Reaktion auf die falschen Dinge, zur falschen Zeit und unter den falschen Bedingungen ausgelöst.

---

* Vgl.: Gustave M. Gilbert: *Nürnberger Tagebuch.* Frankfurt am Main, 1962. [A.d.Ü.]

Es sind wissenschaftliche Experimente durchgeführt worden, bei denen die Versuchspersonen dazu konditioniert wurden, auf Fotos unterschiedlicher belebter und unbelebter Dinge mit Angst zu reagieren, wobei zunächst mit jedem Foto ein milder elektrischer Schock einherging. Diese Experimente haben gezeigt, dass die Schaltkreise in unserem Gehirn so beschaffen sind, dass wir viel schneller Angst vor Schlangen, Spinnen und großen Höhen empfinden – geläufigen Gefahren zur Zeit unserer Vorfahren – als vor harmlosen Dingen wie Schmetterlingen und Vögeln. Leider haben die Anatomie und die nervlichen Schaltkreise in unserem Gehirn mit den Entwicklungen der modernen Welt nicht Schritt halten können. Menschen verfügen über eine durch die Anatomie des Gehirns bedingte Prädisposition zur Angst vor Schlangen, Spinnen oder Haien, nicht aber vor Zigaretten oder Autos, durch die heutzutage jedoch weitaus mehr Leute ums Leben kommen. Diese Dinge existieren aber noch nicht lang genug, um Ängste auszulösen, die fest in unserem menschlichen Gehirn verdrahtet sind. Studien haben gezeigt, dass das menschliche Gehirn auf wirklich gefährliche Dinge der Neuzeit wie Schusswaffen, Messer oder Dynamitstangen auf die gleiche Weise reagiert wie auf Schmetterlinge.

Gleichzeitig sind wir leicht konditionierbar, vor allerlei ungefährlichen Dingen Angst zu haben, manchmal auf der Grundlage von falschen Auffassungen oder auch Lügen. Wie wir in unserer Diskussion über Vorurteile gesehen haben, sind wir im Allgemeinen immer noch so programmiert, dass wir mit Angst reagieren, wenn wir Mitgliedern anderer Rassen oder Gruppen begegnen, was in der heutigen interdependenten und multikulturellen Welt, in der Zusammenarbeit mit anderen Gruppen für unser gemeinsames Überleben unentbehrlich ist, oft eine Quelle schier endloser Leiden ist.

Wie wir beim wirklich erstaunlichen menschlichen Erinnerungs- und Vorstellungsvermögen gesehen haben, können wir auch dazu manipuliert werden, auf Sachverhalte, die schon Jahrhunderte zurückliegen, immer noch mit Angst zu reagieren. Wenn wir aber mit Angst reagieren, die auf falschen Voraussetzungen und Überzeugungen aufbaut, kann unermessliches Leiden daraus entstehen.

Fazit: Da wir der Angst nicht wirklich zutrauen können, dass sie uns immer treu und brav vor Gefahren schützt; aufgrund des der Angst innewohnenden Potenzials, uns ins Verderben zu führen; wegen der Gefahr, dass wir durch Angst manipulierbar werden; wegen der Möglichkeit, dass Angst sich auf der Grundlage von Übertreibungen, Lügen und einer Verfälschung der Wirklichkeit entwickelt; wegen des Potenzials der Angst, menschliches Glück zu untergraben und nicht zuletzt wegen des Potenzials der Angst, stetig anzuschwellen und uns alle zu zerstören, ist es von entscheidender Bedeutung, ein wachsames Auge auf unsere Angst zu haben. Wir müssen unsere menschliche Vernunft, Intelligenz und unterscheidende Urteilskraft einsetzen, um unsere Ängste zu kontrollieren und dabei sicherstellen, dass wir, wie der Dalai Lama vorgeschlagen hat, nur auf tatsächliche Gefahren und Bedrohungen mit Angst reagieren anstatt auf Einbildungen, Übertreibungen und Lügen.

„Eure Heiligkeit, angesichts der Tatsache, dass Angst auch auf der Grundlage von eingebildeten oder übertriebenen Gefahren entstehen kann und dass der Angst das Potenzial innewohnt, Gewalt hervorzurufen, befürworte ich Ihre Empfehlung, zuallererst zu untersuchen, ob die Gefahr wirklich vorhanden ist oder nicht. Wenn wir dann herausfinden, dass wir den Grad der Gefahr übertreiben, wird dies bereits zu einer Verminderung unserer Angst führen und somit auch das Potenzial der Angst zur Gewalt verringern …“

„Das ist richtig.“

„Dennoch frage ich mich, wie Menschen sich verhalten sollen, wenn in ihrer Umgebung tatsächliche und weitreichende Gefahren *existieren*. Nehmen wir Israel als Beispiel. Es gab Zeiten, in denen dort beinahe täglich irgendein palästinensischer Terroranschlag verübt worden ist, wobei die Terroristen ganz bewusst öffentliche Angriffsziele wie Märkte, Bushaltestellen oder Restaurants wählten, um möglichst viele unschuldige Zivilisten, Familien, junge Paare, Kinder und Babys zu töten oder zu verstümmeln …“

„In diesen Fällen handelt es sich um eine sehr reale und tatsächliche Gefahr. Wenn Sie in solch einer gefährlichen Situation leben, dann ist Angst eine berechtigte und angemessene Reaktion …“

„Nun, das ist genau meine Frage. Wie soll man in solch einer Situation mit dem Gefühl alles durchdringender Angst im eigenen täglichen Leben umgehen? Schließlich kann man sich ja nicht ständig zu Hause einschließen. Man ist gezwungen rauszugehen, um sein Leben führen zu können, aber da draußen herrscht überall diese unterschwellige Furcht."

„Hier gibt es keine einfache Antwort", gab der Dalai Lama zu. „Das Leben ist manchmal voller Gefahren. Ich denke, der beste Ausgangspunkt, wie wir mit solchen Situationen umgehen können, ist unsere eigene Grundhaltung, indem wir erkennen, dass das Leben niemals vollkommen frei sein wird von Schwierigkeiten, Problemen und Gefahren. Das ist eine Tatsache, die wir akzeptieren müssen. Gefährliche Situationen können also hin und wieder auftauchen. Zum Beispiel gab es hier in Nordindien, wo ich im Exil lebe, unlängst ernstzunehmende Hinweise auf einen eskalierenden Konflikt zwischen Indien und Pakistan. Im Falle eines tatsächlichen Krieges zwischen diesen beiden Nachbarländern ist es unbestreitbar, dass Pakistan verlieren würde. Indien ist ein viel größeres und stärkeres Land, mit einer mehr als doppelt so großen Armee wie Pakistan. Aus einer kriegerischen Auseinandersetzung würde Pakistan somit als Verlierer hervorgehen. Geht man von dieser militärischen Realität aus, dann ist es durchaus vorstellbar, dass Pakistan, aus Verzweiflung und aller moralischer Bedenken beraubt, sich dazu entscheidet, seine Atomwaffen gegen Indien einzusetzen. Dabei steht Delhi als indische Hauptstadt sicherlich ganz oben auf der Liste möglicher Ziele. Im Falle einer weiteren Eskalierung des Konflikts ist es aber durchaus vorstellbar, dass weitere Atombomben abgeworfen werden und die radioaktiven Strahlen schließlich Dharamsala erreichen, wo ich lebe."

Der Dalai Lama sprach diese Worte in solch sachlichem Ton, dass ich nicht umhin konnte zu fragen: „Haben Sie keine Angst empfunden, als die Spannungen zwischen diesen beiden Ländern eskaliert sind?"

„Howard, es kann riskant sein, in einer Situation, in der reale Gefahren drohen, ohne Angst zu leben."

„Natürlich! Aber was kann man dagegen tun? Die Bewohner von Dharamsala haben keinen Einfluss darauf, wann und wo die Atombombe abgeworfen wird. Es reicht nicht aus zu sagen: ‚Gut. Ich werde auf der Hut sein und, falls wir angegriffen werden, darauf achten, von keiner Bombe getroffen zu werden."

Er antwortete: „Unter solchen Umständen bleibt uns nichts anderes übrig, als die Möglichkeit zu akzeptieren, dass etwas passieren kann. Das Gemeinwesen hier in Dharamsala kann nicht einfach seine Sachen zusammenpacken und woanders hinziehen."

„Für die Gemeinschaft als Ganzes ist das vielleicht unmöglich, doch der Einzelne könnte sich durchaus dafür entscheiden …"

„Einige meiner indischen Freunde in Delhi sagten mir, dass Dharamsala wegen seiner Nähe zur pakistanischen Grenze ein sehr gefährlicher Ort sei und haben mir daher geraten, umzuziehen und in Delhi zu wohnen. Doch ich dachte mir, dass dies kein guter Vorschlag war, da im Falle eines Krieges die Hauptstadt Delhi viel wahrscheinlicher zu einer Zielscheibe wird ist als Dharamsala. Als es vor vielen Jahren schon einmal ernsthafte Konflikte zwischen Indien und Pakistan gegeben hat, bin ich nach Südindien gegangen und habe eine Weile in den tibetischen Flüchtlingssiedlungen dort gewohnt. Da diese Siedlungen unweit der Stadt Bangalore liegen, die sich in der Zwischenzeit zu einer wichtigen modernen Metropole entwickelt hat, ist das inzwischen auch keine besonders gute Option mehr."

„Aber es muss doch für Sie und andere eine Möglichkeit geben …"

Der Dalai Lama erwiderte mit Nachdruck: „Dharamsala ist mein Zuhause. Es existiert immer ein gewisses Risiko. Es gibt kein Leben ohne irgendwelche Gefahren. Das ist nun mal die Wirklichkeit."

Ich hatte das Gefühl, dass er meiner Frage, wie sich berechtigte Ängste vertreiben lassen, auswich oder hoffte vielleicht, eine konkretere oder zumindest etwas ermutigendere Antwort zu bekommen als lediglich „Das Leben ist hart", und so versuchte ich es mit einer anderen Frage: „Mich würde interessieren, ob Sie sich an irgendwelche andere Situationen erinnern können, in denen Sie Angst verspürt haben?"

„Ja, es gab Zeiten, in denen ich eine gewisse Angst hatte", gab er offen zu.

Auf mein Drängen erzählte er mir davon, wie indische Strafverfolgungsbehörden Hinweise aufgedeckt hatten, dass von einigen Mitgliedern einer radikalen Organisation eine Gefahr für sein Leben ausging. Ich konnte mir nur schwer vorstellen, wie der Dalai Lama unter Furcht oder Angst leidet, und so fragte ich ihn: „Haben Sie unter den üblichen Symptomen von Furcht gelitten, wie etwa Nervosität und so weiter?"

„Als Mensch habe ich natürlich darunter gelitten. Das hat mich aber nicht weiter beeinträchtigt, und mein Schlaf wurde dadurch nicht gestört, noch nicht einmal für eine einzige Nacht. Und auch mein Appetit hat nicht darunter gelitten. Dennoch war ich mir darüber bewusst, dass eine wirkliche Gefahr bestand."

„Was haben Sie also getan, um Ihre Angst zu bewältigen?", bohrte ich nach.

„Nun, in diesem Fall handelte es sich um eine berechtigte Furcht, da es wirklich eine gewisse Bedrohung für mein Leben gab. Wie bereits erwähnt, kann man bei der Angst, die auf geistigen Projektionen oder auf einer falschen Wahrnehmung der Wirklichkeit beruht, die Angst dadurch auflösen, dass man die Situation genau analysiert. Doch in diesem Fall handelte es sich um eine Art von Angst, die auf einer berechtigten Sorge beruhte. In diesem Fall muss man sich mit dieser Möglichkeit auseinandersetzen und sich darauf vorbereiten. In diesem konkreten Falle wurden also die Sicherheitsvorkehrungen ernster genommen oder verstärkt."

Da ich gehofft hatte, von ihm etwas über den Umgang mit der Angst zu erfahren, das auch für diejenigen von uns von Nutzen sein könnte, die über kein Sicherheitspersonal verfügen, ließ ich nicht locker: „Wissen Sie, ich würde immer noch gerne wissen, ob es eine Methode zum Umgang mit der Angst gibt, wenn die Angst berechtigt ist, wir aber keine Sofortmassnahmen ergreifen können, um die Bedrohung zu verringern oder aus der Welt zu schaffen; irgendein Ansatz, der uns helfen könnte, mit unserem täglichen Leben fortzufahren, ohne dabei von der Angst eingeengt oder gar gelähmt zu werden."

Er sagte: „In diesem Fall kann man gelassen, selbstsicher und wachsam bleiben. Davon abgesehen gibt es nicht viel, das man tun könnte …"

Vielleicht konnte er meine Unzufriedenheit über seine Antwort spüren, auf jeden Fall lachte er und fügte hinzu: „Nun, Howard, vermutlich wird es immer ein paar Leute geben, die einfach nicht reflektiert genug sind, irgendwelche Ängste zu spüren, diejenigen, die immer in Unwissenheit leben werden, keinerlei Gefahren sehen und glücklich und furchtlos ans Leben herangehen …"

„Ach, Sie reden von den wenigen Glücklichen?", scherzte ich.

„Richtig, die wenigen Glücklichen!", wiederholte er und lachte.

Da ich weiß, dass der Dalai Lama in allen Situationen einen durchweg positiven Geisteszustand bewahren kann, dachte ich mir, dass er mehr anzubieten hat als nur das. Ohne Spur von Angst in seiner Stimme und seinem Auftreten und mit absoluter Furchtlosigkeit und vollständiger Akzeptanz, aber frei von jeglicher Mutlosigkeit, konnte er über den möglichen Tod von sich und von anderen sprechen, als ob er in völligem Frieden damit sei, jederzeit sterben zu können, und gleichzeitig lag ein mitfühlender Ton in seiner Stimme, kein gleichgültiger. Ich sagte mir also, dass diese Haltung unmöglich aus dem Nichts kommen könne und dass es einen Ansatz geben müsse, diese Haltung zu kultivieren.

Immer noch in der Hoffnung, Einsichten aus ihm herauslocken zu können, machte ich einen weiteren, konkreteren Versuch: „Nun, erlauben Sie mir folgende Frage: Hat irgendjemand in Dharamsala mit Ihnen jemals über ihre oder seine Angst vor einem Atomkrieg gesprochen?"

„Ja."

„Und was haben Sie ihnen geantwortet? Was haben Sie ihnen geraten, als sie zu Ihnen gekommen sind und Ihnen ihre Sorgen über einen möglichen Atomkrieg vorgetragen haben?"

„Ich habe mit ihnen geredet und ihnen gesagt, dass ich ihre Sorgen teile."

Immer noch irgendwie unfähig oder ungewillt, seine Antwort zu akzeptieren, bohrte ich weiter nach, als ob er eine Wunderlösung parat hätte, die er mir aber noch nicht verraten hatte: „Nun, wenn Leute zu ihnen kommen, Freunde oder Familienangehörige, und Ihnen ihre Sorge über einen möglichen Atomschlag zum Ausdruck bringen, gibt es dann nicht mehr, das Sie ihnen sagen könnten, als lediglich, dass ihre Sorge mit ihnen teilen? Ich meine … gibt es nichts, das Sie ihnen vermitteln könnten, das ihnen dabei hilft, ihre Ängste und Sorgen loszuwerden, irgendeinen Trost, den Sie aussprechen könnten?"

Er schüttelte traurig seinen Kopf und antwortete leise, resigniert: „Da gibt es nicht viel, das man sagen kann. Wie dem auch sei, wir dürfen auf keinen Fall vergessen, dass es den anderen oft Trost und

Zuversicht gibt, wenn sie ihre Ängste und Nöte mit jemandem teilen können, den sie lieben. Das kann von großer Bedeutung sein."

Vor dem Audienzzimmer waren die Schatten immer länger geworden, es war schon spät geworden. Vor der Tür warteten der Sekretär und die Mitarbeiter des Dalai Lama. Für heute war unser Gespräch zu Ende.

In der Diskussion über den Umgang mit berechtigten Ängsten, die auf tatsächlichen Bedrohungen beruhen, wies der Dalai Lama als erstes darauf hin, dass wir die Tatsache akzeptieren müssen, dass Gefahren bis zu einem bestimmten Grad ein natürlicher Bestandteil des Lebens sind. Dieses Konzept hat er in der Vergangenheit immer wieder als allgemeine Strategie zur Bewältigung aller Arten von Problemen und menschlichem Leid zur Sprache gebracht: Unsere grundlegende Haltung gegenüber Problemen und Leiden beeinflusst die Art unseres Umgangs mit ihnen, wenn sie dann tatsächlich und unausweichlich auftreten. Wenn wir Probleme und Leiden als eine Tatsache betrachten, die immer wieder im Leben auftreten werden, führt dies dazu, dass wir uns bei ihrer Bewältigung besser darauf konzentrieren können, Lösungen zu finden anstatt uns in der Rolle des „Opfers" zu verfangen und zu denken, dass das Leben ungerecht ist, weil ausgerechnet *uns* dieses Missgeschick widerfährt.

Hier war ich aber auf der Suche nach einer konkreten Strategie, wie wir besser mit unseren berechtigten Ängsten umgehen können, und in diesem Fall fand ich seine Antwort, ehrlich gesagt, ziemlich enttäuschend! Etwas resigniert – so erschien es mir zumindest damals in unserem Gespräch – hatte er außer dem allzu einfachen Ratschlag, mit anderen über die eigenen Sorgen und Ängste zu sprechen und sie mit ihnen zu teilen, nichts anzubieten. Es fiel mir schwer, die Vorstellung zu akzeptieren, dass das bloße Teilen der eigenen Ängste mit anderen eine praktikable und effektive Methode zum Abbau von Ängsten sein kann. Natürlich war ich der Meinung gewesen, dass es immer angenehm ist, wenn man Freunde hat, mit denen man reden und sich austauschen kann. Doch als hilfreiche Methode im Kampf gegen die Angst und für den Umgang mit Bedrohungen schien mir das wenig hilfreich, da es durchaus sein kann, dass man beim Reden über Ängste nicht nur die eigene Angst abbaut, sondern die des Zuhörers noch vergrößert: Wie konnte das von irgendeinem Nutzen sein?

Als ich damals seinen Ratschlag als etwas dürftig erachtete, hatte ich allerdings versäumt, einige wichtige Aspekte in meine Betrachtung mit einzubeziehen. Wenn ich zum Beispiel an meine frühere Arbeit als Psychiater zurückdenke, dann erinnere ich mich an das Phänomen, dass einige Klienten bereits nach einer oder zwei Sitzungen berichteten, dass es ihnen bereits viel besser ging und sie weniger ängstlich waren. Dabei hatte ich bloß zugehört, mit dem Kopf genickt und so einfallsreiche und scharfsinnige Bemerkungen von mir gegeben wie „Hm, ja, ich verstehe …" Diese raschen Fortschritte meiner Klienten hatte ich oft abschätzig als „Flucht in die Gesundheit" abgetan, ein unter Psychotherapeuten altbekanntes Phänomen, wenn es den Patienten sehr rasch sehr viel besser geht, nachdem sie einfach von ihren Problemen erzählt haben. Von den Therapeuten wird dies oft als eine Art von Verleugnungsmechanismus angesehen, mit dem Klienten vermeiden wollen, tiefer in die schmerzvollen Erfahrungen hineinzugehen. Doch in jüngerer Zeit betrachten viele Forscher dieses Phänomen in einem neuen Licht und bewerten es öfter als einen Hinweis auf tatsächliche Verbesserung. Davon abgesehen kann es bereits eine große Erleichterung sein und zumindest ein Stück weit von Sorgen und Ängsten befreien, wenn Klienten in der Therapie einfach über ihre Probleme sprechen und somit erkennen können, dass sie durchaus „normal" sind, dass andere Menschen ähnliche Probleme haben und sie in ihren Ängsten und Sorgen nicht alleine sind. Von diesem Standpunkt aus betrachtet schien die Aussage des Dalai Lama, dass durch das Teilen unserer Ängste mit anderen diese Ängste auch in wirklich gefährlichen Situationen verringert werden, nicht mehr nur als ineffektive Strategie.

Als Methode für die Überwindung berechtigter Ängste in ernsthaft gefährlichen Situationen war mir die Empfehlung, über die eigenen Ängste mit anderen zu reden, zunächst aber genauso durchdacht und einfallsreich vorgekommen wie ein Spruch, den man aus einem Glückskeks zieht. Vermutlich war ich über diese Aussage aber auch aus folgendem Grund so enttäuscht gewesen: Bisher ist jede Theorie und Ansicht des Dalai Lama von wissenschaftlichen Beweisen und Untersuchungen untermauert worden, und ich war der Meinung gewesen, dass dieser Ratschlag da nicht mithalten konnte, da ich nicht davon ausgegangen war, hierfür in vergleichbarer Weise wissenschaftliche Beweise finden zu können. Betrachtet man den Akt des offenen Austausches mit den Mitmenschen jedoch von anderen Blickwinkeln etwas tiefergehend, ergibt sich ein völlig anderes Bild.

In der Tat finden sich in der wissenschaftlichen Literatur reichlich Hinweise darauf, dass bereits das Mitteilen der eigenen Anliegen und Ängste aufgrund von traumatischen Ereignissen oder Gefahren einen großen Nutzen haben kann. An vielen Universitäten wurden weltweit Studien durchgeführt, um die effektivsten Methoden herauszufinden, wie sich die Ängste nach menschen- oder naturgemachten Katastrophen besser bewältigen lassen: nach dem Golfkrieg, der Tragödie in Bosnien, Terroranschlägen in Israel oder nach Erdbeben. In ihren Antworten auf die Frage, wie man am besten mit Situationen umgeht, auf die der Einzelne keinen großen Einfluss hat, waren sich alle Wissenschaftler, unterstützt von Psychologen und Psychiatern, darin einig, dass schon dem einfachen Zusammenschluss mit anderen Menschen und dem gemeinsamen Austausch über die eigenen Sorgen und Nöte große Bedeutung zukommt.

Studien belegen, dass durch den offenen Austausch mit anderen Menschen soziale Bindungen gefördert werden, die zur Verringerung von Stressbelastungen führten. Dadurch werden die anderen auch ermutigt, sich ebenfalls offen mitzuteilen. Setzt sich dies in einer Gesellschaft durch, können auch weiterverbreitete soziale Spannungen abgebaut werden. Umfangreiches wissenschaftliches Beweismaterial belegt, dass soziale Bindungen und Gefühle von Nähe und Verbundenheit zahlreiche Vorteile bringen, die von besserer körperlicher Gesundheit bis hin zu gesteigertem allgemeinen Wohlbefinden und Glück reichen. Studien haben bestätigt, was für die meisten von uns offensichtlich ist: In Krisenzeiten verlieren soziale Barrieren ihre Bedeutung, und es fällt den Menschen leichter, sich einander zu öffnen und nicht nur mit Familienmitgliedern und Freunden Gespräche zu beginnen, sondern auch oft mit völlig Unbekannten, denen man beim Einkaufen, im Aufzug oder auf der Straße begegnet.

Das führt zu einer Solidarität, die ein wirksames Mittel gegen die kollektive Bedrohung darstellen kann. In der Tat wurde gezeigt, dass allein schon das Zusammensein mit anderen und die Schaffung eines Zusammengehörigkeitsgefühls unsere Angst verringern kann, selbst wenn die Bedrohung weiterhin die gleiche bleibt.

Wissenschaftler haben die Nachwirkungen von traumatischen Ereignissen wie dem großen Erdbeben in Nordkalifornien von 1989, dem Golfkrieg oder dem Bombenanschlag in Oklahoma vom 19. April 1995 untersucht, um die Auswirkungen offenen gegenseitigen Austauschs bei den Betroffenen zu erforschen. Dabei stellte sich heraus, dass die betroffenen Gemeinschaften einige klar definierte und vorhersagbare Stadien durchlaufen, um diese traumatischen und extrem stressvollen Ereignisse zu bewältigen. Man stellte fest, dass die Betroffenen bis etwa drei oder vier Wochen nach dem Ereignis offen über das Geschehen reden und sich auch mit Fremden freimütig über ihre Erfahrungen austauschen können, was dazu führt, dass die Menschen relativ gut mit dem Geschehen zurechtkommen. Ab etwa der vierten bis zur achten Woche stellt sich bei den Betroffenen dann aber oft ein Gefühl ein, dass man langsam über das Geschehen hinwegkommen sollte, was dazu führt, dass weniger darüber gesprochen wird. Viele denken zwar immer noch häufig an das Geschehen und haben weiterhin das Bedürfnis, darüber zu sprechen, verspüren aber gleichzeitig auch einen gewissen Widerwillen, den Erzählungen der anderen zuzuhören. Einige Wochen nach dem Erdbeben in Nordkalifornien konnte man in der Gegend von Palo Alto zum Beispiel Leute sehen, die T-Shirts trugen mit der Aufschrift: „Danke, dass Sie nicht über das Erdbeben reden." Dieser Widerstreit zwischen Mitteilungsbedürfnis und der Unwilligkeit, anderen zuzuhören, führt oft zu einem verbreiteten Anstieg von Stressbelastungen, Gesundheitsproblemen, Reizbarkeit und Streitigkeiten bis hin zu Körperverletzungen. Schließlich gibt es zwischen der achten und zwölften Woche eine „Anpassungsphase", in der die meisten der Betroffenen zu einem geregelten Leben zurückkehrten sind: ein eindrücklicher Beleg für die enorme Widerstandsfähigkeit der Menschen.

Ein Experiment an der UCLA (Universität von Kalifornien in Los Angeles) untersuchte die Vorteile, die das Sprechen über die eigenen Ängste haben kann, und brachte ein anderes faszinierendes Phänomen ans Tageslicht: *Allein schon die Bezeichnung des Gefühls der Angst als solche führte zu einer Verringerung der Angst.* Wissenschaftler haben den Teilnehmern dieses Experiments, die in einem Kernspintomografen gescannt wurden, eine Reihe von Fotos mit Gesichtern vorgelegt, die unterschiedliche Gefühle zum Ausdruck brachten. Die Testpersonen wurden dabei gebeten, das abgebildete Gefühl mit Worten zu beschreiben. Wenn die Testpersonen das Gefühl mit „Angst" bezeichnet haben, war auf den Gehirnscans die Aktivierung eines Bereiches im präfrontalen Kortex erkennbar, dem eine dämpfende oder hemmende Wirkung auf die Amygdala (das Hirnareal, wo Ängste ausgelöst werden) zugeschrieben wird, was zu einer Verringerung der Aktivität in der Amygdala führte!

Die Kraft des Offenlegens der eigenen Gedanken und Gefühle ist in der Tat so gewaltig, dass schon das bloße Bewusstwerden, Bezeichnen und Aussprechen der negativen Gedanken und Gefühle beachtlichen körperlichen und seelischen Nutzen mit sich bringt, selbst dann, wenn die Person niemanden hat, mit dem sie darüber reden könnte. Experimente haben gezeigt, dass bereits fünfzehnminütiges Schreiben über eigene Gefühle und Gedanken, die im Zusammenhang mit traumatischen oder nachteiligen Ereignissen im eigenen Leben stehen, ausreicht, um Stressbelastungen zu verringern und den Betroffenen dabei helfen kann, die negativen Erfahrungen zu bewältigen. In einem Experiment wurde eine Gruppe von Versuchsteilnehmern innerhalb eines bestimmten Untersuchungszeitraums gebeten, viermal jeweils zwanzig Minuten lang über die persönlichen Probleme zu schreiben, die sie am meisten beschäftigten, während man die Teilnehmer einer Kontrollgruppe bat, über belanglose Themen zu schreiben. Im Untersuchungszeitraum erkrankten die Versuchspersonen, die ihre Gefühle und Gedanken schriftlich offengelegt hatten, weniger oft als die Versuchspersonen der Kontrollgruppe. In einer anderen Studie untersuchte man die Blutproben der Beteiligten und stellte fest, dass das Blut der Personen, die ihre Gedanken und Gefühle offengelegt hatten, mehr T-Helferzellen aufwies – diese spielen bei der Immunabwehr eines Menschen eine grundlegende Rolle. Die Forscher haben diese Ergebnisse so interpretiert, dass das Schreiben den Menschen dabei half, die negativen Erfahrungen in den größeren Kontext ihres Lebens einzuordnen und das Offenlegen somit einen „erweiternden“ Einfluss ausübte, der wesentliche Vorteile mit sich bringen kann, worauf wir noch in einem späteren Kapitel zurückkommen werden.

Es ist natürlich klar, dass weder das Reden über die eigenen Erfahrungen, Gefühle und Ängste mit einem anderen Menschen noch das schriftliche Offenlegen ein Allheilmittel dafür sein kann, all unsere Ängste und Sorgen loszuwerden. Außerdem hat nicht jeder die Gelegenheit oder das Privileg, die eigenen Gedanken und Gefühle mit jemandem wie dem Dalai Lama teilen zu können. Man muss also mit gesundem Menschenverstand vorgehen, der zeigt, was angemessen ist, mit einem gewissen Feingespür dafür, was wann wo zu wem gesagt wird. Dennoch kann, wie der Dalai Lama aufzeigt, der einfache Akt, mit einem anderen Menschen über das eigene innere Erleben zu sprechen, ein äußerst wirksames Mittel sein, um unsere Ängste zu vertreiben und uns innere Stärke zu verleihen.

Nachdem wir uns am nächsten Tag wieder zusammengesetzt hatten, eröffnete ich das Gespräch: „Eure Heiligkeit, gestern haben wir darüber gesprochen, dass sich in der heutigen Welt eine tiefgreifende Angst auszubreiten scheint. Den Menschen hier in Indien droht die Gefahr eines atomaren Angriffs, die Bewohner in Europa und den Vereinigten Staaten leben unter ständiger Bedrohung durch Terroranschläge, und für die Menschen in Israel ist diese ständige Bedrohung sogar zu einem Lebensstil geworden! Keiner weiß, wann oder wo sich die nächste Katastrophe ereignen wird – es gibt nur diese unterschwellige Angst. Und Sie haben angedeutet, dass man in gewisser Weise auch gar nichts gegen berechtigte Formen der Angst tun kann, wenn die Angst also nicht nur in unserer Einbildung oder Projektion existiert.

Natürlich stimme ich Ihnen uneingeschränkt zu, und doch kann ich mir nicht helfen und vermisse in Ihrer Antwort noch immer irgendetwas. Ich kann mich noch nicht ganz damit zufriedengeben, dass es anscheinend keine andere Möglichkeit geben soll als die, unsere Ängste mit anderen zu teilen. Bevor wir uns also anderen Themen zuwenden, würde ich gerne wissen, ob es da nicht doch etwas gibt, das wir in Hinsicht darauf, wie wir mit unseren Ängsten umgehen können, vielleicht ausgelassen haben."

„Nun", antwortete er, „da gibt es beispielsweise immer den Ansatz von Shantideva [einem herausragenden indischen Gelehrten und buddhistischen Heiligen aus dem 8. Jahrhundert], den wir bereits in unserem ersten Buch erörtert haben. Kurz zusammengefasst empfiehlt Shantideva, jedes beliebige Problem genau zu untersuchen, und er sagt: *Wenn das Problem dergestalt ist, dass es eine Lösung dafür gibt, dann gibt es keinen Grund, sich darüber Sorgen zu machen.* In diesem Fall sollten wir uns darauf konzentrieren, eine Lösung für das Problem zu finden. *Wenn aber das Problem so beschaffen ist, dass es keine Lösung dafür gibt, dann ist es sinnlos, sich darüber Sorgen zu machen, da wir sowieso nichts daran ändern können.* Wenn wir also schwierigen Situationen mit einer solchen Haltung gegenübertreten, dann sind wir besser für den Umgang mit ihnen gerüstet, selbst wenn es sich um tragische Umstände handelt. Das kann in einigen Situationen von Hilfe sein."

„Ich bin mir natürlich darüber im Klaren, dass es viele verschiedene Arten der Angst auf ganz unterschiedlichen Ebenen gibt. Angst umfasst ein weites Spektrum sehr unterschiedlicher Gemütsverfassungen, die stufenweise intensiver und beeinträchtigender werden und schließlich sogar zu vollständiger Lähmung führen können. Das fängt dabei an, sich über alltägliche Ereignisse des Lebens Sorgen zu machen, geht über chronische und diffuse Ängste und reicht bis zu voll ausgewachsenen und mit körperlichen Symptomen einhergehenden Angstzuständen und Panikattacken. Die Art der Angst, die jemand erlebt, hängt nicht nur von der gegebenen Situation ab, sondern wird auch vom Zusammenspiel unterschiedlicher Faktoren beeinflusst wie persönlichen Erbveranlagungen, seelischen Dispositionen und Einflüssen aus der Umgebung."

„Das ist richtig", pflichtete der Dalai Lama bei. „Daher brauchen wir unterschiedliche Ansätze, um mit diesen verschiedenen Ängsten in ihrem jeweiligen Kontext umzugehen."

„Nun, wenn wir über persönliche Ängste und Sorgen auf individueller Ebene sprechen, dann stimme ich Ihnen zu, dass wir unterschiedliche Ansätze brauchen, die eine Gesamtbeurteilung des Gesundheitszustandes der betreffenden Person, ihre Krankheitsgeschichte und früheren Angststörungen ebenso einschließen wie unterschiedliche Therapieansätze, also zum Beispiel Ernährung, körperliches Trainingsprogramm, medikamentöse Behandlung, Psychotherapie und vor allem kognitive Verhaltenstherapie. Wie wir damals bereits besprochen haben, weist der rationale Ansatz Shantidevas zum Umgang mit Ängsten und Nöten große Ähnlichkeiten mit Techniken aus der modernen kognitiven Verhaltenstherapie auf, obwohl Shantideva bereits im 8. Jahrhundert gelebt hat. In der Tat kommen in Shantidevas Texten Passagen vor, die auch aus einem modernen Lehrwerk über kognitiv-verhaltenstherapeutische Techniken stammen könnten, wo logische Beweisführungen und Analysen angewandt werden, um unsere automatischen negativen Gedanken zu hinterfragen und zu widerlegen.

Doch in diesem Zusammenhang geht es mir um berechtigte Ängste, die mit den weiterreichenden Problemen und Gefahren in der Gesellschaft zu tun haben; Gefahren oder Bedrohungen, auf die der Einzelne keinen Einfluss hat, im Gegensatz zu den konkreten Problemen im persönlichen Leben, über die man sich Sorgen macht. Ich frage mich also, ob Sie noch andere Mittel kennen, mit solchen Ängsten umzugehen."

„Bei solchen Ängsten …", wiederholte er und dachte einen Augenblick lang nach, bevor er fortfuhr, „kann für gläubige Menschen ihre Religion eine Hilfe sein, um mit solchen Situationen weniger angstvoll umgehen zu können."

„Das stimmt", sagte ich. „Und ich bin froh, dass Sie diesen Punkt erwähnen. Denn es gibt umfangreiches wissenschaftliches Beweismaterial, das eindeutig den großen Nutzen religiösen Glaubens bei der Bewältigung von Krisen und traumatischen Erfahrungen belegt. Doch was ist mit den vielen Menschen, die keiner bestimmten Religion angehören?"

„Wenn wir diesen Punkt noch einmal genauer betrachten", antwortete er, „dann können wir einen wichtigen Grundsatz erkennen: Die grundlegende Haltung und Motivation eines Menschen kann Auswirkungen darauf haben, wie er auf die Widrigkeiten, Schwierigkeiten, Bedrohungen und Gefahren reagiert, die das Leben immer mit sich bringt. Zum Beispiel führt eine Haltung von Mitgefühl, Freundlichkeit und Güte zu Selbstvertrauen und innerer Stärke. Dadurch verringert sich die Angst, die man erlebt. Es gibt viele Fälle, in denen sich zwei Personen in genau derselben gefährlichen Situation befinden, eine von ihnen aber viel effektiver damit umgehen kann als die andere: Es ist durchaus möglich, dass die grundlegende Haltung des Einzelnen für diesen Unterschied verantwortlich ist. In der Tat hängen die Reaktionen eines Menschen auf gefährliche Situationen und seine Fähigkeit, mit der daraus resultierenden Angst umzugehen, oft mehr von seiner inneren Haltung und seinen persönlichen Eigenschaften ab, als von der äußeren Beschaffenheit der Situation."

„Eure Heiligkeit, das erinnert mich an die Fallgeschichte einer meiner früheren Patienten, den ich vor Jahren wegen posttraumatischer Belastungsstörungen behandelte. Im Spätsommer 1989 war er mit seiner Freundin und einem befreundeten Paar nach Saint Croix gefahren, eine der amerikanischen Jungferninseln in der Karibik. Kurz darauf suchte der Hurrikan Hugo den Südosten der USA und die Karibik heim und überzog auch Saint Croix mit Verwüstung. Für meinen Klienten war das eine äußerst traumatische Erfahrung, und noch lange danach litt er unter den Symptomen. Jedenfalls bat er mich einmal darum, seine Freundin und das andere Paar in die nächste Sitzung mitbringen zu können. Da saßen dann vier Menschen vor mir, die sich insgesamt sehr ähnlich waren: gleiches Alter, ähnliche Herkunft und so weiter. Alle vier waren auf derselben Insel demselben tropischen Wirbelsturm und den gleichen Erfahrungen ausgesetzt gewesen, wobei alle von ihnen große Ängste durchgemacht haben. Was mir aber besonders aufgefallen ist, war dies: Obwohl alle vier Personen dieselbe Situation und dieselben äußeren Umstände erlebt hatten, reagierte jede völlig unterschiedlich im Hinblick darauf, wie viel Angst sie entwickelte und wie gut sie in der Lage war, während der Situation und später damit fertig zu werden.

Ihre Bemerkung über unterschiedliche Menschen, die alle ganz unterschiedlich auf dieselbe Situation reagieren, hat mich an diese Begebenheit erinnert. Sie illustriert anschaulich Ihren Punkt, dass es oft nicht die Beschaffenheit einer konkreten Bedrohung ist, die unsere Angstreaktionen auslöst, sondern vielmehr, wie wir diese Bedrohung wahrnehmen und interpretieren. Und wie Sie aufgezeigt haben, kann unsere grundlegende Haltung und Lebensauffassung – religiöser Glaube mit eingeschlossen – natürlich einen großen Einfluss darauf ausüben, wie wir auf Gefahren und widrige Umstände reagieren. Können Sie mir im Hinblick hierauf vielleicht noch andere Einstellungen und Haltungen nennen, die helfen können, unsere Ängste zu verringern?"

„Andere Einstellungen ...", wiederholte der Dalai Lama. „Ja, ein anderer Faktor, der hier von Bedeutung ist und die Reaktionen eines Menschen auf drohende Gefahren beeinflussen kann, ist, wie sehr sich dieser Mensch seiner eigenen Vergänglichkeit bewusst ist. Im Allgemeinen sind die meisten Leute stark von den alltäglichen Aktivitäten ihres Lebens in Beschlag genommen und schenken der Tatsache, dass wir eines Tages alle sterben müssen, keine besondere Aufmerksamkeit. Ohne groß über diese Tatsache nachzudenken, neigen sie zu der unterschwelligen Annahme, dass ihr Leben immer weitergehen wird und sie ewig hier sein werden. Je stärker sie an dieser Vorstellung haften, desto heftiger wird dann ihre Angst ausfallen, wenn ihr Leben bedroht wird."

„Eure Heiligkeit, ich denke jetzt einmal laut nach: Den Hauptgedanken, den Sie ansprechen, ist, dass wir nie genau wissen, was die Zukunft uns bringen wird und dass jeden Augenblick Gewalt ausbrechen oder sogar der eigene Tod eintreten kann. Darauf haben wir keinen oder oft nur ganz wenig Einfluss. Daher frage ich mich, ob es eine Möglichkeit gibt, die eigenen Ängste umzuwandeln, um sie auf positive Weise zu nutzen. Zum Beispiel könnten wir über unsere eigene Sterblichkeit nachdenken und dieses Bewusstsein über die eigene Vergänglichkeit dazu verwenden, für jeden Moment, den wir jetzt zur Verfügung haben, dankbar zu sein, jeden Tag, der uns zur Verfügung steht, bestmöglich zu nutzen und uns darüber klarzuwerden, was uns wirklich wichtig ist im Leben."

Der Dalai Lama nickte begeistert mit dem Kopf: „Ja, das ist sehr gut möglich ... Und in der Tat gibt es buddhistische Meditationen, in denen man den Schwerpunkt der Betrachtung darauf legt, sich der eigenen Sterblichkeit und der Unausweichlichkeit des eigenen Todes bewusst zu werden. Das Hauptziel dieser Übung besteht darin, wirklich ein Gefühl von Dringlichkeit und Aufbruchstimmung zu entwickeln und die Kostbarkeit dieses menschlichen Lebens zu erkennen. Das wird zur Folge haben, dass jeder Augenblick, der uns jetzt zur Verfügung steht, sehr bedeutsam wird, da es keine Garantie dafür gibt, dass dieser Moment ewig andauern wird. Der Sinn dieser Meditation liegt also darin, unser Leben auf die bestmögliche Weise zu nutzen, all unsere Anstrengungen darein zu legen, den gegenwärtigen Moment wertvoll und wichtig werden zu lassen. Es geht hier also nicht um irgendwelche morbiden Gedanken über den eigenen Tod.

Aus diesem Grund finden sich in den buddhistischen Schriften immer wieder Mahnworte, dass wir nicht nur über die eigene Vergänglichkeit, sondern auch über die Vergänglichkeit aller Dinge, ja des ganzen Universums nachdenken sollten! Es gibt da eine bewegende Textstelle, die beschreibt, dass in ferner Zukunft von unserer Erde, von allen Elementen und vom ganzen Universum rein gar nichts übrig bleiben wird, noch nicht einmal in Form von Staubpartikeln. Falls dem so ist, warum sollte dann unser zerbrechliches Menschenleben nicht auch zu einem Ende kommen? Derartige Betrachtungen bringen eine umfassendere Einstellung hervor, die letztenendes die Wahrscheinlichkeit verringert, dass wir mit heftiger Furcht reagieren. Genaugenommen gibt es in der modernen Astrophysik ähnliche Vorstellungen. Es gibt Berechnungsmodelle, wie in ganz ferner Zukunft die Feuersbrunst einer entfesselten Sonne unsere Erde verglühen lassen wird, oder dass sich ganze Galaxien auf Kollisionskurs befinden und sich irgendwann gegenseitig auslöschen werden. Wenn wir die Vergänglichkeit jeglicher Existenz gründlich erfassen, kann sich das durchaus auf unsere Haltung gegenüber unserer eigenen Vergänglichkeit auswirken, was zumindest unserer intensiven Angst den peinigenden Stachel nimmt."

Der Dalai Lama sprach mit einer Selbstverständlichkeit über den Tod, das Universum, den Lauf von Planeten und Galaxien, von Dimensionen, in denen Milliarden Jahre nicht mehr als ein Lidschlag sind, als ob er den Aufbau seines Geburtshauses beschriebe, in dem er aufgewachsen war. In Anbetracht der Tatsache, dass seine lebenslange tägliche Meditationspraxis eine Übung beinhaltet, die ihn auf den eigenen Tod vorbereitet, sollte das vielleicht nicht weiter verwundern. Als er diese Konzepte aber mit Leben erfüllte und unsere vergänglichen, flüchtigen und kleinen Menschenleben vor die Kulisse der unendlichen Tiefe des Raums und der ewigen Ausdehnung der Zeit setzte, fingen die Dinge irgendwie an, in einem anderen Licht zu erscheinen. Wie genau? Ich bin mir da nicht so sicher. Aber zunächst einmal war ich über seine Ratschläge, wie wir unsere Angst bewältigen können, nicht mehr enttäuscht.

Es besteht kein Zweifel daran, dass unsere heutige Welt voller Gefahren ist. Wirkliche Gefahren und tatsächliche Bedrohungen für unsere Sicherheit lösen Ängste aus – das ist völlig normal. Der Dalai Lama weist darauf hin, dass es dumm und unklug wäre, völlig ohne Angst zu leben, denn schließlich übt gesunde oder berechtigte Angst eine wichtige Schutzfunktion aus. Aufgrund der vielen Konflikte in der heutigen Welt, der vielen von Menschen geschaffenen Bedrohungen, die jederzeit ausbrechen können, aufgrund der Unsicherheit, da jederzeit die Finanzmärkte zusammenbrechen können usw., bleibt die Frage, wie wir unser alltägliches Leben meistern können, ohne der Angst zu erlauben, unsere Fähigkeit zur Freude zu schwächen, unseren Optimismus und unser Vertrauen auf die Zukunft zu untergraben oder gar unsere Lebenskraft zu lähmen.

Natürlich gibt es, wie der Dalai Lama immer wieder warnt, keine einfachen Antworten und kein Patentrezept, um die weitverbreiteten Ängste in der Gesellschaft aufzulösen, besonders die Art von Angst, die unser Glück und unsere Freiheit unterminiert und zu Konflikten und Gewalt führen kann. Doch er zeigt einen Ansatz auf, der uns in die richtige Richtung führt, ein Ansatz, der in völliger Übereinstimmung mit den Ergebnissen moderner wissenschaftlicher Untersuchungen steht. Die Übereinstimmung dieser beiden unterschiedlichen Ansätze gibt berechtigten Anlass zur Hoffnung für die Zukunft.

Selbstverständlich hatten Forscher und Wissenschaftler unterschiedlicher Fachrichtungen reichlich Gelegenheit, in Kommunitäten, Gesellschaften und von Auseinandersetzungen zerrissenen Gegenden auf der ganzen Welt Angst- und Konfliktstudien durchzuführen und dabei menschliche Verhaltensmuster zu untersuchen: in Israel, Nordirland, auf dem Balkan und vielen anderen Gebieten, wo das Leben ungewiss und Angst Bestandteil des täglichen Lebens ist. Wissenschaftler haben genügend Beweismaterial gesammelt, um effektive Strategien aufzuzeigen, wie wir die Angst bewältigen und den Teufelskreis von Angst und Gewaltanwendung durchbrechen können: Strategien, die sich mit den Ansichten des Dalai Lama decken.

Sein Ansatz beginnt mit der Erweiterung bzw. Schärfung unseres Bewusstseins. Wie wir gesehen haben, kann Angst „vorbewusst" in uns ablaufen, so dass wir mit Angst reagieren, bevor wir uns dessen bewusst sind. Indem wir uns unserer Ängste bewusst werden, bringen wir sie in den Bereich der Vernunft. Auf biologischer Ebene hat das zur Folge, dass wir die Kontrolle über unser Reaktionsverhalten von unserer primitiven Amygdala zum weiter fortgeschrittenen Bereich des präfrontalen Kortex verlagern. Dort können wir unsere eher primitiven und blinden Antriebe mit den höheren Gehirnfunktionen von Vernunft, unterscheidendem Denken und einer längerfristigen Perspektive modifizieren und mit menschlichem Mitgefühl und Wohlwollen abmildern. Sowohl das Erkennen der Situationen, die gewöhnlich Angst in uns auslösen, als auch eine genaue Analyse der unterschiedlichen Arten, auf die wir normalerweise unsere Ängste zum Ausdruck bringen und auflösen, sind Bestandteil dieses Bewusstwerdungsprozesses. Das ist nicht schwer: Alles, was wir dafür tun müssen, ist, unser eigenes Verhalten zu beobachten.

Uns unserer Ängste bewusst zu werden, kann eine sehr wirkungsvolle Strategie sein: Wir haben gesehen, wie die bloße Bezeichnung eines erlebten Angstgefühls als „Angst" dieses bereits verringert. Doch die Entwicklung eines größeren Bewusstseins ist lediglich der erste Schritt im Ansatz des Dalai Lama. In vollem Bewusstsein der Wichtigkeit, Angst zu überwinden, zumindest die destruktiven Arten der Angst, besteht der nächste Schritt darin, Gegenmittel gegen die Angst anzuwenden, konkrete Strategien und Techniken also, um Angst und Stress zu verringern.

Wenn wir über Ängste und Furcht sprechen, die aufgrund von gefährlichen oder bedrohlichen Situationen entstehen, dann ist es natürlich ein legitimer Ansatz, aktiv daran zu arbeiten, die Gefahr oder Bedrohung zu verringern oder ganz aus der Welt zu schaffen, selbst wenn dies nur in kleinen Schritten möglich ist. Wenn wir aber keine Kontrolle über die äußere Bedrohung haben, und wenn es keine geeigneten Schritte gibt, um die Gefahr zu verringern, dann müssen wir auf innere Strategien zum Umgang mit der Angst zurückgreifen.

Der Dalai erinnert uns daran, dass es niemals nur einen Ansatz zur Überwindung menschlicher Probleme gibt und dass wir über ein breites Register an Methoden verfügen sollten, um destruktive Emotionen wie Wut, Hass oder Angst zu bekämpfen. Auch in Bezug auf die Angst beginnt er mit mehreren Ansätzen, darunter das Teilen der eigenen Ängste mit anderen, kognitive Techniken wie zum Beispiel Shantidevas Lösungsweg, oder die Besinnung auf den eigenen religiösen Glauben.

Als er über die unterschiedlichen Ansätze zur Verringerung von Angst sprach, wies der Dalai Lama auch darauf hin, wie unsere zugrundeliegenden Haltungen und Einstellungen die Art und Weise, wie wir mit Ängsten umgehen, beeinflussen können, beginnend mit der Entwicklung einer Grundhaltung, die erkennt und akzeptiert, dass es immer einen gewissen Grad an Gefahr in unserem Leben gibt und dass Gefahren zu unserem Leben dazugehören. Er betonte auch, dass die Art und Weise, wie wir eine bedrohliche oder gefährliche Situation wahrnehmen, bereits einen großen Unterschied ausmachen kann. Und noch wichtiger: *Der einzelne Mensch kann ganz bewusst die Art und Weise, wie er eine bedrohliche Situation wahrnimmt, verändern, was eine effektive Strategie zur Verringerung von Angst sein kann.* Im folgenden dritten Teil des Buches wird ein Experiment Erwähnung finden, bei dem Testpersonen allein dadurch, dass sie eine gestellte Aufgabe als Herausforderung statt als Bedrohung ansahen, ihre Stressbelastung deutlich reduzieren konnten. Alles, was dafür notwendig gewesen ist, war eine absichtliche Änderung in der Betrachtungsweise, um die Aufgabe in neuem Licht zu sehen.

Bei der Untersuchung der unterschiedlichen Wege, Ängste und Sorgen zu verringern, besonders in Situationen, die außerhalb unseres Einflussbereichs stehen, verweisen Wissenschaftler auch auf eine wichtige Eigenschaft des Menschen: Wir verfügen alle über eine enorme Fähigkeit zur Gewöhnung, ein Prozess, der als Habituation bezeichnet wird. Das ist ein Lernprozess des Gehirns, der oft unbewusst abläuft und zum Beispiel dazu führt, dass Sie das Ticken der Wanduhr nicht mehr hören, das Ihnen am Anfang noch so penetrant vorgekommen war, oder dass Sie den Verkehrslärm vor Ihrem

Fenster nicht mehr wahrnehmen, der Ihnen unerträglich schien, als Sie in die neue Wohnung einzogen. Auf gleiche Weise hat auch unsere Angst die Tendenz, von allein geringer zu werden, wenn wir uns langsam an die Umstände gewöhnen, welche die Angst auslösen, selbst wenn es sich um ernsthafte Bedrohungen handelt. In Israel wurde zu einer Zeit, als es verstärkt zu palästinensischen Terroranschlägen auf öffentliche Busse gekommen ist, eine Studie durchgeführt, bei der die Forscher herausfanden, dass neben anderen Bewältigungsstrategien schon allein die Tatsache, dass jemand einfach öfters mit dem Bus gefahren ist, zu einer deutlichen Verringerung der Angst geführt hat.

Angst kann sich auf der Ebene des Individuums, der Gruppe und der ganzen Gesellschaft auswirken. Wenn Angst sich festsetzt und Wurzeln schlägt, können Konflikte, Kriege und um sich greifende Aggression und Gewalt die Folge sein. Herrscht bei einer oder beiden betroffenen Parteien eines Konfliktes eine Unterströmung von Angst vor (eine Angst um die eigene Sicherheit und das eigene Fortbestehen), dann wird der Konflikt niemals beigelegt werden können, solange die andere Seite als Bedrohung wahrgenommen wird. In vielen Fällen von hartnäckigen und unlösbar erscheinenden Konflikten liegt hier das Kernproblem. Was das Ganze noch verschlimmert, ist die Tatsache, dass es in diesen Fällen besonders schwierig sein kann, die Gewalt abzustellen, und zwar infolge der mit der Angst einhergehenden Tendenz, rationales Denken zu verzerren, die Vernunft außer Kraft zu setzen, den eigenen Blickwinkel einzuengen und die Wahrnehmung der Bedrohung zu übertreiben.

Lässt sich der Angstfaktor beseitigen, wird das in vielen Konflikten bereits viel zu einer nachhaltigen Lösung beitragen. Das ist der Grund, warum das Ansprechen der Ängste aller beteiligten Konfliktparteien einen wichtigen Bestandteil bei modernen Konfliktlösungsstrategien bildet. Dieser Ansatz beinhaltet, dass die Vermittler bei Konflikten den betroffenen Parteien helfen, sowohl die eigenen unterschwelligen Ängste als auch die der anderen Partei wahrzunehmen, zu formulieren und umfassend zu verstehen. Wenn die Konfliktparteien erst einmal anfangen, die übertriebenen und verzerrten Ängste wahrzunehmen und die Wirklichkeit klarer zu sehen, wird das Aufkeimen von Vertrauen ermöglicht, das den Teufelskreis von Angst und Gewalt durchbrechen kann. Dann werden sich Lösungen auftun, die zuvor von den Konfliktparteien nicht gesehen worden sind.

Und schließlich kann der bewusste Versuch, die Ängste der anderen zu verstehen, zur Grundlage für *Empathie* werden, uns also in die Lage der anderen zu versetzen und die Situation aus ihrer Sicht zu betrachten. Gleichzeitig eröffnet das Eingeständnis der eigenen Ängste gegenüber den Menschen auf der anderen Seite die Möglichkeit, dass auch sie Empathie für uns entwickeln können. Wie wir im letzten Kapitel dieses Buches sehen werden, ist Empathie die Lösung für viele der Probleme, denen sich die Menschheit gegenübersieht und eines der wichtigsten Mittel zur Überwindung von Konflikten, Gewalt und Vorurteilen. Der Empathie wohnen enorme und einzigartige Kräfte der Transformation inne.

Am Ende dieser Woche in Dharamsala hatte ich das Gefühl, dass wir schon sehr weit vorangekommen waren. Während der bisherigen Gespräche hatte sich ein klareres Verständnis über die Ursache von Gewalt und über die Beschaffenheit unserer negativen Emotionen herauskristallisiert. Der Dalai Lama hat mich dazu veranlasst, einen neuen Blick auf unsere grundlegende menschliche Natur zu werfen (etwas, worüber ich zuvor eher selten nachgedacht hatte) und auf die Ursache des Bösen im Menschen zu reflektieren. Und er hat viele gute und praktikable Strategien und einen nützlichen Ansatz aufgezeigt, wie wir mit der Angst umgehen können.

Gegen Ende dieser Woche dachte ich auch über unsere vorangegangene Gesprächsreihe in Dharamsala nach, die genauso ertragreich gewesen war und zu einem besseren Verständnis unserer Vorurteile geführt hatte und darüber, wie wir ein „Wir im Gegensatz zu ihnen"-Denken überwinden können. Aber nicht nur das. Das allererste Thema, das er damals angeschnitten hatte, war die ständig anwachsenden Vereinsamung und Entfremdung in unserer Gesellschaft und die Erosion unseres Gemeinschaftssinns und Verbundenheitsgefühls gewesen, worüber ich mir bis dahin keine Gedanken gemacht hatte. Nachdem der Dalai Lama dies aber angesprochen hatte, kam es mir so vor, als ob ein Schleier von meinem geistigen Auge genommen worden sei: Die Folgen von Vereinsamung und Entfremdung waren überall in der Gesellschaft nur allzu deutlich erkennbar, mit unbestreitbaren Auswirkungen auf das menschliche

Glück, so dass ich mich fragen musste, warum mir das zuvor noch nie aufgefallen war.

Obwohl unsere Gespräche also äußerst produktiv verlaufen waren, war ich noch nicht gänzlich zufrieden und hatte immer noch das Gefühl, dass da irgendetwas fehlte. Natürlich war es einfach, einen fehlenden Puzzlestein sofort zu benennen: Während wir die Wurzeln der Gewalt bis zu den destruktiven Emotionen verfolgt hatten, kam es mir so vor, dass wir noch nicht genügend Strategien entwickelt hatten, um mit ihnen umgehen und sie überwinden zu können. Doch da gab es noch etwas anderes, das fehlte, und es war schwieriger, dies zu fassen. Ich hatte das Gefühl, dass wir das Hauptthema unserer Gespräche stets im Blick gehabt hatten, nämlich die Erforschung der Denkansätze des Dalai Lama, wie wir in unserer verunsicherten Welt zu Glück finden können. Klar und deutlich hatte er unterschiedliche menschliche Probleme und Themen angesprochen, die Auswirkungen auf unser Glück auf persönlicher und gesellschaftlicher Ebene haben können. Seine Ansichten waren wie immer solide und fundiert und seine praktischen Ratschläge äußerst nützlich. Nach einigen Überlegungen endlich wurde mir langsam klar, was der Grund meiner Unzufriedenheit war: Mir schien, dass wir bisher nur Stückwerk betrieben hatten und wir Themen und Probleme einzeln, Stück für Stück, angepackt hatten und das ganze bis jetzt nur wie eine Themensammlung daherkam. Es fehlte ein übergeordneter Ansatz, ein bündelnder Rahmen, ein Kompass, um uns auf dem Weg zu größerem persönlichen Glück und einer besseren Welt auf Kurs zu halten. Das gerade beendete war aber schließlich nicht unser letztes Gespräch gewesen, und so war ich voller Hoffnung, dass die Dinge am Ende noch ins Lot kommen würden.

DRITTER TEIL

Glück in einer verunsicherten Welt

ZEHNTES KAPITEL

Mit einer verunsicherten Welt zurechtkommen

Seit unserer letzten Gesprächsreihe kurz nach dem 11. September 2001 in Dharamsala waren ein paar Jahre vergangen. Damals hatten wir uns Themen gewidmet wie Aggression, Gewalt, Angst und den dunkleren Ausprägungen menschlichen Verhaltens.

In der Zwischenzeit waren Afghanistan und der Irak besetzt worden, was zum Sturz des unterdrückerischen Regimes der Taliban und von Saddam Hussein geführt hatte. Ständig schienen irgendwo auf der Welt Gewaltkonflikte in kleinerem oder größerem Umfang auszubrechen, entweder nur kurz aufflammend oder aber in lang andauernden, schwelenden Konflikten. Die Beendigung von Gewaltanwendung zur Lösung zwischenmenschlicher Konflikte schien nirgendwo in Sicht, und die Welt schien der Vision des Dalai Lama nicht viel näher gekommen zu sein: eine Welt, in der wir uns einander verbunden fühlen; eine Welt, in der wir entspannt mit den anderen zusammenleben können, ganz gleich, um wen es sich dabei handelt; eine Welt, in der unsere grundlegende Güte und Sanftheit zum Tragen kommt; eine Welt ohne Gewalt und Angst, abgesehen vielleicht von wenigen unausweichlichen zwischenmenschlichen Rangeleien hier und dort. Der Dalai Lama blieb aber weiterhin hoffnungsfroh. Das neue Jahrhundert war noch jung, und es war noch genügend Zeit für Veränderungen in dieser Richtung.

Doch im Hinblick auf so viele Probleme in unserer heutigen Welt stellte sich mir die Frage, wie er seine Hoffnung aufrechterhalten konnte und worauf er seinen Optimismus gründete. Zusätzlich zu gesellschaftlichen Problemen und der Vielzahl an Belastungen des täglichen Lebens muss jeder von uns auch mit seinen persönlichen Schwierigkeiten fertig werden. Wir standen also vor der grundlegenden Frage: Wie können wir in solch einer verunsicherten Welt zu Glück finden?

Der Dalai Lama befand sich auf einer Vortragsreise in den USA, die ihn nach Tuscon im Bundesstaat Arizona geführt hatte. Seit unserer letzten Gesprächsreihe in Dharamsala hatten wir uns in unregelmäßigen Abständen immer wieder getroffen, hatten unseren Fokus zwischendurch auch auf andere Themen gelenkt, die sich um Wohlstand, Gier, die materialistische Einstellung in Konsumgesellschaften, die Kluft zwischen Reich und Arm und die Ökonomie drehten.* Auf einigen seiner Vortragsreisen hatte ich den Dalai Lama auch begleitet. Da sein Terminplan auf seinen Auslandsreisen immer vollständig ausgebucht ist, waren dies aber keine geeigneten Momente gewesen, um Termine für unsere tief gehenden Gespräche zu erbitten.

In Tuscon war das jedoch anders. Hier in meiner Heimat hatten vor vielen Jahren unsere ersten Gespräche stattgefunden, die später in *Die Regeln des Glücks* veröffentlicht wurden. Seit damals war dies nun der erste Besuch des Dalai Lama in Arizona. Nach mehr als zehn Jahren fanden wir uns hier wieder zusammen, um das Gespräch fortzusetzen und das Thema weiter zu vertiefen. Die Kulisse der weiten Sonora-Wüste mit ihren felsigen Bergen, hoch aufragenden Riesenkakteen und dem zarten Duft der Wüstensträucher ließ etwas Nostalgie in mir aufkommen. Es schien mir passend, unsere Gespräche an einem Ort fortzusetzen, der einen an die Zyklen des Lebens erinnert, ständig sich verändernde Zyklen, die sich um einen unveränderlichen Kern drehen, ähnlich wie unser Leben um die immerwährende Frage kreist, wie wir zum Glück finden können.

Ein mit Terminen vollgepackter Tag lag vor dem Dalai Lama. Von einem kurzen Mittagessen abgesehen, das er gewöhnlich alleine in seinem Hotelzimmer zu sich nahm, war nahezu jede Minute seiner Zeit vollständig ausgebucht. In dieser Woche lehrte er über das Bodhicaryavatara, einem buddhistischen Grundlagentext, der im Achten Jahrhundert von Shantideva verfasst wurde und einer der Lieblingstexte des Dalai Lama ist. Jeden Morgen und Nachmittag fanden ausgedehnte Unterweisungen über diesen Text statt, was dem Dalai Lama nur wenig Zeit für andere Aktivitäten ließ. Und die freien Minuten zwischen öffentlichen und privaten Terminen wurden gewöhnlich mit kurzen Privataudienzen aufgefüllt. Aufgrund meiner Beziehungen waren die Organisatoren dieses Besuchs in Tuscon je-

* Diese Gespräche werden in einem der Folgebände dieser Buchreihe über die Glücksregeln erscheinen.

doch behilflich gewesen, längere Zeitblöcke für unsere Gespräche freizuhalten, jeweils am frühen Morgen nach seinem Frühstück und am späten Nachmittag, nach seinen Unterweisungen.

Frühmorgens fand ich mich also für unser erstes Treffen in dem Hotel ein, wo er während seines Besuches in Arizona wohnte. Da ich nicht gerade ein Frühaufsteher bin, war mir kaum Zeit geblieben, meinen Morgenkaffee auszutrinken, und ich kämpfte mit der Restmüdigkeit in mir, um einigermaßen klar sehen zu können. Als ich das Wohnzimmer seiner Suite betrat, kam der Dalai Lama mit schnellem Schritt und einem warmen Lächeln auf dem Gesicht aus seinem angrenzenden Schlafzimmer heraus und begrüßte mich in aufgeweckter, fröhlicher Stimmung. Wie auf seinen Reisen üblich, war er schon um vier Uhr morgens aufgestanden, hatte bereits drei Stunden in Meditation und Gebeten zugebracht und dann sein einfaches Frühstück eingenommen, das hauptsächlich aus Tsampa bestand, dem tibetischen Grundnahrungsmittel aus gerösteter, gemahlener Gerste. Der frühe Morgen ist seine beste Tageszeit.

Wir begannen mit einer kurzen einleitenden Unterhaltung. Er streifte seine abgenutzten Sandalen ab und machte es sich barfüßig im Schneidersitz in einem großen Polstersessel bequem. Als ich auf dem Sofa gegenüber Platz nahm und meine Unterlagen auspackte, kommentierte der Dalai Lama, der im allgemeinen eher kaltes Klima bevorzugt, die Wüstenhitze, obwohl die frühherbstlichen Temperaturen für die Bewohner von Arizona nach der sengenden Sommerhitze eine ersehnte Abkühlung waren. Während ich mein Tonbandgerät auf dem Couchtisch vor uns aufstellte und funktionsbereit machte, sprachen wir kurz über seine Rückkehr nach Tuscon nach so vielen Jahren. Da ich aber viele Fragen hatte, über die ich mit ihm sprechen wollte, setzten wir unverzüglich unsere seit vielen Jahren andauernden Gespräche fort und nahmen den Gesprächsfaden dort wieder auf, wo wir ihn in Dharamsala hatten fallen lassen.

Ich drang gleich zum Kernpunkt vor, nämlich zu der Frage, wie wir in unserer verunsicherten Welt zu Glück finden könne: „Eure Heiligkeit, wenn wir an all die Probleme unserer Welt denken, die unser Glück untergraben, wie zum Beispiel Gewalt, Terrorismus, Vorurteile, Armut, die Kluft zwischen Reichen und Armen, die Umweltzerstörung usw., und wenn wir betrachten, wie umfassend all diese Probleme sind, dann kommen einem die Schwierigkeiten manchmal unüberwindbar vor. Ich meine, dass so viel Leid in unserer Welt die Möglichkeit, zu wirklichem Glück zu finden, manchmal in weite Ferne rückt."

„Howard, eins vorweg: Wir haben über menschliches Glück auf gesellschaftlicher Ebene geredet. Auf dieser Ebene können die äußeren Bedingungen einen gewissen Einfluss auf das Glück der Menschen haben, die in dieser Gesellschaft leben. Wir müssen also daran arbeiten, die vielen Probleme der heutigen Welt zu überwinden. Wir müssen uns bemühen, die Dinge so gut es geht zu verändern, auch wenn es nur ganz kleine Schritte sind, damit gesellschaftliche Bedingungen geschaffen werden, unter denen die Menschen glücklich werden können. Das ist wichtig, und das ist unsere Verantwortung. Wenn wir aber menschliches Glück fördern wollen, müssen wir dies auf zwei unterschiedlichen Ebenen tun, der inneren und der äußeren Ebene. Wir müssen also daran arbeiten, die äußeren Probleme in den Griff zu bekommen, gleichzeitig aber nach Wegen suchen, um auch auf der inneren Ebene zurechtzukommen, so dass wir persönliches Glück selbst angesichts so vieler Probleme in unserer Welt aufrechterhalten können."

„An diesem Punkt würde ich unser Augenmerk gern auf die persönliche Ebene lenken, um Wege aufzuspüren, wie wir trotz aller Probleme, denen wir uns gegenübersehen, zu Glück finden können", sagte ich.

„Sehr gut", antwortete er.

„Aber wissen Sie", seufzte ich, „bei so vielen Problemen in unserer Welt und mit so vielen Belastungen und Schwierigkeiten im täglichen Leben sieht es manchmal so aus, als ob die beste Art, mit all dem umzugehen, die wäre, alles um uns herum einfach zu vergessen, sich in die Einsamkeit zurückzuziehen und zu einem Einsiedler zu werden. Doch das ist ja auch keine Lösung."

„Ja, die Welt ist voller Probleme", stimmte der Dalai Lama zu. „Doch wir brauchen uns nicht aus der Welt zurückziehen, um zu Glück zu finden." Er unterbrach für einen Augenblick, um nach dem Teebecher auf dem Beistelltisch zu greifen und fuhr dann fort: „Wissen Sie, diese Frage erinnert mich ein wenig an ein Interview in Deutschland, wo ich einmal von einem Reporter gefragt wurde, ob ich der Meinung sei, dass Stress eine natürliche und zwangsläufige Eigenschaft der modernen Welt und moderner Gesellschaften sei."

„Was haben Sie darauf geantwortet?"

„Ich habe das verneint! Wenn dem so wäre, dann müssten wir alle irgendwo hinrennen, wo es keine Fernseher gibt, keine modernen Kommunikationsmittel, keine Nachrichten, keinen Komfort und auch kein gutes Essen!", erwiderte er und fuhr fort: „Falls es solch einen Ort irgendwo gibt, dann scheint mir das nicht notwendigerweise ein angenehmer Ort zu sein, an dem es sich ohne Stress und ohne Schwierigkeiten leben ließe! Zustände wie Angst, Stress und Sorgen sind innere Zustände, wohingegen die gesellschaftlichen Bedingungen äußerer Natur sind und somit nicht direkt unseren Stress verursachen. *Stress und diese negativen Geisteszustände haben mit unserer eigenen Reaktion auf diese äußeren Bedingungen* zu tun und weisen auf eine gewisse Unfähigkeit hin, mit unserer Umgebung und den äußeren Umständen zurechtzukommen.

Wenn wir genau reflektieren, dann erkennen wir, dass ein Großteil der Leiden in unserem Leben nicht von äußeren Ursachen hervorgerufen wird, sondern von inneren, wie etwa von negativen Emotionen. Und das beste Gegenmittel gegen solche inneren Störungen ist es, wenn wir unsere Fähigkeit verbessern, mit diesen Emotionen umzugehen, gleichzeitig aber auch lernen, mit unserer Umwelt und den äußeren Problemen zurechtzukommen."

„Nur zur Klarstellung: Wenn sie davon sprechen ‚mit diesen Emotionen umzugehen', meinen Sie damit, dass wir lernen müssen, unsere Gefühle zu kontrollieren oder genauer gesagt, dass wir daran arbeiten müssen, unsere negativen Emotionen wie Zorn, Hass, Gier, Eifersucht, Entmutigung usw. zu überwinden? Anders gefragt: Sprechen Sie hier über den Prozess des Geistestrainings?"

„Ja", bestätigte er. „In der Vergangenheit haben wir ja bereits über dieses Geistestraining gesprochen, was ich manchmal auch als innere Disziplin bezeichne, als Methode, um größeres Glück hervorzubringen, und daher denke ich …"

Ich fürchtete, dass er dieses Thema verwerfen wollte, da wir bereits in der Vergangenheit darüber gesprochen hatten, und so unterbrach ich ihn schnell: „Ja, darüber haben wir bereits gesprochen, aber ich denke dass dies ein guter Ausgangspunkt ist, unser Gespräch heute zu beginnen! Denn in unseren letzten Gesprächen in Dharamsala vor einiger Zeit haben wir über Gewalthandlungen und Akte des Bösen gesprochen und haben deren Ursachen zu den negativen, destruktiven Emotionen zurückverfolgt. In den Gesprächen damals haben wir die negative Emotion der Angst genauer beleuchtet, hatten dann aber keine Gelegenheit mehr, näher darauf einzugehen, wie wir mit den anderen negativen Emotionen oder ganz allgemeinen mit negativen Gefühlen umgehen können. Ich wollte ohnehin auf dieses Thema zurückkommen, und so wäre es gut, sich heute einen kleinen allgemeinen Überblick zu verschaffen, wie wir die negativen Emotionen überwinden können! Es schadet nie, wichtige Dinge kurz zu wiederholen", argumentierte ich und führte dann noch einen weiteren Grund ins Feld: „Und davon abgesehen haben wir in der Vergangenheit nur im Kontext persönlicher Entwicklung über dieses Thema gesprochen. Doch nun reden wir hierüber in einem anderen Kontext, nämlich innerhalb des weiter gefassten Rahmens gesellschaftlicher Faktoren."

Ein unaufdringliches Lächeln lag auf seinem Gesicht – ein Lächeln, das überwiegend von seinen Augen ausging. Ich vermutete, dass der Grund für dieses Lächeln seine Freude über meinen Eifer war, mit dem ich an diesem Thema festhielt. Er kam meinem Wunsch nach und sagte: „Einverstanden, wiederholen wir also kurz: Dieses Geistestraining beinhaltet die Entwicklung positiver Geisteszustände und die Überwindung negativer Geisteszustände, die auch als destruktive Gefühle oder leidbringende Emotionen bezeichnet werden.* Wie wir bereits in der Vergangenheit erörtert haben, sind positive Geisteszustände jene, die zu größerem Glück führen. Und negative oder destruktive Emotionen verursachen Störungen und Unruhe in unserem Geist, was unser Glück beeinträchtigt oder zerstört. Negative Emotionen bringen also Leiden hervor. Aus buddhistischer Sicht sind positive Geisteszustände das Gegenmittel gegen die destruktiven oder leidbringenden: Wenn die positive Emotion verstärkt wird, nimmt die Kraft und der Einfluss der negativen Emotion dementsprechend ab. Innerhalb buddhistischer Übung gibt es

---

* Die Begriffe *Geisteszustand, Emotion* und *Gefühl* werden synonym verwendet. [A.d.Ü.]

bestimmte positive Geistesfaktoren, die das konkrete Gegenmittel gegen die dazugehörige negative oder leidbringende Emotion darstellen. Beispielsweise ist Geduld oder Toleranz das Gegenmittel gegen Ärger, Mitgefühl oder liebende Güte das Gegenmittel gegen Hass, und Genügsamkeit oder bescheidenes Verlangen das Gegenmittel gegen Gier und Habsucht usw."

Er legte eine Pause ein und fügte dann hinzu: „Oh, und noch etwas: Wir reden hier über innere Disziplin. In diesem Zusammenhang erwähne ich immer wieder die Notwendigkeit, dass diese innere Disziplin mit ethischer Disziplin Hand in Hand gehen muss und wir auch ethisch handeln. Wenn wir die destruktiven Emotionen verringern, müssen wir auch daran arbeiten, das destruktive Verhalten zu überwinden, das mit ihnen einhergeht und das ebenfalls Leiden und Unglück hervorrufen kann. Wenn wir also positive geistige Qualitäten in uns entwickeln, müssen sich die inneren Veränderungen auch im äußeren Verhalten niederschlagen, wie wir mit den Menschen um uns herum umgehen. Das ist sehr wichtig."

Irgendwann vielleicht wird sich das Prinzip der Gewaltlosigkeit in unserer Welt durchsetzen, werden die Widersinnigkeit von Vorurteilen und die Unmenschlichkeit des Rassismus weitgehend der Vergangenheit angehören, werden Armut und Hunger ausgelöscht sein, werden alle Menschen in den Genuss der Menschenrechte kommen und werden gesellschaftliche Rahmenbedingungen herrschen, die für menschliches Glück und Gedeihen förderlich sind. Irgendwann vielleicht. Wann dieser Tag kommt, ist ungewiss. Eines lässt sich aber mit *Gewissheit* sagen, dass gesellschaftliche Veränderungen Zeit brauchen. In der Zwischenzeit wird uns die Frage beschäftigen, wie wir die Probleme unserer Welt am besten bewältigen und dennoch glücklich bleiben können, eine Frage, der sich der Dalai Lama an diesem Morgen zugewandt hat. In unseren Gesprächen sind wir also noch einmal auf die Ebene des Individuums zurückgekommen, um den inneren Ansatz zur Entwicklung von Glück zu erforschen, wie wir dies bereits in den ersten Gesprächen hier in Tuscon vor so vielen Jahren getan haben. Doch jetzt wandten wir uns dieser Frage in Hinblick auf einen breiteren gesellschaftlichen Kontext zu. Und nun konnte auch die wissenschaftliche Forschung viel Beweismaterial beisteuern, das die Stichhaltigkeit des Ansatzes des Dalai Lama über das Glück belegt, Beweismaterial, das zur Zeit unserer ersten Gespräche noch gefehlt hatte.

Als ich ihm zuhörte, wie er seinen allgemeinen Ansatz skizzierte, wie man mit den Schwierigkeiten des Lebens fertig werden *und* dabei glücklich sein kann, versetzten mich die Parallelen zwischen seinen Aussagen und den neuesten wissenschaftlichen Entdeckungen in Erstaunen. In den Jahren seit der Veröffentlichung von *Die Regeln des Glücks* hatte ich die neuesten Entwicklungen in der wissenschaftlichen Erforschung von menschlichem Glück und positiven Emotionen genau mitverfolgt und konnte nun erkennen, dass einige der wichtigsten Forschungsergebnisse ein völlig neues Licht auf den Ansatz des Dalai Lama warfen, der natürlich auf alten buddhistischen Prinzipien und Übungen beruhte.

In seiner Darlegung, wie positive Emotionen als Gegenmittel gegen unsere negativen Emotionen wirken, sprach der Dalai Lama über einige grundlegende Prinzipien der buddhistischen Herangehensweise an das Glück. Diese Herangehensweise basiert auf der Vorstellung, dass, wenn unsere Grundbedürfnisse erfüllt sind, das Glück, das wir erleben, mehr durch unseren Geisteszustand verursacht wird als durch äußere Umstände, Ereignisse oder Bedingungen. Darüber hinaus können wir absichtlich und gezielt Glück kultivieren, indem wir unseren Geist schulen und wir unsere Haltung und Einstellungen verändern. Aus dieser Perspektive betrachtet können wir unser Glück auf die gleiche Weise kultivieren wie wir auch andere Fähigkeiten entwickeln: durch Übung und Praxis.

Die Übung der Geistesschulung beginnt damit, Vertrautheit mit all den unterschiedlichen Gefühlen und Geisteszuständen zu entwickeln, die wir in unserem Leben immer wieder erfahren, um sie dann als positiv oder negativ einzustufen, je nachdem ob sie letztendlich zu größerem Glück oder größerem Leid führen. So können wir erkennen, dass Gefühle wie Toleranz, Mitgefühl, Nächstenliebe, Vergebung, Dankbarkeit, Hoffnung etc. den positiven Emotionen zugeordnet werden können. Diese Emotionen haben jedoch nicht nur aus buddhistischer oder religiöser Perspektive eine Verbindung zu größerem Glück. Es gibt auch Hunderte wissenschaftlicher Studien aus der jüngsten Vergangenheit, die belegen, dass sich gute Gefühle positiv auswirken auf unseren Körper und Geist, unsere Gesundheit und Beziehungen und auf den Erfolg in unserem Leben, beruflichen und finanziellen Erfolg eingeschlossen.

Natürlich gibt es auch viele Emotionen und Geisteszustände, die zu größerem Leid führen können: Feindseligkeit, Hass, extreme Angst, Eifersucht, Gier, Unehrlichkeit, Vorurteile usw. Diese werden negative Emotionen genannt, wobei wir im Verlauf unserer Gespräche zuweilen unterschiedliche synonyme Bezeichnungen dafür verwendet haben wie beispielsweise destruktive Emotionen oder Geisteszustände, leidbringende Gefühle oder auf Sanskrit *Kleshas*, was manchmal als „geistige Befleckungen" übersetzt wird oder als „Emotionen, die den Geist trüben". Auch wenn wir hier meistens die Begriffe „positive Emotionen" und „negative Emotionen" verwenden, beschränken sich diese Gefühle nicht nur darauf, was man herkömmlich mit dem Wort Emotion oder Gefühl bezeichnet. Beispielsweise zählen Ehrlichkeit, Toleranz, Demut und Dankbarkeit zu den positiven Emotionen, während Unehrlichkeit und mangelnde Selbstdisziplin den negativen Emotionen oder Geisteszuständen zugeordnet werden. Doch unabhängig von der Bezeichnung, die wir dafür wählen, stellt es ein buddhistisches Schlüsselprinzip dar, dass eine negative Emotion und die dazugehörige positive Emotion in diametralem Gegensatz zueinander stehen und grundsätzlich unvereinbar sind. Es ist daher unmöglich, gleichzeitig beide gegensätzlichen Emotionen zu erleben, und die positive Emotion bewirkt, dass die entsprechende negative Emotion geschwächt oder aufgelöst wird, wie Dunkelheit, die ausgelöscht wird, wenn man eine Kerze anzündet. Verstärkt man also stufenweise die positive Emotion, erhöht sich ihr Einfluss, und die negative Emotion wird dementsprechend abnehmen, wie wenn kaltes Wasser in heißes gegossen wird: Je mehr kaltes Wasser wir hinzufügen, desto mehr nimmt die Temperatur des heißen Wassers ab.

Im vergangenen Jahrzehnt wurde immer mehr wissenschaftliches Beweismaterial erarbeitet, das die Gültigkeit dieses buddhistischen Prinzips auf beeindruckende Weise bestätigt. In einem bahnbrechenden Experiment beispielsweise, das von Barbara Fredrickson, einer führenden Wissenschaftlerin auf dem Gebiet positiver Emotionen, zusammen mit ihren Forscherkollegen an der Universität von Michigan durchgeführt wurde, löste man in einer Gruppe von Versuchspersonen dadurch Stress aus, dass sie in extrem kurzer Zeit eine Rede vorbereiten mussten, die sie vor Experten zu halten hatten, die die Rede analysieren und bewerten würden. Wie zu erwarten war, entwickelten die Teilnehmer unterschiedliche Grade von Furcht und Angst, was mit typischen körperlichen Stressreaktionen einherging wie beschleunigte Herzschlagfrequenz, erhöhter Blutdruck, eine Verengung der äußeren Gefäße, einem erhöhten Spannungszustand der Muskeln u. a. Dann teilte man den Versuchspersonen mit, dass sich die Pläne geändert hätten und sie keine Rede zu halten bräuchten. Puh! Welche Erleichterung! Die Experimentatoren teilten die Teilnehmer daraufhin in vier Gruppen ein und zeigten jeder Gruppe einen unterschiedlichen Kurzfilm. Einer der Kurzfilme löste Freude aus (eine positive Emotion mit starker Erregung), ein anderer Film Gelassenheit (eine positive Emotion mit schwacher Erregung), der dritte Film löste Trauer (eine negative Emotion) aus und ein vierter neutraler Film, ein langweiliger alter Bildschirmschoner, erregte bei der Kontrollgruppe keine Gefühle. Die Forscher stellten fest, dass sich die Versuchspersonen, in denen die positiven Gefühle ausgelöst worden waren, viel schneller von den Auswirkungen der Angst erholten als die Kontrollgruppe. Man konnte zum Beispiel beobachten, dass die Herzfrequenz und der Blutdruck der Versuchspersonen mit positiven Emotionen viel schneller auf das normale Niveau zurückkehrte als bei den Versuchspersonen aus der Kontrollgruppe, wohingegen die Teilnehmer in der „traurigen Gruppe“ länger brauchten, um sich zu erholen und wieder den Normalzustand zu erreichen. Das veranlasste Barbara Fredrickson, eine neue Theorie über die Funktion von positiven Emotionen aufzustellen. Sie nannte ihre Theorie die „Undoing“-Hypothese [vom englischen Verb *to undo*: rückgängig machen, annullieren], die besagt, dass positive Emotionen helfen, die geistigen und körperlichen Auswirkungen der negativen Emotionen abzuschwächen oder rückgängig zu machen, in anderen Worten, *dass positive Emotionen als Gegenmittel gegen negative Emotionen wirken können*!

Diese Ergebnisse haben unmittelbaren Bezug zur Überzeugung des Dalai Lama, die er in dem Interview mit dem deutschen Reporter zum Ausdruck gebracht hatte, das er zu Beginn unseres Gesprächs erwähnte, dass nämlich die moderne Gesellschaft nicht automatisch Stress verursachen muss. Es steht natürlich außer Frage, dass der allgemeine Zustand unserer Welt und die Lebensbedingungen der modernen Gesellschaft extremen Stress hervorrufen können. Unter Wissenschaftlern ist es eine weitgehend anerkannte Tatsache, dass unser Körper und Gehirn von evolutionsgeschichtlicher Warte aus betrachtet optimal für die Lebensumstände ausgelegt sind, die im Zeitalter des Pleistozäns (bis 10.000 vor heute) herrschten, und nicht für die Lebensumstände einer modernen, von Technik und Industrie geprägten Gesellschaft. Wir haben uns in kleinen, in der ausgedehnten Savanne lebenden Gruppen entwickelt, nicht in gigantischen, ausufernden Metropolen, in denen die Menschen schichtweise übereinander gestapelt in hoch in den Himmel aufragenden Betonsilos leben. Unsere Gehirn- und Körperstruktur ist nicht dafür geschaffen, unter dröhnendem Gehupe in kilometerlangen Staus festzusitzen, von einem Meeting ins nächste zu hetzen, in letzter Minute Präsentationen geben zu müssen, von einer ständigen Reizüberflutung durch Werbung und Medien bombardiert zu werden, rund um die Uhr aus Radio und Fernsehen einer Berichterstattung über die unterschiedlichsten menschen- oder naturgemachten Katastrophen ausgesetzt zu sein, während sich unsere E-Mails anhäufen und wir keine Zeit haben, darauf zu antworten. Bereits eine zehnminütige Nachrichtensendung kann ausreichen, unseren Stresshormonpegel schlagartig in die Höhe schnellen zu lassen. Untersuchungen haben auch belegt, dass bereits die ständigen Umgebungsgeräusche um uns herum, die wir normalerweise ausblenden und meist gar nicht mehr bewusst wahrnehmen, unser Nervensystem Belastungen aussetzen, für die es nicht geschaffen ist.

All dies führt dazu, dass unsere Stressreaktionen oft chronisch stimuliert werden, wenn auch nur auf niedriger Stufe. Das schüttet Stresshormone auf eine Art und Weise aus, für die unser Körper nicht ausgelegt ist. Diese Stresshormone sind dafür entwickelt worden, dass wir schnell, entschieden und mit voller Kraft auf gefährliche Situationen reagieren können, um dann wieder zum

Normalzustand zurückzukehren. Unsere Stresshormone sind dafür konzipiert, dass wir mit Bedrohungen fertig werden, die von gefährlichen Raubtieren und Angreifern ausgehen, und nicht dafür, uns monatelang über ein bevorstehendes Examen, möglichen Jobverlust oder unsere finanzielle Absicherung Sorgen zu machen. Unser Stressreaktionssystem ist für den schnellen Kampf mit einem Säbelzahntiger ausgerichtet und nicht für einen langwierigen Ehekrieg, der wochenlang vor dem Scheidungsgericht ausgefochten wird. Was für unseren Körper in einer kurzzeitigen Bedrohungssituation von großem Nutzen sein kann, wirkt sich schädlich aus, wenn sich die Anspannung über einen längeren Zeitraum hinzieht. Die Aktivierung unserer Stressreaktionen über geraume Zeit hinweg und die chronische übermäßige Belastung unseres Organismus durch Stresshormone können eine ganze Reihe gesundheitlicher Probleme hervorrufen und zudem auch jene Gehirnzellen negativ beeinträchtigen, die für unser Gedächtnis eine entscheidende Rolle spielen. Von diesem chronischen Hintergrundstress unseres modernen Lebens einmal abgesehen, müssen wir auch noch mit widrigen Umständen und Schwierigkeiten fertig werden, die aufregen und negative Gefühle wie Angst, Furcht und Sorgen auslösen, die mit hohen Spitzenwerten unserer Stressreaktion einhergeht, der Kampf-oder-Flucht-Reaktion.

Glücklicherweise gibt es, wie der Dalai Lama zeigt, eine Möglichkeit, die chronischen und akuten Stressreaktionen zu überwinden, und wie das Experiment von Barbara Fredrickson zeigt, können unsere positiven Gefühle als Gegenmittel gegen die negativen Gefühle fungieren und die negativen Auswirkungen unserer Stressreaktionen rückgängig machen. Das wirft natürlich eine wichtige Frage auf, genauer gesagt die ganz entscheidende Frage: *Können wir lernen, unsere Gefühle zu regulieren und sie durch unseren Willen bewusst zu beeinflussen?* Dabei reden wir von einer Methode zur nachhaltigen Steigerung unserer positiven Emotionen, nicht nur von einer flüchtigen Erfahrung positiver Gefühle, die etwa vom Betrachten eines Kurzfilms hervorgerufen wird.

Im weiteren Verlauf unserer Gespräche beantwortete der Dalai Lama diese Frage.

Die Diskussion über die Kultivierung von Glück mithilfe des Geistestrainings fortführend, erläuterte der Dalai Lama: „Ein weiterer Punkt: Neben den spezifischen Gegenmitteln für die negativen Emotionen gibt es auch noch ein allgemeines Gegenmittel. Wie Sie wissen, lassen sich aus buddhistischer Sicht *alle* leidbringenden Emotionen auf eine Hauptwurzel zurückführen, in der sie begründet liegen: die Unwissenheit, also eine falsche Vorstellung über die wahre Natur der Wirklichkeit. Weisheit, oder die Entwicklung von Einsicht in die wahre Natur der Wirklichkeit, ist das Gegenmittel gegen die Unwissenheit und kann daher als allgemeines Gegenmittel betrachtet werden, das alle negativen Emotionen an ihrer Hauptwurzel bekämpft und beseitigt.

Im Hinblick auf die positiven und negativen Emotionen lässt sich aus buddhistischer Perspektive noch sagen, dass die positiven Emotionen eine gültige Grundlage haben und in der Wirklichkeit begründet liegen – im Gegensatz zu den negativen Emotionen, die im Allgemeinen auf einer falschen oder verzerrten Wahrnehmung der Wirklichkeit beruhen. Zum Beispiel beruht die positive Emotion des Mitgefühls, das wir für einen anderen Menschen empfinden, auf der Erkenntnis, dass der andere Mensch genau wie wir selbst Glück erlangen und Leid vermeiden möchte. Das ist eine korrekte Wahrnehmung und stimmt vollkommen mit der Wirklichkeit überein. Auf der anderen Seite geht die negative Emotion von Hass meist mit der Wahrnehmung einher, dass der andere Mensch hundertprozentig schlecht oder negativ ist, als ob das die dauerhafte und sich niemals ändernde Natur des Menschen sei, auf den unser Hass sich richtet. Das ist jedoch eine Verzerrung der Wirklichkeit. Wenn wir uns die Mühe machen und genau hinsehen, dann erkennen wir, dass jeder Mensch auch über positive Qualitäten verfügt und zudem über die Fähigkeit, sich zu verändern."

Diese Konzepte waren mir von vielen öffentlichen Vorträgen des Dalai Lama als auch aus unseren gemeinsamen Dialogen bekannt. Ich nickte mit dem Kopf und versuchte dann, unser Gespräch wieder auf praxisnähere Themen zu lenken: „Nun, wenn wir fürs Erste Aspekte wie ‚gültige Grundlage der Emotionen' oder ‚das endgültige

Ablegen all unserer negativer Emotionen' ausklammern, geht es hier in der Hauptsache darum, die Fähigkeit zu entwickeln, mit unserer Umwelt, mit widrigen Umständen und den Stressbelastungen des täglichen Lebens zurechtzukommen und zu Glück zu finden. Wenn also die positiven Emotionen hierfür die geeigneten Mittel sind, dann resultiert daraus logischerweise die Frage, wie wir diese positiven Gefühle am besten kultivieren können. Ich denke, dass die zentrale Frage im Grunde lautet, wie wir zurechtkommen können mit ..."

Den Rest meiner Frage vorausahnend, nahm der Dalai Lama den Satz auf und führte fort: „Ich denke, dass hier *die eigene Haltung und Sichtweise eine wichtige Schlüsselrolle spielen. Eines ist sicher: Wie wir die Welt um uns herum und unsere Mitmenschen wahrnehmen und wie wir unsere Situation und das, was um uns herum geschieht, interpretieren, kann auf jeden Fall Auswirkungen darauf haben, wie wir auf unser Umfeld, unsere Umwelt und deren Probleme reagieren. Das ist eine grundlegende Geisteshaltung, die meiner Meinung nach einen direkten Bezug zu unserer Fähigkeit hat, Probleme zu bewältigen und Glück zu bewahren.* Wir müssen unsere Aufmerksamkeit also auf diese Ebene lenken und eine Haltung entwickeln, die uns Kraft verleiht und uns hilft, schwierige Lagen zu meistern."

„Eure Heiligkeit, vermutlich stelle ich immer wieder die gleiche Frage", lachte ich, „aber es würde mich interessieren, ob Sie ein paar konkretere Methoden vorschlagen können, wie wir schwierige Lagen meistern können. Wie sollen wir zum Beispiel konkret vorgehen, um eine Haltung zu entwickeln, die uns Kraft verleiht?"

Der Dalai Lama lachte ebenfalls: „Und ich sage immer und immer wieder, dass die Lösung ist, realistisch zu bleiben. *Bleiben Sie realistisch!* Es sieht fast so aus, als ob das beim Umgang mit Problemen mein Mantra ist: ... realistischer Ansatz ... realistischer Ansatz ... realistischer Ansatz ... Zum Beispiel habe ich mich auch in unserem Kampf für die Freiheit Tibets schon immer für einen realistischen Ansatz eingesetzt, der beinhaltet, dass wir auf eine vollständige Unabhängigkeit von China verzichten und stattdessen nach echter Autonomie streben. Es ist bekannt, dass mein Motto des ‚realistischen Ansatzes' einigen meiner tibetischen Kritiker, die auf voller Unabhängigkeit bestehen, großen Verdruss bereitet!

Auf jeden Fall bildet dieser realistische Ansatz die Grundlage für die Haltungen, die am besten dafür geeignet sind, schwierige Lagen zu meistern. Das heißt, dass wir genau hinschauen und unser Bewusstsein über die Wirklichkeit der uns umgebenden Situation erweitern."

Obwohl wir in der Vergangenheit diesen kritischen Punkt seines realistischen Ansatzes bereits in unterschiedlichen Zusammenhängen erörtert hatten (zuletzt im Kontext der destruktiven Emotionen), kam mir an diesem Morgen ein weiterer Gedanke in den Sinn, ein Einspruch, von dem ich annahm, dass er von einigen Gegnern seines Standpunktes als Argument angeführt werden könnte.

Daher wandte ich ein: „Ich bin mir nicht sicher, ob Ihnen da alle zustimmen werden. Folgender Einwand wäre denkbar: Je mehr wir uns über all die Probleme unserer Welt bewusst werden, je genauer wir die Dinge untersuchen und je realistischer unsere Betrachtungsweise wird, desto wahrscheinlicher wird es, dass wir plötzlich allerlei Probleme entdecken, über die wir uns zuvor gar nicht bewusst waren; und vielleicht bietet unsere Gesellschaft insgesamt mehr Probleme als Lösungen. Ich bin mir nicht so sicher, ob uns dieser realistische Ansatz wirklich glücklicher und zufriedener macht, oder lediglich dazu führen wird, dass wir uns überwältigt, bedrückt und entmutigt fühlen. Wenn ich mir zum Beispiel Sorgen wegen der Atomwaffen mache, dann mit einem ‚realistischen Ansatz' genauer nachforsche und schließlich herausfinde, dass es in der Nähe meines Wohnortes nur so von atomaren Waffensilos wimmelt, wird mir das nicht helfen, nachts besser zu schlafen. Oder wenn ich die ‚Realität' der globalen Erwärmung oder andere Probleme bewusst in allen Einzelheiten und Details wahrnehme, dann wird mich das eher deprimieren und kaum glücklicher machen."

„Das ist wiederum eine Frage der Perspektive", konterte er, „und davon, die richtige Perspektive einzunehmen. Denn diese Entdeckung könnte ja auch ein Gefühl der Dringlichkeit hervorrufen und Sie dazu veranlassen, sich politisch zu engagieren oder aktiv zu werden, um etwas gegen das Problem zu unternehmen.

Wenn ich diesen realistischen Ansatz empfehle und dazu rate, unser Bewusstsein zu erweitern und näher an die Wirklichkeit heranzurücken, ist es wichtig, zu verstehen, was mit dem ‚realistischen Ansatz‘ gemeint ist. Ich schlage ja nicht vor, uns nur auf die Probleme der Welt zu konzentrieren oder nur auf die negativen Aspekte einer Situation. Das ist nur ein Teil der Wirklichkeit. *Ein wirklich realistischer Ansatz berücksichtigt alle Facetten und Gesichtspunkte einer Situation* – das schließt sowohl gute als auch schlechte ein. Das Leben besteht immer aus Problemen, aber auch aus guten und schönen Momenten. *Die wesentliche Grundlage für die Entwicklung dieses realistischen Ansatzes ist daher, die Dinge aus einer umfassenderen Perspektive zu sehen. Wenn Sie genau nachdenken, werden Sie feststellen, dass es viele Wege gibt, ein Problem zu betrachten.* Statt nur auf die unmittelbaren Umstände zu schauen, kann es beispielsweise manchmal hilfreich sein, eine Langzeitperspektive einzunehmen.

Allgemein gesprochen geht es hier also um eine ausgewogenere, realistischere und ganzheitlichere Sichtweise, die eine Art von flexiblem Denken erfordert, das eine Situation von vielen unterschiedlichen Standpunkten aus betrachten kann. Wir haben ja bereits darüber gesprochen, dass *die negativen Emotionen dazu tendieren, die Wirklichkeit zu verzerren und unsere Perspektive einzuengen. Um die negativen Emotionen überwinden zu können, müssen wir also gegen diese Einengung unserer Perspektive vorgehen, indem wir eine umfassendere und ganzheitlichere Betrachtungsweise einnehmen.*“

„Eure Heiligkeit, Sie sagen, dass es unterschiedliche Wege gibt, die Dinge realistisch und aus einer umfassenderen Perspektive zu sehen und dass dies helfen kann, die negativen Emotionen zu überwinden und die Probleme des Lebens zu bewältigen?“

„Ja.“

„Können Sie einen dieser Wege beschreiben und aufzeigen, wie uns das helfen könnte, unsere Probleme zu bewältigen?“

Der Dalai Lama schwieg eine Weile und sagte dann: „Ich denke, wir können mit der eigenen Haltung gegenüber Problemen und Leiden im Allgemeinen anfangen. Wenn wir eine realistische Haltung einnehmen und verstehen, dass Probleme in der einen oder anderen Form immer wieder zwangsläufig auftreten werden und somit ein fester Bestandteil unseres Lebens sind, werden wir besser dafür gerüstet sein, sie erfolgreich zu meistern, wenn sie dann tatsächlich auftreten.“

„Wie soll uns das dabei helfen, mit den Problemen effektiver umzugehen, anstatt uns bloß zu deprimieren?", bohrte ich weiter.

„Mit solch einer Haltung werden wir beispielsweise nicht überrascht sein, wenn Probleme auftauchen. Wir werden uns den Problemen weniger ängstlich und direkter zuwenden können und eine geringere Neigung zur Vermeidung oder Verleugnung der Probleme aufweisen. Wir werden unsere Energie dazu verwenden, Lösungen für die Probleme zu entwickeln – statt Energie dafür zu verausgaben, dass wir uns ungerecht behandelt fühlen; statt darüber verärgert zu sein, dass wir diese Situation erleben; statt nach einer Einzelperson bzw. Einzelinstitution Ausschau zu halten, der wir die Schuld zuschieben können, um dann unseren geballten Ärger auf diese ‚Quelle' unserer Probleme zu richten.

Die richtige Haltung gegenüber Leiden zu haben ist natürlich nur ein Faktor unter mehreren. Wir müssen auch Wege finden, die Dinge aus einer umfassenderen Perspektive zu sehen, wir sollten unterschiedliche Ansätze erproben, um unsere Probleme von verschiedenen Standpunkten aus zu betrachten, und wir sollten eine Einstellung finden, die uns bei der Bewältigung von Schwierigkeiten hilft – eine Einstellung aber, die in der Wirklichkeit begründet liegt."

Eines Morgens fuhren zwei Männer mit dem Auto zu einem wichtigen Geschäftstermin und waren schon ziemlich spät dran. Auf der Fahrt zu dem Treffen platzte ein Reifen. Der Beifahrer war sehr bestürzt, doch der Fahrer blieb völlig gelassen, ließ sich durch die Panne nicht aus der Fassung bringen und machte sich in aller Seelenruhe daran, zusammen mit dem Beifahrer den Reifen zu wechseln. Beim Reifenwechsel geriet der Beifahrer immer mehr aus der Fassung, der Fahrer behielt aber auch weiterhin seine Ruhe. Schließlich konnte der Beifahrer seinen Unmut nicht länger zurückhalten und rief aus: „Wir werden zu spät kommen! Wie kannst Du nur so gelassen bleiben!?" Daraufhin antwortete der Fahrer, beinahe vergnügt: „Das ist die Nummer Drei!" Der andere konnte damit nicht viel anfangen und wollte wissen, was damit gemeint sei, worauf ihm der Fahrer erklärte: „Als ich mir vor vielen Jahren ein Auto zugelegt habe, las ich irgendwo eine Statistik über die durchschnittlichen Reifenpannen, die auf einen Autofahrer in seinem Leben zukommen werden. Damals habe ich mir klargemacht, dass mein gerechter Anteil an Reifenpannen auf mich wartete, wobei ich bis jetzt noch immer weit unter dem Durchschnitt liege. Und damals habe ich mir ebenfalls klargemacht, dass eine Reifenpanne mit Sicherheit immer in einem völlig unpassenden Moment geschieht, ganz gleich wann und wo sie sich ereignet. Ich sagte mir also, dass geplatzte Reifen ein ganz normaler Bestandteil der Fahrtkosten sind, wie Benzin, Ölwechsel oder Reparaturen auch. Das ist jetzt also nur mein gerechter Anteil an Reifenpannen, sonst nichts.

Diese Geschichte ist mir vor langer Zeit einmal zu Ohren gekommen. Obwohl ich nicht mehr weiß, woher die Geschichte stammt, habe ich mich in Situationen, wo es mir so vorkam, dass sich alles gegen mich verschworen hatte, hin und wieder daran erinnert. Die Geschichte verdeutlicht die Prinzipien, über die der Dalai Lama an diesem Morgen gesprochen hat: Wenn wir Probleme als einen natürlichen Bestandteil unserer menschlichen Existenz akzeptieren, kann uns das helfen, unnötigen Aufruhr und negative Emotionen in Grenzen zu halten. Sie illustriert aber auch das etwas allgemeinere Prinzip, dass ein „realistischer Ansatz“, der Probleme aus einer umfassenderen Perspektive betrachtet, uns hilft, mit unseren Problemen zurechtzukommen.

Schritt für Schritt enthüllte der Dalai Lama einen überzeugenden Ansatz, wie wir in unserer verunsicherten Welt zu Glück finden können, einen Weg, wie wir mit den Problemen des täglichen Lebens umgehen können, ohne uns von Hoffnungslosigkeit, Entmutigung oder Angst überwältigen zu lassen. Zunächst hatte er aufgezeigt, wie aus buddhistischer Sichtweise positive Emotionen als Gegenmittel gegen negative Geisteszustände wirken. Nun benannte er ein allgemeines Heilmittel, das alle negativen Emotionen beseitigen kann, indem wir unsere Unwissenheit bekämpfen, die die Hauptursache für alle negativen Emotionen ist. In diesem Zusammenhang bedeutet „Unwissenheit“ nicht nur einen Mangel an Informationen und Wissen. Der Begriff bezieht sich auch auf einen fundamentalen Mangel an Bewusstsein über die grundlegende Natur der Wirklichkeit, die „Leerheit“ ist. Unwissenheit beinhaltet eine Art aktiver Fehlwahrnehmung der Wirklichkeit, eine Kluft zwischen dem, wie uns die Dinge erscheinen und wie sie in Wirklichkeit existieren. Nach buddhistischer Lehre läutert die direkte Wahrnehmung der letztendlichen Natur der Wirklichkeit – die Erkenntnis der Leerheit – den Geist von allen negativen Tendenzen, was zur Erleuchtung führt, einem Zustand, in dem man von allen Leiden und aus dem endlosen Kreislauf von Geburt, Tod und Wiedergeburt (Samsara) befreit ist.

Dieses Ziel mag für viele ein wenig hoch gesteckt sein, und in den buddhistischen Schriften wird erwähnt, dass es unzählige Äonen braucht, um diesen Zustand zu erreichen! Nun stellt sich natürlich die Frage, wie zweckdienlich dies für Nichtbuddhisten sein mag oder für diejenigen von uns, die nicht unzählige Äonen lang auf ihr Glück warten möchten. Welche Bedeutung hat das für die, die mit unserer verunsicherten Welt zurechtkommen und gleichzeitig ein gewisses Maß an Glück und Frieden finden wollen?

Buddhistischer Philosophie folgend gibt es zwei Ebenen der Wirklichkeit, die absolute Wirklichkeit und die konventionelle Wirklichkeit. Die absolute Wirklichkeit bezieht sich auf die Leerheit aller Erscheinungen, in der es keine Trennungen und Unterscheidungen mehr gibt, und eine direkte Wahrnehmung der Leerheit wird durch spirituelle Verwirklichung ermöglicht. Die konventionelle Wirklichkeit bezieht sich auf die gewöhnlich erlebte Welt, in der wir allen Dingen und Phänomenen aufgrund unserer fälschlichen Wahrnehmung eine unabhängige und eigenständige Existenz zuschreiben, obwohl das nicht mit der Realität übereinstimmt. Diese beiden Wirklichkeiten sind jedoch keine Gegensätze, sondern stellen wie die zwei Seiten einer Münze eine Einheit dar. *Auf vergleichbare Weise können wir auch von den zwei Ebenen des Glücks sprechen: absolutes Glück und konventionelles Glück.* In einem unserer früheren Gespräche vor einigen Jahren hat der Dalai Lama die Erleuchtung einmal als „höchstes Glück“ bezeichnet. Das ist das absolute Glück. Das Ziel dieser Buchreihe über die Glücksregeln ist weitaus bescheidener, trotzdem aber nicht immer einfach umzusetzen, nämlich die Erlangung von größerem alltäglichen Glück und Lebenszufriedenheit. Das ist konventionelles Glück.

Mit diesem letzten Gedanken können wir nun zu den Vorstellungen des Dalai Lama zurückkehren, die er in unseren Gesprächen zum Ausdruck gebracht hat, und anfangen, die Einzelstücke zu einem einheitlichen Ganzen zusammenfügen. Wie wir gesehen haben, ist sein Ansatz, in unserer verunsicherten Welt zum Glück zu finden, ein „realistischer Ansatz“ mit einer „realistischen Perspektive“, die darin besteht, dass wir „genau hinschauen und unser Bewusstsein über die Wirklichkeit der uns umgebenden Situation erweitern“. Hierbei handelt es sich um die konventionelle Wirklichkeit. Das ist eine Universalmethode, um mit alltäglichen Problemen fertig zu werden, mit widrigen Umständen zurechtzukommen, um positive Gefühle zu entwickeln und um die negativen Emotionen zu überwinden, die die Quelle so vieler Leiden in unserem Leben sind. Hier können wir also direkte Parallelen zu den zwei Ebenen der Wirklichkeit ziehen: Ein Bewusstsein von der absoluten Wirklichkeit – *die Leerheit* – führt zu absolutem Glück, und ein größeres Bewusstsein von der konventionellen Wirklichkeit unseres Alltagslebens führt zu konventionellem Glück. Beide können als allgemeine Gegenmittel gegen negative Emotionen und Geisteszustände betrachtet werden, wobei das „absolute“ Gegenmittel alle negativen Geisteszustände vollständig beseitigt und das „konventionelle“ Gegenmittel – worum es in diesem Buch geht – die negativen Gefühle und Geisteszustände ausreichend verringert, um hier und jetzt ein glückliches Leben führen zu können.

Wenn wir die Gemeinsamkeiten zwischen der Methode des Dalai Lama zur Überwindung der negativen Emotionen (und zur Erlangung von Glück) und den neuesten wissenschaftlichen Forschungsergebnissen über das Glück betrachten, können wir eine weitere neuere wissenschaftliche Theorie über die positiven Emotionen anführen. Wir haben zuvor gesehen, dass die „Undoing“-Hypothese von Barbara Fredrickson positive Emotionen überzeugend als Gegenmittel gegen negative Emotionen nachgewiesen hat. Das entspricht dem buddhistischen Konzept von den „spezifischen Gegenmitteln“, dass es also für jede negative Emotion ein bestimmtes positives Gefühl als Gegenmittel gibt. Doch Barbara Fredrickson und ihr Forscherteam haben auch eine weitere einflussreiche Theorie entwickelt, die Parallelen zu dem buddhistischen Konzept eines „allgemeinen Gegenmittels“ gegen alle destruktiven Emotionen aufweist, die „Broaden&Build“-Theorie über positive Emotionen [von den englischen Verben *to broaden*: erweitern und *to build*: aufbauen].* Diese Theorie ist auch hilfreich bei der Erklärung, warum die Methode des Dalai Lama so kraftvoll und effektiv ist.

Bis noch vor einem Jahrzehnt konzentrierte sich fast die gesamte wissenschaftliche Erforschung menschlicher Emotionen auf die negativen Gefühle. Infolgedessen haben Neurowissenschaftler und Evolutionspsychologen schlüssige Theorien entwickelt, warum die negativen Emotionen entstanden sind und legten dar, wie die negativen Emotionen unseren fernen Vorfahren in ihrem Überlebenskampf von Nutzen waren. Aus evolutionsgeschichtlicher Perspektive sind die negativen Emotionen überaus sinnvoll. Wenn wir aber betrachten, warum wir *positive* Emotionen haben, und verstehen wollen, warum sie aus evolutionsgeschichtlicher Sicht sinnvoll sind und wie sie uns im Überlebenskampf geholfen haben, ergaben die Dinge allerdings nicht sehr viel Sinn. Die negativen Emotionen gehen alle mit ganz bestimmten „Denk- und Handlungs-Tendenzen" einher (siehe 8. Kapitel), die uns dazu anspornten, uns so zu verhalten, dass unser Überleben gesichert war. Die positiven Emotionen hingegen scheinen uns zu nichts Bestimmtem gedrängt zu haben. Sie haben uns vielleicht nur mitgeteilt: „Hey! Das ist gut. Mach weiter so und verändere nichts!" Es ist natürlich leicht zu erkennen, warum körperliches Vergnügen, das mit dem Genuss von Nahrung oder Sex einhergeht, eine wichtige Rolle für das Überleben und die Fortpflanzung spielte. Welche Rolle die vielen anderen positiven Emotionen für einen möglichen Anpassungsvorteil und die Verbesserung unserer Überlebenschancen spielten, blieb aber größtenteils ein Rätsel.

Der „Build"-Teil der „Broaden&Build"-Theorie von Barbara Fredrickson legt nahe, dass sich die negativen Emotionen entwickelt haben, um uns beim Überleben zu helfen, wenn wir in Gefahr waren, wohingegen die positiven Emotionen in guten Zeiten, wenn alles sicher war, zum Tragen kamen. Die positiven Emotionen hatten die Aufgabe, körperliche, intellektuelle und gesellschaftliche Ressourcen aufzubauen, auf die man in der Zukunft zurückgreifen konnte und

---

* Diese Theorie besagt, dass positive Gefühle unser Gedanken- und Handlungsrepertoire *erweitern* und uns somit helfen, personelle Ressourcen *aufzubauen*, die in der Zukunft von Nutzen sein können. Positive Emotionen halfen unseren Vorfahren also nicht, unmittelbare Gefahren abzuwehren, sondern sich durch die Entwicklung von Ressourcen und erweiterten Fähigkeiten für härtere Zeiten zu wappnen. [A.d.Ü.]

die somit auch unsere Überlebenschancen vergrößerten. Das sind Gefühle, die mit Erfindungen und Entdeckungen einhergehen, mit der Entwicklung neuer Strategien zum Erkunden neuer Möglichkeiten, und mit besseren Strategien der Anpassung an die Umwelt. Diese Emotionen halfen uns, soziale Bindungen zu stärken, was sich in der Zukunft bezahlt machte, wenn die Dinge vielleicht nicht mehr so gut laufen und wir auf die Hilfe der anderen angewiesen waren. Als die Menschen anfingen sich weiterzuentwickeln und länger zu leben, zahlte es sich bestimmt aus, über die Zukunft nachzudenken und zusätzliche Ressourcen aufzubauen, auf die wir zu einem späteren Zeitpunkt wieder zurückgreifen konnten.

In einem der ursprünglichen Experimente, die den „erweiternden Effekt" positiver Emotionen demonstrieren, teilten Barbara Fredrickson und ihre Forscherkollegen Versuchsteilnehmer in vier Gruppen ein und zeigten jeder Gruppe einen Kurzfilm, der unterschiedliche Emotionen wie Freude, Angst, Trauer oder neutrale Reaktionen auslöste. Danach wurde die Auswirkung des Gefühls auf die Neigung der Teilnehmer zu weitsichtigem (bzw. engstirnigem) Denken gemessen, ob also der Teilnehmer eher „das Gesamtbild" sah oder sich auf die Details konzentrierte. Dazu wurden unterschiedliche Verfahren eingesetzt. In einem dieser Verfahren wandte man beispielsweise eine „global-lokale visuelle Verarbeitungsaufgabe" an. Dazu legte man den Versuchsteilnehmern eine Grafik vor, die unterschiedliche geometrische Figuren zeigte – die Standardgrafik. Dann zeigte man den Versuchspersonen zwei Vergleichsgrafiken und bat um eine Einschätzung, welche dieser beiden Grafiken der Standardgrafik am nächsten kam. Es gab keine „falsche" oder „richtige" Antwort, denn eine Vergleichsgrafik ähnelte der Standardgrafik mehr in ihrer „globalen" Gesamtanordnung, die andere eher in den „lokalen" und konkreten Details. Man stellte fest, dass die Versuchsteilnehmer mit den positiven Gefühlen eher das „Gesamtbild" sahen und die Vergleichsgrafik wählten, die eher die Gesamtanordnung wiedergab. Die Versuchsteilnehmer mit neutralen oder negativen Gefühlen hingegen neigten zu einem engeren Denkmuster und konzentrierten sich eher auf die Einzelheiten. Seit diesem ursprünglichen Versuchsaufbau haben Fredrickson und andere Forscher viele ähnliche Experimente durchgeführt, die auf grundlegende Unterschiede des Denkens zwischen Menschen mit positiver Gemütslage und Menschen mit negativer Gemütslage hinweisen.

Eine andere Wissenschaftlerin, die seit über zwanzig Jahren die Auswirkungen positiver Empfindungen auf das Denken untersucht, ist die Psychologieprofessorin Alice Isen von der Cornell-Universität, eine der großen Pionierinnen auf dem Gebiet der Erforschung positiver Emotionen. Sie hat im Verlauf vieler Jahre umfangreiches Beweismaterial für den erweiternden Effekt von positiven Gefühlen zusammengestellt. In einem Experiment löste sie in Versuchsteilnehmern eine positive Stimmung aus und ließ sie dann Wortassoziationsübungen ausführen. Dazu legte sie ihnen Listen mit jeweils drei Wörtern vor, zum Beispiel „Humor", „Nacht" und „Pech" und bat sie, sich ein Wort zu überlegen, das mit allen dreien in Beziehung stand (Antwort: „schwarz"). Die Psychologin fand dabei heraus, dass die Versuchspersonen in gutgelaunter Stimmung um einiges besser abschnitten als die Kontrollgruppe. Die ursprünglichen Untersuchungen, in denen sie diese Methode angewandt hatte, waren eigentlich dazu gedacht, die Auswirkungen von positiven Gefühlen auf die Kreativität zu untersuchen. Im Verlauf dieser Experimente stellte sich dann aber auch heraus, dass positive Emotionen uns dabei helfen, die Dinge aus einer umfassenderen Perspektive zu sehen – ganz im Gegensatz zu den einengenden Auswirkungen der negativen Emotionen.

Wenn wir vor diesem Hintergrund nun noch einmal den „realistischen Ansatz" des Dalai Lama betrachten, stellen wir fest, dass seine Worte plötzlich sehr vertraut klingen! Die Hauptmethode, die er für die Kultivierung seines realistischen Ansatzes empfiehlt, besteht darin, widrige Umstände aus einer umfassenderen Perspektive und von unterschiedlichen Standpunkten aus zu sehen, eine langfristige Haltung einzunehmen und flexible Denkschemata anzuwenden, die es erlauben, die Dinge in neuem Licht zu betrachten. Das ist genau die Art von Denken, die die Wissenschaftler in ihren neuesten Experimenten den positiven Gefühlen zugeordnet haben.

Hier taucht eine entscheidende Frage auf. Die wissenschaftliche Forschung belegt, dass unsere positiven Emotionen und Glücksgefühle unsere Perspektive und unsere Einstellungen erweitern. Der Dalai Lama empfiehlt die umgekehrte Vorgehensweise: Die Entwicklung einer umfassenderen und realistischeren Perspektive (durch eigene Vernunft und logische Analyse) ist ein effektives Mittel, um mit unserer verunsicherten Welt zurechtzukommen und gleichzeitig unser Glück zu kultivieren. Positive Gefühle können also genau *die Haltung bewirken*, über die der Dalai Lama spricht. Die entscheidende Frage lautet: Funktioniert das auch in umgekehrter Richtung? Mit anderen Worten: Führt die bewusste Entwicklung einer umfassenderen Perspektive und das Betrachten der eigenen Probleme aus unterschiedlichen Blickwinkeln zu *mehr* positiven Emotionen?

Die Antwort lautet: *Ja!* Studien, die von Barbara Fredrickson und anderen Forschern durchgeführt wurden, haben deutlich gemacht, dass es sich hier um keine Einbahnstraße handelt und dass dieser Prozess in beiden Richtungen ablaufen kann: Positive Emotionen führen zu einem umfassenderen Denken, und die Übungen in einem umfassenderen Denken führen zu mehr positiven Emotionen. Hieraus resultiert, was die Wissenschaftler als *Aufwärtsspirale* bezeichnet haben: Je mehr man sich in umfassenderem Denken übt, desto mehr positive Emotionen und Glück wird man erleben, was wiederum zu einer umfassenderen Perspektive führt, usw.

Es ist also unbestreitbar, dass das Betrachten einer Situation aus einer umfassenderen Perspektive zur Entwicklung von mehr positiven Emotionen beiträgt und uns dabei helfen kann, mit unseren alltäglichen Problemen besser fertig zu werden. Natürlich gibt es bestimmte positive Emotionen oder Geisteszustände, die von herausragender Bedeutung und ganz besonderem Wert sind, wenn es um die ernsteren und hartnäckigeren Probleme geht, denen unsere heutige Welt ausgesetzt ist. Diese besonders herausragenden positiven Gefühle sind Hoffnung, Optimismus und Resilienz*.

So wandten wir uns am folgenden Morgen diesen entscheidenden Themen zu.

---

* Vom englischen *resilience*: Widerstandsfähigkeit, Belastbarkeit. In der Psychologie wird mit Resilienz die Fähigkeit des Menschen beschrieben, belastende Situationen, Schwierigkeiten und Krisen unbeschadet zu bewältigen und gestärkt aus ihnen hervorzugehen. [A.d.Ü.]

ELFTES KAPITEL

Hoffnung, Optimismus und Resilienz

Hoffnung

Frühling ist die Jahreszeit der Hoffnung. Und wenn jedes Jahr im Frühling die Fans der Baseballmannschaft *Chicago Cubs* in das Heimatstadion dieses Teams – das Wrigley Field in Chiacgo – strömen, sind die Gemüter der Fans von der aufrichtigen Überzeugung erfüllt: „Dieses Jahr ist es soweit! Wir werden im Oktober das Endspiel der Baseball-Profiligen gewinnen!“ Und jedes Jahr im Herbst, wenn die Tage wieder kürzer werden, die Kälte zurückkehrt und der Traum vom Sieg zerplatzt ist, sind die Herzen der Fans nur von einem Wunsch erfüllt: „Warten wir bis zum nächsten Jahr! Nächstes Jahr werden wir gewinnen!“ Was beflügelt diese Fans, wenn sie im nächsten Jahr dann wieder ins Stadion ziehen und wie jedes Jahr im Frühling ausrufen: „Dieses Jahr ist es soweit!“, *obwohl ihre Mannschaft seit 1908 noch kein einziges Mal das Endspiel der Profiligen im Oktober gewonnen hat*? Es ist die Hoffnung.

Hoffnung ist eine der wertvollsten inneren Ressourcen des Menschen. In unserem heutigen Gespräch lenkten wir unsere Aufmerksamkeit auf sie.

„Eure Heiligkeit, gestern haben Sie über die Vorteile gesprochen, die es hat, wenn wir akzeptieren, dass Probleme und Leiden unausweichlich zu unserem Leben dazugehören. Trotz der möglichen Vorteile, die aus dieser schonungslos realistischen Perspektive entstehen, werde ich den Gedanken nicht los, dass die Dinge manchmal sehr bedrückend sein können, wenn wir an all die Probleme in unserer Welt denken.“

„Das ist der Grund dafür, warum wir unterschiedliche Ansätze und unterschiedliche Betrachtungsweisen benötigen, wenn wir über unsere Probleme nachdenken“, erwiderte der Dalai Lama. „Selbst wenn wir einige der wirklich großen und ernsten Probleme der heutigen Welt wie etwa die Umweltzerstörung betrachten und uns dabei hilflos und verzweifelt fühlen, dann können wir dennoch erkennen, wenn wir das Problem aus einer umfassenderen Perspektive betrachten, dass viele dieser Probleme von Menschen und vom Missbrauch unserer menschlichen Intelligenz ohne das Gegengewicht menschlicher Werte und eines guten Herzens verursacht worden sind. Beispielsweise hätte die moderne Technologie niemals ohne menschliche Intelligenz hervorgebracht werden können, und ohne Verantwortungsbewusstsein kann die moderne Technik zu Katastrophen führen. Wenn bestimmte Probleme aber durch unsere menschliche Intelligenz geschaffen worden sind, dann kann dieselbe Intelligenz auch dazu eingesetzt werden, Lösungen für diese Probleme zu finden – wenn denn der Wille dazu und eine angemessene Motivation da ist."

„Nun, auch wenn es möglich sein sollte, Lösungen zu finden, glaube ich dennoch, dass viele Menschen sich deswegen so entmutigt fühlen, weil viele unserer Probleme überaus komplex sind und die Fortschritte in den Lösungsfindungen einem manchmal sehr langsam vorkommen."

„Das ist der Grund, warum ich es für äußerst wichtig erachte, eine Einstellung zu entwickeln, die es uns erlaubt, unsere Hoffnung aufrechtzuerhalten. Denn die Hoffnung kann im Umgang mit unseren Problemen und Schwierigkeiten einen entscheidenden Einfluss haben."

„Wenn die Hoffnung in unserer heutigen Welt von solch einer entscheidenden Bedeutung ist, frage ich mich, ob Sie ein wenig mehr über die Hoffnung sagen können und wie wir sie entwickeln und kultivieren können."

„Ja, in Ordnung. Nun, was die Hoffnung anbelangt … Ich denke, dass man von einem bestimmten Standpunkt aus betrachtet durchaus sagen kann, dass unsere gesamte menschliche Existenz von der Hoffnung getragen wird. Sehen Sie, wie wir bereits oft besprochen haben, richtet sich das grundlegendste Streben aller Menschen auf das Erlangen von Glück und das Vermeiden von Leid. Es kann also sein, dass wir abends mit unzähligen Problemen belastet ins Bett gehen. Dennoch hoffen wir, am nächsten Morgen wieder aufzuwachen!" Er lachte kurz in sich hinein und fuhr dann fort: „Und am nächsten Morgen ist es wiederum die Hoffnung, die uns dazu motiviert, aufzustehen und unser Leben fortzuführen: Hoffnung, dass unser Streben nach Glück am Ende Früchte tragen wird; Hoffnung, dass wir unsere Schwierigkeiten und die Hindernisse überwinden können. Und falls wir andere, konkretere Ziele in unserem Leben haben, ist es wiederum die Hoffnung, die uns weiter nach diesen Zielen streben lässt. Unsere Existenz wird also in großem Umfang von der Hoffnung am Leben erhalten."

Vor diesem Hintergrund wollte ich wissen: „Könnten Sie mir sagen, wie Sie angesichts der Tibetfrage, die bis zum heutigen Tag völlig ungelöst ist, persönlich ein Gefühl der Hoffnung aufrechterhalten können?"

„Ja. Wir haben bereits über den Ansatz gesprochen, eine umfassendere Perspektive einzunehmen. Und auch in Bezug auf die Tibetfrage kann dies eine nützliche Strategie sein, ein Gefühl der Hoffnung bewahren zu können. Denn je enger die eigene Sichtweise, desto hoffnungsloser kann einem die Lage erscheinen. Wenn wir die Tibetfrage nur in eingeschränktem Kontext betrachten und uns lediglich die neuesten Entwicklungen und die gegenwärtige Lage anschauen, dann haben wir uns über 50 Jahre lang erfolglos abgemüht.

Wenn wir aber unsere Perspektive erweitern und die Situation aus einer globalen Sicht betrachten, dann gibt es berechtigten Anlass zur Hoffnung. Schließlich befindet sich die gesamte Welt in einem Veränderungsprozess, und es gibt keinen Grund, warum ausgerechnet China hier eine Ausnahme machen sollte. Wer hätte es vor einigen Jahrzehnten gewagt, den Zusammenbruch der Sowjetunion vorherzusagen? Und de facto ist das heutige China bereits ein ganz anderes Land als noch vor zwanzig Jahren. Wenn wir im Fall von Tibet nur die chinesische Politik und Taktiken der jüngeren Vergangenheit betrachten, dann könnte man tatsächlich meinen, dass es keinen Grund mehr zur Hoffnung gäbe. In einer weiter gefassten Perspektive lässt sich aber feststellen, dass auch innerhalb der chinesischen Gesellschaft Veränderungen stattfinden, besonders bei den einfachen Leuten, die anfangen, ein größeres Interesse an der tibetischen Kultur und dem tibetischen Buddhismus zu zeigen. Unter den Chinesen wächst die Anzahl derer, die den Tibetern große Sympathie entgegenbringen und die tibetische Sache unterstützen. An diesem konkreten Beispiel lässt sich also auch erkennen, dass die Aussichten auf Hoffnung umso besser sind, je umfassender unsere Perspektive ist.

Selbst im Hinblick auf die groß angelegten Umsiedlungsprogramme von Han-Chinesen nach Tibet, die bei vielen Tibetern ernsthafte Befürchtungen auslösen, dass das tibetische Volk in unserem eigenen Land zu einer unbedeutenden Minderheit degradiert werden könnte, ist ein Kurswechsel vorstellbar: Falls die chinesische Regierung ihre Förderprogramme für Han-Chinesen einstellt, ist es durchaus möglich, dass keine weiteren Han-Chinesen nach Tibet zuwandern und viele der jetzigen chinesischen Einwohner in Tibet sich sogar dazu entschließen, wieder in ihre eigene Heimat zurückzukehren, weil die dortigen klimatischen Bedingungen für sie viel geeigneter sind als das raue tibetische Höhenklima. Es ist also alles möglich.“

Ich versuchte, mir die innere Kraft und das enorme Zielbewusstsein vorzustellen, derer es wohl bedurfte, um nach Jahrzehnten erfolgloser Verhandlungen mit den Chinesen die Hoffnung weiter aufrechterhalten zu können. „Gab es neben der Entwicklung dieser weiter gefassten Perspektive noch andere Faktoren, die Ihnen dabei geholfen haben, Ihre Hoffnung nicht zu verlieren?“, fragte ich.

„Dieser Ansatz hat mir sehr geholfen, die Hoffnung aufrechtzuerhalten“, antwortete er. „In meinem persönlichen Fall spielen wahrscheinlich noch andere Faktoren eine Rolle. Zunächst einmal finde ich in meiner buddhistischen Praxis Zuflucht und Schutz. Da gibt es beispielsweise einen Vers aus den buddhistischen Texten, den ich jeden Tag rezitiere und der eine Quelle großer Kraft für mich ist und mich davor bewahrt, die Hoffnung zu verlieren …“

„Sie meinen Ihren Lieblingsvers von Shantideva?“

„Ja, genau“, sagte er. Und dann sprach er die vier Zeilen dieses Verses mit einer Lebendigkeit und Frische, als ob er sie zum ersten Mal rezitierte: *„So lange der Raum besteht, Und so lange es Lebewesen gibt, So lang möchte auch ich hierbleiben, Um das Leid in der Welt zu vertreiben.* Dieser Vers hilft mir, meinen Standpunkt zu verlagern und jegliches Problem aus einem viel umfassenderen Kontext zu betrachten. Wenn wir uns die Situation also vor dem unendlich weiten Hintergrund der Zeit ansehen und uns bewusst machen, dass Wandel unausweichlich ist und dass die Vergänglichkeit ein integraler Bestandteil des Lebens ist, kann man erkennen, dass wirklich alles möglich ist.

Das ist gewiss ein überwiegend buddhistischer Ansatz“, räumte er ein. „Sie dürfen nicht vergessen, dass einer der Gründe, warum Verse wie dieser von Shantideva so kraftvoll und inspirierend für mich sind, der ist, dass ein komplettes Glaubens- und Überzeugungssystem dahintersteht, wenn ich solch einen Vers rezitiere. Das umfasst den Glauben an die Wiedergeburt, die Vorstellung von unendlich vielen Leben, dass jedes Lebewesen schon einmal meine eigene Mutter gewesen ist und andere Überzeugungen.

Im Allgemeinen glaube ich, dass die Tatsache, einer bestimmten Religion anzugehören, auch einen großen Einfluss darauf haban kann, ob man in der Lage ist, mit Schwierigkeiten fertig zu werden. Alle großen Weltreligionen leisten hier einen bedeutenden Beitrag. Jede Religion tut dies mit ihren eigenen Übungen und Überzeugungen, die den Gläubigen innere Kraft verleihen und sie davor bewahren, in Hoffnungslosigkeit oder Verzweiflung abzusinken, wenn man sich den Problemen der Welt gegenübersieht. Es kann allerdings sein, dass solche Ideen und Vorstellungen von Nichtgläubigen nur schwer nachvollzogen werden können."

„Eure Heiligkeit, es gibt in der Tat umfangreiche wissenschaftliche Beweise, die Ihre Aussage über die Religion untermauern und auf die Vorteile hinweisen, die religiöser Glaube bei der Steigerung des allgemeinen Glücksgefühls, bei der Bewältigung von Lebensschwierigkeiten oder beim Verarbeiten traumatischer Ereignisse mit sich bringt. Das ist auch ein Thema, auf das ich zu einem späteren Zeitpunkt zurückkommen möchte, um es tiefergehend mit Ihnen auszuloten. Im Augenblick möchte ich aber zunächst an eher weltlichen Strategien festhalten.

Ich frage mich also ... Sie haben erwähnt, wie die Rezitation dieses Verses von Shantideva Ihnen dabei hilft, eine breitere und längerfristige Perspektive einzunehmen, dass aber ein komplettes buddhistisches Glaubenssystem dahintersteht. Ich bin jedoch der Meinung, dass es auch aus weltlicher Sicht und ohne Rückgriff auf irgendein Glaubenssystem möglich sein sollte, den Wert einer umfassenderen und langfristigeren Perspektive wertzuschätzen."

Ich dachte einen Moment lang nach und wurde dann genauer: „Ich frage mich also, ob es noch andere Wege gibt, eine umfassende Sichtweise einzunehmen, ohne auf unendliche Zeitalter und unzählige Wiedergeburten zurückgreifen zu müssen ... Ich versuche gerade, ein konkretes Beispiel zu finden, das die Aufrechterhaltung der Hoffnung illustrieren könnte."

Plötzlich kam mir ein Gedanke in den Sinn: „Wie wäre es hiermit? Nehmen wir an, jemand arbeitet verzweifelt an einer schwierigen Aufgabe, die beinahe unlösbar ist, beispielsweise ein Wissenschaftler oder eine Wissenschaftlerin, die versucht, einen Impfstoff gegen eine bestimmte Krankheit zu entwickeln, was sich aber als so komplex darstellt, dass eine Lösung als völlig aussichtslos erscheint. Statt sich von der Unwahrscheinlichkeit, den Impfstoff tatsächlich entwickeln zu können, überwältigen zu lassen, denkt sie aber: ‚Ja, diese Aufgabe ist äußerst schwierig und verzwickt, und vermutlich werde ich das nicht alleine schaffen. Wenn ich aber nur einen kleinen Beitrag zu leisten vermag, dann können vielleicht andere Forscher auf meinen Erkenntnissen aufbauen und dem Ziel näher kommen.‘ Wenn diese Person die Lage aus dieser Perspektive betrachtet, dann sieht das unter Umständen gar nicht mehr so hoffnungslos aus. Diese Forscherin kann dann die Hoffnung aufrechterhalten, dass der Impfstoff eines Tages doch noch gefunden wird. Könnte solch eine Argumentation als Ersatz für die Vorstellung von vielen Wiedergeburten und unendlichen Zeitaltern dienen?“

„Das stimmt! Das stimmt! Sehr gut!“, rief der Dalai Lama aus. „Das ist ein sehr gutes Beispiel. Denn wenn wir die geschichtliche Entwicklung der modernen Wissenschaften bis in die Gegenwart hinein betrachten, können wir die Auswirkungen der Beiträge erkennen, die von verschiedenen Wissenschaftlern zu unterschiedlichen Zeiten und aus unterschiedlichen Forschungsrichtungen geleistet wurden. Irgendjemand hat etwas angefangen, und später hat jemand anderes darauf aufgebaut. Dann kam ein weiterer Forscher und hat das dann weiterentwickelt, usw. Allein im letzten Jahrhundert hat sich die Wissenschaft auf eine Art und Weise entwickelt, die für die frühen wissenschaftlichen Pioniere selbst in ihren kühnsten Träumen unvorstellbar gewesen wäre!

Howard, ich denke, dass sich diese Ideen ergänzen. Ihre Argumentation kann helfen, eine Langzeitperspektive einzunehmen, die für die Aufrechterhaltung von Hoffnung förderlich ist, besonders wenn es um gesellschaftliche Probleme oder um langfristige Ziele geht.“

„Können Sie sich noch irgendwelche anderen Faktoren oder Strategien vorstellen, die die Hoffnung unterstützen; andere Wege zum Umgang mit Problemen, die uns Kraft und Zuversicht geben weiterzumachen, ohne in Entmutigung oder Hoffnungslosigkeit zu verfallen?"

„Hm, andere Faktoren ...", wiederholte er leise. „Wissen Sie, Howard, um beim Verfolgen eines hohen Ziels unsere Entschlossenheit und Hoffnung aufrechtzuerhalten, ist es meiner Meinung nach im Allgemeinen von *entscheidender Bedeutung, sich über den Wert des Ziels im Klaren zu sein, wie wertvoll es also ist, das Ziel zu erlangen. Das ist ein wichtiger Aspekt.* Wenn wir den Wert unseres Ziels erkannt haben und sehen, dass das Wohlergehen anderer Menschen oder der Gesellschaft davon abhängt, wird das unsere Entschlossenheit festigen, das Ziel zu verfolgen. Selbst wenn dann Schwierigkeiten auftreten, wird allein der Gedanke an den Wert des gesteckten Ziels schon hilfreich sein, die Hoffnung aufrechtzuerhalten und den Mut nicht zu verlieren. Auch wenn Sie mit einem äußerst schwierigen Problem ringen, wird Ihnen der Gedanke, dass die nachfolgenden Generationen Ihrer Familie oder Freunde einen Nutzen von Ihren Anstrengungen haben werden, dabei helfen, sich weiterhin anzustrengen und nicht einfach aufzugeben. *In diesem Fall ist es dann nicht mehr so wichtig, ob Sie das Ziel in diesem Leben erlangen können oder nicht.* Wenn wir uns beispielsweise große spirituelle Meister wie Buddha oder Jesus Christus betrachten, können wir erkennen, dass die Aufgaben, die sie sich vorgenommen haben, nicht nur auf ihre eigene Lebenszeit beschränkt waren."

Ich fragte nach: „Steht diese Idee von einem ‚wertvollen Ziel' in einem Zusammenhang mit einem höheren Lebenssinn oder Lebensziel?"

„Ja, da kann es einen Zusammenhang geben", antwortete er. „Obwohl ich hier besonders von der Notwendigkeit sprach, den Wert eines gesteckten Ziels zu würdigen, ist es aber auch so, dass der Mensch Kraft und Widerstandsfähigkeit gegenüber Missgeschicken und Schwierigkeiten gewinnen kann, wenn er einen Sinn in seinem Leben sieht, der den engen Rahmen persönlicher Belange übersteigt. Wenn also unsere Zielsetzung mit einem größeren Sinn oder höheren Zweck in Verbindung steht, kann das einen großen Einfluss auf die Verstärkung unserer Entschlossenheit ausüben."

Für die meisten Beobachter der gegenwärtigen Lage in Tibet mag der Traum des Dalai Lama von echter Autonomie und Freiheit für sein Volk weltfremd erscheinen, selbst wenn sich dieser Traum gar nicht auf die vollständige Unabhängigkeit Tibets richtet. Es scheint unvorstellbar, dass die chinesische Führung plötzlich eine vollständige Kehrtwendung macht, die Scharen der Han-Chinesen eindämmt, die nach Tibet strömen, und ihren offensichtlichen Plan aufgibt, die tibetische Bevölkerung im eigenen Land zu einer bedeutungslosen Minderheit herabzusetzen.

Dennoch hat sich der Dalai Lama in den letzten 50 Jahren unermüdlich dafür eingesetzt, für die Menschen in Tibet mehr Freiheit und Menschenrechte zu erreichen, und wann immer möglich, hat er in diesem Anliegen Appelle an die Weltöffentlichkeit gerichtet. Und seit mehr als einem halben Jahrhundert ist er in diesem Anliegen gescheitert. Wohin der Dalai Lama auch geht und mit wem er sich auch trifft – sobald seine Anwesenheit irgendwo auf der Welt bekannt wird, reicht die chinesische Regierung offizielle Protestnoten und inoffizielle Beschwerden ein, um die Politiker und Würdenträger, die sich mit ihm treffen wollen, einzuschüchtern und unter Druck zu setzen. Die chinesische Führung hat dieses Verhaltensmuster immer wieder mit der gleichen rücksichtslosen Stumpfsinnigkeit abgespult, dass man darüber verzweifeln könnte. Über 50 Jahre lang. (Mit ähnlich dumpfer Einfallslosigkeit reagierte die chinesische Führung Ende 2010 auch auf die Verleihung des Friedensnobelpreises an den in China inhaftierten Dissidenten Liu Xiaobo.) Doch der Dalai Lama gibt die Hoffnung nicht auf.

Es steht außer Zweifel, dass der Dalai Lama auch die *Regeln der Hoffnung* beherrscht, und während unseres Gesprächs an diesem Morgen legte er dar, wie das geht. Er zog die Lage in Tibet als Beispiel heran, um zu zeigen, wie sein „realistischer Ansatz" bei der Entwicklung von Hoffnung hilft. Die allgemeine Strategie oder Haupttechnik, die wir in dieser Woche gemeinsam untersuchten, besteht darin, eine Situation mit einer umfassenderen Perspektive und aus unterschiedlichen Standpunkten zu betrachten. Wie bereits erörtert, hat diese Strategie weitreichende Auswirkungen darauf, wie wir positive Emotionen – also auch Hoffnung – entwickeln können, negative Emotionen verringern und ganz allgemein besser mit den Schwierigkeiten des Lebens zurechtkommen können. In der wissenschaftlichen Literatur wird diese Strategie manchmal auch als *Umdeutung* oder *positive Neubewertung* bezeichnet.

Als der Dalai Lama darlegte, wie er diese Methode auf die tibetische Lage anwendet, begann er damit, die Situation anhand von zwei Parametern umfassender zu betrachten, nämlich Zeit und Raum. Mit einem weiter gefassten zeitlichen Bezugsrahmen betrachtete er die Situation auf langfristige Sicht hin. Und mit einem weiter gefassten „räumlichen" Bezugsrahmen betrachtete er die Situation nicht nur vom Standpunkt der lokalen Bedingungen und Umstände, sondern aus einer umfassenden globalen Perspektive, indem er auch die Veränderungen mit in Betracht zog, die sich auf der ganzen Welt ereignen.

Als sich unsere Diskussion in dieser Woche weiter entfaltete, zeigte der Dalai Lama noch zusätzliche Möglichkeiten auf, wie wir „realistischer" und mit einer weiter gefassten Perspektive an Probleme herangehen können. In diesem Gespräch hatte er aber einen der wichtigsten Wege aufgezeigt, wie wir ein Problem oder eine nachteilige Situation umdeuten bzw. positiv neubewerten können, indem wir einen größeren Sinn oder höheren Zweck mit der Situation verknüpfen. Je mehr „unsere Zielsetzung mit einem größeren Sinn oder höheren Zweck in Verbindung steht", desto leichter wird es uns fallen, aus diesem Ziel Kraft zu ziehen und unsere Entschlossenheit zu verstärken, die Hürden des Lebens zu überwinden.

Wir haben bereits erwähnt, wie positive Emotionen uns helfen können, mit schwierigen Lebenssituationen umzugehen, indem sie als Gegenmittel gegen die Stressreaktionen wirken, die mit negativen Emotionen wie Angst oder Hass einhergehen. Die wissenschaftlichen Beweise zu diesem Themenbereich zusammenfassend, stellt Barbara Fredrickson fest: „Positive Emotionen haben einen direkten Einfluss darauf, dass schwierige Situationen besser bewältigt werden. Positive Emotionen ermöglichen uns, in Problemen einen positiven Sinn zu erkennen und eine umfassendere Sicht auf diese Probleme einzunehmen." Nach Durchsicht des Datenmaterials aus ihren eigenen Experimenten und den Experimenten von anderen Forschern kam sie zu folgendem Schluss: „Positiven Sinn zu finden ist in Krisenzeiten vielleicht der effektivste Ansatzpunkt für die Entwicklung von positiven Emotionen."

Traditionellerweise ist der eigene spirituelle oder religiöse Glaube einer der geläufigsten Wege, um Sinn zu finden. In unserem Gespräch hat der Dalai Lama ganz offen darüber gesprochen, wie sein buddhistischer Glaube und seine buddhistische Praxis ihm helfen, mit schwierigen Lebenssituationen zurechtzukommen. In Schwierigkeiten und Missgeschicken positiven Sinn zu finden, verbessert aber nicht nur die positiven Emotionen im Allgemeinen, sondern stärkt auch im Besonderen das positive Gefühl der Hoffnung, über das wir jetzt sprechen. In der Tat ist im Verlauf der Menschheitsgeschichte der positive Sinn, den die Gläubigen aus ihrer religiösen Überzeugung zogen, wahrscheinlich die stärkste Quelle der Hoffnung gewesen, aus der unzählige Menschen Stärke, Inspiration und Mut geschöpft haben.

Positiver Sinn und höherer Zweck stellen zweifellos eine der verlässlichsten Quellen menschlichen Glücks dar, stärken die Hoffnung und helfen dem einzelnen Menschen, Missgeschicke, Leiden, Tragödien und die dunkelsten Zeiten des Lebens durchzustehen. Wie wir gesehen haben, können religiöse Überzeugungen unserem Leben Sinn und Ziel verleihen. Neben der Religion gibt es aber auch noch andere Wege, wie man zu einem höheren Sinn finden kann. Stoßen wir beim Verfolgen unserer Ziele auf widrige Umstände und Hindernisse, können wir, entsprechend dem Ratschlag des Dalai Lama, unsere Hoffnung und Durchhaltekraft dadurch vergrößern, dass wir uns an den Wert und den größeren Nutzen unseres Ziels für uns und für das Glück und Wohlergehen anderer erinnern. Im Grunde genommen ist dies eine wirksame Methode, die sowohl von Gläubigen als auch von Nichtgläubigen angewandt werden kann, um positiven Sinn zu finden und die Hoffnung zu stärken.

In Bezug auf die Studien, die von ihr und anderen Forschern durchgeführt worden sind, stellte Barbara Fredrickson fest: „Man kann im alltäglichen Leben – mit oder ohne Religion – dadurch positiven Sinn finden, indem man nachteilige Ereignisse umdeutet und in einem positiven Licht sieht, gewöhnlichen Ereignissen einen positiven Wert verleiht und realistische Ziele verfolgt." Es ist wichtig, sich realistische Ziele zu setzen: Im weiteren Verlauf unseres Gesprächs wurde klar, wie der praktische Ratschlag des Dalai Lama auch in diesem Punkt mit den neuesten wissenschaftlichen Ergebnissen harmoniert.

„Eure Heiligkeit“, fuhr ich fort, „ich denke, Sie haben einige gute und praktische Ratschläge gegeben, wie wir Probleme besser meistern können, ohne uns von ihnen überwältigen zu lassen. Ich frage mich nun, ob es noch andere Faktoren gibt, die uns beim Verfolgen der Ziele in unserem Leben unterstützen und uns davor bewahren können, entmutigt zu werden, sobald wir auf Hindernisse stoßen.“

„Ja, da gibt es einen weiteren Punkt. Wir haben bereits über die Zweckmäßigkeit einer realistischen Haltung gesprochen. Wenn wir uns auf den Weg machen, um ein bestimmtes Ziel zu erreichen, ist es meines Erachtens ebenfalls wichtig, zu überprüfen, wie realistisch und erreichbar dieses Ziel ist, um zu erkennen, ob wir das Ziel überhaupt erreichen können oder nicht. Wie gut wir am Anfang vorbereitet sind, kann einen großen Einfluss auf unseren Erfolg haben. Shantideva sagt in seinem *Bodhicaryavatara*, dass wir, bevor wir ein neues Projekt beginnen, zuerst genau untersuchen sollten, ob wir dazu auch in der Lage sind. Wir sollten uns nicht unüberlegt und vorschnell in das Projekt stürzen. Ich denke, dass es unsere Hoffnung und Entschlusskraft stärken kann, wenn wir uns darüber bewusst sind, dass unser Ziel auch tatsächlich erreichbar ist.“

Für einen Augenblick wurde ich von meinem Kassettenrekorder abgelenkt und verlor den Faden. „Eure Heiligkeit, über einen Punkt bin ich mir nicht ganz im Klaren. Sie haben erwähnt, dass wir die Hoffnung dadurch aufrechterhalten können, wenn wir uns mit fester Entschlossenheit auf unser Ziel konzentrieren, ausgehend von der Erkenntnis, dass die Erlangung dieses Ziels wertvoll und wichtig ist und dass dabei keine Rolle spielt, ob wir das Ziel im jetzigen Leben erlangen können oder nicht. Und nun sprechen Sie von der Notwendigkeit, sich ein realistisches Ziel zu setzen, das wir auch tatsächlich erreichen können. Es sieht in gewisser Weise so aus, als ob …“

Er wartete nicht, bis ich meinen Gedanken zu Ende geführt hatte und ging dann auf meinen Einwand ein: „Grundsätzlich reden wir hier über zwei verschiedene Dinge – die globale Ebene und die individuelle Ebene. Auf globaler Ebene ist es durchaus sinnvoll, größere gesellschaftliche und andere Probleme anzupacken, auch wenn deren Lösung im jetzigen Leben oder im Verlauf einer einzigen Generation nicht erreicht werden kann. Doch auf persönlicher Ebene und im Hinblick auf unsere individuellen Bedürfnisse sollten unsere Ziele pragmatisch und erreichbar sein. Da gibt es keinen Widerspruch. Das sind zwei unterschiedliche Bezugsrahmen."

Nachdem er diesen Punkt geklärt hatte, fuhr er fort: „Eine realistische Haltung zu entwickeln beinhaltet natürlich nicht nur, dass wir herausfinden, ob unser Ziel erreichbar ist oder nicht, sondern auch eine Einschätzung der möglichen Herausforderungen, die uns auf dem Weg zu unserem Ziel begegnen können. Wenn also gleich zu Beginn ein klares Bewusstsein davon da ist, dass einige Ziele leichter und andere schwieriger zu erreichen sind, und wenn man sich dieses Unterschieds bewusst ist und ihn akzeptiert, dann fällt es einem leichter, die Tatsache zu akzeptieren, dass beim Verfolgen eines schwierigen Ziels natürlich Probleme auftauchen werden. Wenn man sich also dieser Tatsache bewusst ist, dann ist man viel besser darauf vorbereitet, mit Missgeschicken und Schwierigkeiten umzugehen, und es besteht dann ein geringeres Risiko, die Hoffnung zu verlieren. Wenn man aber gleich zu Beginn die Tatsache ignoriert, dass Hindernisse auftreten werden, dann verliert man schnell die Hoffnung und reagiert auf übertriebene Weise, selbst wenn man nur auf ein winziges Hindernis stößt."

Der Dalai Lama betrachtet Hoffnung als eine unverzichtbare Größe, die uns hilft, unsere Anstrengungen auch dann aufrechtzuerhalten, wenn wir in unserem Leben Hindernissen begegnen und Rückschläge erleiden. Hoffnung unterstützt uns dabei, für die Herausforderungen des Lebens geeignete Lösungen zu finden. Diese Sichtweise wird von vielen wissenschaftlichen Studien bekräftigt. Aufgrund ihrer herausragenden Bedeutung ist die Hoffnung von Forschern auf dem Gebiet der positiven Psychologie mit großem Interesse untersucht worden. Dabei wird die Hoffnung von den meisten Wissenschaftlern als positive Emotion eingestuft, obwohl hier kein allgemeiner Konsens herrscht, und einige Forscher betrachten sie eher als gedanklichen Prozess oder als Charaktereigenschaft. Doch unabhängig davon, wie wir die Hoffnung als solche klassifizieren, besteht kein Zweifel daran, dass sie wesentlich dazu beitragen kann, in einer verunsicherten Welt zurechtzukommen. Darüber hinaus kann die Hoffnung als positive Emotion einen direkten Beitrag zum persönlichen „Gesamtglück" leisten, wie die anderen positiven Emotionen im Allgemeinen auch. Als wäre dies nicht genug, belegen verschiedene Untersuchungen, dass die Hoffnung mit einer Reihe von Vorteilen für unsere körperliche und geistige Gesundheit einhergeht. Die Hoffnung wird mit besseren akademischen und sportlichen Leistungen bei Studenten in Verbindung gebracht, und hoffnungsvolle Erwachsene haben beständigere Beziehungen, mehr Erfolg am Arbeitsplatz und die Wahrscheinlichkeit, dass sie ihre Ziele erreichen, ist höher.

Angesichts der vielen Vorteile, die die Hoffnung mit sich bringt, ist es nicht verwunderlich, dass innerhalb der vergangenen ein oder zwei Jahrzehnten viele neue Theorien über das Wesen der Hoffnung entwickelt wurden und darüber, wie sich die Hoffnung stärken lässt. Einige dieser Theorien haben ein beachtliches Maß an Aufmerksamkeit auf sich gezogen, viele wurden wieder fallen gelassen. Doch ein Psychologe, Charles Richard Snyder von der Universität von Kansas, hat sich auf diesem Forschungsgebiet besonders hervorgetan und für unser Verständnis der Hoffnung einen wichtigen Beitrag geleistet. Vor Snyders Hoffnungstheorie war man allgemein der Auffassung gewesen, dass Hoffnung eine Art undifferenzierter Wunsch oder ein diffuses Gefühl sei, gesteckte Ziele auch erreichen zu können. Snyder beschrieb die Hoffnung dann als einen zielorientierten Denkprozess, der aus zwei Komponenten besteht, die gemeinsam zusammenarbeiten, nämlich *pathways thinking* (Wege-Denken bzw. Auswegsdenken) und *agency thinking* (Handlungsdenken). Wege-Denken heißt, dass man über eine Strategie verfügt, wie man die gesteckten Ziele zu erreichen gedenkt. Handlungsdenken beinhaltet den Willen oder die Motivation, diese Strategie auch auszuführen. Snyder ist der Überzeugung, dass beide Denkweisen vorhanden sein müssen, damit wir die Hoffnung aufrechterhalten können und dass sie sich beide gegenseitig unterstützen und bekräftigen.

Wenn wir den Ansatz des Dalai Lama zur Entwicklung und Kultivierung von Hoffnung noch einmal aus der Perspektive von Snyders Theorie betrachten, können wir unschwer feststellen, dass die Methode des Dalai Lama sowohl Wege-Denken als auch Handlungsdenken beinhaltet. Erfolgreiches Handlungsdenken ist unsere Entschlossenheit, die gesteckten Ziele zu erreichen und beinhaltet die Motivation, uns zunächst auf den Weg zu machen und auch dann fortzufahren, wenn Schwierigkeiten auftauchen. Wenn unsere Hoffnung ins Wanken gerät, schlägt der Dalai Lama als Möglichkeit zur Stärkung unserer Leistungskraft und Entschlossenheit vor, ganz bewusst über den Wert und die Wichtigkeit unseres Ziels nachzudenken, da es „unsere Entschlossenheit festigen wird, das Ziel zu verfolgen, wenn wir den Wert des Ziels erkannt haben." Im Grunde genommen ist dies eine Methode, unser Handlungsdenken zu steigern und unsere Motivation und Zielstrebigkeit zu stärken.

Der Dalai Lama plädiert dafür, realistische Erwartungen zu haben und uns unserer Fähigkeiten bewusst zu sein, wenn wir uns praxistaugliche und erreichbare Ziele setzen und schon im Voraus mögliche Hindernisse in Betracht ziehen: Das ist für das Wege-Denken förderlich. Wege-Denken bedeutet, dass wir ein Gespür dafür haben, dass es einen klar umrissenen und gangbaren Weg gibt, unsere Ziele zu erreichen. Es scheint daher plausibel, dass der „realistische Ansatz" des Dalai Lama zum Erreichen von Zielen das Wege-Denken unterstützt und somit ebenfalls unsere Hoffnung stärkt. Während übrigens hoffnungsvollen Menschen gern blinder Optimismus und zu hoch gesteckte Erwartungen unterstellt werden, scheint genau das Gegenteil der Fall zu sein: Untersuchungen haben gezeigt, dass hoffnungsvolle Menschen in der Tat oft sehr realistisch sind.

Wege-Denken geht auch mit dem grundlegenden Gefühl einher, dass wir die Fähigkeit haben, uns neue Wege zum Erreichen unserer Ziele auszudenken, selbst wenn Hindernisse auftreten, dass wir also immer einen Weg finden können, das Problem zu lösen und an unser Ziel zu gelangen. Je kreativer wir also sind, desto größer ist unsere Fähigkeit, Probleme zu lösen und über umso mehr Selbstvertrauen und Zuversicht werden wir verfügen, Wege zu finden, unsere Schwierigkeiten zu überwinden und unsere Ziele zu erreichen. Der Ansatz des Dalai Lama kann dazu beitragen, auch diesen Aspekt des Wege-Denkens zu verbessern. Wie wir zuvor gesehen haben, beinhaltet der realistische Ansatz des Dalai Lama zur Problembewältigung, dass wir die Lage aus einer weiteren Perspektive betrachten. Das führt zu einer Verstärkung positiver Emotionen, die wiederum umfassenderes Denken fördert, so dass eine Aufwärtsspirale entsteht, in der umfassenderes Denken und die positiven Emotionen sich gegenseitig verstärken.

Es gibt umfangreiches Beweismaterial dafür, dass die Verstärkung von positiven Emotionen durch diese Aufwärtsspirale mit einer umfassenderen und erweiterten Mentalität einhergeht, die dem einzelnen Menschen hilft, Probleme auf neue und originelle Weise zu sehen, was zu einer „Erweiterung" des Handlungsspielraums führt und neue „Wege" eröffnet, mit den Dingen umzugehen und die gesteckten Ziele zu erreichen. Ein Experiment veranschaulicht dieses Prinzip besonders schön. In diesem klassischen Kreativitätsexperiment erhält die Versuchsperson vom Forscher eine Streichholzschachtel mit einer Kerze, Streichhölzern und Reißzwecken. Die Versuchsperson wird dann gebeten, die Kerze so an der Wand zu befestigen, dass beim Abbrennen der Kerze kein Wachs auf Tisch oder Boden herabtropfen kann. Dieses Problem kann gelöst werden, indem die Versuchsperson die Schachtel leert, mit den Reißnägeln an der Wand befestigt und dann die Kerze draufstellt. Dazu ist „erweitertes" Denken notwendig, das die Schachtel auf neuartige Weise als „Kerzenständer" sieht und nicht nur als Behälter. Untersuchungen haben gezeigt, dass sich die Wahrscheinlichkeit, die Lösung zu finden, erhöht, wenn man vor dem Experiment die Stimmung der Versuchsperson hebt oder positive Gefühle in ihr auslöst. Die aus den positiven Emotionen resultierende gesteigerte Kreativität und Fähigkeit zu Problemlösungen verbessert also das Wege-Denken, lässt uns neue Wege finden, unsere Ziele zu erreichen, und dies stärkt unsere Hoffnung – selbst unter schwierigen Bedingungen.

Bis hierher schien es also eine homogene und beinahe elegante Übereinstimmung zwischen der Sichtweise des Dalai Lama und den neuesten wissenschaftlichen Theorien und Forschungsergebnissen zu geben – eine Übereinstimung, die sich fortsetzen sollte, als er seine Erläuterungen über die Hoffnung fortführte.

Der Dalai Lama fuhr fort: „Ein äußerst wichtiger Faktor zur Aufrechterhaltung von Hoffnung im Allgemeinen ist es, eine optimistische Haltung einzunehmen. Wenn wir gleich zu Beginn eine pessimistische Haltung haben, dann kommt dies wirklichem Versagen gleich, da wir dann die Einstellung haben, dass nichts funktionieren wird."

Ich fragte ihn: „Sehen Sie sich als optimistische Person, besonders im Hinblick auf die Schwierigkeiten, denen das tibetische Volk ausgesetzt ist und angesichts all der Nöte unserer Welt?"

„Oh ja, gewiss", antwortete der Dalai Lama mit einem Lächeln.

Ich fragte weiter: „Nun, Eure Heiligkeit, Sie sind fest davon überzeugt, dass es am besten ist, jede Situation realistisch zu betrachten. Und realistisch betrachtet sind viele Situationen manchmal ziemlich trostlos. Ist es dann nicht töricht, wenn wir dies dann mit einer optimistischen Haltung betrachten?"

„Nicht zwangsläufig", kam seine Antwort. „Optimismus bedeutet nicht, dass wir blind sind und die tatsächliche Realität der Situation nicht sehen. Optimismus bedeutet vielmehr, dass wir uns stets eine positive Haltung bewahren, sodass wir motiviert bleiben, für jedes Problem eine Lösung zu finden. Optimismus bedeutet zu erkennen, dass jede Situation viele unterschiedliche Aspekte aufweist, und dass wir ein Problem nicht nur vom Standpunkt des Problems aus betrachten und lediglich die negativen Aspekte wahrnehmen, sondern auch nach positiven Aspekten und eventuellen Vorteilen Ausschau halten. Somit betrachten wir die gleiche Situation unter dem Aspekt von möglichen positiven Ergebnissen."

„Hm, ich frage mich, ob Sie noch weitere Beispiele haben, wie man ein Problem hinsichtlich möglicher Vorteile oder positiver Ergebnisse betrachten könnte, etwas konkretere Beispiele."

„Beispiele, Beispiele, Beispiele!", rief er und lachte gutmütig. „Howard, Sie wollen immer noch mehr Beispiele!"

Wegen des offensichtlichen Wohlwollens, das stets in seinem ungekünstelten und herzensguten Lachen präsent ist, kann mich seine behutsame Schelte niemals beleidigen. Und jetzt verleitete mich diese Schelte selbst zu einem Lachen, das beinahe zu einem Kichern ausartete. Zudem hatte er Recht. Dennoch fühlte ich mich ein wenig in der Defensive und entgegnete: „Nun, Beispiele sind immer sehr hilfreich, wenn es darum geht, wie wir die verschiedenen Prinzipien oder Techniken, die Sie zur Sprache bringen, auch tatsächlich anwenden können. Und davon abgesehen …"

Es war nicht notwendig, den Satz zu Ende zu führen.

„Einverstanden", sagte er rasch nachgebend und entgegenkommend. „Mehr Beispiele …"

Gerade als der Dalai Lama fortfahren wollte, erlitt er plötzlich einen kurzen Hustenanfall. Einige Wochen zuvor hatte ich ihn in Europa getroffen, wo er sich eine Halsentzündung und einen zeitweilig auftretenden Husten zugezogen hatte. Obwohl er medizinisch bestens versorgt war und gerade begonnen hatte, Antibiotika einzunehmen, konnte ich mir nicht helfen und machte mir aufgrund der Hartnäckigkeit seiner Symptome Sorgen. Trotz fortgeschrittenen Alters konnten nur äußerst ernste und schwächende Krankheiten ihn dazu veranlassen, seinen zur Gänze ausgefüllten Termin-, Reise- und Lehrplan einzuschränken. Ich griff in meine Tasche und holte ein Bonbon hervor, das ich ihm anbot.

Er sagte „Dankeschön!" und fing plötzlich an zu lachen, nachdem er das Bonbon in den Mund gesteckt hatte. „Hier hätten Sie ein kleines Beispiel: Im Augenblick habe ich diesen kratzigen, entzündeten Hals, ein kleines Problem. Das ist negativ. Doch wenn wir genauer hinsehen, können wir immer auch andere Blickwinkel finden. Von einem anderen, positiven Standpunkt aus betrachtet, hat mir dieser Husten gerade auch etwas *Gutes* gebracht, eine kleine Süßigkeit von einem Freund, einen Moment gemeinsamen Teilens! Das ist überhaupt nicht schlecht. Es geht also darum, mich daran zu erinnern, dass es trotz dieses Problems immer noch positive Dinge in meinem Leben gibt.

Wir haben also darüber gesprochen, dass eine enge Sichtweise unser Gefühl von Hoffnungslosigkeit und andere negative Gefühle verstärken und unser Leiden vergrößern kann. Wenn wir unsere Sorge zu sehr auf uns selbst beschränken und uns nur um uns selbst drehen, kann uns das behindern, Probleme verursachen und unsere Leiden aufbauschen. Meine Halsentzündung stellt kein eigentliches Problem dar. Konzentriere ich mich aber zu sehr auf mich selbst und denke ständig ‚Ach, was ist diese Entzündung doch für ein Problem! Und dieser Husten ist wirklich ärgerlich! Warum muss ich mich bloß damit herumplagen?', dann führt das lediglich dazu, die Situation zu übertreiben, und dann wird wirklich ein Problem daraus. Wenn sich unsere Sichtweise derart einengt, dass wir unsere ganze Aufmerksamkeit nur auf das eine Problem oder tragische Ereignis legen, dann können wir davon überwältigt werden, selbst wenn es sich in Wirklichkeit um ein überwindbares Problem handelt.

Das lässt sich aber verhindern. Wenn wir unsere Perspektive erweitern, dient das als Gegenmittel gegen solch eine eingeengte Perspektive, und es gibt mehrere Möglichkeiten, dies zu erreichen. Eine Möglichkeit ist die Gegenüberstellung: wenn wir unsere eigene Situation mit der Lage von Menschen vergleichen, denen es nicht so gut geht wie uns. Allein das kann oft schon viel bewirken, zumindest wenn es darum geht, mit unseren persönlichen Problemen zurechtzukommen. Denn hierdurch werden die Dinge in ein realistischeres Licht gerückt. Wenn ich also an dieser Halsentzündung und starkem, lästigem Husten leide, kann ich zum Beispiel daran denken, dass es jetzt in diesem Moment viele Menschen auf dieser Welt gibt, denen es noch viel schlechter geht als mir und die wirkliche Leiden und Schmerzen zu erdulden haben, und im Vergleich dazu ist dieses kleine Problem nichts. Eine andere Möglichkeit ist es, eine Langzeitperspektive einzunehmen und zu erkennen, dass dieses Problem nur vorübergehender Natur ist und bald vorbei sein wird, selbst wenn es unangenehm und lästig ist.

Und indem ich mich daran erinnere, dass Probleme und Leiden zwangsläufig immer wieder entstehen, kann ich das von einem anderen Standpunkt aus betrachten und erkennen, dass ich mit Sicherheit eine ganz bestimmte Anzahl von Halsentzündungen haben werde, solange ich diesen Körper hier habe", sagte er und klatschte sich mit einer Hand auf den anderen Arm. „So sieht die Realität aus.

All das entspricht der Wirklichkeit! Sehen Sie, wenn eine Krise eintritt und man die tragischen Ereignisse betrachtet, ohne das Gesamtbild aus den Augen zu verlieren, dann wird man die folgende einfache Wahrheit erkennen: ‚Ja, mein Problem ist immer noch vorhanden. Nein, das ist überhaupt nicht wünschenswert. Aber dennoch ist das nur ein Teil meines Lebens, und genau genommen sogar nur ein kleiner Teil.' Diese Art zu Denken wird einem helfen, besser mit der Situation zurechtzukommen und sich erfolgreicher mit dem Problem auseinanderzusetzen."

„Ich denke, Ihr Beispiel mit dem Husten und den Halsschmerzen ist wirklich eine gute Veranschaulichung für diese Methode, nach positiven Blickwinkeln zu suchen", sagte ich. „Auf der Suche nach weiteren Möglichkeiten, unsere Schwierigkeiten zu betrachten ..."

Der Dalai Lama schien jetzt so richtig in Schwung zu kommen, beugte sich nach vorn, als ob seine wachsende Begeisterung ihn vorwärtstriebe, und fuhr fort: „Ein anderes Beispiel: Wir können uns daran erinnern, dass man nicht der einzige Mensch ist, der mit widrigen Umständen und schwierigen Lebenssituationen fertig werden muss. Wenn wir es mit Problemen zu tun haben, herrscht da manchmal ein Gefühl, als ob wir gezielt für dieses Unglück ausgesucht worden wären. Das ist eine Art von einengender Sichtweise. Es ist, als ob unsere Welt zusammenschrumpfte, und wir fühlen uns alleine und isoliert. Wenn wir uns aber daran erinnern, dass es auch andere Menschen gibt, die Ähnliches erlitten haben oder jetzt gerade durchzustehen haben, dass wir also nicht alleine sind, und wenn wir vielleicht unsere Hände ausstrecken und diese Menschen um Unterstützung bitten, dann kann das meiner Meinung nach sehr hilfreich sein.

Ganz unabhängig davon, mit *welcher Art* von Schwierigkeit wir es zu tun haben, sind wir immer auch Teil einer Gesellschaft oder Gemeinschaft – es sei denn, wir leben als Einsiedler in einer Höhle. Wir können also gezielt unsere Sichtweise erweitern und uns der Tatsache bewusst werden, dass wir Teil einer Gesellschaft sind. Wenn wir uns daran erinnern und dieses Verständnis zu einem Bestandteil unseres grundlegenden Bewusstseins werden lassen, sehen wir, dass wir in schwierigen Zeiten auch auf die Ressourcen einer Gemeinschaft oder Gesellschaft zurückgreifen können. Wenn wir aktiv danach suchen, dann gibt es immer einen gewissen Schutz, Trost und Beistand. Es gibt vielleicht Menschen oder Institutionen, die uns helfen können, über die wir vielleicht noch gar nichts wissen, von denen wir aber erfahren können. Wir sind nicht isoliert. So kann es viele verschiedene Möglichkeiten geben, sich dessen bewusst zu werden.

Nun, *hier wären Ihre Beispiele!*" Er lachte und setzte die Pointe mit einem Schwung der Hand und einer fast theatralischen Ausschmückung hin, als sei er ein Magier, der gerade ein Kaninchen aus seinem Hut hervorgezaubert hatte.

Seine Argumente waren in der Tat beeindruckend und übten eine tiefgründige und unmittelbare Überzeugungskraft aus. Als ich sie später aus wissenschaftlicher Sicht untersuchte und dabei wissenschaftliche Beweise für seine Ansichten fand, wurden seine Argumente sogar überwältigend. Da gab es aber noch einen Punkt, der in meinen Augen einer Klärung bedurfte.

Ich sagte: „Ich stimme vollkommen mit Ihnen überein, dass die Kultivierung der Haltungen und Sichtweisen, über die Sie gerade gesprochen haben, uns helfen kann, mit widrigen Umständen und den Schwierigkeiten des Lebens zurechtzukommen. Und wie gewöhnlich stimmen Ihre Vorschläge auch mit unserem gesunden Menschenverstand überein. Ich bin mir aber nicht sicher, ob es wirklich wirksam ist, wenn wir uns in einer Krisensituation oder bei der Bewältigung einer schwierigen Lebenslage die Realität dieser Situation ansehen, um sie aus einer umfassenderen Perspektive zu betrachten. Schließlich haben Sie in der Vergangenheit darüber gesprochen, wie sich unsere Perspektive einengt, wenn wir starke Gefühle der Angst oder des Hasses erleben. Im Grunde genommen sieht es so aus, dass wir in solchen Momenten gar nicht die *Fähigkeit* dazu haben, die Dinge aus einer umfassenderen Perspektive zu sehen, um die Wirklichkeit der Situation ganzheitlicher zu untersuchen und unterschiedliche Standpunkte einzunehmen."

„Das ist richtig", erwiderte er. „Daher ist es notwendig, dass wir bereits im Voraus immer wieder über diese Dinge nachdenken und uns über einen längeren Zeitraum hinweg mit solchen Denkweisen vertraut machen. Wir müssen tief auf solche Sichtweisen reflektieren und sie verfestigen, so dass sie Teil unserer grundlegenden Haltung werden. Dann werden diese Haltungen und ganzheitlichen Sichtweisen völlig natürlich entstehen, sobald Probleme auftauchen."

Der Dalai Lama schaute auf seine Uhr, und mir wurde klar, dass sich unsere Zeit dem Ende näherte.

„Ich weiß, dass wir langsam zum Schluss kommen müssen. Haben Sie aber, bevor wir zum Ende kommen, noch andere Ideen, wie wir Schwierigkeiten meistern können?"

„Ja“, antwortete er. „Es ist wichtig, eine Vielzahl von Ansätzen zur Verfügung zu haben, die wir dafür einsetzen können, mit unserer Umwelt und mit den Problemen des täglichen Lebens zurechtzukommen. Wenn Sie zum Beispiel irgendwo leben, wo ständig um Sie herum Bomben in die Luft gehen, dann ist es nicht die beste Strategie zur Bewältigung der Lage, wenn Sie die Situation aus einer umfassenderen Perspektive analysieren oder nach unterschiedlichen Standpunkten Ausschau halten.“ Er lachte kurz. „In diesem Fall wäre es besser, wenn Sie wegrennen und sich schnell in Deckung bringen!

Dann noch etwas … Obwohl unser Hauptansatz zur Bewältigung von schwierigen Situationen darin besteht, dass wir eine bestimmte Sichtweise oder Einstellung einnehmen und dass wir unsere inneren Ressourcen entwickeln und nutzbar machen, spielen hier meiner Meinung nach äußere Erfahrungen ebenfalls eine Rolle.“

„Könnten Sie etwas genauer erklären, wie äußere Erfahrungen unsere Fähigkeit verbessern können, mit schwierigen Situationen und Problemen zurechtzukommen oder uns dabei helfen, die negativen Emotionen in den Griff zu bekommen?“

„Ja. Aber ich denke wir sollten hier für heute Schluss machen. Wir werden das morgen fortsetzen.“

Vor einiger Zeit habe ich einen Workshop über *Die Regeln des Glücks* durchgeführt, in dem ich die Teilnehmer gebeten habe, eine Übung zur positiven Neubewertung von widrigen Umständen oder schlimmen Ereignissen durchzuführen. Die Übung beinhaltete, dass sich die Teilnehmer eine schwierige Erfahrung oder leidvolle Zeit aussuchen sollten, die sie in der Vergangenheit erlebt hatten. Nachdem die Teilnehmer ihre Erfahrungen schriftlich formuliert hatten, bat ich sie, das Erlebte umzudeuten und positiv neuzubewerten, die gemachte Erfahrung von unterschiedlichen Standpunkten aus zu betrachten und dann niederzuschreiben, welche Vorteile oder positiven Resultate – direkt oder indirekt – daraus entstanden sind.

Dafür hatte ich Fragen vorgeschlagen wie: „Konnte ich aus dieser Erfahrung etwas Nützliches über mich, über andere oder über das

Leben lernen? Habe ich aufgrund dieser Erfahrung irgendjemanden getroffen, der dann in meinem Leben eine wichtige Rolle gespielt hat? Bin ich an dieser Erfahrung in irgendeiner Weise gereift? Führte die Erfahrung zu heilsamen Veränderungen, die ohne diese Erfahrung nicht eingetreten wären? Hat mir diese Erfahrung letzten Endes neue Türen oder neue Chancen eröffnet?"

Ich hatte die Teilnehmerzahl dieses Workshops bewusst klein gehalten, damit alle die Gelegenheit hätten, sich über ihre Erfahrungen mit den anderen auszutauschen, falls sie das wollten. Im zweiten Teil dieser Übung wurden die Teilnehmer eingeladen, ihre Erfahrungen der Gruppe vorzutragen. Wir saßen in einem Kreis und fingen bei Joseph an, einem gut gekleideten, intelligenten und sprachgewandten Gentleman in den Sechzigern.

„Ich weiß einfach nicht, was ich sagen soll", fing Joseph an. „Mir ist sofort eine schmerzliche Situation in den Sinn gekommen: Meine Tochter ist vor vier Jahren an Leukämie gestorben. Ich habe jetzt lange überlegt und kann einfach nichts Positives am Tod meiner Tochter finden. Und ich kann mir überhaupt nichts Gutes vorstellen, das aus diesem traurigen Ereignis entstanden sein soll und nichts, das ich daraus gelernt hätte, außer Schmerzen. Es gibt keine vorteilhaften oder positiven Veränderungen, die direkt oder indirekt daraus entstanden wären – es war einfach nur schlimm." Der Ton in seiner Stimme war nicht übermäßig anklagend oder verärgert. Seine Augen und sein Körperausdruck vermittelten überwiegend Müdigkeit und dumpfe Leere und ein wenig ungeklärte Trauer und Bitterkeit. In seiner Stimme lag der unmissverständliche Tonfall eines Vaters, der seine Tochter über alles geliebt hat. Joseph erzählte dann weiter, dass er erst spät, mit über 50, Vater geworden war, so dass er, wie er oft gedacht hatte, seine Enkel wohl niemals sehen würde, dass ihm aber niemals der Gedanke gekommen sei, eines seiner beiden Kinder könnte vor ihm sterben.

Im Bewusstein, dass erlebtes Leiden manchmal derart groß und Tragödien so überwältigend sein können, dass es dem Betreffenden unmöglich ist, das Ereignis aus einer anderen Perspektive zu sehen, äußerten einige Seminarteilnehmer verständnisvolle Worte des Trostes und Mitgefühls. Dann gingen wir zum nächsten Teilnehmer über. Obwohl ich vorgeschlagen hatte, dass die Teilnehmer beim erstmaligen Ausführen dieser Übung mit etwas einfacheren und alltäglicheren Problemen anfangen sollten, um dann zu schwierigeren Problemen überzugehen, hatten andere Gruppenmitglieder an diesem Nachmittag ebenfalls die größten Herausforderungen in ihren Leben ausgewählt: bewegende Geschichten vom Überleben mit Krebs, vom Umgang mit dem schmerzhaften Tod von geliebten Menschen, von Insolvenzfällen nach einem Leben voll harter Arbeit etc. Letztendlich aber konnten alle auch etwas Gutes anführen, ganz nach dem Prinzip: „Eine Tür schließt sich, eine andere Tür öffnet sich". Als die letzte Teilnehmerin ihre Geschichte erzählt hatte und wir im Begriff waren, weiterzugehen, hob Joseph die Hand und bat darum, noch ein paar Worte sagen zu dürfen.

„Ich würde gerne noch etwas zu dem, was ich vorhin gesagt habe, hinzufügen. Ich habe jetzt all diesen Erzählungen zugehört und mir dabei meine Gedanken gemacht. Und je mehr ich über den Tod meiner Tochter nachgedacht habe, konnte ich schließlich, trotz all des Schmerzes, doch an zwei Vorteile denken, die daraus entstanden sind. Zum Ersten hat mich diese Erfahrung in gewisser Weise stärker gemacht …"

„Auf welche Weise?", fragte ich nach.

„Nun, der Tod meines Kindes war für mich das Schlimmste, das ich mir vorstellen konnte. Diese schlimme Erfahrung durchstanden und überlebt zu haben, gibt mir eine Art innerer Kraft und Gewissheit, dass ich jetzt mit *allem* fertig werden kann, da ich ja auch das Allerschlimmste, das ich mir überhauptvorstellen konnte, bewältigt habe. Es gibt nun nichts mehr, wovor ich Angst haben müsste. Denn wie schlimm die Dinge auch werden mögen, weiß ich, dass ich Schlimmeres überstanden habe.

Darüber hinaus denke ich, dass der Tod meiner Tochter dazu geführt hat, dass ich meine jüngere Tochter jetzt noch mehr liebe. Mir ist bewusst geworden, was für ein Geschenk sie täglich für mich ist und dass ich sie nicht als Selbstverständlichkeit ansehen darf. So kann ich ein besserer Vater für sie sein. Ich denke, das ist letztendlich eine Veränderung, die auch positiv zu sehen ist."

Im Verlauf unseres Gespräches hat der Dalai Lama seinem Rezept, wie wir mit den Schwierigkeiten des Lebens zurechtkommen und in unserer verunsicherten Welt zu Glück finden können, eine weitere Zutat hinzugefügt: den *Optimismus*. Er sagt, dass es eine enge Verbindung zwischen Optimismus und Hoffnung gibt: Je optimistischer wir sind, desto wahrscheinlicher ist es, dass wir in schwierigen Zeiten unsere Hoffnung aufrechterhalten können. Die meisten Wissenschaftler stufen Optimismus als eine positive Emotion ein, in dieselbe Familie der positiven Emotionen wie die Hoffnung, da beide auf die „Zukunft“ ausgerichtet sind und eine allgemeine Erwartung von positiven Ergebnissen in der Zukunft aufweisen. Optimismus ist eine der am besten erforschten positiven Emotionen. Wissenschaftliche Studien belegen, dass dem Optimismus eine bedeutende Rolle bei der Bewältigung jeglicher Schwierigkeiten und Probleme zukommt, von kleineren alltäglichen Ärgernissen über Verluste bis hin zu schweren Traumata und Katastrophen. Wie bei den anderen positiven Gefühlen auch, gehen mit Optimismus zahlreiche Vorteile zur Verbesserung unseres körperlichen, geistigen und gesellschaftlichen Wohlergehens einher. Optimismus steht mit einer besseren gesundheitlichen Verfassung, einem längeren Leben, dauerhafteren Ehen und mehr Erfolg in der Schule oder am Arbeitsplatz in Verbindung.

Die Methode des Dalai Lama zur Entwicklung eines stärkeren Optimismus beruht im Grunde auf dem gleichen Verfahren wie die Entwicklung von Hoffnung: negative Situationen und Ereignisse aus einer umfassenderen Perspektive betrachten, widrige Umstände von unterschiedlichen Standpunkten aus beleuchten usw. Im gegenwärtigen Gespräch führte er diesen Ansatz aber näher aus und erläuterte, dass diese Technik beinhalte, aktiv nach *positiven* Aspekten der gegebenen Situation Ausschau zu halten und nach möglichen Vorteilen oder positiven Ergebnissen zu suchen. Diese Technik wird in der modernen Psychologie als Umdeutung, *positive Neubewertung* oder Gewinnfindung bezeichnet.

Um dieses Technik und ihre Wirksamkeit besser zu verstehen, ist es hilfreich, zur ursprünglichen Prämisse des Dalai Lama zurückzukehren: „*Wie wir die Welt um uns herum und unsere Mitmenschen wahrnehmen und wie wir unsere Situation und das, was um uns herum geschieht, interpretieren, kann auf jeden Fall Auswirkungen darauf haben, wie wir auf unser Umfeld, unsere Umwelt und deren Probleme reagieren. Das ist eine grundlegende Geisteshaltung, die meiner*

Meinung nach einen direkten Bezug zu unserer Fähigkeit hat, Probleme zu bewältigen und Glück zu bewahren." Forschungen haben bestätigt, dass Optimismus vor allem eine Frage der Wahrnehmung und Interpretation unserer Situation, der schwierigen Ereignisse in unserem Leben, unserer Probleme, Misserfolge und Rückschläge ist. Es ist offensichtlich, dass Menschen dazu neigen, nach dem „Warum" zu fragen, wenn ihnen etwas Schlimmes widerfährt. Die Antwort auf diese Frage und die Beurteilung der Ursachen ist entscheidend dafür, wie man auf das schlimme Ereignis reagiert.

Einige der grundlegenden Forschungsarbeiten auf diesem Gebiet sind von Martin Seligman durchgeführt worden, einem der führenden Optimismus-Experten, der bereits zu Beginn seiner Karriere an der Universität von Pennsylvania ein großes Interesse an diesem Thema hatte. Seligman zeigte auf, dass der Unterschied zwischen Optimisten und Pessimisten auf ihren „Erklärungsstil" zurückzuführen ist, also auf die Art und Weise, wie sie die schlimmen Dinge, die ihnen zustoßen, erklären. Entsprechend diesen Forschungen, die von Seligman und anderen Wissenschaftlern durchgeführt worden sind, gibt es zwei ausschlaggebende Dimensionen im Erklärungsstil eines Menschen: die *Dauerhaftigkeit* und den *Geltungsbereich*. Wenn Pessimisten eine schlimme Situation erklären, neigen sie dazu, sie auf Ursachen und Bedingungen zurückzuführen, die *lange andauern* und auch *andere Bereiche* ihres Lebens beeinflussen und sich somit auf ihr ganzes Handeln auswirken werden. Wenn Optimisten ärgerliche Vorfälle oder Misserfolge erleben, dann werden die Dinge auf genau entgegengesetzte Weise wahrgenommen: Optimisten nehmen an, dass die zugrundeliegenden Ursachen lediglich *vorübergehender* Natur sind und sich nur auf diesen einen *besonderen Fall* beschränken. Erlebt also ein Pessimist einen Misserfolg, hat er zum Beispiel eine Prüfung nicht bestanden, dann schreibt er den Grund dafür vielleicht seinem angeborenen Mangel an Intelligenz oder einem grundsätzlichen Mangel an Lernfähigkeit zu und denkt: „Wahrscheinlich werde ich diese Klasse nicht bestehen und vielleicht sogar von der Schule fliegen!" Ein Optimist schreibt den Grund der nicht bestandenen Prüfung vielleicht der Tatsache zu, nicht genügend Zeit in die Vorbereitung gesteckt zu haben und denkt: „Ich habe diese Prüfung nicht bestanden. Das heißt jedoch nicht, dass ich auch durch andere Prüfungen fallen werde." Der Optimist sieht den Misserfolg lediglich als vorübergehenden Rückschlag und als Herausforderung, sich das nächste Mal mehr anzustrengen.

Da Optimismus und Pessimismus weitgehend eine Frage des Erklärungsstils sind, betrachten Psychologen heute Optimismus als etwas, das man erlernen kann: Wir können unsere gefühlsmäßigen Reaktionen auf eine Situationen dadurch verändern, wie wir diese Situation wahrnehmen oder interpretieren. Bei der Haupttechnik zur Entwicklung von Optimismus handelt es sich um ein klassisches kognitives Verfahren, und zahlreiche wissenschaftliche Beweise belegen ihre Wirksamkeit: Zunächst müssen wir unsere pessimistischen, negativen Gedanken und die darunterliegenden Grundannahmen erkennen; dann müssen wir diese Gedanken kritisch hinterfragen und uns mit ihnen auseinandersetzen, indem wir nach Hinweisen suchen, welche diese Gedankenmuster widerlegen, und nach alternativen Erklärungen, die optimistischer ausfallen.

Hier lässt sich erkennen, dass der Ansatz des Dalai Lama, mit einer verunsicherten Welt zurechtzukommen, mit Techniken übereinstimmt, die in der westlichen Psychologie weit verbreitet sind. Was der Dalai Lama „die Entwicklung einer realistischen Perspektive" oder „die Betrachtung der Lage aus einer umfassenderen Perspektive" nennt, sind in der Psychologie „kognitive Verfahren". Beide Ansätze beinhalten eine positive Neubewertung der Situation. Die Fähigkeit, eigene negative Erfahrungen umzudeuten, neu zu bewerten und aus einer umfassenderen Perspektive, einem positiveren Blickwinkel zu sehen, ist eine der Schlüsselstrategien zur Entwicklung von Hoffnung, Optimismus, Resilienz und einer Vielzahl von anderen positiven Emotionen. Die Essenz dieser Methode lässt sich zusammengefasst in einem einzigen Satz auf den Punkt bringen, indem wir uns die Frage stellen: „Wie kann ich dies auch anders sehen?" Diese Methode hat ein breites Spektrum an Anwendungsmöglichkeiten. Es gibt viele Möglichkeiten, wie wir auf widrige Umstände und Ereignisse reagieren können. Wir können beispielsweise mit Ärger, Wut, Eifersucht, Hass, extremer Angst oder Depressionen reagieren. Das alles sind destruktive Emotionen, die unser Glück untergraben können. Diese Methode kann in allen Situationen angewandt werden, die zu einer dieser negativen Emotionen Anlass geben. Sie kann uns dabei helfen, mit der Situation effektiver umzugehen, die negative Emotion zu bekämpfen und unser allgemeines Wohlbefinden zu steigern.

Wenn wir davon sprechen, widrige Umstände und Probleme aus positiveren Blickwinkeln zu betrachten und in negativen Situationen positive Aspekte zu finden, dann lässt sich allerdings ein weitverbreiteter Einwand anführen: Ist solch eine Methode nicht dasselbe wie ‚positives Denken', bei dem man sich die positiven Dinge aufzählt, immer nur die sonnigen Seiten sieht und die negativen Aspekte der Wirklichkeit ausblendet oder ignoriert? Handelt es sich hierbei nicht bloß um blinden oder exzessiven Optimismus, mit dem man sich letztendlich selbst in die Irre führt?

Wie bei anderen psychologischen Charakterzügen auch, so weisen Menschen in Bezug auf die gewöhnliche Stärke ihres Optimismus natürlich beträchtliche Unterschiede auf. Wenn Optimismus extrem wird, kann er unrealistisch werden und uns letzten Endes sogar in Schwierigkeiten bringen: wenn wir zum Beispiel Risiken unterschätzen, unsere Fähigkeiten übertreiben oder wenn wir ständig den anderen die Schuld für unsere Probleme zuschieben, selbst wenn diese Probleme durch unser eigenes Verhalten verursacht worden sind. Darüber hinaus belegen ältere Studien, dass Optimisten in der Tat dazu neigen, Informationen durch einen positiven Filter wahrzunehmen, wodurch positive Informationen leichter ins Bewusstsein vordringen, negative Informationen aber herausgefiltert werden. Diese Studien haben ebenfalls gezeigt, dass leicht depressive Menschen eher dazu neigen, die Wirklichkeit genauer wahrzunehmen.

An genau diesem Punkt sind die Erkenntnisse des Dalai Lama von entscheidender Bedeutung. Wie wir gesehen haben, baut der Ansatz des Dalai Lama auf „realistischem Denken" auf. Da wird sichergestellt, dass unsere Wahrnehmungen und Interpretationen von Ereignissen immer auf der Wirklichkeit beruhen. Somit verfügt der „realistische Ansatz" des Dalai Lama über einen Sicherungsmechanismus, der Gefahren vermeidet, die mit einem exzessiven, blinden oder unrealistischen Optimismus einhergehen.

Oberflächlich betrachtet hat es manchmal den Anschein, dass es unmöglich ist, bestimmte Situationen aus einer positiven Perspektive zu sehen. Doch wie das Beispiel von Joseph zeigt, gibt es immer die Möglichkeit, Probleme auf optimistische Weise wahrzunehmen, ohne dabei die Wirklichkeit zu verleugnen – wenn wir sorgfältig genug nachforschen. Schließlich ist aufgrund der relativen Beschaffenheit aller Dinge stets mehr als nur eine einzige Sichtweise auf irgendetwas möglich. Es liegt daher an uns, den positiven Aspekten einer Erfahrung größere Aufmerksamkeit zu schenken und eine Haltung zu entwickeln, die auf Dankbarkeit für die guten Dinge im Leben beruht, ohne aber die Wirklichkeit zu verleugnen. Da wir nicht wirklich wissen, was die Zukunft bringt und keiner von uns die Zukunft voraussagen kann, können wir uns dazu entscheiden, eine optimistische Haltung einzunehmen, ohne die Realität hintanzusetzen. Und selbst wenn die Wirklichkeit einer Situation äußerst negativ ist, können wir *dennoch* eine Perspektive einnehmen, die Probleme als Herausforderung betrachtet und sich an Problemlösungen orientiert. So können wir unsere Ziele verfolgen und gleichzeitig nach Gelegenheiten Ausschau halten, vorteilhafte Veränderungen zu bewirken.

Interessanterweise belegen aktuelle Forschungsergebnisse, dass die meisten Optimisten der Beschreibung des Dalai Lama von einem „realistischen Optimisten“ sehr nahe kommen. Trotz der weitverbreiteten Auffassung, dass Optimisten mehr als Pessimisten in ihrer eigenen Phantasiewelt leben, und trotz der Hinweise aus älteren Studien, dass leicht depressive Menschen die Wirklichkeit genauer wahrnehmen, gibt es immer mehr Beweise, die solch eine Sichtweise widerlegen und darauf hindeuten, dass Pessimisten einer größeren Gefahr unterliegen, sich selber in die Irre zu führen und an der Wirklichkeit vorbeizuzielen.

In der Tat gibt es umfangreiche Studien, die belegen, dass Optimisten besser als Pessimisten dazu in der Lage sind, schwierige Situationen zu meistern und weniger unter Hilflosigkeit leiden. Untersuchungen haben gezeigt, dass Optimisten über aktivere Problemlösungsstrategien verfügen und sich auch von großen Problemen nicht entmutigen lassen, wohingegen Pessimisten eher dazu neigen, der Situation auszuweichen oder das Problem zu ignorieren. Man hat herausgefunden, dass Optimisten flexibler in ihren Lösungsfindungen sind und eher dazu neigen, die Situation im Verlauf ihrer Bemühungen in Übereinstimmung mit der Realität neu zu beurteilen. Und wenn die Situation unkontrollierbar oder unlösbar ist, bemühen sich Optimisten gemeinhin, die Wirklichkeit der belastenden Ereignisse zu akzeptieren, was aber keine stoische Resignation oder fatalistische Kapitulation ist, sondern vielmehr ein Versuch, die Realität als solche zu akzeptieren und in die eigene Weltanschauung oder Lebensauffassung zu integrieren, um dann zu versuchen, die schlimme Situation mithilfe kognitiver Verfahren in bestmöglichem Licht zu sehen und selbst aus Missgeschicken etwas zu lernen.

Der Optimismus ist, wie alle anderen positiven Emotionen auch, ein facettenreicher Geisteszustand, und unsere Fähigkeit zur Entwicklung von Optimismus wird bestimmt durch unsere Veranlagung, Erziehung, Lebenserfahrung und die Fähigkeit, die eigenen Gefühle zu steuern. Eins ist jedoch klar: Unabhängig von unserer Veranlagung und Lebenserfahrung kann Optimismus gezielt entwickelt und kultiviert werden, indem wir uns darum bemühen und indem wir, wie der Dalai Lama empfiehlt, unsere grundlegende Lebensauffassung bei Bedarf umgestalten.

Resilienz

Im Alter von über 75 Jahren kann der Dalai Lama auf ein wahrhaft außergewöhnliches Leben zurückblicken, das von plötzlichen und heftigen Schicksalsschlägen gekennzeichnet ist. Entbehrungen, Enttäuschungen und Misserfolge sind ihm nicht fremd.

Im Alter von zwei Jahren lebte er mit seiner Familie in einem kleinen tibetischen Dorf, das aus etwa 20 Familien bestand und sich in einer abgelegenen Gegend befand, weit weg von der Hauptstadt Lhasa. Der arme Bauernhof seiner Familie baute Gerste, Buchweizen und Kartoffeln an. Der kleine Junge schlief nachts am Holzofen in der Küche und tapste tagsüber im Hof zwischen Hühnern und Dzomos (einer Kreuzung zwischen Yak und Hausrind) umher.

Nachdem er von einer Suchkommission als Reinkarnation des im Jahre 1933 verstorbenen 13. Dalai Lama anerkannt worden war, wurde er nach Lhasa gebracht, wo sein lebenslanges Studium des Buddhismus begann. Nach seiner feierlichen Inthronisation im Alter von fünf Jahren war aus diesem kleinen Jungen, der den Namen

Lhamo Döndrub trug, Jetsun Jamphel Ngawang Lobsan Yeshe Tenzin Gyatso geworden, oberster Herrscher Tibets mit seiner reichen Geschichte und Tradition, und wurde allgemein hochgeschätzt und verehrt. Über die Rolle eines Königs hinaus wird er aber auch als die 14. Reinkarnation der Dalai Lamas angesehen, einer Tradition, die 600 Jahre zurückreicht und als Verkörperung von Chenresig angesehen wird, dem Bodhisattva des Mitgefühls und der Schutzgottheit Tibets. Wann immer er sich aus dem prächtigen Potala herauswagte, dem Winterpalast der Dalai Lamas mit über eintausend Zimmern, war er von einer großen Gefolgschaft umgeben. Wohin immer er wollte, wurde er in einer prunkvollen Sänfte gebracht, getragen von acht eindrucksvoll gekleideten Dienern und mit einem Gefolge von über hundert Menschen. Die ganze Stadt strömte dann zusammen, um einen Blick auf ihn erhaschen zu können. Die Menschen verstummten vor Ehrfurcht, und viele hatten Tränen in den Augen, wenn sie sich vor ihm auf dem Boden der Länge nach niederwarfen.

Im Alter von 15 Jahren wurde dem Dalai Lama die volle politische Macht über sein Land übertragen. Er war aber für die schwierigen Aufgaben, die vor ihm lagen, nicht umfassend vorbereitet worden. Als ihm die Führung seines Landes in die Hände gelegt wurde, befand sich Tibet am Rande eines Krieges mit China, dem bevölkerungsreichsten Land der Erde, dessen kommunistische Truppen bereits in Tibet einmarschiert waren und großes Leid über die Bevölkerung gebracht hatten. Später sollten aber noch weitaus schlimmere Leiden über das Land hereinbrechen.

Im Alter von 24 Jahren sah sich der Dalai Lama schließlich gezwungen, verkleidet aus seinem geliebten Heimatland zu fliehen, und nur knapp konnte er den chinesischen Besatzern entkommen. Nach einem mehrwöchigen und strapaziösen Fußmarsch durch den Himalaya erreichte er schließlich auf dem Rücken eines Dzomo die Grenze zu Indien, fieberkrank, von Durchfällen heimgesucht und von heftigem Eisregen bis auf die Knochen durchnässt. Da er fast alles in Lhasa zurücklassen musste, kam er mit praktisch nichts in Indien an.

Knapp fünf Jahrzehnte später demonstrierten am 10. März 2008 tibetische Mönche in Tibet friedlich gegen Jahrzehnte der Unterdrückung und Tyrannei im eigenen Land durch die chinesischen Machthaber. Das war der 49. Jahrestag des niedergeschlagenen Aufstandes in Lhasa, der zu der Flucht des Dalai Lama nach Indien geführt hatte. Die Proteste der Mönche breiteten sich rasch über ganz Tibet aus, bis in benachbarte chinesische Provinzen hinein, die einen großen Anteil von Tibetern in der Bevölkerung aufweisen. Viele dieser Proteste gerieten bald außer Kontrolle. Die Antwort der Chinesen kam prompt und fiel brutal aus. Die Weltöffentlichkeit wurde innerhalb weniger Tage Zeuge der schwersten Unruhen, Gewalttaten, Plünderungen und Unterdrückungen in Tibet seit über 20 Jahren. Die chinesischen Truppen griffen mit Arresten und Massenverhaftungen hart durch. Zahlreiche Opfer waren zu beklagen, und Tibet wurde praktisch völlig von der Außenwelt abgeriegelt. Der Dalai Lama richtete sofort einen Appell an beide Seiten, die Gewaltanwendungen zu beenden, hielt während der ganzen Krise seine beständigen Ermahnungen zu Gewaltlosigkeit aufrecht und schrieb offene Briefe sowohl an die tibetische als auch chinesische Seite, in denen er zu gegenseitigem Verständnis aufrief, zur Beendigung der Gewalt und zu Mitgefühl – auch für die jeweiligen Feinde.

Die Regierungschefs mehrerer Länder richteten einen Appell an China, mit den Sondergesandten des Dalai Lama in Dialog zu treten, um die Spannungen abzubauen und um eine Lösung für das Problem herbeizuführen, woraufhin von den chinesischen Funktionären tatsächlich ein Treffen anberaumt wurde. Normalerweise wären solche Gesuche von der chinesischen Seite einfach ignoriert worden, aber diesmal waren die Chinesen sehr um eine positive Imagepflege bemüht, da die Olympischen Sommerspiele unmittelbar bevorstanden.

Nach den Olympischen Spielen in China traf ich den Dalai Lama im November 2008, um mit ihm über die Situation zu sprechen. Zu diesem Zeitpunkt hatte der Dalai Lama sein Vertrauen in die chinesische Führung als aufrichtigem Gesprächspartner verloren. Er spürte, dass die Lage äußerst ernst und gefährlich war, hatte aber keine Lösungsvorschläge mehr parat. Daher hatte er für diese Woche im indischen Dharamsala, dem Sitz der tibetischen Exilregierung, eine Sonderversammlung von Tibetern aus der ganzen Welt einberufen, um in einer Art Volksabstimmung über seinen „Mittleren Weg" abstimmen zu lassen und neue Lösungsvorschläge zu erörtern.

Bevor ich die persönlichen Reaktionen des Dalai Lama auf diese Ereignisse beschreibe, ist es wichtig, diese in den entsprechenden Zusammenhang zu setzen. Dafür ist ein kurzer Abriss der Geschichte der tibetisch-chinesischen Streitfrage seit 1959 hilfreich:

Nach einem erfolglosen Aufstand der Tibeter gegen die chinesische Invasion und Besetzung ihres Landes floh der Dalai Lama 1959 ins indische Exil, wohin ihm über 100 000 Tibeter folgten. In den folgenden Jahren und Jahrzehnten erlitten die Tibeter unsägliches Leid: Unzählige Tibeter wurden inhaftiert, gefoltert, getötet oder zu Tode gehungert. Tausende buddhistische Klöster wurden dem Erdboden gleichgemacht: Teil einer systematischen Strategie war, die Praxis und den Geist des Buddhismus in Tibet auszulöschen. Heute steht die tibetische Religion, Kultur, Sprache und Identität in Tibet kurz vor der Ausrottung, was einem „kulturellen Völkermord" gleichkommt. Das Programm der Regierung in Peking, in großem Umfang Han-Chinesen nach Tibet umzusiedeln, ist besonders besorgniserregend. Hier wird der Versuch unternommen, den Tibetern jegliche Gestaltungskraft zu nehmen und sie in ihrem eigenen Land auf die gleiche Weise zu einer Minderheit zu degradieren, wie die chinesische Führung dies bereits in der Inneren Mongolei getan hat, wo der Anteil der Mongolen an der Bevölkerung inzwischen weniger als 20 Prozent beträgt.

Der Dalai Lama hat 50 Jahre lang versucht, eine friedliche Lösung für das Tibet-Problem zu finden und sich immer wieder bemüht, in ernsthafte Verhandlungen mit den Chinesen zu treten. Seit 2002 haben acht Gesprächsrunden zwischen den Sondergesandten des Dalai Lama und Vertretern der chinesischen Führung stattgefunden. Im Exil hat der Dalai Lama mit seinem Ansatz des „Mittleren Weges" und dem 5-Punkte-Friedensplan Kompromisslösungen entwickelt, in denen er die Forderung nach vollständiger Unabhängigkeit aufgegeben hat zugunsten wirklicher Autonomie, Wahrung der Menschenrechte und Gewährung größerer Freiheiten für sein tibetisches Volk. Diesbezüglich wurden in keiner dieser Gesprächsrunden irgendwelche Fortschritte erzielt, und auf der Seite der Chinesen war noch nicht einmal ein ernsthafter Gesprächswillen erkennbar. Das letzte dieser Treffen fand nach den Aufständen im März 2008 und deren Niederschlagung statt. In dieser Gesprächsrunde wurde schließlich augenfällig, dass die Chinesen nicht in Treu und Glauben mit den Tibetern verhandelt hatten: Es wurden nicht nur keinerlei Fortschritte erzielt, sondern die Chinesen griffen wieder auf Verhandlungspositionen von vor 20 Jahren zurück und präsentierten dem Dalai Lama als Vorbedingungen für weitere Gespräche nahezu unmögliche Forderungen, beispielsweise offiziell anzuerkennen, dass Tibet schon immer Teil Chinas gewesen sei, was einfach nicht der Wirklichkeit entspricht und genau der Kernpunkt des Disputs ist.

Nach 50 Jahren unablässiger Bemühungen ist dem Dalai Lama und anderen Beteiligten klargeworden, dass in all den Jahren keinerlei Fortschritte mit der chinesischen Führung erzielt worden sind. Freilich hat es dafür bereits früher immer wieder deutliche Hinweise gegeben.

Nachdem China inzwischen zur zweitstärksten Wirtschaftsmacht der Welt aufgestiegen ist und Japan von diesem angestammtem Platz verdrängt hat, haben chinesische Funktionäre in jüngster Vergangenheit ihre gegen den Dalai Lama gerichtete Rhetorik auf bisher nie dagewesene Art und Weise verschärft, bezeichneten ihn als „Separatisten, Kriminellen, Verräter“ und ergingen sich in einem unaufhörlichen Strom an Verleumdungen, offensichtlichen Lügen und Verfälschungen, der manchmal durchaus irritierend sein kann, zumindest für Menschen, die den Dalai Lama näher kennen. Einige dieser Beleidigungen, die ihm an den Kopf geworfen werden, entbehren jedoch nicht einer gewissen Komik, und mein persönlicher Favorit ist diese: „Ein Wolf in Mönchsroben, ein Teufel mit dem Gesicht eines Menschen und dem Herzen einer Bestie!“ Dieses sprachliche Juwel stammt aus dem Mund des Vorsitzenden der Kommunistischen Partei der Autonomen Region Tibet.

Außerdem haben die Chinesen ihre Bemühungen intensiviert, den Dalai Lama in schlechten Ruf zu bringen und ihn ins Abseits zu drängen. Die Weltwirtschaft befindet sich immer noch in den Nachwehen einer schweren Finanzkrise, und China hat seine wirtschaftliche Macht genutzt, um jeden einzelnen Regierungschef und Regierungsvertreter, jede einzelne prominente Persönlichkeit oder Organisation massiv einzuschüchtern und unter Druck zu setzen, direkten Kontakt mit dem Dalai Lama zu vermeiden. Nachdem der Dalai Lama im September 2007 von der deutschen Bundeskanzlerin Angela Merkel im

Bundeskanzleramt empfangen worden war, wurde ein zweitägiges deutsch-chinesisches Rechtssymposium kurzfristig von der chinesischen Seite abgesetzt. Und nach dem Treffen des Dalai Lama mit dem französischen Präsidenten Nicolas Sarkozy im Jahr Dezember 2008 sagte China kurzerhand ein Gipfeltreffen mit der EU zur Finanzkrise ab. Im März 2009 schließlich verkündete Chinas Außenminister Yang Jiechi kühn, dass China jeglichen Kontakt des Dalai Lama mit ausländischen Staatschefs missbillige und es eine „grundlegende Leitlinie für internationale Beziehungen" mit der Volksrepublik sei, direkten Kontakt mit dem Dalai Lama zu meiden.

Nach dem Scheitern der tibetisch-chinesischen Gespräche im Jahr 2008 mehrten sich die Stimmen, dass die chinesische Regierung schon immer eine Hinhaltetaktik praktiziert hat und nur darauf wartet, dass der Dalai Lama stirbt, um eine gefügige Marionette an seine Stelle setzen zu können. Auch das ist wenig überraschend: In der Vergangenheit hat es bereits einige Hinweise auf diese Strategie gegeben.

Und in der Tat hat die chinesische Regierung in Vorbereitung hierauf bereits aktive Schritte unternommen. Einige Male grenzten diese Schritte ans Absurde, andere Male wurde diese Grenze deutlich überschritten, und man scheute sich nicht, selbst in bizarres Gebiet vorzudringen. Im Jahr 2007 beispielsweise erließ die streng atheistische und antireligiöse kommunistische Regierung in China einige äußerst ungewöhnliche Gesetze: So wurden vom „Nationalen Büro für Religiöse Angelegenheiten" (BRA, auf Englisch: SARA) die „Verwaltungsmaßnahmen für die Reinkarnation Lebender Buddhas des tibetischen Buddhismus" herausgegeben. Diese Gesetze verleihen der chinesischen Regierung die volle Kontrolle über das Auffinden von Reinkarnationen! Ja, noch mehr: Diese Gesetze legen fest, dass nur die chinesische Regierung einen verstorbenen Lama dazu ermächtigen kann, sich zu reinkarnieren! Das Gesetz gibt der Regierung auch das Recht, einem tibetisch-buddhistischen Lehrer die *Erlaubnis zu verweigern*, nach seinem Tod wiedergeboren zu werden! Diese Gesetze schreiben tatsächlich fest, dass nur die chinesische Regierung die alleinige Kontrolle über die Wiedergeburt von hohen buddhistischen Lamas hat und dass es keiner ausländischen Organisation und keinem einzelnen Individuum erlaubt ist, sich in die Auswahl von wiedergeborenen Lamas einzumischen. Das Gesetz legt ebenfalls fest, dass alle Reinkarnationen von tibetischen Lamas innerhalb der Volksrepublik China stattzufinden haben, und nicht im Ausland! Wie praktisch! Entsprechend tibetischer Tradition ist jeder Dalai Lama eine Reinkarnation der vorherigen Dalai Lamas. Nach dem Tod eines Dalai Lama wird dessen Wiedergeburt mithilfe von uralten Gebräuchen und Ritualen wiedergefunden – so war das zumindest bisher der Fall.

So viel zum Hintergrund meines Gesprächs mit dem Dalai Lama in seiner Residenz im November 2008. Nach Jahrzehnten des Misserfolgs, für die Tibetfrage eine friedliche Lösung zu finden, schienen die gewalttätigen Ereignisse vom März 2008 den Dalai Lama schwer zu belasten. Als ich anfing, ihn über die Aufstände im März und deren Niederschlagung zu befragen, vermittelten sein besorgter Gesichtsausdruck und die Müdigkeit in seiner Stimme einen Grad der Entmutigung, den ich in den mehr als 25 Jahren seit unserem ersten Treffen noch *nie* an ihm wahrgenommen habe.

„Nach den Ereignissen der Märzkrise habe ich wirklich ein Gefühl von Ohnmacht verspürt", erklärte er. Als ob er Schwierigkeiten hätte, die richtigen Worte zu finden, legte er eine Pause ein, um für einen Moment seine Gedanken zu sammeln, bevor er mit einem weicheren und leiseren Ton in seiner Stimme fortfuhr: „Ich hatte das gleiche Gefühl wie am 10. März 1959." Er verstummte wieder eine Weile und saß einige Momente wie in einen Tagtraum versunken da, bevor er weitersprach. „Damals hatten die tibetischen Menschen auch ihr Vertrauen und große Hoffnungen in mich gesetzt, und es gab nichts, das ich hätte tun können. Ich fühlte mich wirklich sehr traurig. Sehr, sehr traurig."

Ich war betroffen, am Anfang unseres Gesprächs zu sehen, wie überwältigt der Dalai Lama war. Über zwei Stunden lang sprachen wir dann über seine Reaktionen auf die neuesten Ereignisse in Tibet und über seine jahrelange Erfolglosigkeit, das Tibetproblem zu lösen. Als sich unser Gespräch entfaltete, wurde ich Zeuge eines bemerkenswerten Prozesses. Obwohl der Dalai Lama entmutigt und bekümmert war, antwortete er auf meine Frage, ob er seine Hoffnung verloren hätte, mit einem eindeutigen „Nein". Als Antwort auf meine Nachfrage führte er der Reihe nach viele Gründe auf, warum seine Ziele – die Ziele der tibetischen Menschen, wie er klarstellte, da er nur in ihrem Auftrag handle – letzten Endes ohne Gewalt erreicht werden können. Er erläuterte, dass die Ereignisse vom März 2008 dazu geführt hätten, dass er – vorerst zumindest – seinen Glauben an die chinesische Regierung und Führung als aufrichtige Verhandlungspartner verloren habe, wenn es darum gehe, eine für beide Seiten gewinnbringende Veränderung herbeizuführen. Dann fuhr er aber fort und betonte, dass sein Vertrauen und seine Zuversicht in die chinesische Bevölkerung stärker sei als je zuvor, und dass dies die Richtung sei, in die er nun Ausschau halte, um neue Hoffnung zu schöpfen. Bei mehr und mehr chinesischen Schriftstellern, Akademikern, Intellektuellen und anderen Angehörigen dieses Volkes sei zunehmendes Interesse an der tibetischen Sache und eine wachsende Solidarität mit den Tibetern zu verzeichnen. Er erwähnte, dass mehrere eindeutige Veränderungen in der Politik der chinesischen Führung in den letzten Jahrzehnten es immer wahrscheinlicher werden ließen, dass die kommunistische Herrschaft zu einem Ende kommen werde. Außerdem führte er andere Gründe an, die sowohl vom wissenschaftlichen Standpunkt als auch vom gesunden Menschenverstand unterstützt werden. Er erwähnte beispielsweise, dass der Fokus der chinesischen Regierung auf der Schaffung von Wohlstand und zunehmend kapitalistische Gepflogenheiten schließlich dazu führen würden, dass ein immer größer werdender Anteil der Bevölkerung zu größerem Wohlstand komme. Er wies darauf hin, dass ab einem bestimmten Punkt, wenn die grundlegenden Überlebensbedürfnisse erfüllt und ein gewisser Lebensstandard gesichert sind, Themen wie Freiheit, Demokratie und dergleichen einen immer größeren Stellenwert bekommen. Daraus resultierend würden sich unaufhaltsam Veränderungen ergeben.

Jedes einzelne seiner Argumente basierte nicht auf falschen Hoffnungen, sondern lag in der Wirklichkeit begründet und wurde auch von gesundem Menschenverstand unterstützt. Im Verlauf unserer Unterhaltung konnte ich eine Verwandlung in ihm wahrnehmen: Am Anfang war er bekümmert und entmutigt gewesen. Als ich ihm dann meine Fragen stellte und er seine Argumente anführte, wurde er immer angeregter, zuversichtlicher und optimistischer. Ich konnte deutlich seine innere Stärke und Entschlossenheit spüren und konnte unmittelbar erleben, wie sein Mut zurückkam, so dass er am Ende unseres Treffens zwar immer noch einen sehr betroffenen und besorgten Eindruck machte, jegliche Ohnmacht und Ängste aber verschwunden waren.

Während unseres Gesprächs an diesem Tag bin ich Zeuge eines anschaulichen Beispiels für Resilienz geworden.

Am nächsten Nachmittag nahmen wir unser Gespräch wieder auf, und ich begann: „Eure Heiligkeit, gestern haben wir an dem Punkt aufgehört, als Sie darüber gesprochen haben, dass unsere äußeren Erfahrungen eine Rolle dabei spielen können, wie wir mit widrigen Umständen umgehen …“

„Das ist richtig“, antwortete er.

„Könnten Sie das näher ausführen?“

„Nun, wenn wir innere Stärke entwickeln möchten, die uns auch in schwierigen Zeiten Kraft verleiht, dann brauchen wir unbedingt eine Art von Widerstandsfähigkeit oder Belastbarkeit, die Fähigkeit also, den Schwierigkeiten entgegenzutreten, ohne die Hoffnung zu verlieren oder überwältigt zu werden. Unsere Erfahrungen können uns dabei helfen, diese Resilienz zu entwickeln. Ich glaube, dass Menschen, die in der Vergangenheit harte Zeiten durchlebt haben, manchmal besser in der Lage sind, effektiv mit gegenwärtigen Problemen und widrigen Umständen umzugehen. Menschen in Europa beispielsweise, die erlebt haben, wie zwei Weltkriege in ihrer Heimat ausgefochten wurden, könnten bei erneuten schweren Krisen aufgrund ihrer Erfahrungen in der Vergangenheit denken: ‚Wir haben bereits andere Krisen durchstanden und überlebt‘, gleichzeitig aber auch die Ernsthaftigkeit der Situation anerkennen. In Gesellschaften hingegen, wo man bisher keine solchen Leiden durchgemacht hat, ist die Widerstandsfähigkeit der Menschen vielleicht schwächer. Diese Menschen sehen Schwierigkeiten und Leiden dann manchmal sogar als unerträglich an, jenseits ihrer Vorstellungskraft, und reagieren dann vielleicht übertrieben.

Dieses Prinzip, dass Notlagen helfen, unsere Resilienz zu stärken, funktioniert sowohl auf gesellschaftlicher als auch auf individueller Ebene. Das können wir zum Beispiel oft bei Kindern aus reichen Familien beobachten, die in angenehmer Umgebung aufwachsen und noch nie etwas Tragisches, Schwieriges oder Negatives erlebt haben. Da ihnen jegliche Unterstützung zuteil geworden ist, gehen sie oft mit einer Haltung durchs Leben: „Ich bin gesund, ich bin wohlhabend. Ich werde alles bekommen, was ich brauche", als ob ihnen im Leben niemals irgendwelche Probleme begegnen würden. Das ist eine Illusion. Das ist unrealistisch. Wenn dann Schwierigkeiten oder Probleme auftauchen, kann es sein, dass sie völlig überwältigt werden.

Wenn wir also Menschen betrachten, die viel Schweres erlebt haben, können wir im Allgemeinen feststellen, dass sie widerstandsfähiger und belastbarer sind. Die Resilienz, die Menschen als Ergebnis von durchlebten tragischen Ereignissen entwickeln, schafft eine gewisse Art von Stabilität und eine veränderte Haltung gegenüber schwierigen Umständen und Leiden. Wenn diese Menschen dann neue Schwierigkeiten oder Tragödien erleben, weisen sie eine höhere Bereitschaft zur Akzeptanz auf, so dass sie von den neuerlichen schwierigen Umständen nicht so stark in Mitleidenschaft gezogen werden. Diese Menschen verfügen über eine gewisse Kraft, eine Beständigkeit und Ruhe im Geist, was eine große Hilfe dabei sein kann, mit schwierigen Situationen zurechtzukommen."

„Eure Heiligkeit, ich denke, Sie haben einen wichtigen Punkt über die Funktion von harten Umständen bei der Entwicklung von Resilienz aufgegriffen. Wenn es aber um eine praktische Methode geht, wie wir Resilienz entwickeln können, also eine Technik, die wir praktisch umsetzen und uns darin üben können, dann bin ich mir nicht so sicher, wie hilfreich das ist. Denn schließlich werden wir nicht anfangen, uns gezielt in Notlagen zu begeben, auch wenn harte Umstände noch so hilfreich beim Aufbau von Resilienz sein mögen", entgegnete ich.

Der Dalai Lama schüttelte den Kopf. „Wir brauchen uns nicht gezielt in Notlagen zu begeben. Schwierige Situationen werden von ganz allein auf uns zukommen. Probleme ergeben sich zwangsläufig. So ist das Leben beschaffen. Dieser Prozess ist nichts, worin wir uns vorsätzlich üben müssten. Das ist ein natürlicher Prozess, der von selbst stattfindet."

„Als wir aber darüber gesprochen haben, eine gewisse Haltung oder Einstellung in Bezug auf Leiden und schwierige Umstände zu entwickeln, haben Sie öfters erwähnt, dass dies einen aktiveren Prozess des Lernens und Nachforschens beinhalten muss, ein Schärfen unseres Bewusstsein und ..."

„Hier reden wir jedoch von etwas anderem", stellte er klar. „In diesem Fall lassen sich Notlagen als die verschiedenen Hindernisse betrachten, die uns von alleine zustoßen werden. Und in gewisser Hinsicht wirken diese Hindernisse diametral unseren Anstrengungen entgegen, Glück zu erlangen und uns die Quellen des Glücks und der Zufriedenheit zu sichern. Doch es sind genau diese Widerstände, die unsere Stärke aufbauen. Dieses Gesetz des Widerstands und der gegensätzlichen Kräfte ist Bestandteil unserer natürlichen Welt. Wenn wir uns beispielsweise einen starken Körper wünschen, dann benötigen unsere Muskeln einen Widerstand, eine gegensätzliche Kraft, um stärker werden und wachsen zu können. Wir haben früher einmal darüber gesprochen, dass gegensätzliche Kräfte notwendig sind, um innerhalb unseres Körpers ein Gleichgewicht aufrechtzuerhalten, und dass gegensätzliche oder unsere Sichtweise hinterfragende Standpunkte zu neuen Ideen und neuem Wachstum führen können. Beim Aufbau unserer Resilienz findet ein vergleichbarer Prozess statt."

Er fasste zusammen: „Auf jeden Fall können wir von dieser Perspektive aus die Hindernisse, die uns im Leben zustoßen, von einem positiven Standpunkt aus betrachten: dass die Hindernisse nämlich einen potentiellen Nutzen haben und einen Beitrag zu größerer Resilienz und innerer Stärke leisten."

Der Dalai Lama legte eine kurze Pause ein, bevor er fortfuhr: „Das erinnert mich an einen spirituellen Leitgedanken in einer tibetischen Übungstradition, die als *Lojong* oder ‚Geistestraining' bekannt ist. Hier gibt es die Vorstellung, dass fortgeschrittenere Praktizierende auf dem spirituellen Weg nicht nur dazu imstande sind, widrige Umstände zu ertragen, sondern dass sie sogar dazu in der Lage sind, widrige Umstände und Schwierigkeiten kreativ in Chancen umzuwandeln."

„Könnten Sie genauer erklären, wie man das macht?"

„Nun, auch hier ist der Hauptansatz der, eine umfassendere Perspektive einzunehmen. Wenn wir also beispielsweise an einer Krankheit leiden, dann können wir – statt überwältigt und entmutigt zu sein und zu denken ‚Warum gerade ich?' – die Krankheit als Grundlage dafür benutzen, uns über die Dinge bewusst zu werden, die uns im Leben am Wichtigsten sind. Das Durchleben dieser Situation könnte helfen zu erkennen, was uns wirklich wichtig ist im Leben, im Gegensatz zu all den vielen Dingen, die soviel von unserer Zeit in Anspruch genommen haben und die uns so überaus wichtig erschienen sind, von denen wir jetzt aber sehen, wie unbedeutend sie eigentlich sind. Für einige Menschen könnte das auch eine Gelegenheit sein, ihr Mitgefühl für die Mitmenschen tiefer werden zu lassen."

Da fiel mir eine Begebenheit ein, die sich vor einigen Jahren zugetragen hatte: „Eure Heiligkeit, das erinnert mich an Ihre schwere Erkrankung, aufgrund derer Sie eine Kalachakra-Einweihung in Bodhgaya absagen mussten. Ich kenne die Einzelheiten nicht, aber ich habe gehört, dass Sie sich eine Art von Magen-Darm-Erkrankung zugezogen hatten. Haben Sie, als Sie unter dieser Krankheit litten, eine dieser Techniken angewandt? Könnten Sie mir ein wenig über die Details berichten, was sich damals ereignet hat?"

„Ja. Ich war damals gerade in Bodhgaya angekommen und hatte einige Tage Zeit, um mich auf die bevorstehende Kalachakra-Einweihung vorzubereiten. So nutzte ich die Gelegenheit und machte eine Pilgerfahrt nach Rajgir und Nalanda. Auf dem Rückweg fuhren wir durch Patna, und plötzlich bekam ich starke Schmerzen, hier …" Er zeigte auf eine Stelle an seinem Unterbauch und fuhr fort: „Die Schmerzen waren sehr intensiv und wurden immer stärker und brachten mich stark ins Schwitzen. Ich konnte nicht schlafen, konnte mich nicht hinlegen oder ausstrecken, sondern blieb immer in gekrümmter Haltung, ähnlich wie in, wie in …"

„Embryonalstellung?"

„Ja, Embryonalstellung. Wir fuhren also durch Patna, das im indischen Bundesstaat Bihar liegt. Dieser Bundesstaat ist sehr arm, einer der ärmsten Indiens. Da gibt es so viele arme Menschen, und ganz besonders sind mir die barfüßigen Kinder aufgefallen, Jungen und Mädchen, die ihre Schultaschen trugen und auf ihrem Weg Kuhdung als Brennmaterial aufsammelten. Und dann fiel mir ein Junge auf, etwa zehn Jahre alt, vielleicht auch jünger. Er trug metallene Spangen an beiden Beinen und Krücken unter den Armen – wegen Kinderlähmung, nehme ich an. Der war da einfach auf der Straße, und es sah so aus, als habe er niemanden, der sich um ihn kümmerte. Nicht weit davon weg sah ich dann an einer alten Hütte oder Teebude einen alten Mann, der auf dem Boden lag oder schlief. Von seinem Äußeren her – seinen langen, zotteligen Haaren, seinem Bart und seinen verschmutzten Kleidern – war es offensichtlich, dass sich niemand um diesen alten Mann kümmerte. Da überkam mich ein starkes Gefühl, eine Art von Hilflosigkeit und Trostlosigkeit. Ich hatte das starke Empfinden, dass ich diesen Menschen nicht helfen könne, und dass es so viele von ihnen gibt. Ich dachte, dass sich die Regierung dieses Bundesstaates mehr um diese Menschen kümmern sollte, und dass es viele gute Menschen gibt, die wirklich helfen möchten, dass es im Bundesstaat Bihar aber auch sehr viel Korruption gibt, weswegen die allgemeinen Lebensbedingungen dort immer noch sehr ärmlich sind. Das ist wirklich sehr traurig.

Gleichzeitig durchlitt ich starke Schmerzen. Anstatt jedoch meinen Geist auf meine eigenen Schmerzen zu lenken, habe ich an diese armen Menschen gedacht, und ganz besonders sind mir dieser kleine Junge und dieser alte Mann im Kopf hängengeblieben, und ich habe mir Sorgen um sie gemacht. Ich musste daran denken, wie gut es mir doch ging, da ich so viele Leute hatte, die sich um mich kümmerten und die mir ihre Sympathie entgegenbrachten. Und hier gab es diese armen Menschen, die im Grunde genauso waren wie ich, Menschen wie wir alle, aber niemand kümmerte sich um sie … Auf solche Weise nachzudenken, lenkte meinen Geist von meiner eigenen Krankheit und von meinen Schmerzen ab … Diese Erfahrung gab mir eine erneuerte Wertschätzung für das Mitgefühl und eine frische Überzeugung von den vielen Vorteilen, die Mitgefühl mit sich bringt."

Die Stimme des Dalai Lama war immer leiser geworden und verlor sich einen Augenblick lang ganz in der Stille. Dann lächelte er: „Sehen Sie, obwohl ich mir um die anderen Sorgen gemacht habe, war es dennoch ich selber, der einen Nutzen davon hatte, weil ich hierdurch weniger Schmerzen erlitt.

Ich musste also die Kalachakra-Einweihung absagen, und ihre Verschiebung wurde bekanntgegeben. Ich wurde in ein Krankenhaus in Bombay eingeliefert, wo ich untersucht wurde und wo man eine Darminfektion feststellte. Ich nahm Antibiotika und tibetische Medizin ein, worauf ich wieder vollständig gesund wurde."

Der Dalai Lama hörte eine kleine Weile lang auf zu sprechen und blickte wie in einem Tagtraum in die Ferne, in seine eigenen Reflexionen versunken. Ich dachte an die Lebensgeschichte dieses Dalai Lama, die oft voller Hürden war, fragte mich unwillkürlich, worüber er wohl nachdachte und erkundigte mich: „Nun, wenn wir über die Höhen und Tiefen und die Schwierigkeiten des Lebens sprechen, würde es mich interessieren, welches aus Ihrer persönlichen Sicht und auf persönlicher Ebene die schwierigste Phase in Ihrem Leben war, Ihr unglücklichster oder schwierigster Moment, oder auch Schwierigkeiten, die Sie als Kind gehabt haben."

Meine Frage schien ihn aus seinem kurzen Tagtraum wachzurütteln. Er hielt aber noch einen weiteren Augenblick inne, bevor er überraschend anfing zu lachen: „Was Schwierigkeiten in meiner Kindheit anbelangt, hat mich mein Lehrer Ling Rinpoche manchmal gescholten, und das war angsterregend. Einige Male, nachdem er mich zurechtgewiesen hatte, war ich derart am Boden zerstört, dass ich zu meiner Mutter gerannt bin! Sie gab mir dann etwas zu essen und tröstete mich." Er lachte wieder: „Natürlich sind Erfahrungen aus der Kindheit nicht immer ernstzunehmen …" Er wurde schnell ernsthafter und fuhr fort: „Der schwierigste Moment in meinem Leben war wahrscheinlich die Nacht, als ich Lhasa verließ; die Nacht, als ich mich auf die Flucht aus Tibet machte. Alles war so ungewiss. Auf persönlicher Ebene befand ich mich in Lebensgefahr. Und die Zukunft Tibets stand auf dem Spiel. Das war ein Moment großer Verunsicherung, Bedenken und Trauer …

Und dann vielleicht noch die Zeit, als Ling Rinpoche gestorben ist … Nein, nicht als er gestorben ist, sondern als ich erfuhr, dass er einen Schlaganfall erlitten hatte … Am Tag zuvor war ein anderer meiner Lehrer gestorben. Ich erfuhr also zur gleichen Zeit, in derselben Nachricht, vom Tod dieses Lehrers und von Ling Rinpoches Schlaganfall." Er hielt inne und sagte dann in traurigem Ton: „Da befand ich mich gerade in der Schweiz." Dann fügte er einfach hinzu: „Das war ein sehr trauriger Augenblick."

„Inwiefern haben – im Rückblick – diese Erfahrungen Ihre Resilienz gestärkt?", wollte ich wissen.

„Nun, Howard, ich kann nicht behaupten, dass ich einer der resilientesten Menschen der Welt sei. Ich gehöre aber auch nicht zum anderen Extrem und bin für alles anfällig, was gerade geschieht. Diese Erfahrungen haben bestimmt Auswirkungen gehabt.

Wäre ich weiterhin in Tibet geblieben und hätte mein Leben wechselweise im Potala und Norbulingka verbracht, dann wäre ich heute vielleicht ein ganz anderer Dalai Lama. Natürlich spielen hier meine spirituellen Übungen ebenfalls eine Rolle. Außerdem musste ich mit vielen Situationen aus dem wirklichen Leben fertig werden, mit vielen Verwicklungen. In gewisser Weise kann man sagen, dass es zwei Gelegenheiten zur Meditationsübung gibt. Eine ist Meditationsübung im Sinne von Kontemplation und täglichen spirituellen Übungen. Die andere ist die Übung des Lebens, unser Alltagsleben, wo wir die unterschiedlichsten Missgeschicke erleben und Herausforderungen bestehen müssen, an denen wir wachsen und mit denen wir uns verändern."

Der Dalai Lama schien seine Bemerkungen über die Schwierigkeiten des Lebens abgeschlossen zu haben, als ihm ein weiterer Gedanke kam und er hinzufügte: „Wissen Sie, wenn wir über Schwierigkeiten und widrige Umstände reden, dann gibt es hierzu eine ungewöhnliche Darstellung des Buddha, die ich persönlich sehr inspirierend finde. Dabei handelt es sich um eine Statue, die den Buddha zu einem Skelett abgemagert in Meditationshaltung zeigt und ihn in einem Lebensabschnitt vor seiner Erleuchtung darstellt, als er sich in großer Askese und Entbehrung übte. Die Originalstatue befindet sich heute im Lahore Museum in Pakistan, und eine Photographie dieser Statue habe ich in meinem Meditationszimmer. Für mich vermittelt diese Darstellung die eindringliche Botschaft, dass der Buddha durch Entbehrungen, harte Umstände und durch fortwährendes Bemühen die volle Erleuchtung erlangt hat. Immer, wenn ich dieses Bildnis sehe, bin ich tief berührt und fühle mich ermutigt."

„Eure Heiligkeit, mir ist da etwas durch den Kopf gegangen, als Sie über ‚Missgeschicke und Herausforderungen' gesprochen haben, so als ob diese beiden Dinge ein- und dasselbe seien. Sie sagen, dass wir unsere Probleme als überwindbare Herausforderungen betrachten können und dass wir beim Überwinden dieser Herausforderungen stärker, resilienter und fähiger werden, mit den Schwierigkeiten des Lebens umzugehen."

„Das ist richtig", antwortete er.

„Das erinnert mich an eine Reihe von Experimenten, mit denen die Resilienz von Menschen untersucht wurde. Ein besonderes Augenmerk wurde dabei auf die Faktoren gelegt, welche den Menschen befähigen, sich nach erlebten Missgeschicken oder Krisen wieder rasch zu erholen."

An dieser Stelle beschrieb ich dem Dalai Lama die Experimente, die Barbara Fredrickson und ihre Kollegen durchgeführt hatten, die in der „Undoing"-Hypothese mündeten, die – wie im 10. Kapitel erläutert – besagt, dass positive Emotionen die Nachwirkungen von negativen Emotionen rückgängig machen oder deren Abklingen beschleunigen. Wie beschrieben, wurde bei mehreren Versuchspersonen dadurch Angst und Stress ausgelöst, dass ihnen mitgeteilt wurde, dass sie in kürzester Zeit eine Rede vorbereiten müssten. Nachdem die typischen Stressreaktionen ausgelöst waren, teilte man den Testpersonen dann mit, dass die Rede abgesagt worden sei. Die Forscher konnten die Resilienz der Versuchspersonen daran messen, wie lange es dauerte, bis sie sich von den Stressreaktionen erholt hatten und ihr Herzschlag und Blutdruck wieder in den Normalzustand zurückgekehrt waren. Ich beschrieb dem Dalai Lama zunächst die erste Versuchsreihe, mit der gezeigt wurde, dass positive Emotionen die Resilienz der Testpersonen verbesserten und den Erholungsprozess beschleunigten. Dann fuhr ich fort, indem ich einen anderen Faktor benannte, der auch eine Rolle dabei spielen kann, die Belastbarkeit der Versuchsperson zu steigern:

„Beim Durchführen der ersten Versuchsreihe stellten die Forscher fest, dass alle Testpersonen etwa denselben Grad an Stress erlebten, dass sie sich aber unterschiedlich schnell wieder davon erholten. Einige Testpersonen zeigten eine hohe Resilienz, andere hingegen eine niedrige. In einem weiteren Experiment teilte man die Probanden in zwei Gruppen ein. Der einen Gruppe wurden Anweisungen zur Vorbereitung der Rede gegeben, die die Testpersonen dazu ermutigten, die Übung in einem positiven Licht zu sehen und als *Herausforderung, die angenommen und überwunden werden kann und der die Probanden gewachsen waren.* Die Anweisungen für die zweite Gruppe waren so formuliert, dass die Probanden *die Rede eher als Bedrohung betrachteten*, indem ihnen mitgeteilt wurde, dass die Rede von Experten analysiert und diese Auswertungen dazu benutzt würden, um Aussagen über zukünftige Erfolge in ihrem Leben zu treffen.

Die Forscher stellten fest, dass dies bei den Testpersonen mit hoher Resilienz keinen Unterschied ausmachte: Wie zuvor erholten sie sich schnell von ihren Stressreaktionen. Bei den Testpersonen mit niedriger Resilienz stellte sich allerdings einen deutlicher Unterschied heraus: Diejenigen von ihnen, welche die Rede als Herausforderung betrachteten, erholten sich schneller von den Stressreaktionen, während diejenigen, welche die Rede weiterhin als bedrohlich ansahen, länger brauchten, um sich von den Stressreaktionen zu erholen. Mir ist dieses Experiment deswegen eingefallen, weil es ein hervorragendes Beispiel für Ihr Argument ist, dass allein unsere Einstellung oder Wahrnehmung bereits unsere Fähigkeit zur Problembewältigung verbessern kann. In diesem Fall handelt es sich sogar um sehr eindrucksvolle körperliche Auswirkungen."

„Ja, das ist ein gutes Beispiel", stimmte der Dalai Lama zu.

Das Leben ist voller Ungewissheiten. Die Lebensgeschichte des Dalai Lama ist ein deutliches Beispiel hierfür: Im Alter von zwei Jahren ein armer Bauernsohn in einem entlegenen tibetischen Dorf; mit 15 Herrscher über ein Land mit einer traditionsreichen Geschichte; mit 19 Verhandlungsführer, der in der chinesischen Hauptstadt mit dem Vorsitzenden der Kommunistischen Partei, Mao Tse-tung, am Verhandlungstisch ringt; mit 30 Jahren ein Flüchtling im indischen Exil, der von seinem Volk immer noch hochverehrt wird und in der buddhistischen Welt einen gewissen Bekanntheitsgrad hat, jedoch in relativer Abgeschiedenheit lebt und von dem Rest der Welt beinahe vergessen worden ist. Für manch entthrontes Staatsoberhaupt wäre das das Ende gewesen, wie z. B. für Pu Yi, den letzten Kaiser von China. Doch der Dalai Lama wurde zum Weltbürger und Friedensnobelpreisträger, ein überragender spiritueller Lehrer und weltweit anerkannter Repräsentant der Gewaltlosigkeit, ein unermüdlicher Verfechter der Menschenrechte, des Weltfriedens und interreligiöser Harmonie. Auch wenn der Dalai Lama jeglichen Anspruch weit von sich weist, der resilienteste Mensch der Welt zu sein, so ist es offensichtlich, dass Resilienz ihm wesentlich dabei geholfen hat, erfolgreich mit den vielen Veränderungen und Missgeschicken in seinem Leben umzugehen.

Unserer wachsenden Sammlung an Werkzeugen zur Bewältigung von Veränderungen und Schwierigkeiten im Leben fügte der Dalai Lama mit der Resilienz ein weiteres hinzu. Resilienz hängt eng mit der Entwicklung von Hoffnung und Optimismus zusammen, und alle drei helfen uns, die Schwierigkeiten und Belastungen des Lebens zu bewältigen. Im Gegensatz zu Hoffnung und Optimismus handelt es sich bei der Resilienz jedoch um ein umfassenderes Konzept, das die Summe unserer inneren Ressourcen umfasst: Resilienz ist somit die Fähigkeit, uns von Missgeschicken, traumatischen Erfahrungen, Notlagen und Verlusten nicht unterkriegen zu lassen. Resilienz hilft uns, mit den großen Problemen des Lebens fertig zu werden, nicht an ihnen hängenzubleiben, sondern weiterzugehen. Sie hilft uns darüber hinaus, die täglichen Belastungen des Lebens zu bewältigen und uns an eine Welt anzupassen, die sich ständig wandelt.

Es gibt viele Einflussfaktoren, die für das gewöhnliche Resilienzniveau eines Menschen eine Rolle spielen. Faktoren wie beispielsweise gute Beziehungen, eine optimistische Sichtweise der Welt, die Dinge in der richtigen Relation wahrzunehmen, Ziele zu setzen und auf sie hinzuarbeiten, Selbstvertrauen zu haben und die eigenen Emotionen im Griff zu haben: all das wird mit hoher Resilienz in Verbindung gebracht.

Verschiedene Menschen verfügen über unterschiedliche Strategien oder Eigenschaften, auf die sie sich verlassen, um die Schwierigkeiten des Lebens zu bewältigen. Untersuchungen über die Resilienz haben gezeigt, dass einige Menschen versuchen, Stresssituationen und Missgeschicke mithilfe von „repressiven Bewältigungsstrategien" zu meistern, d. h. durch den einfachen Versuch, Stresssituationen und Missgeschicke zu ignorieren. In anderen Fällen stellte man fest, dass diejenigen, die über ein hohes Maß an „Selbstwertsteigerung" (*self-enhancement*) verfügen, besser mit traumatischen Ereignissen umgehen können als andere. Diese Charaktereigenschaft ist oft bei Menschen zu finden, die über ein besonders hohes Selbstwertgefühl verfügen oder dazu neigen, sich selbst in bestmöglichem Licht zu sehen. Während diese Charaktereigenschaft größeres Selbstzutrauen verleiht, traumatische Ereignisse zu bewältigen, werden solche Individuen von ihren Mitmenschen oft als arrogant oder irritierend wahrgenommen.

Untersuchen wir den Ansatz des Dalai Lama zur Stärkung von Resilienz, können wir bei seiner grundlegenden Prämisse beginnen, dass unsere Einstellung zum Leben und unsere Wahrnehmung von Problemen eine Schlüsselrolle spielen, wenn wir die Schwierigkeiten des Lebens bewältigen wollen. Diese Sichtweise wird von zahlreichen wissenschaftlichen Forschungen unterstützt. Zwei Experten auf dem Gebiet der Erforschung menschlicher Resilienz – die Psychologen Anthony Ong und Cindy S. Bergeman von der Notre-Dame-Universität in Indiana – weisen bei der Zusammenfassung der derzeitigen Beweislage darauf hin, dass „Unterschiede in der Anpassung an Stress aus der gewohnheitsmäßigen Lebensauffassung eines Individuums herrühren können; das heißt, wie ein Individuum auf Lebenserfahrungen reagiert, diese Erfahrungen bewertet und interpretiert." In dem Experiment, das ich dem Dalai Lama erläutert habe, können wir deutlich erkennen, dass die Art unserer Wahrnehmung eines Problems tiefgreifende Auswirkungen darauf haben kann, wie schnell wir uns von den Auswirkungen von Stress erholen: Allein ob eine Versuchsperson das gestellte Problem als Herausforderung oder als Bedrohung wahrgenommen hat, beeinflusste bereits erheblich ihre Fähigkeit, die Situation zu bewältigen.

Weitaus gravierender ist jedoch, dass dieses Experiment sehr gut verdeutlicht, dass ein Mensch seine Sichtweise, wie er eine bedrohliche Situation wahrnimmt, bewusst *verändern* kann. Hierfür war es lediglich notwendig gewesen, die Versuchspersonen mit niedriger Resilienz zu bitten, die stressvolle Aufgabe als Herausforderung zu betrachten statt als Bedrohung! Eine schwierige Situation nicht als Bedrohung, sondern als Herausforderung anzusehen, ist ein Beispiel für *positive Neubewertung*, derselben Technik also, die bereits bei der Entwicklung von Hoffung und Optimismus so effektiv gewesen ist. Das ist eine der Methoden, die wir anwenden können, um negative Situationen und Ereignisse aus einer umfassenderen Perspektive zu betrachten, was wiederum die Hauptstrategie ist, die der Dalai Lama empfiehlt, um eine realistische Einstellung zu entwickeln.

Umfangreiches wissenschaftliches Beweismaterial belegt, dass es unsere Resilienz vergrößern hilft, wenn wir ein Problem aus einer umfassenderen Perspektive betrachten. Dies kann durch positive Neubewertung erreicht werden, indem wir nach einem – kurzfristigen oder langfristigen – positiven Sinn, höheren Zweck oder möglichen Nutzen Ausschau halten, der mit der erlebten schwierigen Situation in Verbindung steht. Positive Neubewertung kann auch beinhalten, dass wir die negative Situation umdeuten und in einem positiveren Licht sehen, indem wir gezielt nach einer Lehre Ausschau halten, die wir daraus ziehen können oder nach potenziell positiven Ergebnissen, die direkt oder indirekt aus der Situation erwachsen können. Die kognitiven Verfahren, die bereits beschrieben worden sind, können hier ebenfalls hilfreich sein.

Diese Methoden der positiven Neubewertung und der Neubetrachtung aus einer umfassenderen Perspektive sind genau dieselben Techniken, die wir bereits erörtert haben, als es um die Erweiterung von Hoffnung und Optimismus ging. Und in der Tat sind diese Techniken nicht nur bei der Entwicklung von Hoffnung und Optimismus von Nutzen, sie können vielmehr auch dabei helfen, allgemein unsere Emotionen zu regulieren, gezielt die negativen Emotionen zu verringern und die positiven Emotionen zu verstärken. Wenn wir die Faktoren betrachten, die uns helfen, unsere Resilienz zu vergrößern, dann können sowohl Hoffnung als auch Optimismus eine bedeutsame Rolle spielen: Je optimistischer und hoffnungsvoller wir sind, desto ausgeprägter wird auch unsere Resilienz. Doch Hoffnung und Optimismus sind nicht die einzigen positiven Emotionen, die unsere Resilienz stärken können. Untersuchungen haben gezeigt, dass im Grunde genommen jede positive Emotion und jeder positive Geisteszustand (wie Gleichmut, Gelassenheit, Freude, Heiterkeit, Zufriedenheit, Glück im Allgemeinen, usw.) dazu beitragen kann, uns resilienter werden zu lassen.

Eine Wissenschaftlerin, die den Zusammenhang zwischen positiven Emotionen und Resilienz genauer untersucht hat, ist Barbara Fredrickson, die wir bereits kennengelernt haben. Einige Monate vor dem 11. September 2001 untersuchten Barbara Fredrickson und ihre Kollegen in einer Studie eine Gruppe von Studenten der Universität von Michigan und ermittelten dabei deren Resilienzniveau. Dieselben

Studenten wurden wiederum nach den Ereignissen des 11. September untersucht. Natürlich fühlten sich fast alle Testpersonen traurig, verärgert und irgendwie verängstigt. Sowohl die Studenten mit hoher als auch die Studenten mit niedriger Resilienz erlebten negative Emotionen und waren tief ergriffen von den tragischen Ereignissen. Doch die Studenten, die in der ersten Untersuchung eine hohe Resilienz aufgewiesen hatten, verfügten in der zweiten Untersuchung nach dem 11. September über deutlich mehr positive Emotionen. Obwohl sie sich traurig und verärgert fühlten, wurden sie von den tragischen Ereignissen nicht überwältigt, und neben ihren negativen Emotionen erlebten sie auch Dankbarkeit über all die guten Dinge, die es in ihrem Leben immer noch gab. Sie waren der Meinung, dass sie aus der Krise etwas Positives gelernt hatten und waren im Allgemeinen optimistischer. Menschen mit hoher Resilienz verfügen über die Fähigkeit, selbst inmitten stressvoller Ereignisse positive Emotionen zu erleben. Die positiven Gefühle schienen wie ein Puffer für die negativen Auswirkungen der traumatischen Ereignisse gewirkt zu haben und halfen den Studenten im Vergleich zu den Versuchspersonen mit niedriger Resilienz und weniger positiven Emotionen, besser mit der Situation zurechtzukommen, so dass auch die Wahrscheinlichkeit, an Depressionen zu leiden, sank. Die Forscher stellten fest, dass die Versuchspersonen mit hoher Resilienz „zufriedener, optimistischer, abgeklärter und mit einer wahrscheinlich noch höheren Resilienz als zuvor aus den schmerzvollen Erfahrungen hervorgetreten sind."

Zu den vielen Vorteilen von positiven Emotionen zählt also auch, dass sie unsere Resilienz stärken und unsere Fähigkeit vergrößern, die zahlreichen Problemen unserer heutigen Welt zu bewältigen. Glücklicherweise gibt es effektive Strategien, die diese positiven Geisteszustände bzw. Emotionen direkt vergrößern können. Für die Entwicklung von positiven Emotionen haben wir unser Hauptaugenmerk bisher auf die Methode der positiven Neubewertung gelegt und auf die Methode, Probleme aus einer weiteren Perspektive zu betrachten. Es gibt aber auch andere Strategien, die wir dazu nutzen können, unsere positiven Emotionen zu stärken. Meditationsübungen und Entspannungstechniken helfen erwiesenermaßen, positive Emotionen wie Gleichmut, Gelassenheit und Ausgeglichenheit zu stärken. Aber auch Humor und Lachen sind sehr wirkungsvoll. Es verwundert nicht, wenn Studien immer wieder belegen, dass Humor und Lachen helfen können, mit einer Vielzahl täglicher Probleme zurechtzukommen. Meines Erachtens ist es kein Zufall, dass der Dalai Lama nicht nur so effektiv mit Problemen umgehen kann, sondern auch für seinen unverwüstlichen Sinn für Humor bekannt ist und für die Leichtigkeit, mit der er in herzhaftes Lachen ausbrechen kann.

Auf der Suche nach Ansätzen, wie wir angesichts der vielen Probleme unserer heutigen Welt Glück aufrechterhalten können, sind wir auf viele Faktoren gestoßen, die bei der Bewältigung schwieriger Situationen eine wichtige Rolle spielen: Hoffnung, Optimismus, Resilienz, positive Emotionen im Allgemeinen, eine weiter gefasste Geisteshaltung, positive Neubewertung, die Suche nach neuem Sinn und vieles mehr. Manchmal scheinen hier so viele Einflussgrößen im Spiel zu sein, dass man fast die Übersicht verliert!

In einer gemeinsamen Studie von Michele M. Tugade (vom Boston College, einer privaten Forschungsuniversität in Massachusetts) und Barbara Fredrickson, die sowohl auf eigenen wie auf anderen Forschungsergebnissen basiert, beschreiben die Autoren die Beziehung zwischen einigen dieser Faktoren: „Vorteile bei der Bewältigung von schwierigen Situationen entstehen vermutlich, weil die erweiternden Auswirkungen positiver Emotionen die Wahrscheinlichkeit erhöhen, dass das Individuum in Stress-Situationen positiven Sinn findet … Positive Emotionen helfen, positiven Sinn zu finden, der seinerseits zu mehr positiven Emotionen führt. So bewirkt die Suche nach positivem Sinn bei der Bewältigung von schwierigen Situationen eine Erweiterung der eigenen Geisteshaltung, die anschließend dabei hilft, psychologische Ressourcen wie beispielsweise Resilienz auszubauen. Dieser Kreislauf kann sich in einer ‚Aufwärtsspirale' zu gesteigertem emotionalen Wohlbefinden fortsetzen."

Wie bitte? Wenn wir die Beziehung zwischen diesen unterschiedlichen Faktoren betrachten, dann stoßen wir auf ein kompliziertes Netz wechselseitiger Abhängigkeiten, das einem manchmal verwirrend vorkommen kann. Es scheint, dass jeder einzelne dieser Faktoren alle anderen Faktoren in Wechselwirkung verstärken hilft. Beispielsweise kann uns eine umfassendere Perspektive zu mehr Hoffnung helfen, und je hoffnungsvoller wir sind, desto leichter fällt es uns, ein Problem aus einer umfassenden Perspektive zu betrachten. Unabhängig davon, mit welchem von diesen beiden Faktoren wir anfangen, werden wir feststellen, dass sie sich gegenseitig verstärken. Das komplexe Zusammenspiel zwischen den vielen Faktoren, die uns helfen können, mit unserer verunsicherten Welt zurechtzukommen, lässt sich leicht vereinfachen und folgendermaßen zusammenfassen: Wenn wir Probleme und schwierigen Lebenssituationen aus einer weiteren Perspektive betrachten, hilft uns dies, positive Aspekte dieser Situation aufzudecken. Über je mehr Hoffnung, Optimismus und andere positive Emotionen wir verfügen, desto leichter wird es uns fallen, äußere Schwierigkeiten zu bewältigen und gleichzeitig unser inneres Glück zu erhalten und auszubauen.

ZWÖLFTES KAPITEL

Inneres Glück, äußeres Glück und Vertrauen

Am nächsten Morgen setzten wir unser Gespräch mit einem Thema fort, das meiner Meinung nach noch einer Klärung bedurfte.

„Eure Heiligkeit, gestern haben Sie über die Übung gesprochen, Probleme aus einer umfassenderen Perspektive zu betrachten, und Sie haben erwähnt, dass dies eine Methode zur Entwicklung innerer Stärke ist, die uns hilft, Schwierigkeiten besser zu bewältigen und Optimismus und Hoffnung aufrechtzuerhalten. Als Sie über die verschiedenen Wege sprachen, wie wir die Dinge aus einer weiteren Perspektive sehen können, war einer Ihrer Vorschläge, uns daran zu erinnern, dass wir Teil einer größeren Gemeinschaft sind, dass wir mit anderen Menschen verbunden und nicht allein und isoliert sind."

„Richtig."

„Nun", fuhr ich fort, „das erinnert mich an unsere ersten Dialoge in Dharamsala über diese Themen. In einem dieser Gespräche haben Sie gesagt, dass es in vielen Gesellschaften an Gemeinschaftssinn mangelt, dass das Gefühl von Isolation und Einsamkeit anwächst und dass dies einer der Hauptfaktoren ist, die unser Glück auf gesellschaftlicher Ebene untergraben. Ich habe den Eindruck, dass die Strategie, von der Sie gestern sprachen – dass es uns Trost, innere Stärke und Zuversicht verleihen wird, wenn wir uns an unsere Verbundenheit mit einer Gemeinschaft erinnern – nicht besonders gut funktioniert, wenn sich jemand von der Gemeinschaft abgeschnitten und isoliert fühlt. Wir kommen hier also auf das Thema des Mangels an Gemeinschaftssinn zurück.

In unserer letzten Gesprächsreihe in Dharamsala sind wir zur Diskussion von Gewalt und Konflikten in der Gesellschaft übergegangen, ohne unser Gespräch über die Gemeinschaft wirklich abgeschlossen zu haben. Sie haben mehrere Schritte aufgezeigt, die wir tun können, um einen stärkeren Gemeinschaftssinn zu entwickeln, also z. B. über die Vorteile von sozialen und gesellschaftlichen Bindungen nachzudenken, Herkunft oder Eigenschaften, die wir mit anderen teilen, zu erforschen, und dann aktive Schritte zu unternehmen, uns einer Gruppe anzuschließen oder uns auf andere Weise mit anderen in Beziehung zu setzen. Es scheint jedoch, dass wir das Thema, wie wir mit anderen Menschen auf einer tieferen und grundlegenderen Ebene Verbindungen eingehen und ausbauen können, noch nicht ganz abgeschlossen haben."

Er dachte einen Augenblick lang über diesen Punkt nach, bevor er antwortete: „Ich denke, dass grundlegender Gemeinschaftssinn in enger Beziehung zur Frage des Vertrauens steht."

„Inwiefern?", fragte ich.

„Natürlich kann der Mangel an Gemeinschaftssinn viele verschiedene Ursachen haben, und es gibt immer viele unterschiedliche Faktoren, die ihren Teil zu einem Problem beisteuern. Doch ich denke, dass der Mangel an Gemeinschaftlichkeit, dass Einsamkeit und Entfremdung teilweise auf ein zugrundeliegendes Misstrauen zwischen den Menschen zurückzuführen sind. Natürlich kann Mangel an persönlichem Kontakt zwischen den Mitgliedern einer Gesellschaft und fehlender Gemeinschaftssinn auch zu Misstrauen führen. Das kann in beiden Richtungen ablaufen."

Seit unserer letzten Gesprächsreihe in Indien und der Fortsetzung unserer Untersuchungen über das menschliche Glück hier in Tuscon war einige Zeit verstrichen. In der Zwischenzeit hatte ich weitere Nachforschungen über das Glück auf einer breiteren gesellschaftlichen Ebene angestellt. Als ich die Behauptung des Dalai Lama genauer recherchierte, dass ein Mangel an Gemeinschaftssinn das Glücksniveau in einer Gesellschaft beeinträchtige, stieß ich auf Datenmaterial, das das Thema Vertrauen sowohl mit unserem Gemeinschaftssinn als auch mit Glück in Verbindung bringt. Es gab also zahlreiche wissenschaftliche Beweise, die die Sichtweise des Dalai Lama belegten, und ich hatte selber geplant, das Thema Vertrauen anzusprechen.

Erpicht darauf, diese Informationen mit ihm zu diskutieren, fuhr ich fort: „Eure Heiligkeit, seit unseren ersten Treffen in Dharamsala habe ich Recherchen über diese Themen angestellt. Ich finde es sehr interessant, dass Sie sowohl Vertrauen als auch unseren Gemeinschaftssinn als Schlüsselfaktoren auffassen, um menschliches Glück auf gesamtgesellschaftlicher Ebene zu fördern. Ich bin bei meinen

Nachforschungen auf eine umfangreiche Studie gestoßen, nämlich die Weltweite Werteumfrage (*World Values Survey*), bei der man verschiedene Länder betrachtete und das durchschnittliche Glücksempfinden der Bewohner anhand zahlreicher Parameter ermittelte. Die Forscher sind auf sechs Schlüsselfaktoren gestoßen, die für die größten Veränderungen im Glückempfinden der Menschen in diesen Ländern verantwortlich waren. Einer dieser Faktoren ist die Anzahl der Mitgliedschaften in Vereinen oder Sozialverbänden, die Schlüsse darauf erlaubt, wie stark die Menschen untereinander verbunden sind. Ein anderer Faktor, der zu dem durchschnittlichen Glücksniveau einer Gesellschaft in Beziehung steht, ist der Anteil der Menschen, die der Meinung sind, dass man den anderen vertrauen kann.*

Darüber hinaus gibt es eine Studie der Universität Cambridge in England, in der die Ergebnisse einer umfangreichen Umfrage analysiert worden sind, die an zehntausenden Teilnehmern in vielen Ländern Europas durchgeführt worden war. Dabei fand man heraus, dass die Länder mit den glücklichsten Menschen die waren, in denen das das meiste Vertrauen auf die Regierungen, auf die Gesetze des Landes und zwischen den Einwohnern herrschte. Die Beweislage scheint also unmissverständlich zu sein. Unabhängig davon, welche Studie wir heranziehen, gehören die skandinavischen Länder immer zu den glücklichsten der Welt. Betrachten wir diese Länder genauer, dann finden wir dort einen ausgeprägten Gemeinschaftssinn und ein grundlegendes Vertrauen der Menschen zueinander. In einer Studie stellte man Kindern im Alter zwischen elf und fünfzehn Jahren die Frage: ‚Würdest du sagen, dass deine Klassenkameraden im Allgemeinen freundlich und hilfsbereit sind?' Diese Frage wurde von einem hohen Anteil der Befragten mit ‚Ja' beantwortet. Ich denke, dass dies ein recht guter Anhaltspunkt dafür ist, ob man den anderen vertraut. In der Tat scheinen Ihre Beobachtungen also von der gegenwärtigen wissenschaftlichen Beweislage unterstützt zu werden. Vertrauen kann im ge-

---

* Entsprechend der Weltweiten Werteumfrage, die das Glücksempfinden der Menschen in fünfzig verschiedenen Ländern untersuchte, sind diese sechs Faktoren: Scheidungsrate, Arbeitslosenquote, Vertrauen, Anzahl der Mitgliedschaften in (nichtreligiösen) Organisationen, Qualität der Regierung und der Prozentsatz der Bevölkerung, die an Gott glaubt. Man nimmt an, dass diese sechs Faktoren ungefähr 80 Prozent der Unterschiede im Glücksempfinden der Menschen in diesen Ländern erklären können.

wöhnlich erlebten Glücksempfinden eines Menschen tatsächlich von entscheidender Bedeutung sein."

Der Dalai Lama lehnte sich in seinem Sessel mit konzentrierter Aufmerksamkeit nach vorne und schien von diesen Forschungsergebnissen ganz eingenommen.

„Es ist richtig, dass Vertrauen auf persönlicher Ebene zum eigenen Glück beitragen kann", stimmte er zu. „Misstrauen kann zu einer argwöhnischen ängstlichen Haltung und zu größerer geistiger Unruhe führen, während eine Haltung größeren Vertrauens zu einem gelasseneren und glücklicheren Geisteszustand beitragen kann. Aber auch auf anderen Ebenen kann Vertrauen von Bedeutung sein. Auf allgemeiner Ebene kann es nicht nur dabei helfen, einen ausgeprägteren Gemeinschaftssinn zu schaffen, die Einsamkeit und das Entfremdungsgefühl der Menschen zu überwinden, sondern auch dabei, viele andere der gesellschaftlichen Probleme zu bewältigen, über die wir geredet haben. Beispielsweise haben wir einmal darüber gesprochen, wie wichtig es ist, durch Dialog zu Konfliktlösungen zu kommen statt durch Gewalt. Dialogbereitschaft ist von entscheidender Bedeutung, und hier spielt Vertrauen eine ausschlaggebende Rolle. Damit Dialog erfolgreich ist, braucht es eine Atmosphäre des Vertrauens zwischen den Gesprächspartnern. Wir sehen also, dass Vertrauen in vielerlei Hinsicht von Bedeutung ist."

Am Anfang dieses Buches hatte der Dalai Lama die tibetische Gemeinschaft als Beispiel für ein Volk mit einem starken Gemeinschaftssinn angeführt, wie er in modernen westlichen Gesellschaften oft nur schwach ausgeprägt ist. An meine allererste Reise nach Dharamsala in Nordindien zurückdenkend, wo der Dalai Lama und eine florierende tibetische Gemeinschaft eine neue Heimat im Exil gefunden haben, erschien sein Beispiel gerechtfertigt: Überall lassen sich dort auch heute noch konkrete Hinweise auf ein aktives Gemeinschaftsleben finden, sowohl innerhalb der klösterlichen Gemeinschaften als auch unter den Laien. Institutionen wie beispielsweise die tibetischen Kinderdörfer, Vereine für den Erhalt traditioneller tibetischer Kunst und Kultur sowie zahlreiche Einrichtungen, die sich ganz dem Studium und der Praxis des tibetischen Buddhismus widmen, sind tief in dieser Gemeinschaft verwurzelt und finden deren uneingeschränkte Unterstützung. Gemeinschaftssinn wird aber nicht nur in all diesen Einrichtungen bewahrt und gelebt, sondern ist auch in den Gesichtern der Menschen spürbar, im Gelächter der Kinder, die auf der Straße spielen, im Lächeln der Nachbarn, die in ihren Haustüren stehen und miteinander plaudern, in der Hingabe, mit der die Älteren ihre Gebetsmühlen drehen und in den Klängen der Mönchsgesänge in der Ferne. Der Geist der Einheit ist deutlich wahrnehmbar, als ob er vom feinen Duft tibetischen Räucherwerks durch die Lüfte getragen würde, jenem frischen, holzigen Wohlgeruch aus Wacholder und Himalaya-Kräutern.

Ich erinnerte mich auch daran, wie ich mich das erste Mal inmitten einer großen Ansammlung von Tibetern wiederfand. Der Anlass waren Unterweisungen, die der Dalai Lama in Bodhgaya im Nordosten Indiens gab, jenem buddhistischen Pilgerort, an dem sich Siddharta Gautama vor 2500 Jahren unter einem Pappelfeigenbaum zur Meditation niederließ, die Erleuchtung erlangte und zum Buddha wurde. Noch heute findet sich an der gleichen Stelle ein Bodhibaum, der ein direkter Nachkomme des Baumes ist, unter dem der Buddha, in Meditation versunken, die Erleuchtung erlangte. Zahlreiche kleine Stupas (tibetisch: Chörten) und Schreine, von einer kunstvoll gemeißelten Steinbalustrade eingerahmt, umgeben diesen Baum und den benachbarten Mahabodhi-Tempel, dessen pyramidenartiger Turm sich majestätisch in die Luft erhebt.

Tausende Tibeter waren aus ganz Indien und Nepal und sogar aus Tibet zusammengekommen, um dem Dalai Lama zuzuhören. Es herrschte eine festliche Stimmung, noch verstärkt von zahlreichen bunten Gebetsfahnen, die zwischen Bäumen und Masten aufgespannt waren und sanft im Wind flatterten. Hier konnte ich tief in den tibetischen Gemeinschaftssinn eintauchen. Familien hatten Decken auf dem Boden ausgebreitet, auf denen sie während der Belehrungen beisammen saßen, und zum ersten Mal fiel mir an dieser tibetischen Gemeinschaft ein besonderes Detail auf, das nicht besonders bedeutend war, mir aber aus irgendeinem Grund als eines der berührendsten und liebenswertesten Symbole für den Zusammenhalt einer Gemeinschaft im Gedächtnis geblieben ist: Die vielen Kinder, die dieses Gemeinschaftsgefühl offensichtlich sehr genossen. Die Kleineren lernten gerade zu laufen, wackelten unsicher umher und fielen öfters in den Schoß von freundlichen lachenden Fremden. Die Größeren entfernten sich manchmal, um alleine zu spielen, erweckten aber nicht den Eindruck, als wollten sie sich von ihren Eltern distanzieren, wie das Kinder in westlichen Ländern in einer ähnlichen Situation vielleicht getan hätten. Zwischendurch beobachteten die Eltern ihre Sprösslinge unbekümmert aus den Augenwinkeln, und die Kinder durften in der Menschenmenge, auch wenn sie noch so groß war, größtenteils frei herumstreifen, ohne die Angst, die viele Eltern in Europa oder Amerika für ihren Nachwuchs angesichts einer solchen Masse fremder Menschen hätten.

Der Anblick der Kinder in der großen Menge erweckte an jenem Tag vor so vielen Jahren ein nostalgisches Gefühl in mir, und ich erinnere mich, mich damals gefragt zu haben, warum dieser Anblick eine solche Reaktion in mir wachrief, denn die Welt dieser Kinder, die in einem anderen Land und in einer ganz anderen Kultur aufwuchsen, hätte von meiner eigenen nicht unterschiedlicher sein können. Bald wurde mir klar, dass dies an dem allumfassenden Gefühl von Sicherheit, Geborgenheit und Vertrauen lag.

Es gab natürlich Zeiten, in denen dasselbe Gefühl von Sicherheit und Vertrauen auch in westlichen Gesellschaften weitverbreitet war. Als ich klein war, setzten mich meine Eltern jeden Sommer mit meinen Brüdern und meiner Schwester in einen alten Kombiwagen und fuhren nach Venice in Kalifornien, wo sie für die Sommerferien eine Wohnung am Meer gemietet hatten. Damals gab es viele Armensiedlungen in Venice, dessen Hauptanziehungspunkt, vom Meer abgesehen, billige Wohnungen waren. Von der Lokalpresse als „Appalachen am Meer" tituliert, war die Stadt eine einzigartige Mischung aus liebenswürdigen jüdischen Frauen und Männern fortgeschrittenen Alters, die überwiegend aus Osteuropa eingewandert waren und die den letzten Abschnitt ihres Lebens damit zubrachten, am Strand auf Bänken zu sitzen und miteinander zu plaudern, und aus halbstarken Jugendlichen der Gegenkulturbewegung, die dann in den späten Sechzigern von den Hippies abgelöst wurden. Für meine Brüder und mich sah die tägliche Routine so aus: Nach dem Frühstück rannten wir nach draußen, verbrachten den Tag am Strand, auf dem Pier oder der Strandpromenade und kehrten erst abends zum Abendessen wieder heim. Im Alter von sieben oder acht Jahren war es mir erlaubt, den ganzen Tag unbeaufsichtigt zu verbringen, höchstenfalls von meinem älteren Bruder bewacht, der eineinhalb Jahre älter war. Ich fand Gefallen an einer schier unendlichen Vielfalt an Beschäftigungen: auf dem Santa Monica Pier Fische angeln, Corn Dogs verspeisen, in den Souvenirläden herumstöbern und mich nach den prächtigen Dingen dort sehnen, die wir uns nicht leisten konnten, und hin und wieder einen ganzen Tag im Pacific Ocean Park verbringen, einem Vergnügungspark auf einem breiten Pier, der weit ins Meer hinausragte.

Wenn heutzutage Eltern ihrem achtjährigen Kind erlauben würden, sich den ganzen Tag unbeaufsichtigt auf der Straße aufzuhalten, hätte das in vielen Gegenden zu Folge, dass die Eltern beim Jugendamt gemeldet würden; damals aber war das gang und gäbe. Aufgrund weitverbreiteter Ängste in vielen westlichen Ländern sind Kinder heutzutage im Alter von sieben Jahren bereits oft schon trainiert, wie man mit den Gefahren umzugehen hat, die von Fremden ausgehen können – es ist wie die Vorbereitung auf eine Schlacht. Inzwischen habe ich gehört, dass Schulungen für Kinder im Umgang mit Gefahren, die von Fremden ausgehen, bereits wieder altmodisch sind und jüngst in einigen Schulen durch Übungen ersetzt worden sind, die unheilverheißend „Amoklauf-Übungen" genannt werden und dazu dienen, Kinder und Jugendliche auf Schießereien an Schulen vorzubereiten. Den Schülern wird beigebracht, Türen zu versperren, sich zu verstecken, sich nicht mehr zu regen und keinerlei Geräusche von sich zu geben, bis Entwarnung gegeben wird. Schutz, Sicherheit, Absicherung und Vorsichtsmaßnahmen sind heutzutage die Hauptsorgen und -schlagworte. Manchen Kindern wird verboten, einfach auf ihre Fahrräder zu springen und in der Gegend herumzuradeln. Bevor sie ihre Fahrräder besteigen, setzt man ihnen Fahrradhelme auf und legt ihnen Knie-, Ellenbogen- und Handgelenkschoner an. Die Fahrräder werden auf die Fahrradträger des Autos montiert und samt Kindern zu beaufsichtigten Fahrradfahrplätzen gefahren. Einige Eltern arrangieren offizielle Spielstunden für die Kinder, bei denen sich die Eltern dann manchmal aufführen wie die Privatsekretäre von zukünftigen Vorstandsvorsitzenden.

Wenn Kinder in den heutigen westlichen Gesellschaften darauf getrimmt werden, niemandem außerhalb des direkten Umfeldes oder der Eigengruppe zu vertrauen, dann wirft das die Frage auf, ob sich diese beunruhigende Entwicklung aufhalten oder umkehren lässt. Ich war gespannt zu hören, was der Dalai Lama zu diesem Thema zu sagen hatte.

Als wir unser Gespräch fortsetzten, sagte ich: „Leider scheint es, dass in vielen Gesellschaften der heutigen Welt das Vertrauen zwischen den Menschen schwächer und schwächer geworden ist. In den USA und in Großbritannien wurde beispielsweise eine Studie durchgeführt, in der man Menschen die Frage stellte: ‚Sind Sie der Meinung, dass man den Menschen im Allgemeinen vertrauen kann oder sind Sie der Meinung, dass man im Umgang mit anderen Menschen nicht vorsichtig genug sein kann?' Es stellte sich heraus, dass der Prozentsatz der Menschen, die anderen vertrauen, seit den 1950ern um 50 Prozent abgenommen hat: Eine alarmierende Zahl!

Eure Heiligkeit, viele Jahre nach unseren allerersten Gesprächen in Tuscon finden wir uns wieder hier. Das erinnert mich an die vier Jahre, als ich an der hiesigen Universität Medizin studierte. Damals wohnte ich in einem kleinen Haus, das sich gegenüber der medizinischen Fakultät befand, und während dieser ganzen vier Jahre schloss ich meine Eingangstür niemals ab, weder tags noch nachts. Es sieht so aus, dass ich heutzutage den Menschen viel weniger vertraue als damals, zumindest wenn ich davon ausgehe, dass ich heute niemals mein Haus wie früher unabgeschlossen verlassen würde."

„Howard, ich bin mir nicht sicher, ob das nur eine Frage des Vertrauen zu den Mitmenschen ist", antwortete er mit einem scherzhaften Unterton in seiner Stimme. „Hoffentlich ist es nicht lediglich so, dass Sie damals gar nichts besaßen, das man Ihnen hätte stehlen können."

„Nun, wenn ich darüber nachdenke, dann ist das wahrscheinlich der Fall gewesen", gestand ich ein. Und als ich mir meine damaligen spartanischen Verhältnisse ins Gedächtnis zurückrief, fügte ich hinzu: „Sie haben Recht. Es war in der Tat so."

„Nun", fuhr der Dalai Lama fort, „Sie müssen pragmatisch sein. Wenn Ihre Verhältnisse inzwischen so sind, dass Sie Ihre Türen abschließen müssen, dann ist es einfach nur vernünftig, dies auch zu tun. Sich unvernünftig zu verhalten, nur weil Sie von einer grundlegend guten Natur aller Menschen ausgehen, weil Sie sich den Mitmenschen verbunden fühlen oder weil Sie den Menschen in Ihrer

Nachbarschaft vertrauen, ist unrealistisch. Sie können ein freundlicher und liebenswürdiger Mensch sein und gleichzeitig realistisch sein.

Dieses Thema unabgeschlossener Türen erinnert mich an das Spitital in Nordindien. In den abgelegenen Dörfern dieses Tals war es in der Vergangenheit nicht üblich, Türschlösser an den Türen anzubringen. Früher hat es dort überhaupt keine Türschlösser gegeben. Wenn Reisende vorbeikamen, durften sie das Haus betreten und sich an den Lebensmitteln bedienen. Das war einfach eine Selbstverständlichkeit."

Einen Moment lang zauberten seine Worte ein eindringliches Bild hervor: Eine Gesellschaft ohne Türschlösser; eine Welt voller Vertrauen; die Vision einer Welt, in der das Gute im Menschen zum Ausdruck kommt. Dieses Bild wurde aber schnell von der Wirklichkeit der heutigen Welt abgelöst, mit all ihren Sorgen und Nöten.

„Ist das heute im Spitital immer noch so?", wollte ich wissen.

„Nein, das verändert sich natürlich", antwortete er. „Aber es ist schwer zu sagen, in welchem Ausmaß."

„Sind es Veränderungen des allgemeinen Vertrauens der Menschen untereinander, infolge derer man jetzt Schlösser an den Türen anbringt?"

„Ja …"

„Worauf führen Sie diese Veränderungen zurück? Warum gibt es auch dort immer weniger Vertrauen?"

„Ich denke, dass es dort früher nur ganz wenige Besucher gab", antwortete er. Die Menschen blieben fast immer unter sich. Heutzutage ist das ganz anders. Heute gibt es den Tourismus, und es gibt Unbekannte, die im Straßenbau arbeiten …"

„Eure Heiligkeit, ich denke, Sie bringen hier einen wichtigen Punkt zur Sprache, der auch ein geläufiges Merkmal moderner Gesellschaften ist, dass es nämlich immer mehr Fremde gibt. Das hängt auch mit der wachsenden Mobilität moderner Industriestaaten zusammen, in denen Menschen häufig den Wohnsitz wechseln. Das haben wir ja bereits in früheren Gesprächen in Dharamsala erörtert. Der ständige Zustrom fremder Menschen in eine Gesellschaft birgt das Potenzial, Misstrauen und Stress zu verursachen.

Vor kurzem bin ich zum Beispiel auf eine interessante Studie über eine neu gebildete Gemeinschaft in Großbritannien gestoßen. Man hatte einen neuen Apartmentkomplex gebaut, der mehrere Stockwerke hoch war. Nach der Fertigstellung und nachdem die Bewohner eingezogen waren und schon eine Zeitlang dort gelebt hatten, stellte man fest, dass Menschen, die im Erdgeschoß wohnten, erhöhte Raten psychischer Erkrankungen aufwiesen.

Daraufhin entschieden die Architekten, die das Gebäude entworfen hatten, ein Experiment durchzuführen. Dafür wurden in dem Gebäudekomplex einige zusätzliche Wände gebaut. Diese Wände schnitten den Blick aus den Wohnungen des Erdgeschosses auf die Zugangswege der Anlage ab, so dass von diesen Fenstern aus weniger Fremde zu sehen waren. Als die Bewohner nach den Umbauarbeiten aus dem Fenster schauten, war die Wahrscheinlichkeit größer, dass sie Nachbarn sahen, also Leute, die sie kannten, keine Fremden. Allein durch diese Maßnahme nahmen die psychischen Erkrankungen um 24 Prozent ab.

Das Problem ist natürlich, dass wir nun nicht mit Ziegelsteinen und Mörtel bewaffnet losziehen und überall neue Wände in unserer Gesellschaft hochziehen können. Ich frage mich also, ob Sie irgendwelche Vorschläge haben, was wir gegen die destruktive Kraft des Misstrauens tun können?“

Er dachte nach und antwortete dann: „In diesem Fall kann es mehrere Faktoren geben, die wir in Betrachtung ziehen müssen. Natürlich spielen bei seelischen Erkrankungen immer auch die Persönlichkeit und die psychologische Verfassung des Einzelnen eine Rolle. Und allgemein gesprochen, herrscht in westlichen Gesellschaften eine Tendenz, nach äußerlichen Mitteln zu suchen, um unsere Probleme zu lösen und Glück und Zufriedenheit zu finden. Diese Außenorientierung führt vielleicht dazu, sich leichter von Veränderungen in der äußeren Umwelt beeinflussen zu lassen. Ich bin mir da nicht ganz sicher.

Das Hauptziel unserer Untersuchung ist jedoch, die Fertigkeiten herauszuarbeiten, mit denen jeder von uns innere Ressourcen aufbauen kann, damit wir in der Außenwelt keine Mauern aufbauen müssen“, bemerkte er.

„Genau!“, sagte ich. Ich war froh, dass er das Thema innerer Kompetenzen angesprochen hatte: „Wie können wir also der Erosion des Vertrauens entgegenwirken?“

„Das kann sich schwierig gestalten, da es viele Faktoren gibt, die hier mitspielen, so dass wir viele Ansätze auf unterschiedlichen Ebenen benötigen. Persönlicher Kontakt und persönliches Kennenlernen der anderen können aber sicherlich hilfreich sein, wenn wir größeres Vertrauen aufbauen wollen. Ich denke, dass einige der Ansätze, die wir bereits in der Vergangenheit für die Entwicklung von Dialogbereitschaft erörtert haben, auch beim Aufbau von Vertrauen angewandt werden können."

„Wenn aber viele neue Menschen in eine Gemeinschaft kommen, wie beispielsweise im nordindischen Spitital, wo man nun Schlösser an den Türen anbringt, dann ist es unmöglich, mit ihnen allen in persönlichen Kontakt zu treten."

„Dass man in diesen Gemeinschaften vorsichtiger wird, bedeutet nicht notwendigerweise, dass Vertrauen dramatisch geschwunden wäre oder nun ein weitverbreitetes Misstrauen herrschte. Nehmen wir das Beispiel einer Dorfgemeinschaft mit einhundert Einwohnern, in der sich alle gegenseitig vertrauen, bis auf eine einzige Person, der man nicht vertrauen kann. Selbstverständlich werden hier Vorsichtsmaßnahmen getroffen werden, was aber nicht bedeutet, dass man gegenüber allen misstrauisch sein müsste.

Es läuft also wieder einmal darauf hinaus, eine realistische Einstellung zu haben. Wir können Vorsichtsmaßnahmen ergreifen, um uns zu schützen, da wir erkennen, dass es vielleicht einen kleinen Prozentsatz von Mitmenschen mit schlechten Absichten gibt, gleichzeitig aber auch anerkennen, wenn wir die Wirklichkeit aus einer umfassenderen Perspektive betrachten, dass die meisten unserer Mitmenschen anständige Leute sind. Wenn wir eine realistische Sichtweise einnehmen und das Problem nicht übertreiben, dann wird das unsere grundlegende Einstellung zur menschlichen Natur nicht beeinflussen. Es ist daher nicht notwendig, allen Neuankömmlingen in einer Gemeinschaft mit Misstrauen zu begegnen."

Alles ist im Wandel begriffen. In den Vororten unserer Städte lassen Eltern ihre Kinder im Sommer nicht mehr frei herumlaufen. Ein tibetischer Dorfbewohner im abgelegenen Spitital im Himalaya und ein Psychiater im amerikanischen Phoenix schließen nachts ihre Türen ab. Was können wir tun? Müssen wir die Gefahren der Welt ignorieren, um zu unschuldigeren Zeiten zurückkehren, unser Vertrauen in die Mitmenschen wiederherstellen und unseren Gemeinschaftssinn wiedergewinnen zu können?

Nachdem ich dem Dalai Lama die zentrale Frage gestellt hatte, wie wir größeres Vertrauen entwickeln können, war ich von seinen Antworten zunächst einmal enttäuscht. Das waren die gleichen alten Antworten und Strategien, die er bereits mehrmals ausgeführt hatte: Wir brauchen eine Vielzahl unterschiedlicher Ansätze – ausweichend! Herstellung persönlicher Kontakte – wie langweilig! Eine realistische Sichtweise – wenig überraschend! Hatte er gar nichts *Neues* hinzuzufügen? In einem unserer Gespräche hatte er einmal gesagt, wie ein paar seiner tibetischen Freunde seinen ständigen Gebrauch der Formel „realistischer Ansatz“ irritierend und ärgerlich fänden. Nun, ich war noch nicht so weit, mich verärgert zu fühlen. Ich konnte diese Möglichkeit aber langsam in der Ferne erahnen.

Erst einige Zeit nach diesen Gesprächen unterzog ich die Vorgehensweise des Dalai Lama zur Entwicklung von Hoffnung, Optimismus, Resilienz und Vertrauen einer genaueren Analyse. Er war ja der Ansicht, dass sich all diese positiven Emotionen mit seinem „realistischen Ansatz“ entwickeln ließen. Natürlich war ich bereits während unserer Gespräche für die Übereinstimmung sensibilisiert, die zwischen seinen Einstellungen und wissenschaftlichen Forschungsergebnissen bestehen. Aber erst nachdem ich länger über seine Aussagen nachgedacht, die neuesten Studien über Glück und positive Emotionen gelesen und mit seinen Aussagen in Verbindung gebracht hatte, begann ich, seinen Ansatz eindringlicher zu bedenken und seine erstaunliche Tiefe zu erkennen. Ich erkannte bald, dass sein „realistischer Ansatz“, der mir langsam fast wie eine abgedroschene Floskel vorgekommen war, eine trügerische Einfachheit aufwies. In Wirklichkeit verbarg sich dahinter in vielen Schichten großartige Weisheit und Einsicht. Es handelte sich um ein Schlüsselwort. Obwohl es von ihm in gewöhnlicher, profaner Terminologie vorgetragen wurde, schien sich dahinter eine Vielzahl tiefgründiger buddhistischer Prinzipien und Praktiken zu verbergen. Die einfachen Begriffe, die der Dalai Lama benutzte, wie zum Beispiel „Bewusstsein“, „Achtsamkeit“ und dieser „realistische Ansatz“, wiesen auf zahlreiche effektive Strategien, um unser Glück zu vergrößern und die Probleme unserer Welt zu bewältigen – Strategien, die auf grundlegenden buddhistischen Leitsätzen basieren und von der modernen Wissenschaft unterstützt werden. Wie wir bereits gesehen haben, beinhaltet sein „realistischer Ansatz“ die gleichen Techniken, die in der modernen Psychologie positive Neubewertung, Umdeutung, Nutzenfindung, positive Sinnfindung, kognitive Verfahren, kognitive Verhaltenstechniken usw. genannt werden, und deren Wirksamkeit von umfangreichem wissenschaftlichem Beweismaterial belegt wird.

Zugegebenermaßen war ich an einem Punkt enttäuscht gewesen darüber, dass der Dalai Lama immer seinen „realistischen Ansatz“ als Haupttechnik für jede positive Emotion anbot, über die wir gerade sprachen. Anfangs hatte mich das nicht besonders gestört. Als wir dann aber über das Thema von Vertrauen sprachen und er *immer noch* die gleiche Methode anwenden wollte, hätte ich mir doch eine andere Technik gewünscht. Ziehen wir aber die wissenschaftliche Beweislage mit in Betracht, dann ist der Ansatz des Dalai Lama überaus sinnvoll und passt hervorragend ins Bild. Zum Beispiel erörterte der Dalai Lama zu Beginn jener Woche zunächst einmal seinen realistischen Ansatz (mit der „umfassenderen Perspektive“ und allem, was damit zusammenhängt), gefolgt von Hoffnung, Optimismus und schließlich Resilienz und Vertrauen. Diese Reihenfolge war keineswegs zufällig gewesen, unser Ziel war ja die Erforschung, wie wir mit unserer verunsicherten Welt zurechtkommen und dabei glücklich sein können. Wissenschaftlichen Studien zufolge können alle positiven Emotionen als Gegenmittel gegen die Auswirkungen von negativen Emotionen und Stress wirken und zu größerem persönlichem Glück beitragen. Es gibt jedoch eine besondere Gruppe der positiven Emotionen, die besonders effektiv ist, wenn wir es mit Missgeschicken, äußeren Hindernissen und Problemen zu tun haben. Um welche Emotionen handelt es sich hier? Zu dieser Gruppe positiver Emotionen gehören Hoffnung, Optimismus, Resilienz und – Vertrauen! Einige Wissenschaftler ordnen auch Glauben und Zuversicht in diese Gruppe ein. Es ist offensichtlich, dass nicht alle positiven Emotionen von allen Forschern in gleicher

Weise eingestuft werden; hier herrscht eine große Variabilität. Dennoch liegt den unterschiedlichen Einstufungen ein logisches Prinzip zugrunde. Forscher auf dem Gebiet der positiven Psychologie wie Martin Seligman fassen diese Emotionen deswegen in Gruppen zusammen, da ihnen allen eine Zukunftsorientierung eigen ist und sie auf die eine oder andere Weise positive Erwartungen beinhalten. Zum Beispiel ist Hoffnung generell auf ein bestimmtes Ziel in der Zukunft gerichtet, wohingegen Optimismus eher eine allgemeine Erwartung positiver Ergebnisse beinhaltet. Im Fall des Vertrauens ist das Objekt unserer positiven Erwartung meist eine andere Person.

Wenn wir eine „umfassendere Perspektive" einnehmen, dann erscheint es gar nicht mehr so überraschend, dass der Dalai Lama die gleiche Strategie anwendet, um Hoffnung, Optimismus, Resilienz und Vertrauen zu entwickeln, da sie alle derselben Familie positiver Emotionen angehören. Wir haben zuvor gesehen, dass wissenschaftliche Forschungsergebnisse darauf hinweisen, dass sich die unterschiedlichen positiven Geisteszustände und Techniken, über die wir gesprochen haben, gegenseitig zu verstärken scheinen. Daher ist es ausreichend, wenn wir *eine* leistungsstarke und erprobte Strategie anwenden, um viele unterschiedliche positive Emotionen zu verstärken, die uns alle dabei helfen können, effektiver mit unserer verunsicherten Welt zurechtzukommen.

Nachdem wir gesehen haben, dass der Dalai Lama seinen „realistischen Ansatz" nicht einfach deswegen als Technik zum Aufbau von Vertrauen anführte, weil es ihm an neuen Ideen mangelte und er daher die gleiche alte Technik immer wieder anwenden musste, können wir nun einen abschließenden Blick auf seine Ansichten zur Entwicklung von Vertrauen werfen.

Der Dalai Lama bietet uns eine Methode an, wie wir gegenüber anderen Menschen grundlegendes Vertrauen schaffen können. Das führt zu Offenheit den Mitmenschen gegenüber und zur Möglichkeit, Bezugspunkte zu ihnen zu finden und Verbindungen zu knüpfen. Wenn wir unseren Mitmenschen die Hände reichen und uns mit ihnen verbinden, ist dies die Grundlage von Gemeinschaftssinn. Die große Frage ist natürlich, wie wir dieses Vertrauen aufrechterhalten können. Die Vorgehensweise des Dalai Lama basiert auf der furchtlosen Verpflichtung und Bereitwilligkeit, die Wirklichkeit wahrzunehmen und zu akzeptieren und mit dieser Wahrheit zu leben. So beginnt sein Ansatz in diesem Fall mit der Entwicklung eines tiefgehenden Verständnisses unserer menschlichen Natur und der Erkenntnis, dass die meisten Menschen gute und anständige Leute sind, die einfach nur glücklich sein und geliebt werden wollen und Leiden vermeiden möchten. Menschen wie du und ich.

Gleichzeitig gibt es auch ein vergleichbares Verständnis der Wirklichkeit, dass es nämlich einige wenige Menschen gibt, die schlechte Absichten hegen und anderen Schaden zufügen werden. Am Kreuzungspunkt dieser gegensätzlichen Sichtweisen finden sich gesunder Menschenverstand und Vernunft. Mit dieser Einstellung können wir anderen vertrauen und davon ausgehen, dass Menschen immer Menschen bleiben: Einige sind überwiegend gut, andere überwiegend böse, und die meisten sind eine Mischung aus Gut und Böse. Das bedeutet, dass die meisten Leute, denen wir begegnen, gute Menschen sind, die unser Vertrauen nicht missbrauchen werden, wohingegen es eine kleine Minderheit gibt, die sich gegenteilig verhält und unser Vertrauen vielleicht missbrauchen wird. Mit der Vorgehensweise des Dalai Lama können wir Vorsichtsmaßnahmen dagegen ergreifen, dass uns Schaden zugefügt wird, und alles Notwendige unternehmen, um uns vor dieser kleinen Minderheit zu schützen. Gleichzeitig bewahren wir das Grundgefühl des Vertrauens zu anderen, ohne es einer kleinen Minderheit zu gestatten, unsere Wahrnehmungen, Einstellungen und Haltungen zu verzerren.

Übereinstimmung von persönlichem und gesellschaftlichen Glück

Ich sagte: „Als Sie gerade von den Vorteilen des Vertrauens gesprochen haben, kam mir ein kritischer Punkt in den Sinn. Diese Woche haben wir über die Faktoren gesprochen, die uns helfen können, innerlich mit unserer verunsicherten Welt zurechtzukommen und zum Glück zu finden. In früheren Gesprächen haben wir einmal über die unterschiedlichen äußeren Probleme in unserer Gesellschaft und der Welt gesprochen und nach Wegen gesucht, diese Probleme zu überwinden. Es scheint mir, dass Sie im Grunde genommen einen Ansatz entdeckt haben, der sozusagen ‚zwei Fliegen mit einer Klappe schlägt' und sowohl inneres als auch gesellschaftliches Glück hervorbringt. Sie haben gerade erwähnt, dass Vertrauen ein wichtiger Faktor bei der Lösung vieler Probleme dieser Welt sein kann. Größeres Vertrauen hilft, einen stärkeren Gemeinschaftssinn zu schaffen, und Vertrauen erleichtert ebenfalls erfolgreiche Dialoge bei Konfliktlösungen."

„Ja, natürlich", sagte der Dalai Lama, als ob das die natürlichste und offensichtlichste Beobachtung der Welt sei, obwohl diese Dinge gerade erst anfingen, mir langsam klar zu werden.

Ich fuhr fort: „Es scheint, dass die anderen positiven Geisteszustände, über die wir gesprochen haben, den gleichen Doppeleffekt haben: Auf der einen Seite leisten positive Emotionen einen direkten Beitrag zu unserem persönlichen Glück. Auf der anderen Seite sind positive Emotionen gleichzeitig auch Faktoren, die uns Kraft verleihen und direkt darin unterstützen, an einer besseren Welt zu arbeiten. In Ihrem persönlichen Fall sind es Hoffnung und Optimismus, die es Ihnen ermöglichen, sich weiterhin für die Menschenrechte und für eine größere Autonomie in Tibet einzusetzen, obwohl Ihnen hierin über fünfzig Jahre lang kein Erfolg beschieden gewesen ist."

„Das ist richtig", stimmte er zu.

Ich verspürte eine wachsende Aufregung, als die unterschiedlichen Themen und Inhalte, die wir bisher so intensiv besprochen hatten, nun anfingen, sich zu einem elegant gefügten und einheitlichen System zu ordnen, in dem inneres Glück und gesellschaftliches Glück Teile eines großen Zusammenhangs sind. Die Bemühungen, unsere inneren Probleme zu überwinden und zu innerem Glück zu finden, und die Bemühungen, die Probleme unserer Welt zu überwinden und glücklichere Gesellschaften zu schaffen, erschienen nun nicht mehr wie zwei getrennte und unabhängige Betätigungsfelder. Es war aber nicht so, als ob aufsehenerregende neue Tatsachen oder brandaktuelle Informationen enthüllt worden wären. Vielmehr schien es, als fügten sich die bereits vorhandenen Informationen zusammen und ergäben ein klareres Bild.

„An diesem Punkt scheinen inneres und äußeres Glück zusammenzulaufen. Und eigentlich beschränkt sich dieses Prinzip nicht nur auf spezielle positive Geisteszustände wie Hoffnung, Optimismus und Vertrauen, sondern bezieht sich auf *alle* positiven Emotionen, denen stets dasselbe Potential innewohnt, nämlich sowohl inneres als auch äußeres Glück zu fördern. Das erinnert mich an die vielen Studien, die gezeigt haben, dass glückliche Menschen altruistischer, gütiger und hilfsbereiter sind. Auch hier scheinen inneres Glück und Engagement für eine bessere Welt zu verschmelzen."

„Das funktioniert auch in der Gegenrichtung", ergänzte er. „Glückliche Menschen sind nicht nur hilfsbereiter, sondern anderen zu helfen ist auch die beste Art, sich selbst zu helfen und unser eigenes Glück zu fördern. Darauf weise ich immer wieder hin. Wenn wir anderen helfen, dann sind wir selbst es, die den Nutzen davon haben."

„Ich denke, von hier aus können wir die Entwicklung positiver Emotionen als einen unmittelbaren Beitrag zu unserem persönlichen Glück und – direkt oder indirekt – zur Lösung gesellschaftlicher Probleme betrachten. Positive Emotionen tragen somit zu einer glücklicheren Welt bei."

Der Dalai Lama nickte zustimmend.

Wir haben unseren Ergebnissen hier einen entscheidenden Aspekt hinzugefügt: Indem wir den Punkt hervorgehoben haben, an dem sich innere und äußere Welt kreuzen, haben wir einen Ansatz aufgezeigt, wie wir gleichzeitig persönliches und gesellschaftliches Glück erreichen können. Mit dem Vertrauen haben wir eine weitere Größe hinzugefügt, die sich auf umfassender gesellschaftlicher Ebene positiv auswirken kann. Wie wir gesehen haben, belegen Studien, dass Vertrauen in einer Gesellschaft ein Maß für das Glücksempfinden in dieser Gesellschaft ist. Vertrauen bringt auch viele konkrete Vorteile zur Überwindung gesellschaftlicher Probleme mit sich: Vertrauen zwischen gesellschaftlichen Gruppen kann Misstrauen und Angst verringern helfen und trägt zu einer friedlicheren Gesellschaft bei. Größeres Vertrauen baut Vorurteile ab und reduziert Ungleichbehandlungen und Streitigkeiten. Falls Streitigkeiten dennoch auftreten, dann verringert Vertrauen die Wahrscheinlichkeit, dass Gewalttätigkeiten ausbrechen.

Einige der faszinierendsten und wirklich revolutionären Forschungsergebnisse finden sich in den Studien, welche die Fähigkeit von positiven Emotionen belegen, sowohl unsere innere als auch unsere äußere Welt zu transformieren. Und in der Tat gibt es inzwischen umfangreiches empirisches Beweismaterial dafür, dass diese positiven Geisteszustände einen direkten Beitrag leisten können, die Probleme der Welt nicht nur zu *bewältigen*, sondern sie auch aktiv zu *verändern*.

Positive Emotionen als Gegenmittel für gesellschaftliche Probleme

Endlich können wir einen umfassenden Ansatz erkennen, wie wir in unserer verunsicherten Welt mit einer Strategie zum Glück finden können, die uns ermöglicht, gleichzeitig persönliches und gesellschaftliches Glück zu steigern. Da positive Emotionen direkt zu größerem persönlichem Glück beitragen, ist es lohnenswert zu betrachten, wie positive Emotionen helfen, gesellschaftliche Probleme zu verringern.

Als wir begonnen hatten, im Zusammenhang mit gesellschaftlichen Schwierigkeiten über das menschliche Glück zu sprechen, war der wachsende Mangel an gesellschaftlicher Verbundenheit und Gemeinsinn in vielen heutigen Gesellschaften eine der ersten Problemstellungen gewesen, die der Dalai Lama benannte. Bei der Untersuchung des Bindeglieds zwischen persönlichem Glück und gesellschaftlichem Zusammenhalt haben wir uns bisher darauf konzentriert, wie soziale Bindungen unser persönliches Glück steigern können. Enge Verbundenheit mit anderen führt aber nicht nur zu größerem Glück, sondern Glück und positive Emotionen resultieren auch in besseren sozialen Interaktionen. Neuere Studien brachten experimentelles Beweismaterial zum Vorschein, das den direkten Zusammenhang von Glück und positiven Geisteszuständen mit Kontaktfreude und erfolgreicheren sozialen Beziehungen belegt. Wird bei Versuchspersonen eine glückliche Stimmung hervorgerufen, dann vergrößert sich die Wahrscheinlichkeit, dass diese Person mit Fremden ein Gespräch beginnt und in Gesprächen (sei es mit Fremden oder mit Freunden) mehr persönliche Informationen preisgibt. Außerdem besteht dann die Tendenz, tiefere Verbindungen mit anderen einzugehen. Solche Veränderungen erleichtern es einem zweifellos, dem Ratschlag des Dalai Lama zu folgen und den eigenen Erfolg zu erhöhen, indem man mit einer sozialen Organisation oder Gruppe in Verbindung tritt.

Positive Emotionen in Dialogen und Konfliktlösungen

In unseren Gesprächen hatte der Dalai Lama seine feste Überzeugung zum Ausdruck gebracht, dass Kriege und Gewalt überholte Strategien der Konfliktlösung sind, und dass er es als nächste Stufe menschlicher Entwicklung betrachtet, dass wir unsere Konflikte durch Dialoge statt durch Gewalt lösen. Er zeigte aber einige Hürden auf, die zuerst überwunden werden müssen, um in erfolgreichen Dialog treten zu können: Wir müssen Wege finden, wie wir vergangene Feindseligkeiten aufgeben und alte rigide Betrachtungsweisen loslassen können. Wir müssen Wege finden, strittige Fragen auf neue und kreative Weise und aus anderen Blickwinkeln zu betrachten. Wir sollten lernen, unseren Horizont zu erweitern und unsere Vorstellungskraft einzusetzen, so dass wir auch die Position der anderen Partei einnehmen und die Lage von ihrer Seite aus betrachten können. Wir benötigen eine erweiterte und integrative Denkweise, die es uns zeigt, wie die wichtigsten Bedürfnisse beider Konfliktparteien erfüllt werden können.

Wir müssen eine Art des Denkens anwenden, die nicht starr, sondern flexibel und kreativ ist; eine Art des Denkens, die weniger selbstbezogen ist, unterschiedliche Standpunkte integrieren und gemeinsame Lösungsansätze finden kann; eine Art des Denkens, die eine Situation innovativ aus unterschiedlichen Blickwinkeln betrachten kann und offen für neue Informationen ist.

Wir sehen, dass dies eine gute Beschreibung genau *jener* Haltungen ist, die mit positiven Emotionen einhergehen, wie zahlreiche Experimente immer wieder gezeigt haben. In der Tat schaffen positive Emotionen Denkweisen, die bestens dafür geeignet sind, um in gemeinsamem Dialog Streitigkeiten und Dispute erfolgreich beizulegen.

Auf gleiche Weise wie die negativen Emotionen mit einem gewissen engstirnigen Denken einhergehen, gehen mit den positiven Emotionen charakteristische erweiterte Denkweisen einher, die die höher entwickelten, rationalen Areale des Gehirns nutzen. Es hat beinahe den Anschein, als ob diese Art zu Denken geradezu für Konfliktsituationen geschaffen ist, in denen zwei oder mehr Parteien versuchen, strittige Fragen zu lösen: Positive Emotionen verbessern integratives Denken, das wiederum dazu befähigt, bei einer Problemstellung ein breitgefächertes Spektrum an Fakten zu berücksichtigen und zu einer neuen Lösung zusammenzuführen. Ein positiver Geisteszustand führt auch zu flexiblerem Denken und einer geschmeidigeren geistigen Haltung, durch die man ein Problem aus unterschiedlichen Blickwinkeln betrachten kann. Und schließlich machen positive Emotionen den eigenen Geist empfänglich für neue Informationen und neue Sichtweisen; wir werden offener für andere Standpunkte und dafür, Konflikte durch Dialog zu lösen.

Wir haben mehrere Experimente erwähnt, die gezeigt haben, dass positive Emotionen Veränderungen im Denken hervorrufen, die in einer gesteigerten Fähigkeit münden, das „große, umfassende Bild" zu sehen, kreativer zu denken und innovative Wege zu den eigenen Zielen zu finden. Das sind alles Denkweisen, die beim Aushandeln von erfolgreichen Lösungen für Konflikte und Streitfragen hilfreich sind. Es gibt viele weitere Experimente, die die Auswirkungen positiver Stimmungen dokumentieren. Viele der entscheidenden Studien über die Auswirkungen von Glück auf unser Denken wurden von Alice Isen und ihren Forscherkollegen der Cornell-Universität durchgeführt. Zwanzig Jahre Forschungsarbeit bestätigen, dass unser Denken kreativer, integrativer, flexibler und für Informationen offener wird, wenn wir uns gut fühlen.

In einem Experiment versammelten die Forscher eine Gruppe von Versuchspersonen, in diesem Fall durchweg Ärzte. Nachdem bei einigen von ihnen eine positive Stimmung erzeugt worden war, wurden jeder Versuchsperson eine konkrete Fallgeschichte und relevante diagnostische Daten des Patienten vorgelegt. Die Ärzte wurden gebeten, „laut nachzudenken", während sie den Fall Schritt für Schritt analysierten, um zu einer Diagnose des Patienten zu gelangen (der Leberkrebs hatte). Danach analysierte man die Gutachten. Die

Forscher stellten fest, dass die Ärzte, die sich glücklich fühlten, ein besseres kritisches Denk- und Urteilsvermögen und bessere klinische Fähigkeiten aufwiesen. Diese Ärzte konnten die vorhandenen Informationen schneller einordnen und waren weniger geneigt, sich auf den ersten Gedanken zu versteifen oder in ihrer Diagnose zu vorschnellen Schlüssen zu kommen. Diese Fähigkeit zu mehr Offenheit, dazu, im eigenen Denken weniger starr zu sein, nicht vorschnell zu urteilen und nicht an der eigenen Meinung festzuhalten, führt auch bei Konfliktlösungen eher zu positiven Ergebnissen. In einem anderen Experiment haben Alice Isen und ihre Kollegen gezeigt, dass Verhandlungsführer, bei denen eine positive Gefühlsstimmung erzeugt worden war, in einer komplexen Verhandlungssituation schneller zu integrativen Lösungen und erfolgreichen Ergebnissen kamen.

Die gezielte Entwicklung positiver Emotionen kann zu einer neuen Art des Denkens führen, Dialog erleichtern und bessere Möglichkeiten für Konfliktlösungen schaffen. Die Vision des Dalai Lama für eine bessere und gewaltfreie Zukunft kann eines Tages Wirklichkeit werden. Das ist keine ferne Utopie, derzufolge die Menschen niemals kämpfen und nie gewalttätig sind, sondern eine Zukunft, in der friedlicher Dialog nicht die Ausnahme, sondern für den Großteil der Menschheit die Regel sein wird und ein Standardverfahren für Problem- und Konfliktlösungen mit einer großen Wahrscheinlichkeit auf Erfolg.

DREIZEHNTES KAPITEL

Positive Emotionen und der Aufbau einer neuen Welt

Wie wir miteinander umgehen

Ich hatte den Eindruck, dass wir große Fortschritte darin machten, unsere innere Welt mit den großen gesellschaftlichen Problemen unserer Zeit in Beziehung zu setzen. Der Dalai Lama schien ganz in die Sache vertieft. Als ich aber die Betriebsamkeit und Geschäftigkeit vor der Hotelsuite bemerkte, wusste ich, dass sich unsere Zeit langsam ihrem Ende näherte.

„Eure Heiligkeit, Sie sind detailliert auf das Thema Vertrauen eingegangen, das Sie mit unserem Gemeinschaftssinn in Verbindung gebracht haben. Hier scheint sich der Kreis zu schließen, und wir sind auf die Themen zurückgekommen, die wir bereits in unseren ersten Gesprächen untersucht haben. Sie haben damals darauf hingewiesen, dass allgemeiner Vertrauensmangel in einer Gesellschaft die sozialen Bindungen schwächt, dass aber die anwachsende soziale Isolation und die Abnahme des Gemeinschaftssinns ebenfalls mangelndes Vertrauen hervorrufen.

Im Versuch, die Gründe dieses Vertrauensmangels und des Verfalls unseres Gemeinsinns zu verstehen, hatte ich damals die ständig anwachsende Mobilität in unserer Gesellschaft ins Spiel gebracht. Sie waren aber der Auffassung gewesen, dass erhöhte Mobilität nicht notwendigerweise zu einer Erosion von Vertrauen oder einem Mangel an Gemeinschaftssinn führen muss. Sie hatten angeführt, dass es viele Faktoren geben kann, die diese weitverbreiteten Probleme hervorrufen. Können Sie eine zugrundeliegende Ursache nennen, die sowohl für die Erosion von Vertrauen in unserer Gesellschaft als auch für den Verfall unseres Gemeinschaftssinns verantwortlich ist, oder vielleicht einen gemeinsamen Faktor, der diese beiden miteinander verbindet?"

Er dachte nach, bevor er antwortete: „Das bringt uns darauf zurück, worüber wir gesprochen haben, als wir diese Themen zum ersten Mal betrachteten, dass nämlich beide die Frage betreffen, wie und auf welcher Grundlage wir miteinander umgehen. Basiert unser Umgang miteinander darauf, was uns voneinander unterscheidet oder darauf, was uns miteinander verbindet?“

„Eure Heiligkeit, nur zur Klarstellung“, sagte ich vorsichtig und hoffte, dass er meine Frage nicht in die Kategorie der „dummen Fragen“ einordnen würde: „Da Sie darauf hinweisen, dass die Grundlage unserer Beziehungen ein ausschlaggebender Faktor ist, könnten Sie kurz ausführen, was Ihrer Meinung nach in unserer Gesellschaft die üblichen Unterscheidungsmerkmale sind, auf denen die Leute normalerweise ihre Beziehungen aufbauen?“

Er war offensichtlich nicht geneigt, sich jetzt auf meine Frage einzulassen und antwortete: „Es kann natürlich viele Möglichkeiten geben, worauf jemand seine Beziehungen aufbaut. Das können familiäre Hintergründe sein, die finanzielle Situation, der Ausbildungsstand, die ethnische Zugehörigkeit, Sprache etc.

Diese Tendenz, mit anderen auf der Grundlage dessen in Beziehung zu treten, was uns unterscheidet, ist in der heutigen Gesellschaft sehr stark verbreitet. Dem wird ein großer Stellenwert beigemessen, und das spiegelt sich auch in den gesellschaftlichen Werten wider mit ihrer Betonung der Anhäufung von materiellem Wohlstand. Die Menschen scheinen manchmal ausschließlich damit beschäftigt zu sein, wie viel sie verdienen, wie viel sie wert sind und auf welcher sozialen Stufe sie stehen. Man sagte mir einmal, dass es eine Abneigung dagegen gebe, offen über das eigene Gehalt zu sprechen, weil die Höhe des Gehalts als Hinweis auf den eigenen Wert gesehen werde und darauf, wer man als Mensch sei. Ein grundlegendes Problem einer solchen Einstellung ist es jedoch, dass sie dazu führen kann, die Beziehung letztendlich zu dem Geld, dem Status und der Macht des anderen aufzubauen statt mit dem jeweiligen Menschen selbst. Wir haben dann eher aufgrund unserer eigenen Hoffnungen, Erwartungen und all der Dinge, die wir vom anderen bekommen möchten, eine Beziehung zu ihm. Wenn sich dann die finanzielle Situation dieser Person verändert, dann wird sich unsere Beziehung dementsprechend auch verändern.

Wenn wir also dem familiären Hindergrund, der finanziellen Situation, dem sozialen Status und der Arbeit der anderen einen größeren Wert beimessen und so ihre grundlegende Menschlichkeit als weniger bedeutend erachten, dann konzentrieren wir uns auf das, was uns voneinander unterscheidet, was zu einem Gefühl von Distanz zwischen uns führen wird. Das“, schloss er ab, „öffnet dann die Türen für vielerlei Probleme, Vertrauensmangel mit eingeschlossen.“

„Eure Heiligkeit, wir haben in unseren ursprünglichen Gesprächen über den Gemeinschaftssinn auch darüber gesprochen, wie diese Einstellung die Tür öffnet für die Unterteilungen des „Wir im Gegensatz zu ihnen“-Denkens, die …“

Der Dalai Lama erkannte die Richtung, in die ich wollte, nahm die Frage, die ich stellen wollte, vorweg und sagte: „Ja, aber es gibt noch einen anderen wichtigen Faktor, den wir nicht vergessen sollten und der von entscheidender Bedeutung ist. Wie wir gesehen haben, gibt es verschiedene Ebenen von ‚Gemeinschaft‘, basierend beispielsweise auf der gleichen Wohngegend, einer gemeinsamen Religion, der Kultur, gemeinsamen Interessen usw. In gewisser Weise konzentrieren wir uns auf dieser Ebene mehr auf die *äußeren Eigenschaften*, die wir mit anderen gemein haben. Wir können mit den anderen aber auch auf einer tieferen und grundlegenderen Ebene eine Beziehung haben, basierend auf unseren *inneren Eigenschaften*. Das sind gemeinsame Eigenschaften und Qualitäten, die wir als Menschen miteinander teilen, also unsere grundlegenden menschlichen Wesensmerkmale.

Wir fügen hier also diese tiefere Ebene hinzu, auf der wir Beziehungen zu anderen auf der Grundlage gemeinsamer menschlicher Eigenschaften herstellen. *Wenn wir ein Gefühl der Verbundenheit mit den anderen auf der Grundlage unserer gemeinsamen Menschlichkeit aufrechterhalten können, dann werden all diese Probleme nicht auftauchen, ganz gleich, welche anderen Faktoren als Basis für unseren Gemeinschaftssinn dienen und ganz gleich, auf welche Weise wir sonst mit den anderen in Beziehung stehen.*“

„Eure Heiligkeit, es hat hier den Anschein, dass wir nicht mehr nur darüber reden, unseren Gemeinschaftssinn, unsere gesellschaftlichen Bindungen und unser Vertrauen zu stärken. Sie scheinen vielmehr zu sagen, dass die Lösungen für alle Probleme, über die wir bisher gesprochen haben – Gewalt, Rassismus etc. – an diesem einen zentralen und ausschlaggebenden Punkt zusammenlaufen, wie wir als Menschen miteinander in Beziehung treten und uns austauschen."

„Das stimmt. Das ist richtig!", bestätigte der Dalai Lama und nickte energisch mit dem Kopf.

Ich fuhr fort: „Genau genommen taucht hier eine Frage auf, über die ich mir schon seit unseren ersten Gesprächen über den Perspektivenwechsel ‚Weg vom Ich – Hin zum Wir' Gedanken gemacht habe. Ich glaube, Sie erwähnten in jenen Gesprächen auch kurz, wie wichtig es sei, mit anderen auf dieser grundlegenden menschlichen Ebene umzugehen. Doch wie sollen wir hier genau vorgehen? Gibt es besondere Techniken, Strategien oder Meditationen, die helfen können, unsere Fähigkeit zu vergrößern, mit unseren Mitmenschen auf dieser grundlegenden Ebene, von der Sie sprechen, in Beziehung zu treten?"

Als ich diese Frage stellte, warf ich einen kurzen Blick auf meine Armbanduhr und sah, dass uns nur noch fünf Minuten verblieben, bis die vorgesehene Zeit für unsere Besprechung abgelaufen war, und sammelte mich für die Antwort, die ich nun erwartete.

Auch der Dalai Lama warf einen Blick auf seine Uhr, lachte und antwortete: „Das ist eine riesengroße Frage, die sich nicht in fünf Minuten abhandeln lässt. Vielleicht ist es besser, mit der Antwort zu warten, bis wir mehr Zeit dafür haben."

In unserem Gespräch an diesem Morgen schnitt der Dalai Lama einen Sachverhalt von grundlegender Bedeutung an und verfolgte die Wurzeln von Vertrauensverlust und dem Schwund unseres Gemeinschaftssinns zu ihrem gemeinsamen Ursprung zurück, der darin besteht, dass wir mit anderen mehr auf der Grundlage unserer Unterschiede statt unserer Gemeinsamkeiten in Beziehung treten. Wie können wir also einen Geisteszustand erreichen, in dem wir über ein gesundes Gespür für unsere eigene Identität und Integrität verfügen, gleichzeitig aber auch dazu in der Lage sind, uns mit unseren Mitmenschen eng zusammenzuschließen? Oder, auf der Ebene von Gruppen gesprochen: Wie können wir unseren Identitätsbereich erweitern und andere Gruppen in das mit einschließen, was wir als Eigengruppe und als Teil von „uns" betrachten?

Wir haben hier die Frage aufgeworfen, welche Rolle die positiven Emotionen für die Lösung unserer gesellschaftlichen Probleme spielen. Weitergehende Forschungsarbeiten auf dem Gebiet der positiven Psychologie und Neurowissenschaften haben gezeigt, dass positive Emotionen für Beziehungen förderlich sind, die auf Gemeinsamkeiten statt auf Unterschieden beruhen! Positive Emotionen bewirken Veränderungen in unserem Denken, so dass wir uns und andere eher als einander ähnlich wahrnehmen. Positive Emotionen tendieren dazu, die Grenzen unserer Identität zu erweitern und lassen diese Grenzen mehr zu einer durchlässigen Membran werden statt zu einer undurchdringlichen Wand.

Experimentelle Studien belegen, dass positive Emotionen einen unmittelbaren Perspektivenwechsel bewirken: ‚Weg vom Ich – Hin zum Wir'! Das geschieht sowohl auf individueller Ebene zwischen einzelnen Menschen als auch auf gesellschaftlicher Ebene zwischen verschiedenen Gruppen. In einer Studie über die zwischenmenschliche Ebene beispielsweise wurden Versuchspersonen von den Wissenschaftlern veranlasst, über ihre persönlichen Beziehungen zu sprechen. Während einer Pause wurde bei einigen Versuchspersonen eine glückliche Stimmung erregt. Als man das Experiment dann fortsetzte, stellten die Wissenschaftler fest, dass die Versuchspersonen, die nun glücklicher waren als die anderen, beim Sprechen über ihre Beziehungen öfters die Worte „wir" und „uns" benutzten und seltener die Worte „ich" und „mein"!

Ähnliche Wirkungen wurden auch auf der Ebene von ganzen Gruppen festgestellt. Auch in diesem Fall lassen sich die günstigen Auswirkungen positiver Emotionen auf die Veränderungen im Denken zurückführen, die mit den positiven Emotionen einhergehen. Eine dieser Veränderungen besteht in einer „integrativeren" Wahrnehmung, d. h. es ist eine Tendenz dahin zu erkennen, dass unterschiedliche Kategorien zusammengefasst und in eine größere, umfassendere Kategorie eingeordnet werden. Dies äußert sich im Allgemeinen auch in einer geringeren Neigung, die Dinge in unterschiedliche Kategorien einzuordnen. In einem Experiment gab man den Teilnehmern beispielsweise ein Set von vierzehn verschiedenfarbigen Bausteinen und bat sie, diese anhand ihrer Farben in Gruppen einzuordnen. Versuchspersonen in guter Stimmung teilten die Bausteine in weniger Kategorien ein als Versuchspersonen in neutraler oder schlechter Stimmung.

Menschen, die positive Emotionen erleben, neigen auch zu einem ausgeprägteren Gespür für gegenseitige Verbundenheit und dazu, die üblichen Grenzen von Kategorien zu erweitern. In einem Experiment, bei dem es um Wortassoziationen ging, fiel es Versuchspersonen mit positiven Emotionen leichter, den Zusammenhang zwischen „Aufzug“ und „Kamel“ wahrzunehmen, indem sie erkannten, dass beide Begriffe zur Kategorie „Beförderungsmittel“ gehören.

Auf der Suche nach Lösungen für die gesellschaftlichen Probleme der heutigen Zeit mag das Eingruppieren von farbigen Bauklötzen und das Zusammenfügen von Wortpaaren zunächst irrelevant erscheinen. Doch in Wirklichkeit entpuppen sich diese Forschungsergebnisse deswegen als grundlegend wichtig, weil die unterschiedlichen Arten des Denkens, die mit einem glücklichen Geisteszustand einhergehen, auch darauf angewendet werden können, wie wir *gesellschaftliche Kategorien* wahrnehmen. Experimentelle Erkenntnisse zeigen, dass Personen in einer glücklichen Verfassung dazu neigen, unterschiedliche gesellschaftliche Kategorien eher im Hinblick auf das umfassende Ganze wahrzunehmen, dass es ihnen leichter fällt, die wechselseitige Verbundenheit zwischen Menschen und Gruppen zu sehen, und dass sie ihr Augenmerk weniger auf die Unterschiede zwischen gesellschaftlichen Gruppen richten. Glückliche Personen nehmen zwischen der Eigengruppe, zu der sie gehören, und Fremdgruppen weniger Unterschiede wahr und stellen auch zwischen unterschiedlichen Fremdgruppen weniger Unterschiede fest. In anderen Worten: Diese Art des Denkens bewirkt nicht nur, dass andere Gruppen der Eigengruppe ähnlicher erscheinen, sondern auch, dass die anderen Gruppen einander ähnlicher erscheinen.

Auf praktischer Ebene haben Experimente gezeigt, dass positive Emotionen es erleichtern, zwischen einem selbst und Mitgliedern anderer gesellschaftlicher Gruppen gemeinsame verbindende Eigenschaften wahrzunehmen, dass sie sich günstig auf die Identität der Eigengruppe auswirken und Voreingenommenheiten und Konflikte zwischen einzelnen Gruppen verringern. Wenn beispielsweise mehrere Gruppen an einer gemeinsamen Aktivität teilnehmen, dann sind Gruppenmitglieder mit einer positiven Stimmung eher gewillt, die „anderen" als Teil eines umfassenderen „Wir" zu sehen, finden eher zu einer gemeinsamen Eigengruppenidentität und nehmen zudem jede einzelne Gruppe eher als Teil einer größeren, allumfassenden Gruppe wahr. Dies führt dazu, dass sie mit einer größeren Vielfalt an Menschen zusammenarbeiten können, und es fördert zudem die Kooperationsbereitschaft zwischen den einzelnen Gruppen.

Positive Emotionen und Vorurteile

Die von den positiven Emotionen hervorgerufen Veränderungen in unserer Einstellung führen auch dazu, dass Mitglieder von Fremdgruppen eher als Teil der übergeordneten Kategorie „Mensch" wahrgenommen werden, anstatt sie aufgrund ihrer Zugehörigkeit zu einer bestimmten Rasse, zu einem bestimmten Volk oder einer bestimmten gesellschaftlichen Gruppe in getrennte und starr definierte Kategorien einzuordnen. Das kann dazu beitragen, Vorurteile und die potentiell negativen Folgen von Vorurteilen wie etwa Diskriminierung, Ungleichbehandlung, Rassismus, Hass und Gewalt abzubauen. *In der Tat zeigen experimentelle Erkenntnisse, dass Menschen in einer glücklicheren Gemütsverfassung Mitglieder anderer Gruppen mit weniger Vorurteilen und Hass wahrnehmen.*

Barbara Fredrickson und ihre Forscherkollegen veranschaulichten in einem Experiment den Einfluss von positiven Gefühlen anlässlich eines Phänomens, das in der Fachliteratur unter dem englischen Namen „Own Race Bias" bekannt ist, also eine „Ausrichtung auf die eigene Rasse", kurz ORB genannt. Dies ist ein wohlbekanntes psychologisches Phänomen, das seit Jahrzehnten erforscht worden ist. Es besteht darin, dass Menschen im Allgemeinen die Gesichter von Mitgliedern der eigenen Rasse viel leichter erkennen und unterscheiden können als die Gesichter von Mitgliedern anderer Rassen. Im allgemeinen Sprachgebrauch wird dieses Phänomen umschrieben mit: „Die sehen für mich alle gleich aus." Man vermutet, dass dies aufgrund einer natürlichen Voreingenommenheit gegenüber anderen Rassen geschieht – wir haben darüber bereits in den ersten Kapiteln dieses Buches gesprochen. Dies führt dazu, dass unser Gehirn die empfangenen Informationen auf unterschiedliche Weise verarbeitet, je nachdem, ob wir das Gesicht eines Menschen der eigenen oder aber einer anderen Rasse sehen.

Um den Ursprung von ORB, der Ausrichtung auf die eigene Rasse, zu verstehen, ist es hilfreich, kurz einen Blick darauf zu werfen, was in unserem Gehirn beim Betrachten von Gesichtern geschieht. Der Bereich unseres Gehirns, der für das Erkennen von Gesichtern verantwortlich ist, heißt – nach seiner Lage im Gyrus fusiformis (im unteren Temporallappen) benannt – „fusiformes Gesichtsareal". Das ist ein Bereich im Gehirn, der immer dann aktiviert wird, wenn wir Gesichter von Menschen der eigenen Rasse sehen. Untersuchungen am Gehirn mithilfe bildgebender Verfahren haben gezeigt, dass die Aktivierung des fusiformen Gesichtsareals im Allgemeinen drastisch geringer ausfällt, wenn wir Gesichter von Mitgliedern einer anderen Rasse sehen. Warum ist das so? Wir haben bereits an anderer Stelle gesehen, dass unsere instinktive Voreingenommenheit gegenüber Fremdgruppen – beispielsweise gegenüber anderen Rassen – mit der Aktivierung der Amygdala in Verbindung steht. Man fand nun heraus, dass eine Aktivierung der Amygdala dazu führt, dass von hier Signale zum fusiformen Gesichtsareal gesendet werden. Dessen Aktivierung wiederum hat zur Folge, dass das fusiforme Gesichtsareal weniger stark erregt wird und so dessen Fähigkeit verringert wird, zwischen eindeutigen und unverwechselbaren Gesichtsmerkmalen zu unterscheiden.

In diesem Experiment nun ließen die Forscher um Barbara Fredrickson weiße Versuchspersonen Photographien von Weißen und von Schwarzen betrachten. Die Versuchspersonen legten alle eine „Ausrichtung auf die eigene Rasse" (ORB) an den Tag und konnten später die weißen Gesichter, die sie betrachtet hatten, leichter wiedererkennen als die schwarzen Gesichter. In diesem Experiment handelte es sich zwar um weiße Versuchspersonen, doch das Phänomen dieser „Ausrichtung auf die eigenen Rasse" findet sich in allen Rassen wieder. Freilich handelt es sich hierbei um einen automatisch ablaufenden Prozess, der nicht bewusst steuerbar ist und der von den Versuchspersonen im Allgemeinen noch nicht einmal bemerkt wird. *Nachdem die Forscher in den Testpersonen eine positive Stimmung hervorgerufen hatten, stellte man bei neuerlichen Gesichtserken-*

nungstests fest, dass die positiven Gefühle das Phänomen der „Ausrichtung auf die eigene Rasse" vollständig beseitigt hatten! Die Fähigkeit der weißen Testpersonen, die Gesichter von weißen Menschen zu erkennen, war konstant geblieben, aber die Schwierigkeiten beim Erkennen von schwarzen Gesichtern waren verschwunden. Anders ausgedrückt: *Die positiven Gefühle hatten zur Folge, dass die weißen Versuchspersonen schwarze Gesichter genauso gut erkennen konnten wie Gesichter von Menschen der eigenen Rasse, im Grund genommen also die Mitglieder der Fremdgruppe wie Mitglieder der Eigengruppe wahrnahmen*, zumindest im Rahmen dieser Studie.

Ein interessanter Aspekt dieses Experiments ist, dass unter normalen Umständen, wenn die „Ausrichtung auf die eigene Rasse" nicht aktiv ist, unser Gehirn dazu neigt, Gesichter auf „holistische" Weise wahrzunehmen, als ein einheitliches Ganzes statt als Ansammlung einzelner Bestandteile. Wie bereits erörtert, bewirken positive Emotionen im Allgemeinen, dass die Fähigkeit zu ganzheitlicher Wahrnehmung – also dazu, ein Gesamtbild zu sehen – gestärkt wird. Es ist wahrscheinlich, dass die Fähigkeit zu holistischer Sichtweise eine Rolle bei der erwähnten Wirkung positiver Emotionen spielt, die „Ausrichtung auf die eigene Rasse" zu verringern. Man hat dahingehend argumentiert, dass, wenn die „Ausrichtung auf die eigene Rasse" aktiv ist, Gesichter von Menschen anderer Rassen im Gehirn nicht holistisch verarbeitet werden, nicht als Gesichter, sondern eher wie unbelebte Objekte. Unter diesen Bedingungen wird das im Gedächtnis gespeicherte Bild eines Gesichtes normalerweise von Rassestereotypen verzerrt: Ein schwarzes Gesicht wird vielleicht in einer dunkleren Hautfarbe in Erinnerung gerufen als in Wirklichkeit, und die Gesichtszüge werden auf eine Art und Weise erinnert, die mehr den Stereotypen ähneln. Unter dem Einfluss von positiven Emotionen verschwindet jedoch diese „Ausrichtung auf die eigene Rasse", und ein Mitglied einer anderen Rasse wird mit größerer Wahrscheinlichkeit als Individuum gesehen, als komplexes menschliches Wesen und weniger im Sinne einer eindimensionalen, auf Rassenzugehörigkeit beruhenden stereotypen Klischeevorstellung.

Positive Emotionen als Strategie für gesellschaftlichen Wandel

Wir haben Argumente angeführt, warum positive Emotionen eine Lösung für einige der bisher beschriebenen gesellschaftlichen Probleme darstellen. Wie der Dalai Lama häufig sagt, benötigen wir eine Vielzahl an Methoden und Lösungen. Es gibt kein Allheilmittel für die Übel dieser Welt. *Es gibt jedoch umfangreiche wissenschaftliche Beweise dafür, dass es sich bei der Entwicklung von positiven Emotionen um eine Strategie handelt, die unmittelbar zu persönlichem Glück beitragen kann und gleichzeitig Denk- und Handlungsweisen hervorbringt, die uns helfen können, viele der Probleme unserer heutigen Welt zu verringern.*

Wenn wir diese Strategie anwenden wollen, um gesellschaftliche Probleme zu überwinden, dann liegt die Herausforderung selbstverständlich darin, herauszufinden, wie sich positive Emotionen breitflächig und in großem Umfang hervorrufen lassen. In ihren Experimenten haben Wissenschaftler in Versuchspersonen dadurch positive Emotionen ausgelöst, dass sie ihnen amüsante oder moralisch aufrichtende Kurzfilme zeigten, ihnen kleine Tüten mit Süßigkeiten schenkten oder sie überraschend Geld finden ließen. Das Anheben des durchschnittlichen Glücksempfindens innerhalb einer ganzen Nation ist aber eine völlig andere Angelegenheit. Doch erfreulicherweise gibt es Forschungsarbeiten, die Möglichkeiten zu einer nachhaltigeren Steigerung von Glück aufzeigen. Zum Beispiel ist der Ansatz des Dalai Lama, bei dem es um Veränderungen in der eigenen grundlegenden Einstellung geht, sehr effizient. Seine Methode zur Steigerung von Hoffnung und Optimismus durch Einnehmen einer umfassenderen Perspektive, durch positive Neubewertung usw. bietet umfassende Anwendungsmöglichkeiten und kann generell eingesetzt werden, um negative Emotionen abzubauen und positivere Emotionen zu entwickeln. Darüber hinaus gibt es auch andere wissenschaftlich untermauerte Methoden, um positive Emotionen zu verstärken, wie etwa Meditation, die Übung in Dankbarkeit, körperliche Bewegung und anderes mehr. Das Problem liegt nun darin, dass wir unsere Mitmenschen nicht dazu zwingen können, ihre Denkweise und ihr Verhalten zu ändern, selbst wenn das zu größerem Glück für sie und für ihre Familien führen und zu einer glücklicheren Gesellschaft mit weniger Vorurteilen, Hass, Streitigkeiten und Gewalt beitragen würde.

Doch die Entwicklung von positiven Emotionen ist auf jeden Fall einer von vielen vielversprechenden Ansätzen, den wir anwenden können, um einige unserer gesellschaftlichen oder globalen Probleme zu überwinden, wenn es, wie der Dalai Lama empfiehlt, konzertierte Aktionen gibt, um die Menschen mithilfe der Medien und auf anderen Wegen über die vielen Vorteile der positiven Emotionen und über praktikable Strategien zur Erlangung eines glücklicheren Geisteszustandes zu informieren. Dieser Ansatz zur Überwindung gesellschaftlicher Probleme könnte möglicherweise viel schneller und wirksamer sein als andere Arten von Weiterbildungsprogrammen und Sensibilisierungsmaßnahmen, die die Verringerung von Vorurteilen, Rassismus und Gewalt zum Ziel haben. Einer der Gründe hierfür ist, dass es viel einfacher scheint, die Menschen einer Gesellschaft davon zu überzeugen, neue Methoden anzuwenden, die ihr eigenes Glücklichsein und Wohlergehen vergrößern, anstatt sie zu veranlassen, Programme zur Verringerung unterschiedlicher gesellschaftlicher Probleme umzusetzen.

Darüber hinaus rufen die Kultivierung von Glück und positiven Emotionen eine besondere Nebenwirkung hervor, die besonders gut geeignet ist, gesellschaftliche Veränderungen herbeizuführen und zu einer besseren Welt beizutragen. Untersuchungen haben gezeigt, dass ein Zuwachs an Glück und positiven Emotionen den einzelnen Menschen altruistischer, gemeinnütziger und eher bereit werden lässt, sich für andere zu öffnen und ihnen zu helfen. Wie die anderen Eigenschaften positiver Emotionen, so bewirkt auch diese einen rascheren gesellschaftlichen Wandel, als wenn wir die Probleme einzeln in Angriff nehmen und uns dabei auf Methoden verlassen, die bei den einzelnen Mitgliedern einer Gesellschaft nach und nach Verhaltensänderungen bewirken sollen.

Ein weiterer Vorteil der positiven Emotionen liegt darin, dass ihre Entwicklung und Kultivierung automatisch zu Veränderungen im Denken und Handeln einer Person führen und somit zu größerem Glück. Im Gegensatz zu anderen Weiterbildungs- und Sensibilisierungsprogrammen können solche durch die Kultivierung positiver Gefühle hervorgerufenen Veränderungen immer mehr an Dynamik gewinnen und, wie bei einem Schneeballeffekt, immer größere Auswirkungen bewirken.

Außerdem *sind positive Emotionen ansteckend*! Auch wenn es Menschen geben mag, die gezielte Anstrengungen unternehmen müssen, um die eigene Grundeinstellung zu verändern, um positive Emotionen oder ihr alltägliches Glück zu steigern, so lässt sich das Glücksempfinden von anderen Menschen bereits dadurch erhöhen, dass sie in Kontakt mit glücklichen Personen kommen.

In einem unserer Gespräche sagte der Dalai Lama: „Die Entwicklung hin zu einer friedlicheren und glücklicheren Gesellschaft muss auf der Ebene des einzelnen Individuums beginnen, sich von dort auf die eigene Familie ausweiten, dann auf die Nachbarschaft, die weitere Gemeinschaft und so immer weiter."

Diese Worte gewinnen noch größere Bedeutung, wenn man sie im Licht einiger erstaunlicher neuerer Forschungen über die ansteckende Natur von Gefühlen betrachtet, mit denen gezeigt wurde, wie das Glück eines Menschen sich *buchstäblich* „auf die eigene Familie, dann auf die Nachbarschaft, die weitere Gemeinschaft und so immer weiter" ausdehnt.

Diese ansteckende Eigenschaft von Emotionen ist bereits seit geraumer Zeit bekannt. Unser Wissen hierüber basiert auf Studien, die aufzeigten, dass wir, wenn wir miterleben, wie Mitmenschen ein bestimmtes Gefühl erfahren und ausdrücken, dazu neigen, selber dieses Gefühl zu erleben. Bei der Erforschung der für dieses Phänomen verantwortlichen Abläufe im menschlichen Gehirn sind einige Neurowissenschaftler zu der Auffassung gelangt, dass hier sogenannte „Spiegelneuronen" eine Rolle spielen. Ein Spiegelneuron ist eine Gehirnzelle, die nicht nur dann Signale sendet, wenn man selber eine Handlung ausführt, sondern auch dann, wenn man beobachtet, wie jemand anderes die gleiche Handlung ausführt. Man nimmt an, dass Spiegelneuronen es uns ermöglichen, uns an den emotionalen Zustand von anderen anzupassen, mit ihm ‚mitzuschwingen', und dass sie bei der Entwicklung von Empathie eine Rolle spielen.

In einer verblüffenden Studie, die man in einem Zeitraum von 20 Jahren an 5000 Erwachsenen durchführte und deren Ergebnisse im Januar 2009 in der medizinischen Fachzeitschrift *British Medical Journal* veröffentlicht wurden, haben Wissenschaftler der Universität von Kalifornien (San Diego) und der Harvard-Universität herausgefunden, dass die ansteckende Eigenschaft von Glück viel tiefgehender, umfassender und langanhaltender ist, als wir bisher glaubten, und dass sich Glück in sozialen Netzwerken wie ein Virus ausbreitet. Die Forscher entdeckten, dass die Anwesenheit von glücklichen Personen im eigenen sozialen Netzwerk die Wahrscheinlichkeit, sich selber glücklich zu fühlen, dramatisch erhöhen kann.

Wenn Sie glücklich sind, erhöhen Sie die Chancen, dass sich Ihr direkter Nachbar auch glücklich fühlt, um 34 Prozent und die Wahrscheinlichkeit, dass sich Ihre Freundin oder Ihr Freund glücklich fühlen, um 25 Prozent, wenn diese nicht weiter als eine Meile (etwa 1,6 Kilometer) von Ihnen entfernt leben! Man fand heraus, dass die Stärke dieser ansteckenden Wirkung des Glücklichseins sowohl von der Art der Beziehung zu der anderen Person abhängt als auch von der Entfernung zu ihr. Im Durchschnitt jedoch, so berichten die Autoren dieser Studie, erhöht jede glückliche Person in Ihrem sozialen Netzwerk die Wahrscheinlichkeit, dass Sie sich selber glücklich fühlen, um neun Prozent. Das funktioniert in beide Richtungen: Wenn Sie in einer glücklichen Familie leben und Sie in Ihrem sozialen Netzwerk glückliche Freunde haben, erhöht dies auch Ihre Chancen, sich glücklich zu fühlen. Erstaunlicherweise entdeckten die Wissenschaftler auch, dass sich Glück im sozialen Netzwerk eines Menschen über bis zu „drei Ecken“ ausbreiten kann. Ihr eigenes Glück und Wohlbefinden kann sich also nicht nur auf Ihre Freunde auswirken, sondern auch auf Freunde Ihrer Freunde und sogar auf Freunde von Freunden von Freunden, auf Menschen also, von denen Sie unter Umständen noch nie etwas gehört haben und denen Sie vielleicht niemals begegnen werden. Zusätzlich zu der größeren Reichweite dieser übertragbaren Wirkung ist auch die zeitliche Dauer dieses Effekts weitaus länger als bisher angenommen. Die Forscher weisen darauf hin, dass die Wirkung eines solchen Angestecktwerdens vom Glück anderer *bis zu einem Jahr lang anhalten kann*! Während sich also Glück und positive Emotionen in unseren sozialen Netzwerken, Gemeinschaften und Gesellschaften ausbreiten, wird sich zusammen mit diesen persönlichen Vorteilen auch der gesellschaftliche Nutzen vergrößern und tiefere Wurzeln fassen können.

Die Bedeutung, die dem Glück und den positiven Emotionen bei der Unterstützung gesellschaftlichen Wandels und beim Aufbau einer besseren Welt zukommt, geht weit über die Themen hinaus, über die wir hier gesprochen haben. Ronald Inglehart, Professor am Zentrum für politische Studien and der Universität von Michigan, führte beispielsweise Untersuchungen durch, die darauf hinweisen, dass die Anhebung des durchschnittlichen Glücksempfindens in der Bevölkerung einer bestimmten Nation zu mehr Freiheit und Demokratie in diesem Land führen wird. Es hat also beinahe den Anschein, als sei der von Glück und positiven Emotionen ausgehende Nutzen nicht zu übertreffen. Statt die Suche nach persönlichem Glück als einen ichbezogenen und übersteigerten Luxus zu bezeichnen, ließe sich durchaus argumentieren, dass es unsere *Pflicht* ist, glücklich zu sein und dass wir alles in unserer Macht Stehende tun müssen, glücklich zu sein, wenn wir uns wirklich um unsere Mitmenschen und um den Aufbau einer besseren Welt sorgen.

Positive Emotionen, das Gehirn und die Hoffnung für die Zukunft

Wenn wir die ernsthaften Probleme betrachten, denen sich unsere Welt heute gegenübersieht, dann können wir all diese gesellschaftlichen Probleme letztendlich auf das menschliche Herz und den menschlichen Geist zurückführen. Und wenn wir zu ermitteln versuchen, wie wir diese Probleme überwinden können, ist es wichtig, das biologische Fundament und Trägermaterial unserer menschlichen Emotionen und Denkweisen zu berücksichtigen: unser Gehirn. Denn dieses Organ verleitet uns dazu, all die vermeintlichen Unterschiede und Verschiedenheiten zwischen den Menschen wahrzunehmen, und es ist unser Gehirn, das für feindselige, ängstliche oder aggressive Emotionen verantwortlich ist, die letztlich zu den gewalttätigen, grausamen und dummen Verhaltensweisen führen, mit denen wir uns gegenseitig Schaden zufügen.

Zuvor haben wir besprochen, dass sich unser Gehirn hauptsächlich im Zeitalter des Pleistozäns entwickelt hat, und dass die Entwicklung seiner gegenwärtigen anatomischen Struktur vor etwa 100 000 Jahren abgeschlossen war. Unser Gehirn ist ausgelegt für die Probleme, mit denen unsere entfernten Vorfahren zu kämpfen hatten. Der Dalai Lama wies jedoch darauf hin, dass die moderne Welt sich gewaltig von der Welt unserer entfernten Vorfahren unterscheidet. Daher können Reaktionsmuster und Verhaltensweisen, die für unsere Vorfahren einmal adaptiv und hilfreich gewesen sind, uns heutigen Menschen große Schwierigkeiten bereiten. Während solche Verhaltensweisen und Reaktionsmuster unsere Urahnen vor lebensbedrohlichen Gefahren bewahrt haben, reagieren wir heutzutage in gleicher Weise auf Gefahren, die lediglich auf unseren Vorstellungen oder Projektionen beruhen.

Wenn wir heutige Menschen mit Schädeln des 21. Jahrhundert herumlaufen, in denen sich jedoch steinzeitliche Gehirne befinden, deren Haltbarkeitsdatum vor über 100 000 Jahren abgelaufen ist, sind wir dann nicht dem Untergang geweiht? Wir Erdbewohner verfügen heute über die technischen Mittel, alles Leben auf der Welt vollständig auszulöschen. Können wir uns da wirklich den Luxus erlauben, herumzusitzen, abzuwarten und die nächsten 100 000 oder eine Million Jahre *„Mensch ärgere dich nicht"* zu spielen, bis die Kräfte der Evolution aufgeholt und unsere Gehirne sich an die Bedingungen der Moderne angepasst haben?

Glücklicherweise sind wir *nicht* dem Untergang geweiht. Auch wenn unsere Gehirne so verdrahtet sind, um bestmöglich mit den Problemen des scheinbar endlosen Zeitalters der Jäger-und-Sammler-Gesellschaften zurechtzukommen, so verfügt das Gehirn aber auch über gewaltige Ressourcen, die wir dafür einsetzen können, unsere gewohnten Denkmuster umzuformen und die Art und Weise zu verändern, wie wir auf die uns umgebende Welt reagieren. Tatsächlich stehen uns hier große, noch unerschlossene Ressourcen zur Verfügung. Auch wenn die Schaltkreise unseres Gehirns teilweise auf veralteten Programmen beruhen und einige dieser Schaltkreise – in längstvergangenen Zeiten fest verdrahtet – uns dazu *drängen*, uns auf eine bestimmte Weise zu verhalten, so sind wir nicht *gezwungen*, uns so zu verhalten. Ja, wir verfügen über die Fähigkeit zu Hass, Ärger, Vorurteilen und übertriebenen Ängsten, doch wir verfügen auch über die Fähigkeit zu Güte, Mitgefühl, Toleranz, Altruismus und Nächstenliebe. Ja, es gibt die primitiveren Emotionen unseres limbischen Systems, doch wir verfügen auch über einen hochentwickelten Neokortex, den stammesgeschichtlich jüngsten Teil unserer Großhirnrinde mit der Fähigkeit zu logischem Denken, kritischem Urteilsvermögen, Kreativität und all den anderen höheren Hirnfunktionen. Und wir haben die Wahl, welche dieser Reaktionsmöglichkeiten wir kultivieren und stärken wollen.

In jedem Augenblick unseres Lebens bilden sich beispielsweise neue Verbindungen (Synapsen) zwischen unseren Neuronen als Antwort auf neue Lerninhalte und neue Erfahrungen. *Jede Sekunde* unseres Lebens werden *eine Million* neuer Nervenverbindungen erzeugt! Wir verfügen über die Fähigkeit, neue Schaltkreise zu bilden, neue Verbindungen zwischen den Nervenfasern in unserem Gehirn zu schaffen und neue Nervenbahnen zu formen, die die Struktur und die Funktion des Gehirns umgestalten können. Diese erstaunliche Fähigkeit des Gehirns wird als Neuroplastizität bezeichnet. Aufgrund eines verbesserten Verständnisses dieser Plastizität des Gehirns wissen wir, dass das Gehirn kein unveränderliches Organ ist, das unwiderruflich fixiert ist. Wir können die Programmierung, die festlegt, wie wir auf Situationen reagieren, neu gestalten und unseren Geist sogar trainieren, die Dinge in einem anderen Licht zu sehen.

Diese Eigenschaften des Gehirns ermöglichen es uns, neue gewaltfreie Wege für Konfliktlösungen und neue Wege im Umgang mit unseren Mitmenschen zu finden. Sie sind die Voraussetzung für die Grundprämisse der Buchreihe über die *Glücksregeln,* deren dritten Band Sie in Händen halten: nämlich für die Tatsache, dass wir unseren Geist schulen können, glücklich, wirklich glücklich, gütiger und mitfühlender zu werden.

Alles, was wir jetzt brauchen, ist der Wille dazu – und ein wenig Übung. Vom Standpunkt unserer neuralen Grundausstattung betrachtet, die wir bei der Geburt erhalten haben, beginnt der Weg zu einer friedvolleren und gewaltloseren Welt, in der wir sowohl inneres, persönliches als auch äußeres, gesellschaftliches Glück genießen können, in unserem Inneren. Es gibt also Anlass zum Optimismus, ja sogar zur Euphorie. Die Vision des Dalai Lama von einer Welt, die von Güte und Mitgefühl statt von Grausamkeit beherrscht wird; einer Welt, in der unsere zwischenmenschlichen Konflikte hauptsächlich durch Dialog gelöst werden statt durch Gewalt: Diese Welt liegt durchaus im Bereich des Möglichen.

VIERZEHNTES KAPITEL

Zu unserer gemeinsamen Menschlichkeit finden

„Eure Heiligkeit, morgen werden Sie Tuscon verlassen und zur nächsten Station Ihrer Vortragsreise aufbrechen. Da ich mich hier verabschieden und Sie nicht zur nächsten Station Ihrer Reise begleiten werde, ist dies heute für eine Zeit lang wohl unser letztes Gespräch. Das Thema konkreter Methoden zur Entwicklung eines tiefen Verbundenheitsgefühls mit anderen, das ich am Ende unseres gestrigen Gesprächs angeschnitten habe, lag mir schon seit längerem am Herzen. Gestern hatten wir keine Zeit mehr, näher darauf einzugehen. Um auf der sicheren Seite zu sein, möchte ich unser heutiges Treffen mit dieser Frage beginnen."

„Gut. Fangen wir an", antwortete der Dalai Lama.

Ich begann: „Zur Wiederholung: Wir sind gestern zu der Schlussfolgerung gekommen, dass die meisten unserer gesellschaftlichen Probleme auf die eine oder andere Weise mit der Unfähigkeit zusammenhängen, uns mit unseren Mitmenschen auf einer tiefen Ebene zu verbinden, einer grundlegend menschlichen Ebene, auf der wir die anderen als Menschen wahrnehmen, genau wie uns selbst. Da dieser Punkt so überaus wichtig ist, hoffe ich, dass wir ihn genauer untersuchen und auf einen praktikablen Ansatz kommen können, um diese Art der Verbindung zu unseren Mitmenschen zu entwickeln, auch zu jenen Menschen, mit denen wir nicht viel gemeinsam zu haben scheinen."

„Hier lässt sich vielleicht eine bekannte buddhistische Methode anwenden, wie man mit Problemen umgehen kann", sagte der Dalai Lama. „In einer Analogie gesprochen, ist es, wie wenn man Krankheiten heilt: Zuerst verstehen wir das Problem; zweitens analysieren wir dessen Ursachen und Bedingungen; und drittens untersuchen wir, ob es ein mögliches Heilmittel gibt. Wenn das der Fall ist, versuchen wir schließlich, dieses Mittel anzuwenden."

„Eure Heiligkeit, dieses Modell find ich sehr ansprechend", antwortete ich enthusiastisch. „Lassen Sie es uns also praktisch anwenden. Die Probleme, über die wir in unseren letzten Gesprächen gesprochen haben, können als einige der Grundübel unserer heutigen Gesellschaft angesehen werden und umfassen mangelndes Gemeinschaftsgefühl, wachsende soziale Entfremdung und Isolation, mangelnden Gemeinschaftssinn, Vertrauensmangel und auch akute Probleme wie Vorurteile, Rassismus, Gewalt und Ähnliches. Liege ich richtig?", fragte ich.

„Ja, das stimmt", antwortete der Dalai Lama.

Da dies unser letztes Treffen in dieser Gesprächsreihe war, hakte ich nach: „Zur Wiederholung: Die Ursachen für diese Übel liegen in unseren destruktiven Emotionen, in unserem verzerrten Denken, außerdem in den Konditionierungen durch unsere Umwelt und, auf einer grundlegenderen Ebene, in der Tendenz, uns in Gruppen einzuteilen, also in der Kategorisierung von ‚Wir im Gegensatz zu ihnen'. Einige dieser ‚Krankheiten' entstehen, wenn bestimmte Gruppen gegenüber anderen Gruppen Vorurteile und stärkere Formen der Diskriminierung entwickeln. Richtig?"

„Richtig", bestätigte er wieder und fügte hinzu: „Vielleicht sollten wir noch das abwegige Gefühl der eigenen Überlegenheit in diese Kategorie einordnen sowie auch extremen Individualismus, wenn man sich nämlich so autark fühlt, dass man glaubt, völlig unabhängig von den anderen zu sein. Aber natürlich lassen sich viele verschiedene Gründe und viele beteiligte Faktoren ausfindig machen, wenn wir uns mit solchen Problemen beschäftigen."

„Wenn wir also Ihrem Vergleich aus dem Bereich der Medizin folgen, Eure Heiligkeit, welche Heilmittel würden Sie dann anführen?", fragte ich.

„Im Allgemeinen weise ich darauf hin", antwortete der Dalai Lama, „dass wir unterschiedliche Ansätze auf unterschiedlichen Ebenen brauchen, wenn wir menschliche Problem lösen wollen. Wir haben zum Beispiel darüber gesprochen, wie überaus wichtig *realistisches Denken* ist, um eine gegebene Situation mit auf ihre wirkliche Beschaffenheit hin zu untersuchen. Und ich denke, dass *persönlicher Kontakt ein weiterer wichtiger Faktor* bei solchen Problemen ist, beispielsweise, wenn wir es mit menschlicher Gewalt zu tun haben: Persönlicher Kontakt und Dialog sind bei der gewaltfreien Lösung von Konflikten von entscheidender Bedeutung und immer hilfreich. Darüber hinaus schafft persönlicher Kontakt auch die Grundlage für einen stärkeren Gemeinschaftssinn. Über viele solcher Mittel gegen diese konkreten Probleme haben wir ja bereits gesprochen."

„Das ist richtig", stimmte ich zu. „Um auf die zentrale Frage zurückzukommen: Ich denke, wir suchen jetzt mehr nach einem allgemeineren Heilmittel für unsere globalen und gesellschaftlichen Probleme. Nehmen wir also an, um bei Ihrem medizinischen Vergleich zu bleiben, wir haben ermittelt, dass es ein Mittel gegen diese Probleme gibt. Und nehmen wir weiterhin an, dass die Fähigkeit, uns mit den Mitmenschen auf tiefer Ebene zu verbinden und diese Verbundenheit auf einer grundlegenden menschlichen Ebene zu kultivieren, so dass wir das Gefühl haben, dass alle Menschen Brüder und Schwestern sind – dass diese Fähigkeit als effektives Allgemeinmittel wirken kann, all jene Probleme zu verhindern oder zu überwinden: Wie sollen wir dann dieses ‚Mittel anwenden'? Anders gefragt: Gibt es praktikable Methoden oder Strategien, die uns helfen können, diese Verbindungen mit den Mitmenschen herzustellen?"

„Ja. Um solche Verbindungen zu den anderen herzustellen, kann eine grundlegende Transformation notwendig sein, sowohl in unserer Einstellung den Mitmenschen gegenüber als auch in der Art, wie wir uns mit ihnen verbinden", antwortete er.

„Nun, ich frage mich, wo wir genau ansetzen sollen, wenn wir wirklich unsere Perspektive verändern und dieses aufrichtige Gefühl der Verbundenheit mit allen Menschen entwickeln wollen?"

„Das läuft letzten Endes wieder auf Bewusstheit und Achtsamkeit hinaus."

Ich lachte. „Wir sind also wieder einmal bei der Schärfung bzw. Erweiterung unseres Bewusstseins angelangt. Es scheint, dass wir uns im Kreis drehen und immer wieder auf das Bewusstsein zurückkommen! In unseren ersten Gesprächen in Dharamsala haben Sie ja auch erwähnt, dass wir ein größeres Bewusstsein von unserer gemeinsamen Menschlichkeit entwickeln müssen. Aber in Anbetracht der Wichtigkeit dieser Vorstellung und ihrer Auswirkungen auf Empathie und Mitgefühl (worauf ich noch zu sprechen kommen möchte), frage ich mich, ob Sie ein wenig genauer beschreiben könnten, wessen wir uns bewusst werden sollen. Könnten Sie beispielsweise einige konkrete Fakten oder Gedanken benennen, derer wir uns bewusst werden oder über die wir nachdenken sollten und die uns helfen können, unsere grundlegende Einstellung zu verändern und ein tieferes Gefühl der Verbundenheit mit allen Menschen zu kultivieren?"

Ich hatte schon fast eine Standardantwort erwartet, dass dies von den konkreten Umständen, vom Kontext, dem einzelnen Individuum etc. abhängt, war dann aber von seiner klar umrissenen Antwort überrascht: „Ja, ich denke hier gibt es drei Punkte", erwiderte er: „Erstens: *Über unsere soziale Natur nachdenken.* Zweitens: *Über unsere wechselseitige Abhängigkeit nachdenken.* Und drittens: *Über unsere gemeinsame Menschlichkeit nachdenken.*"

Über unsere soziale Natur nachdenken

„Eure Heiligkeit", antwortete ich, „das klingt vielversprechend. Sie sagen also, dass wir ein tieferes Bewusstsein von diesen drei Dingen entwickeln müssen, um unsere gesellschaftlichen und individuellen Probleme zu lösen. Nun frage ich mich, ob Sie detailliert ausführen können, welche konkreten Punkte man bei diesen drei grundlegenden Sachverhalten bedenken sollte."

„Wie bereits gesagt, sollten wir als erstes erkennen, dass wir Menschen im Grunde genommen soziale Wesen sind. Wir müssen ein tiefes Verständnis *unserer sozialen Natur* entwickeln. Es entspricht unserer grundlegenden Natur, dass wir zusammenkommen, soziale Bindungen knüpfen und im Geiste des Miteinanders zusammenarbeiten. Nehmen wir uns die Bienen als Beispiel: Ihr gemeinsames Überleben hängt von ihrer Kooperation ab. Wenn eine Biene einfach hierhin fliegt und die andere dorthin, dann sterben sie, und zwar alle! Diese kleinen Tiere arbeiten zusammen, ohne Religion, ohne Gesetze und ohne Verfassung. Sie wissen spontan, dass sie für ihr gemeinsames Überleben zusammenarbeiten müssen. Im Grunde genommen verhält es sich mit unserer menschlichen Natur nicht anders.

Wenn wir unsere soziale Natur und die Notwendigkeit der Kooperation anerkennen, dann werden wir ganz selbstverständlich auf das Wohlergehen unserer Mitmenschen achten. Das wird eine Gesellschaft hervorbringen, die stabil ist, glücklicher, friedvoller, und die Vorteile dessen werden allen zugute kommen. Daran gibt es keinen Zweifel. Wenn wir auf der anderen Seite unsere soziale Natur vernachlässigen und wir das Wohlergehen der anderen außer Acht lassen, dann werden letztlich alle darunter leiden, wir selbst mit eingeschlossen. Nicht wahr?"

„Da ein klares Bewusstseins von unserer sozialen Natur so überaus wichtig ist, könnten Sie noch an weitere Möglichkeiten denken, wie wir es erreichen können, bevor wir zum nächsten Punkt übergehen?"

„Einfach dadurch dass wir nach Beispielen für oder Hinweisen auf unsere soziale Natur Ausschau halten", antwortete er.

„Könnten Sie Beispiele nennen?"

Er dachte einen Augenblick lang nach und hob an: „Durchaus. Betrachten wir uns einmal, was geschieht, wenn eine Gemeinschaft mit einer Krise konfrontiert ist. Wenn die Menschen an einem Strang ziehen, um die Krise zu überwinden, und das Wohlergehen der ganzen Gemeinschaft an erste Stelle rückt, lässt sich beobachten, wie unsere kooperative Natur zum Tragen kommt. Wenn wir uns auf gegenseitige Unterstützung und Fürsorge verlassen können, ist das eine zutiefst menschliche Reaktion und Ausdruck unserer sozialen Natur.

Nehmen wir als Beispiel, was sich in New York nach der Tragödie des 11. September ereignet hat. Bei der Bewältigung dieser Krise sind die Einwohner dieser Stadt so eng aneinandergerückt wie niemals zuvor, haben zusammengearbeitet und ihren Gemeinschaftssinn gestärkt. Die Schranken zwischen den Menschen sind plötzlich gefallen, und man hat sich wie selten zuvor miteinander verbunden. Mir wurde erzählt, dass Fremde auf der Straße einander plötzlich wahrnahmen, sich in die Augen schauten und, völlig unabhängig vom sozialen Status oder der Kleidung des jeweils anderen, als Mitbürger der gleichen Stadt miteinander umgingen. Und ich denke, dass dies auch einen lang anhaltenden Effekt hatte. Als es danach einen Stromausfall in der Stadt gegeben hat, so habe ich gehört, war die Kooperations- und Hilfsbereitschaft ebenfalls beachtlich, sind die Menschen offener miteinander umgegangen und haben auch diese Erfahrung gemeinsam gemacht."

„Hier stellt sich natürlich die Frage, warum wir uns nicht immer auf solche Weise verhalten und warum es erst einer Krise bedarf, damit wir gemeinsam an einem Strang ziehen", fügte ich hinzu.

Einen Augenblick lang verharrte der Dalai Lama in Schweigen. Manchmal hielt er überraschend inne, um genauer über einen Punkt nachzudenken. Normalerweise sind solche Momente der Reflexion nur von kurzer Dauer. Der nachdenkliche Ausdruck auf seinem Gesicht erweckte in mir den Eindruck, dass er sich intensiv mit einer Frage auseinandersetzte und vielleicht versuchte, an einem zentralen Punkt zu einem tieferen Verständnis zu gelangen. Er saß mit übergeschlagenen Beinen in seinem Sessel und wiegte im Nachdenken seinen Oberkörper leicht vor und zurück. Wie schon oft in all den vielen Jahren bewunderte ich die Art, wie er Fragestellungen und Sachverhalte mit wirklichem Entdeckergeist untersuchte. Selbst wenn wir über ein Thema sprachen, das er bereits unzählige Male erörtert hatte, hatte seine Herangehensweise immer eine lebendige Frische und eine Bereitwilligkeit, seine Ansichten jederzeit zu ändern.

Er war in seiner kurzen inneren Betrachtung offensichtlich zu einem Ende gekommen und nahm den Faden genau so unversehens wieder auf, wie er ihn hatte fallen lassen: „Nun, Howard, ich denke das stimmt mit unserer Analogie aus der Medizin überein: Wenn wir große körperliche Schmerzen haben, nehmen wir Medikamente ein. Wenn es aber nicht offensichtlich ist, dass wir krank sind, dann nehmen wir auch keine Medikamente zu uns. Es kann zwar sein, dass wir bereits Ursachen wahrnehmen, die zu einem Problem führen könnten. Doch solange wir keine Schmerzen haben oder die Lage nicht bedrohlich ist, machen wir uns keine Sorgen und werden nicht aktiv, da keine akuten Schmerzen vorhanden sind. Normalerweise braucht es ein starkes Schmerzempfinden, bevor wir handeln."

Ich versetzte: „Wir reden hier über die Möglichkeiten, wie sich unser Verbundenheitsgefühl mit den anderen verstärken lässt. Und wir können sehen, dass Krisen oder gemeinsam erlebtes Leid die Menschen kooperationsbereiter werden lässt und sie stärker miteinander verbindet. Aber ich weiß nicht so recht", sagte ich scherzhaft, „ob das gezielte Herbeiführen von Krisen und Leiden, die wir dann gemeinsam teilen können, der effektivste Ansatz ist, um ein

Gefühl von Gemeinschaft und Verbundenheit zwischen den Menschen herzustellen!“

Der Dalai Lama lächelte kurz und antwortete: „Um bei der medizinischen Analogie zu bleiben: Ein kluger Mensch würde im Falle einer Krankheit nicht warten, bis es zu einer Krise kommt und die Schmerzen unerträglich werden, bevor er sich um seine Krankheit kümmert. Es wäre viel besser, wenn er sich vorher informiert, um eventuelle Krankheitssymptome und Problemursachen bereits vor dem Auftreten von Schmerzen zu erkennen. Er könnte also den Wunsch verspüren, genau zu untersuchen, was hier vor sich geht, um besser in der Lage zu sein, sich um sich selbst zu kümmern. Wenn die Mitglieder einer Gesellschaft hierüber etwas tiefer nachdächten, könnten sie auf ähnliche Weise auch ohne akute Krise ihre grundlegende soziale Natur wahrnehmen und sehen, dass das Wohlergehen aller Mitglieder dieser Gemeinschaft auf Wechselseitigkeit beruht. Es wäre klug, dies zu erkennen, bevor eine Krise ausbricht.

Wenn wir uns also ein wenig Zeit nehmen, um hierüber zu reflektieren, werden wir herausfinden, dass das Wohlergehen eines einzelnen Menschen in einer Gesellschaft vom Wohlergehen der Gesellschaft als ganzer abhängt, dass die unterschiedlichen Interessen miteinander verflochten sind. Nun, ich habe erwähnt, dass wir unser Bewusstsein über diese Dinge dadurch erweitern können, dass wir nach Beispielen und Hinweisen Ausschau halten, die unsere soziale Natur belegen. Wenn wir gezielt danach suchen, gibt es genügend Indizien hierfür, denn es ist eine Tatsache, dass wir Menschen normalerweise zusammenkommen *können*. Denn das ist Ausdruck unserer grundlegenden menschlichen Natur.“

Wenn wir über die großen Rätsel, ewigen Fragen und entscheidenden Charakteristika unserer menschlichen Existenz nachdenken, wie etwa die tief in uns verwurzelte soziale Natur, dann stellt das Gehirn des Menschen hierfür den idealen Ausgangspunkt dar, jenes überragende Merkmal, das uns Menschen von allen anderen Lebewesen unterscheidet. Doch wir können auch einen ganz anderen Ansatzpunkt wählen: ein kleines Etwas zum Beispiel, das für alle großen Errungenschaften der menschlichen Rasse verantwortlich ist und auch für alle herausragenden Leistungen der menschlichen Zivilisation, die aus unserem großartigen Gehirn resultieren – *ein unreifes Stück Obst.*

Nein, es geht hier nicht um den Apfel Evas, der auf dem verbotenen Baum im Paradies, dem Baum der Erkenntnis von Gut und Böse, herangewachsen ist. Es geht hier um ein ganz gewöhnliches Stück unreifes Obst, das auf einem ganz gewöhnlichen Baum heranwuchs, der in einem ganz gewöhnlichen afrikanischen Wald vor etwa fünfzehn oder zwanzig Millionen Jahren stand. Etwa zur gleichen Zeit gab es da auch eine kleine Äffin, die eines Morgens verschlafen und somit ihr Frühstück verpasst hatte und daher ziemlich hungrig war. Alle reifen Früchte, die von den Bäumen gefallen waren, waren bereits von ihren Freunden verspeist worden. Ihr Magen knurrte, und ihr Hunger war so groß, dass sie in eine unreife Frucht biss, wohl wissend, dass ihr das nicht gut tun würde, da Affen unreife Früchte nicht verdauen können. Und siehe da! Die kleine Äffin entdeckte, dass sie das unreife Obst einigermaßen vertragen konnte. Und nicht nur das: Das unreife Obst stillte ihren Hunger, und sie konnte es sogar bestens verdauen! Das war ein wirklicher Glückstag für die kleine Äffin. Denn diese genetische Besonderheit erlaubte es ihr von nun an, sich jeden Tag satt zu fressen, auch wenn sie einmal verschlafen hatte! Alle anderen Affen mussten warten, bis die Früchte auf den Bäumen reif geworden waren, doch sie konnte, wann immer ihr danach war, einen kleinen Imbiss zu sich nehmen. Da sie jetzt nicht so viel Zeit mit der Suche nach reifen Früchten verbringen musste, hatte sie auch mehr Gelegenheit, sich fortzupflanzen, und sie brachte zahlreiche Junge hervor, die ebenfalls unreife Früchte verdauen konnten. Und innerhalb weniger Generationen gab es in diesem Wald eine ganze Schar von Affen, denen unreifes Obst schmeckte und nichts ausmachte, und sie lebten in Saus und Braus.

Nun gab es in diesem Wald aber auch eine ganze Sippe von Artgenossen, die weiterhin nur reife Früchte vertrugen und die sich langsam ziemlich ärgerten. Denn plötzlich war jede Menge Obst von den Bäumen verschwunden, bevor es reif geworden war, und die Reife-Früchte-Esser wurden immer hungriger. Das war nicht fair! Die Lage verschlimmerte sich so sehr, dass einige dieser Artgenossen schließlich die Nase voll hatten und sich dazu entschlossen, dem Wald den Rücken zu kehren und an den Rand des Waldes zu ziehen, dorthin, wo die weiten Grasebenen der Savannen anfingen. Und tatsächlich fanden sie hier viel mehr Nahrung vor – ohne die Konkurrenz dieser verwünschten Unreife-Früchte-Fresser! Doch leider gab es hier ein anderes Problem. Denn hier liefen auch einige merkwürdige und furchterregende Wesen herum, die wie riesige Hunde und Katzen aussahen, und fatalerweise stellte sich heraus, dass diese Ungeheuer genauso gerne kleine Affen verspeisten wie die kleinen Affen reife Früchte.

Doch keiner dieser Affenpioniere wollte in den Wald zurück, wo man sich zwar sicher fühlen konnte, man aber die meiste Zeit einen knurrenden Magen hatte. Im Wald waren diese Affen daran gewöhnt gewesen, ziemlich unabhängig voneinander zu leben. Denn jeder Affe hatte das Obst, das von den Bäumen gefallen war, selber aufsammeln können. Daher hatte es keine große Notwendigkeit zur Zusammenarbeit gegeben. Am Waldrand fanden diese Affen nun heraus, dass sie alle eine viel größere Überlebenschance hatten, wenn sie als Team zusammenarbeiteten, sich gegenseitig vor Gefahren warnten oder sich in Gruppen zusammentaten, um die Raubtiere abzuwehren. Sie ließen es also auf einen Versuch ankommen – und es funktionierte! Aber die Sache war noch nicht ganz perfekt: Im Wald hatte jeder Affe mehr oder weniger tun und lassen können, was er wollte. Obwohl sie jetzt in Gruppen zusammenarbeiteten, wollten die Affen immer noch tun, wonach ihnen gerade zumute war, mussten aber ihre individuellen Bedürfnisse nun so balancieren, dass das Funktionieren der Gruppe nicht beeinträchtigt wurde. Es wurde schließlich noch komplizierter, als die Sippengröße zunahm und man anfing, Bündnisse zu schmieden. Um einigermaßen in Sicherheit leben zu können, um genügend Nahrung zu bekommen und hin und wieder ein wenig Sex zu haben, war das Leben schon ziemlich ausgefeilt und komplex geworden.

Diese Savannenbewohner sind die Urahnen von Schimpansen, Gorillas und Menschen, und hier findet sich der Ursprung unseres großen Gehirns, zumindest nach der Meinung einiger der bekanntesten Primatenforscher unserer Zeit, die jahrzehntelang Primaten erforscht haben. In unserem Kulturkreis ist die Meinung weit verbreitet, dass die Evolution des großen menschlichen Gehirns in vagem Zusammenhang mit unserem opponierbaren Daumen steht, den wir und andere

Primaten zum Greifen gegen die anderen Finger stemmen können, und dass wir unser großes Gehirn zur Herstellung von Werkzeugen entwickelt haben, um dadurch unsere Artgenossen und andere Gattungen überlisten und in den Schatten stellen zu können. Die Theorie der „Machiavellischen Intelligenz" bzw. des „Sozialen Gehirns" hingegen *schreibt die Entwicklung unseres großen Gehirns unserer sozialen Natur zu.* Kerngedanke dieser Theorie ist, dass in unserer stammesgeschichtlichen Entwicklung der Erfolg des Individuums und der Erfolg der Gruppe davon abhingen, dass wir die Notwendigkeit, uns als Individuen zu behaupten, mit der Notwendigkeit zur Kooperation mit den anderen in Einklang brachten; dass wir als Individuum *und* als Gruppe vorankamen; dass wir gleichzeitig miteinander rivalisierten *und* miteinander kooperierten. Als wir einmal angefangen hatten, in Gruppen zusammenzuleben, bürdete das unserem Gehirn eine völlig neue Last auf: Die Gruppenmitglieder mussten ihre individuellen Bedürfnisse mit denen der Gruppe in Einklang bringen, lernen zusammenzuarbeiten und gleichzeitig, falls nötig, auch persönliche Zurückhaltung an den Tag zu legen. Ebenso war es notwendig geworden, das Verhalten der einzelnen Gruppenmitglieder zu verstehen und Bündnisse einzugehen, die uns weiterhalfen, die sich aber auch wieder verändern konnten. Als die sozialen Strukturen komplexer geworden waren, erwiesen sich die Fähigkeit zu logischem Denken, zur Planung und zur Entwicklung komplexer Strategien als äußerst hilfreich, um einigermaßen in Sicherheit zu leben, genügend Nahrung zu bekommen und uns weiterhin zu paaren, ohne dabei von der Gruppe isoliert zu werden, was uns in Lebensgefahr gebracht hätte.

Primatenforscher finden diese Theorie deswegen so reizvoll, weil sie sehr gut mit vorhandenem Datenmaterial zusammenpasst, beispielsweise mit der Tatsache, dass bei Primaten das Größenverhältnis des stammesgeschichtlich jüngsten Bereiches des Gehirns (des Neokortexes) zum restlichen Gehirn in direkter Beziehung zur Gruppengröße dieser Gattung steht. In der Tat kann ein Primatenforscher bei der Autopsie eines Primaten anhand der Größe des Neokortex die Gruppengröße dieser Gattung bestimmen. Die „Unreife-Frucht-Theorie" steht ebenfalls in Einklang mit dem größeren Körperwuchs bei späteren Primatenarten, der die Chancen erhöhte, sich gegen Raubtiere zu wehren. Diese Theorie erklärt auch ein breites Spektrum an

Verhaltensweisen von Primaten, wie beispielsweise die Fellpflege, von der angenommen wird, dass sie sich für das Herausbilden engerer Beziehungen und zur Festigung von Bündnissen innerhalb der Gruppe entwickelt hat.

Trifft diese Theorie des „Soziales Gehirns" zu, dann ist das menschliche Gehirn – charakteristisches Merkmal unserer menschlichen Gattung – speziell darauf ausgelegt, dass wir kooperativ sind und zusammenarbeiten. Dann wäre unsere soziale Natur, wie der Dalai Lama nahelegt, der Kern dessen, was es bedeutet, ein Mensch zu sein.

Die Entdeckung der Beziehung zwischen der Größe des Neokortex und der Größe sozialer Gruppen bei Primaten hat einige Forscher dazu veranlasst, die maximale Größe natürlicher sozialer Gruppen zu ermitteln, die für uns Menschen bei etwa 150 bis 200 Personen liegt. Wenn man berücksichtigt, dass das menschliche Gehirn sich an die Bedingungen der Jäger-und-Sammler-Gesellschaften angepasst hat, dann sind unsere Gehirne dafür ausgelegt, innerhalb von Gruppen dieser Größe zu leben. Die „natürliche Gruppengröße" ist eine Gruppengröße, in der die gesellschaftliche Ordnung am reibungslosesten funktioniert, in der wir am effizientesten leben und uns entwickeln können, in der wir am besten die Übersicht über die unterschiedlichen persönlichen Charaktereigenschaften der Gruppenmitglieder behalten und in der Lage sind, das Verhalten anderer Gruppenmitglieder vorauszusagen. Es ist die Gruppengröße, in der wir ein optimales Maß an persönlichen Beziehungen pflegen und reibungslos mit jedem Gruppenmitglied auf persönlicher Ebene interagieren können. Bei solchen Gruppengrößen hilft der Gruppendruck, das Verhalten der einzelnen Gruppenmitglieder in angemessenen Grenzen zu halten, und die Gruppenmitglieder sind in der Lage, Probleme direkt unter sich zu lösen, ohne Hierarchien und zahllose Vorschriften. Nachdem ich von dieser Zahl der natürlichen Gruppengröße erfahren hatte, war ich fasziniert, vom Dalai Lama zu hören, dass man beim Errichten der Flüchtlingscamps für die tibetischen Flüchtlinge in Indien die Größe der einzelnen Camps auf etwa 160 Personen festgelegt hatte.

Welche Bedeutung hat das für unser 21. Jahrhundert, wo in einigen Ländern die „Gruppengröße" der Bevölkerung drei- oder gar vierstellige Millionenhöhe erreicht? Nun, keine sehr große. „Natürliche Gruppengröße“ bedeutet, dass wir, von der Anatomie unseres Gehirns ausgehend, dazu in der Lage sind, uns zu einem konkreten Zeitpunkt auf „persönlicher“ Ebene mit ungefähr 150 Personen zu verbinden. Jenseits dieser Zahl werden die Menschen zu abstrakten Mitgliedern irgendwelcher Gruppen, und wir beginnen, ihnen stereotype Eigenschaften zuzuweisen. In gewisser Weise steht diese Zahl von 150 für die maximale Anzahl an Personen, die das Gehirn gleichzeitig als reale Menschen wahrnehmen kann, mit denen man sich persönlich verbunden fühlt und die individuelle Eigenschaften haben. Für Gruppengrößen, die darüber hinausgehen, haben wir im Zusammenleben viele andere Strategien entwickelt: Wir haben eine gemeinsame Sprache entwickelt, mit der wir Informationen austauschen können, ohne dafür in kleinen Gruppen leben zu müssen, in denen wir die Informationen aus erster Hand erhalten. Wir haben soziale Hierarchien entwickelt und Regierungen mit Behörden, die eine große Anzahl von Leuten repräsentieren. Wir gehen großzügig mit Stereotypen um und nehmen bei Mitgliedern großer Gruppen bestimmte Eigenschaften wahr, um über eine große Anzahl von Individuen etwas zu „wissen“, ohne jedem persönlich begegnet zu sein.

Doch aus biologischer Perspektive, so argumentieren zumindest einige, erscheinen uns – je größer die Gruppe – unsere Mitmenschen unbewusst eher als namen- und gesichtslose Objekte statt als Menschen. Wir können täglich von tausenden anderen Menschen umgeben sein und sogar in direkten Kontakt mit ihnen kommen, blenden ihre Personalität dabei aber aus. Jemand bringt uns täglich die Post, doch wenn wir ihn nicht persönlich kennen, dann erscheint uns dieser Briefträger aus dem Bauch (bzw. Gehirn) heraus lediglich als das „gelbschwarze Dings, das uns die Post bringt“. Oder jemand holt wöchentlich unseren Müll ab und hat damit einen beachtlichen Einfluss auf unsere Lebensqualität: Stellen Sie sich nur einmal vor, wie es wäre, wenn niemand Ihren Müll oder den Ihres Nachbarn abholen würde! Doch normalerweise sehen wir diese Person nur als „das Dings, das den Müll abholt“.

Das erklärt viel. Je näher jemand der eigenen „Gruppe“ steht, desto eher erscheint uns die andere Person als „wirklich“ und umso wahrscheinlicher ist es, dass wir Mitgefühl für sie empfinden und uns um sie sorgen. Daher erleben wir intensivere Gefühle, wenn unser Nachbar stirbt, als wenn wir in der Zeitung lesen, dass am anderen Ende der Stadt zwölf Jugendliche bei einem Verkehrsunfall ums Leben gekommen sind, und daher erschüttert uns der Tod von zwölf jungen Bewohnern aus unserer Nachbarschaft mehr als der Tod von 50 000 Menschen, die am anderen Ende der Welt einem Erdbeben zum Opfer gefallen sind. Vielleicht war das auch der Grund dafür, dass die Fernseh-Berichte über die Leiden anderer Menschen an jenem ersten Morgen dieser Gesprächsreihe mit dem Dalai Lama (siehe 1. Kapitel) mich emotional nicht wirklich betroffen gemacht haben.

Das ist natürlich nur einer von vielen Faktoren, die zu den Problemen unserer modernen Welt beitragen. Erfreulicherweise gibt es aber Wege, um das „Dings, das den Müll abholt" zu einer wirklichen Person werden zu lassen; Wege, um Individuen, die wir normalerweise stereotyp wahrnehmen, zu „personalisieren"; Wege, die anderen als wirkliche Menschen wahrzunehmen, die menschliche Würde haben, unseren Respekt verdienen und denen wir Empathie und Mitgefühl entgegenbringen können. Einige dieser Methoden haben wir bereits erläutert, wie beispielsweise die „Gemüsemethode" von Susan Fiske oder die Strategie, direkten persönlichen Kontakt aufzubauen. Hier fügt der Dalai Lama eine weitere Methode hinzu, nämlich die Entwicklung eines tiefgehenden Bewusstseins von unserer sozialen Natur, von unserer wechselseitigen Abhängigkeit und von unserer gemeinsamen Menschlichkeit – so dass jeder, dem wir begegnen, aus dieser Perspektive wahrgenommen wird.

Unabhängig davon, was unsere Ansichten von der wirklichen Beschaffenheit der menschlichen Natur sind, steht fest, dass aus biologischer und evolutionsgeschichtlicher Sicht die Auffassung des Dalai Lama zutreffend ist, dass die Menschen sich entwickelt haben, um in Gruppen zusammenzuleben und zu arbeiten, und dass sie ohne kooperative Zusammenarbeit nicht überleben können. Diese Eigenschaft beschränkt sich natürlich nicht nur auf die menschliche Spezies. Auch andere Primaten leben in Gruppen zusammen und legen deutliche Anzeichen von Trauer an den Tag, wenn man sie von der Gruppe trennt. Wenn in einem Experiment ein einzelner Affe vom Rest der Gruppe isoliert wird, dann wird dieser Affe immer wieder einen Hebel betätigen, nur um die Belohnung zu bekommen, die darin besteht, einen kurzen Blick auf einen anderen Affen werfen zu können. Ob aus sozialbiologischer oder evolutionspsychologischer Sicht: Die meisten Wissenschaftler sind sich darin einig, dass dies eine genetisch fest verankerte Eigenschaft unseres menschlichen Verhaltens ist, und umfangreiches wissenschaftliches Beweismaterial unterstützt die Sichtweise des Dalai Lama der sozialen Natur der Menschen.

Der Dalai Lama erinnert uns jedoch daran, dass Erkennen und Verstehen unserer sozialen Natur nicht nur von wissenschaftlicher Bedeutung sind. Hier geht es nicht nur um Philosophie, Religion oder Wissenschaftstheorie, sondern um etwas, das für unsere Existenz von entscheidender Bedeutung ist. In einer Zeit, in der mehr und mehr Menschen ihr Leben in Isolation führen und in der Illusion, völlig unabhängig und selbständig zu sein, ihren täglichen Verrichtungen und Aufgaben nachgehen, scheint sich die Auffassung durchgesetzt zu haben, dass es keine Notwendigkeit für Verbindungen mit der umfassenderen Gemeinschaft oder der Menschheit als ganzer gebe, und dass solche Verbindungen nur optionale Nebensächlichkeiten sind. In den vergangenen ein oder zwei Jahrhunderten scheinen wir das menschliche Grundbedürfnis nach sozialer Verbundenheit irgendwie aus den Augen verloren und vergessen zu haben, dass es hier um die Frage unseres Überlebens geht. Im weiteren Verlauf des Gesprächs wies der Dalai Lama mit großer Klarheit auf diese fundamentale Tatsache hin.

Über unsere wechselseitige Abhängigkeit nachdenken

Wir sind alle in einem unentrinnbaren Netz der Gegenseitigkeit
gefangen, in ein einziges Gewand des Schicksals eingehüllt.
Was immer einen direkt betrifft, betrifft indirekt alle.
So ist die Welt beschaffen.

Martin Luther King

Der Dalai Lama hat sich in überzeugender Weise über die soziale Natur des Menschen geäußert und dargelegt, wie ein tiefgehendes Bewusstsein und Verständnis unserer sozialen Natur die Wahrnehmung unserer selbst und unsere Einstellung gegenüber anderen verändern kann. Wir kamen jetzt zum zweiten wesentlichen Punkt, den er angeführt hatte.

Ich fragte: „Eure Heiligkeit, Sie haben den ersten Faktor, den wir betrachten können, nämlich unsere soziale Natur, näher erläutert, damit wir ein Gefühl der Verbundenheit mit allen Menschen kultivieren können. Könnten Sie nun auch den zweiten Punkt, den Sie angeführt hatten, näher erläutern?"

„Gern", antwortete er sofort. „Der nächste Faktor, der uns miteinander verbindet, ist unsere *wechselseitige Abhängigkeit*. Wir Menschen sind für unser Überleben aufeinander angewiesen. Und ich denke, dass in der modernen Welt unsere wechselseitige Abhängigkeit und Verbundenheit immer stärker wird. In der Vergangenheit haben die Menschen eher isoliert und getrennt voneinander gelebt und waren als Bauern und Nomaden nicht so abhängig voneinander. Als in der Vergangenheit der einzelne Bauer die Felder bestellt und sich den eigenen Lebensunterhalt erarbeitet hat, mag ein Gefühl der Unabhängigkeit realistisch gewesen sein. Doch die Dinge haben sich geändert. Mehr und mehr Menschen leben in Städten zusammen, und unsere Großstädte basieren darauf, dass man zusammenlebt und miteinander kooperiert. Sowohl bei frühzeitlichen Stammesgruppen als auch in der heutigen Zeit lässt sich erkennen, dass Menschen es bevorzugen, zusammenzuleben. Von Natur aus neigen wir dazu, uns in Gruppen zusammenzuschließen. Da die Gesellschaften aber immer komplexer geworden sind und sich diese modernen Großstädte entwickelt haben, sieht es so aus, dass Kooperation und Gemeinschaftssinn notwendiger geworden sind als je zuvor.

So weise ich öfter darauf hin, dass unsere Welt immer kleiner wird", führte er aus. „Moderne Technologie und Kommunikationsmittel erlauben es uns, immer schneller und bequemer mit anderen Menschen auf der ganzen Welt in Kontakt zu treten, und beispielsweise moderne ökonomische Strukturen verflechten die Individuen immer enger miteinander. Unser eigenes Wohlergehen und das der anderen sind eng miteinander verknüpft. Wenn irgendwo im Mittleren Osten Konflikte aufflammen, wirkt sich das sofort auf den Ölpreis aus, und durch eine Art Dominoeffekt wird eine Kettenreaktion ausgelöst, die sich schließlich auch auf eine einfache Familie auf der anderen Seite des Globus auswirkt.

Was in den Gesellschaften um uns herum geschieht, übt einen direkten Einfluss auf unser Leben aus, auch auf globaler Ebene. Exzessive Umweltverschmutzung bei uns, verursacht durch Industrie oder einen bestimmten Lebensstil, kann folgenschwere Auswirkungen haben, die weit über die eigene Gemeinschaft oder das eigene Land hinausreichen und sogar globale Folgen nach sich ziehen, wenn zum Beispiel die Ozonschicht in Mitleidenschaft gezogen wird. Wie wir in unseren Diskussionen jedoch gesehen haben, denken die Menschen oft nicht über die Auswirkungen ihrer Handlungen auf andere nach und neigen zu einem Gefühl der Unabhängigkeit, ohne irgendein Gespür der Verbundenheit zu der größeren Gemeinschaft oder Gesellschaft."

Ich nahm seinen Gedanken auf und führte ihn weiter aus: „Es scheint geradezu paradox, dass wir ein immer größeres Gefühl von Isolation und Unabhängigkeit verspüren, obwohl wir in unserer heutigen Welt immer stärker voneinander abhängig und miteinander verflochten sind.

Jemand arbeitet zum Beispiel in irgendeiner Fabrik oder Firma, und es braucht viele Leute, um das Produkt herzustellen, das diese Firma verkauft. Wenn dann aber in regelmäßigen Abständen die Gehaltsabrechnung kommt, denkt jeder Angestellte vielleicht: ‚Da ich meine Arbeit getan und hart gearbeitet habe, bekomme ich das wohlverdiente Geld für meinen Lebensunterhalt. Es hat also keine große Bedeutung, was die anderen in meiner Firma arbeiten. Das ist deren Sache.' So etwa in dieser Art …"

Der Dalai Lama nickte nachdenklich mit dem Kopf und sagte: „Im Kindesalter, wenn wir noch klein sind, haben wir schon sehr früh ein natürliches Gefühl der Verbundenheit mit unserer Mutter und spüren, dass wir uns auf die Fürsorge und Zuwendung unserer Mutter verlassen können. Doch irgendwann später, wenn wir erwachsen werden, glauben wir, dass wir völlig aus eigener Kraft zurechtkämen, als könnten wir unabhängig von den anderen leben. Ich glaube, dass dies ein Fehler ist.

In Ihrem Beispiel des Angestellten einer großen Firma", sagte er und wurde sichtlich immer eifriger in der Unterhaltung, „läuft letzten Endes alles auf die eigene Haltung und Einstellung hinaus. Auch eine große Firma ist eine Art von Gemeinschaft. Wenn zum Beispiel jemand in einer Autofabrik am Fließband arbeitet und nur einen kleinen Teil zur Herstellung der Autos beiträgt, so ist es doch die Belegschaft als ein Ganzes, die Autos herstellt, und jeder Angestellte wird normalerweise sagen: ‚Wir produzieren hier Autos' und nicht: ‚Ich produziere hier ein Auto.' Es gibt also ein Verständnis davon, dass jeder einzelne Arbeitnehmer Teil des größeren Netzwerkes ist und gemeinsam Autos hergestellt werden.

Die eigene Perspektive und die eigenen Einstellung spielen hier also eine wichtige Rolle. Man hat immer eine Wahl! Wir können unsere wechselseitige Abhängigkeit anerkennen, so wie der Fabrikangestellte, der bei der Herstellung von Autos eine Verbundenheit mit den Arbeitskollegen verspürt. Oder aber wir denken: ‚Ich bin frei und selbständig, verdiene mein eigenes Geld und kaufe mir meine eigenen Sachen'. Eine derartige Einstellung wird natürlich zu der Meinung führen, nicht auf die anderen angewiesen zu sein, und damit zu einem mangelnden Verbundenheitsgefühl mit den anderen."

Wenn wir ein wenig darüber nachdenken, können wir leicht die unzähligen Arten aufdecken, auf die in unserer Welt alles in wechselseitiger Abhängigkeit steht, und einsehen, dass diese Verbindungen mit jedem Jahr enger werden. Die moderne Geschichte ist gekennzeichnet von einer exponentiell wachsenden gegenseitigen Verbundenheit und Abhängigkeit auf jeder erdenklichen Ebene: von rasanten Entwicklungen in den Bereichen Kommunikation, Internet, Transport und Wirtschaft bis hin zu militärischer Aufrüstung und derart alptraumartigen Waffensystemen, dass ein Atompatt und damit die Zerstörung allen Lebens auf unserer Erde zur realen Möglichkeit geworden ist (auch wenn das Atompatt eigentlich von einem atomaren Angriff abschrecken soll). Die Geschwindigkeit der Fortschritte im Bereich moderner Technik ist schwindelerregend. Die technische Errungenschaft des Altpaläolithikums, dem frühesten Abschnitt der Steinzeit am Anfang der menschlichen Kulturentwicklung, waren die einfachen Steinwerkzeuge der Oldowan-Zeit, die, von kleineren Veränderungen abgesehen, über *zwei Millionen Jahre* unverändert geblieben sind. Der nächste große Durchbruch kam dann vor etwa 300 000 Jahren, als ein Genie auf die brillante Idee kam, an einem einfachen einteiligen Steinwerkzeug auch einen Stil anzubringen, was dann zu deutlich verbesserten mehrteiligen Werkzeugen führte. Obwohl die Veränderungen anfangs in einem eiszeitlich langsamen Tempo vonstatten gingen, können wir beobachten, wie die menschliche Zivilisation sich (unter anderem) technisch im Lauf der Jahrhunderte immer schneller fortentwickelt hat, bis schließlich die Geschwindigkeit technischer Veränderungen beinahe jegliches Vorstellungsvermögen überstieg. Es ist gerade einmal knapp über 200 Jahre her, dass die Industrielle Revolution epochale Veränderungen eingeläutet hat, und im vergangenen Jahrhundert hat die Veränderungsgeschwindigkeit weiterhin stetig zugenommen. Im letzten Jahrhundert war die Grundlage unserer gegenseitigen Abhängigkeit hauptsächlich ökonomisch – so dass der Börsenkrach an der Wall Street im Jahr 1929 Auswirkungen auf die ganze Welt hatte – oder militärisch: Länder auf der ganzen Welt wurden in die beiden Weltkriege mit hineingerissen, was furchtbare Auswirkungen hatte für Soldaten und Zivilisten, die unter verheerenden „Kollateralschäden" zu leiden hatten.

Das führt uns schließlich in die Gegenwart, in der es manchmal scheint, als werde unser Leben beinahe täglich von irgendeiner neuen Erfindung auf den Kopf gestellt. Die wechselseitige Abhängigkeit des vergangenen Jahrhunderts nimmt sich im Vergleich dazu, wie rasant „unsere heutige Welt immer kleiner wird" (wie der Dalai Lama sagt), geradezu bescheiden aus. Eine vielfältige wechselseitige Abhängigkeit von stets zunehmender Komplexität wirkt sich weltweit auf immer mehr Bereiche des menschlichen Lebens aus – manches positiv, manches negativ. Die herkömmliche wechselseitige Verflechtung auf militärischem und ökonomischem Gebiet nimmt weiterhin zu, so dass die Durchdringung von Investitionskapital und Absatzmärkten eine ökonomische Interdependenz schafft, die direkte Auswirkungen auf das sozioökonomische Schicksal fast des gesamten Planeten hat. Auch Kulturen wirken aufeinander ein und beeinflussen sich gegenseitig, und kulturelle Symbole, Moden und populäre Vorstellungen werden über Landes- und Kulturgrenzen hinweg ausgetauscht und verbinden Menschen auf der ganzen Welt. Der Dalai Lama selbst ist ein gutes Beispiel hierfür: Sein Name, sein

Gesicht und seine Botschaft von Güte, Mitgefühl, universeller Verantwortung und Respekt vor den Menschenrechten sind inzwischen auf der ganzen Welt bekannt.

Es steht außer Frage, dass die wechselseitige Abhängigkeit in der Welt immer stärker zunimmt, weswegen Zusammenarbeit und Kooperation zwischen Gemeinschaften und zwischen Ländern immer wichtiger werden. Der Dalai Lama weitet das Prinzip der wechselseitigen Abhängigkeit auf alle Bereiche menschlichen Lebens aus, persönlich und global, basierend auf der Erkenntnis, dass das eigene Wohlergehen untrennbar mit dem Wohlergehen der anderen verbunden ist. Schauen wir genau hin, dann finden sich Beispiele gegenseitiger Verbundenheit und Abhängigkeit auf allen nur erdenklichen Ebenen, von der mikrobiellen bis hin zu der planetaren Ebene. Der Dalai Lama weist darauf hin, dass auf der Ebene des Planeten der wechselseitigen Abhängigkeit in Umweltfragen die allergrößte Bedeutung zukommt. Plötzliche und massive Veränderungen in Verbrauchsgewohnheiten und das Wachstum des 20. Jahrhunderts in den Bereichen von Technik, Produktion und Massentransport haben das ökologische Gleichgewicht in den Mittelpunkt der Aufmerksamkeit gerückt. Atomkatastrophen wie in Tschernobyl, die Zerstörung unserer Regenwälder, industrielle Umweltverschmutzung und die Verwendung und Ausbreitung von chemischen Substanzen wie FCKW-Gasen haben Umweltschäden hervorgerufen, die uns alle betreffen und sich heimtückisch und ungehindert über alle Landesgrenzen hinweg ausbreiten. Das gleiche gilt von Viren und Bakterien, die von Mensch und Tier in alle Teile der Welt getragen werden – mit teilweise tödlichen Folgen. So rafften die Krankheitserreger, die von den spanischen Eroberern in die Neue Welt eingeschleppt worden waren, im 16. Jahrhundert 80 Millionen Menschen dahin, und in der heutigen Zeit hat die rasche weltweite Verbreitung des AIDS-Virus eine Epidemie tragischen Ausmaßes ausgelöst.

Das Prinzip der wechselseitigen Abhängigkeit lässt sich leicht auf jeder erdenklichen Ebene feststellen, auch auf persönlicher. Eine beeindruckende Methode, um unsere wechselseitige Abhängigkeit zu illustrieren, ist das Sechs-Ecken-Prinzip, das besagt, dass alle Menschen auf dieser Erde über maximal sechs Ecken miteinander bekannt sind. In den USA hat dieses Prinzip Eingang in das Sechs-Ecken-

Spiel des Schauspielers Kevin Bacon gefunden, ein Spiel, bei dem versucht werden soll, jeden beliebigen Schauspieler über nicht mehr als sechs Verbindungen mit Kevin Bacon in Verbindung zu bringen. Diese Idee geht auf den ungarischen Schriftsteller Frigyes Karinthy zurück, der 1929 eine Erzählung mit dem Titel „Kettenglieder" veröffentlichte, in welcher eine der Figuren die These aufstellt, dass die moderne Welt immer kleiner werde, da die Menschen aufgrund technischer Fortschritte auf dem Gebiet der Kommunikation und des Transports immer enger miteinander verbunden würden. Karinthys Charaktere entwickeln ein Spiel, aufbauend auf der Idee, dass jeder beliebige Menschen über maximal fünf Personen eine Verbindung zu jedem anderen beliebigen Menschen irgendwo auf der Welt herstellen kann, nur indem persönliche Bekanntschaften genutzt werden. Es geht hier aber nicht so sehr um die konkreten Fakten, anhand derer wir unser Gespür für die wechselseitige Abhängigkeit schärfen. Vielmehr geht es um die Bereitschaft, uns über die Relevanz wechselseitiger Abhängigkeit für unser persönliches und privates Leben klarzuwerden, indem wir erkennen, dass, wie der Dalai Lama sagt, unser eigenes Glück in hohem Maße von den anderen abhängt und somit unser eigenes Wohlergehen und das Wohlergehen der anderen untrennbar miteinander verflochten sind. Wenn wir nicht als völlig autarker Einsiedler irgendwo in einer Höhle leben oder auf einer verlassenen Insel stranden, wie die (von Tom Hanks gespielte) Hauptfigur des Filmes *Verschollen*, dann hängt unser Überleben von unseren Mitmenschen ab.

Wir können ein einfaches Gedankenexperiment durchführen, das sehr anschaulich unsere soziale Natur und wechselseitige Abhängigkeit in Erinnerung ruft und zeigt, dass wir dafür geschaffen sind, mit anderen zusammenzuleben und zu kooperieren, dass also unser eigenes Überleben von anderen abhängt. Zur Durchführung dieses Experiments wählen Sie irgendeinen Gegenstand, den Sie oft benutzen oder von dem Sie in Ihrem täglichen Leben abhängig sind, oder irgendetwas, das Ihnen wichtig ist und das Sie besonders gerne mögen. Denken Sie mindestens fünf Minuten lang über möglichst viele Menschen nach, die einen direkten Beitrag zur Herstellung und zum Transport dieses Gegenstands geleistet haben, inklusive der Einzelbestandteile und Rohmaterialien, die zur Herstellung notwendig waren. Lassen Sie Ihrer Fantasie freien Lauf. Suchen Sie sich von den zahlreichen beteiligten Personen eine konkrete Person aus, stellen Sie sich ihr Gesicht, ihre Kleidung, ihre Umgebung und ihre Familie vor.

Wenn Sie diese Übung über den Zeitraum von einer Woche oder länger immer wieder ausführen, kann das große Auswirkungen haben. Sie können ein wenig experimentieren und die Übung auch abändern, um sie wirkungsvoller werden zu lassen. Es ist jedoch hilfreich, jeden Tag einen anderen Gegenstand oder ein anderes Produkt zur Betrachtung heranzuziehen. Man kann sich auch Nahrungsmittel auswählen, wie etwa ein Sandwich mit Schinken und Ei. Überlegen Sie sich, wer die Nahrungsmittel zu Ihnen in die Wohnung gebracht hat. Stellen Sie sich die Kassiererin an der Kasse im Supermarkt vor, die Regaleinräumer und Lagerarbeiter, den LKW-Fahrer, der das Ei zum Supermarkt gefahren hat, den Bauer, der das Ei eingesammelt und verpackt hat, die Züchter, die das Huhn aufgezogen und dem Bauern geliefert haben usw. usf. Sie können hier so detailliert vorgehen wie sie möchten, in jede beliebige Richtung. Sie können sich die Arbeiter in der Traktorfabrik vorstellen, die den Traktor zusammenbauten, der später das Feld pflügte, auf dem das Getreide für das Brot angebaut wurde, die Minenarbeiter in einem fernen Land, die das Erz abbauten, aus dem das Metall für den Traktor gewonnen wurde usw. Mit dieser Übung werden Sie nach einiger Zeit eine große Wertschätzung dafür entwickeln, mit wie vielen anderen Menschen wir ständig in Verbindung stehen und von wie vielen Menschen wir abhängig sind, schon wenn es nur um die Befriedigung unserer Grundbedürfnisse geht. Je bewusster wir uns hier werden, desto mehr Dankbarkeit werden wir empfinden.

Unlängst erzählte mir eine Freundin, dass sie diese Übung einmal durchführte, als sie ein Stück Schokoladenkuchen aus der Gefriertruhe auftaute und aß. Sie erzählte von den verschiedenen Menschen, die sie sich dabei vorstellte: die Arbeiter auf einer tropischen Insel, die auf einem feuchten Feld das Zuckerrohr schnitten; die Bäuerin, die den Weizen anbaute und den Müller, der daraus Mehl herstellte; die Arbeiter der Kakaoplantage beim Pflücken der Kakaobohnen und schließlich die Fabrikarbeiter mit ihren weißen Kitteln in der Kuchenfabrik, eingehüllt vom Duft tausender frisch gebackener Schokoladenkuchen. Nachdem meine Freundin die Übung beendet und sich die unzähligen Menschen vorgestellt hatte, derer es bedurfte, um die Rohstoffe dieses Kuchens herzustellen, zu verarbeiten und zu transportieren, fühlte sie sich beim Verzehr wie eine exotische Herrscherin aus vergangenen Zeiten, die ein kleines Heer von Arbeitern auf der ganzen Welt befehligte, nur um ihr dieses eine Stück Schokoladenkuchen zukommen zu lassen. Und so war der Kuchen für einen Augenblick zu etwas geworden, das zum Köstlichsten und Außergewöhnlichsten gehörte, das sie jemals gegessen hatte.

Über unsere gemeinsame Menschlichkeit nachdenken

Nachdem wir über unsere soziale Natur und unsere wechselseitige Abhängigkeit reflektiert haben, kommen wir nun zur dritten Wahrheit, die zu bedenken der Dalai Lama vorschlägt: „unsere gemeinsame Menschlichkeit“. Er empfiehlt uns, über diese drei Wahrheiten nachzudenken, um zu einem tieferen Gefühl der Verbundenheit mit allen Menschen zu gelangen, zu einem Weg also, unseren Umgang miteinander auf dem Verbindenden statt auf dem Trennenden aufzubauen. Oberflächlich gesehen mag es scheinen, dass allein die Betrachtung unserer gemeinsamen Menschlichkeit bereits ausreichen sollte, um in uns ein tiefergehendes Gefühl von Verbundenheit mit anderen hervorzurufen. Im Vergleich hierzu mag die Betrachtung unserer sozialen Natur und unserer wechselseitigen Abhängigkeit manchen etwas trocken und akademisch erscheinen. Warum sollten wir zuerst über unsere soziale Natur und unsere wechselseitige Abhängigkeit nachdenken?

Bei genauerem Hinsehen erkennen wir die große Weisheit des Dalai Lama, wenn er die Betrachtung unserer sozialen Natur und wechselseitigen Abhängigkeit hier mit einschließt. Erstens unterstreicht das Bewusstsein von unserem sozialen Wesen, von der sozialen Natur als Kern unseres Menschseins die Wichtigkeit dieser Themen und hilft uns zu erkennen, dass sie für unser Überleben als Gattung von entscheidender Bedeutung sind. Darüber hinaus hilft uns die Betrachtung unserer wechselseitigen Abhängigkeit, zu erkennen, dass unser eigenes Wohlergehen untrennbar mit dem Wohlergehen der anderen verbunden ist. Nachdem wir also unsere soziale Natur und unsere sich verstärkende wechselseitige Abhängigkeit gründlich bedacht haben, werden wir erkennen, dass diese Themen sowohl für unser persönliches Glück und Wohlergehen als auch für unser Überleben wesentlich sind. Dies unterstreicht, wie wichtig und nützlich es ist, ein größeres Bewusstsein unserer gemeinsamen Menschlichkeit zu entwickeln, und es verhindert, dass wir die Betrachtung „unserer gemeinsamen Menschlichkeit" lediglich als rein religiöse, ethische oder akademische Angelegenheit abtun.

„Eure Heiligkeit, wir kommen nun zur dritten der von Ihnen vorgeschlagenen Kontemplationen. Können Sie zur Klarstellung kurz erläutern, was Sie mit dem Begriff ‚gemeinsame Menschlichkeit' meinen?

„Das ist ein einfacher Gedanke. Um über unsere gemeinsame Menschlichkeit zu reflektieren, untersuchen wir zuerst die ganz grundlegenden Eigenschaften, die alle Menschen miteinander teilen. Wenn wir genau nachdenken, stellen wir fest, dass wir alle den grundlegenden Wunsch in uns tragen, Glück zu erlangen und Leid zu vermeiden. Für mich ist das die fundamentalste Wahrheit unserer menschlichen Natur. Außerdem ist für uns alle menschliche Zuwendung wichtig, und wir alle können uns in andere einfühlen. Darüber hinaus verfügen wir Menschen sowohl über eine wunderbare Intelligenz als auch über ein reiches Vorstellungsvermögen.

Ich denke, dass hier die Kultivierung eines Bewusstseins der grundlegenden Gleichheit und Gleichwertigkeit aller Menschen vielleicht der wichtigste Punkt ist. Wir alle verfügen über den gleichen menschlichen Körper, die gleichen menschlichen Emotionen, den gleichen menschlichen Geist. Wenn Sie sich verletzen, bluten Sie. Wenn ich mich verletze, blute ich. Wenn Sie jemanden verlieren, den Sie lieben, fühlen Sie sich traurig. Wenn ich jemanden verliere, der mir sehr ans Herz gewachsen ist, fühle ich mich traurig. Wenn Sie über eine wichtige Wahrheit nachdenken, gewinnen Sie neue Einsichten. Und wenn ich über eine wichtige Wahrheit nachdenke, gewinne ich ebenfalls neue Einsichten.

Für mich sind Eigenschaften, die uns voneinander trennen, wie Reichtum, Beruf, soziale Stellung etc. zweitrangig. Ich bin fest davon überzeugt, dass wir lernen können, einander auf einer tieferen Ebene zu begegnen, nämlich auf der Grundlage der Menschlichkeit, die wir alle miteinander gemein haben. Der ausschlaggebende Punkt ist hier, dass automatisch eine Grundlage für gegenseitiges Vertrauen geschaffen wird, wenn die einzelnen Individuen einer Gesellschaft im Besitz menschlicher Qualitäten sind und einander auf dieser grundlegenden menschlichen Ebene begegnen."

Schließlich fasste der Dalai Lama die Essenz dieser tiefgründigen Praxis zusammen: „In meinem persönlichen Umgang mit Menschen, ob das nun Präsidenten, einflussreiche Geschäftsleute, Bettler, Aidskranke oder gewöhnliche Menschen sind, ist unser Menschsein – unsere gemeinsame Menschlichkeit – die unmittelbare Verbindung mit meinem Gegenüber." Er schloss mit den Worten: „Das ist die Ebene, auf der ich versuche, anderen Menschen zu begegnen. Das ist es, was es mir erlaubt, eine tiefe Verbundenheit mit den anderen zu spüren. Das ist der Schlüssel."

Der Dalai Lama sprach diese letzten Worte in aufrichtiger Schlichtheit und teilte seine persönlichen Erfahrungen auf die für ihn typische ungekünstelte, offene und ehrliche Art mit. Die Art und Weise, wie er diese Worte sprach, hatte nichts besonders Bemerkenswertes. Nachdem ich aber über zwei Jahrzehnte lang immer wieder Zeuge geworden war, wie er anderen Menschen begegnet und mit ihnen in Beziehung tritt -- nämlich genauso, wie er es gerade geschildert hatte – konnte ich mir nicht helfen und war einfach nur tief berührt. In all diesen Jahren hatte ich immer wieder hautnah miterleben können, wie er überall auf der Welt mit Menschen aus allen Gesellschaftsschichten auf genau diese Weise umging. Ich konnte sehen, wie er allen mit gleicher Achtung und Aufmerksamkeit begegnete und sie als Menschen aufrichtig würdigte. Ich hatte viele Menschen beobachten können, die ihm zum ersten Mal begegneten und vor Freude spontan geweint haben, nicht nur Tibeter, für die eine kurze Begegnung mit dem Dalai Lama oft die Erfüllung eines lebenslangen Traumes ist.

Man kann nicht in die Herzen der anderen hineinschauen und nicht wissen, warum so viele Menschen ganz unterschiedlicher Herkunft spontan Freudentränen vergießen, wenn sie dem Dalai Lama begegnen. Ich frage mich allerdings, ob diese Reaktionen vielleicht auch von der ungewöhnlichen Erfahrung herrühren, als ebenbürtiger Mitmensch respektiert und geliebt zu werden, respektiert auf der Grundlage dieser gemeinsamen Menschlichkeit – im Gegensatz zu unserem gewohnheitsmäßigen Umgang mit anderen Menschen, der eher auf der Rolle basiert, die man gerade spielt, wie etwa Freund, Angestellter, Chef, Student oder Ähnliches. Nach diesen Begegnungen mit dem Dalai Lama habe ich die Menschen auch immer wieder lächeln sehen, völlig entspannt und glücklich, wie gesättigt nach einer langen Hungerperiode.

Wir kommen also zur dritten Kontemplation: zu der unserer gemeinsamen Menschlichkeit. In den einleitenden Kapiteln dieses Buches hat der Dalai Lama für den Aufbau von größerem Vertrauen und stärkerem Gemeinschaftssinn vorgeschlagen, sich Menschen und Gruppen anzuschließen, die ähnliche Interessen teilen oder einen ähnlichen Hintergrund haben. In gewisser Weise stellt dies ein Heilmittel für die Symptome unserer gesellschaftlichen Übel dar – ein Heilmittel, das vorübergehende Erleichterung verschafft. Mit dieser dritten Betrachtung bietet er nun ein Mittel an, das auf einer grundlegenderen Ebene wirkt; einen Ansatz zur Behandlung gesellschaftlicher Krankheiten, der das emotionale Immunsystem der Gesellschaft stärken hilft. Hier schlägt er vor, über unsere gemeinsamen Interessen hinauszugehen, die wir zum Beispiel als Kegelclubmitglieder, Parteifreunde, Anhänger einer bestimmten Glaubensrichtung, Fußballspieler, Fahrradenthusiasten, Pilzsammler, Hundeliebhaber miteinander teilen, und unsere zugrundeliegenden gemeinsamen Eigenschaften als Menschen zu entdecken, die Eigenschaften und Merkmale, die wir mit allen anderen Menschen gemeinsam haben, denen wir jemals begegnen werden: unsere gemeinsame Menschlichkeit. Eine fundamentale Transformation unserer Grundhaltung, die ein tiefes Gespür für unsere Gemeinsamkeiten als menschliche Wesen beinhaltet, gleichzeitig aber auch unsere Unterschiede als Individuen respektiert, ist die beste Lösung zur Schaffung einer glücklicheren Gesellschaft, in der Zusammenhalt und Vertrauen herrschen, und in der sich die einzelnen Mitglieder auf grundlegender Ebene miteinander verbunden fühlen.

Auch wenn sich dieses Lösungskonzept einfach anhört, ist die Umsetzung nicht unbedingt einfach. Es reicht nicht aus, kurz unsere

Gemeinsamkeiten mit anderen Menschen anzuerkennen und rasch einmal unsere soziale Natur, wechselseitige Abhängigkeit und gemeinsamen Merkmale wahrzunehmen. Vielmehr sind bewusste und gezielte Reflexionen und tiefgehende, regelmäßig wiederholte Betrachtungen über diese Punkte nötig, bis diese Sichtweise verinnerlicht und zu unserer Grundhaltung geworden ist. Dann wird diese Wahrnehmung oder Haltung immer spontan entstehen, wenn wir anderen Menschen begegnen, sei es Freund oder Feind.

Auch wenn es nicht einfach ist, so ist es dennoch möglich, diese innere Wandlung zu vollziehen, diese Veränderung in unserer Einstellung herbeizuführen und anderen Menschen auf der Grundlage unserer gemeinsamen Menschlichkeit zu begegnen, auf der Grundlage unserer Gemeinsamkeiten statt unserer Unterschiede. Der Dalai Lama und andere Vorbilder sind lebendige Beweise dafür, dass dies möglich ist.

Wenn ich daran denke, dass der Dalai Lama mit jedem Menschen, den er trifft, auf der Grundlage unserer gemeinsamen Menschlichkeit in Kontakt tritt und alle mit dem gleichen Respekt und der gleichen menschlichen Würde behandelt, dann kommen mir zahlreiche Bilder und Situationen der letzten 25 Jahre in den Sinn, die alle von dieser einfachen Wahrheit zeugen. Diese Bilder reihen sich so schnell aneinander, dass es mir schwerfällt, eine besondere Szene als Illustration herauszugreifen. Aus welchen Gründen auch immer fällt mir eine kurze Begebenheit ein, die sich vor einigen Jahren bei einem Mittagessen von Geschäftleuten in Minnesota während einer Vortragsreise des Dalai Lama in den USA zugetragen hat, bei der ich ihn begleiten durfte. Es war eine Exklusivveranstaltung, die für die einflussreichen Entscheidungsträger vor Ort, die Reichen und Mächtigen organisiert worden war, um Seine Heiligkeit zu treffen. Der Dalai Lama wurde mit seiner Entourage zum Hintereingang des Veranstaltungsortes gefahren. Um zum Festsaal zu gelangen, hatte der DSS (der Sicherheitsdienst des Außenministeriums der USA) eine labyrinthähnliche Route durch Korridore, Gänge und die Küche vorgegeben. Das Personal und die Bedienungshilfen waren zusammengeströmt und hatten sich in den Korridoren aufgereiht, um vom Dalai Lama im Vorbeigehen kurz einen Blick erhaschen zu können. Es war geplant, dass der Dalai Lama vor dem

Mittagessen eine Ansprache hielt, und um den zeitlichen Ablauf einzuhalten, mussten wir einige Minuten hinter der Bühne warten, während ein Sprecher auf der Bühne den Dalai Lama ankündigte und kurz vorstellte. An der Stelle, wo wir kurz Halt gemacht hatten, befand sich zufällig ein junger Hilfskellner, und während des Wartens wechselte der Dalai Lama ein paar Worte mit ihm. Nachdem der Sprecher seine Vorstellung beendet hatte, traten wir auf das niedrige Podium hinaus, das als Bühne diente, und der Dalai Lama hielt seine Ansprache. Der kurze Austausch des Dalai Lama mit dem Hilfskellner hinter der Bühne war an sich nichts Außergewöhnliches. Das war lediglich eine spontane und natürliche Reaktion auf die Situation, ohne viel Aufhebens, ohne irgendetwas vorzuspiegeln und ohne tiefere Beweggründe. Nichts Außergewöhnliches, außer der Überraschung des Hilfskellners vielleicht. Was mich allerdings sehr beeindruckte, war, wie der Dalai Lama später beim Mittagessen auf genau gleiche Weise mit den Reichen und Mächtigen umging, wie er zuvor mit dem Hilfskellner umgegangen war. Er legte das gleiche Interesse an den Tag und ließ ihnen die gleiche Aufmerksamkeit und die gleiche Wärme zukommen. Er sprach mit allen auf eine Weise, als ob es sich beim Gesprächspartner um den wichtigsten Menschen der Welt handelte und es in diesem Augenblick niemand anderen gäbe.

Ich erinnere mich noch an ein anderes kleines Detail dieses Mittagessens, das mir wie eine eindrucksvolle Metapher für die Tatsache erschienen war, dass wir alle Menschen sind und dass es auf dieser fundamentalen menschlichen Ebene keine großen Unterschiede zwischen uns gibt. Als wir auf die Bühne hinaustraten, fiel mein Blick auf die Kulisse, die die Bühne und den Festsaal von der Küche und dem Arbeitsbereich dahinter abtrennte. Es war eine dünne Sperrholzwand, die mit einem dunklen Holzfurnier überzogen war. Zwischen den reichen Geschäftsleuten, die an festlich gedeckter Tafel mit Silberbesteck ihren Entenbraten aßen und aus Kristallgläsern tranken, und den Menschen, die sich unsichtbar im Hintergrund um all die Köstlichkeiten und das elegante Drumherum kümmerten, befand sich lediglich diese dünne Wand. Gerade mal etwas mehr ein halber Zentimeter trennte diese völlig unterschiedlichen Welten voneinander!

Aus irgendeinem Grund erschien mir das als beeindruckendes Sinnbild für unser gewöhnliches Denken, das annimmt, dass es zwischen uns und anderen eine tiefe Kluft und große Unterschiede gibt – besonders zwischen Reichen und Armen, zwischen Mächtigen und Niedrigen. Wir glauben, dass es so viel gibt, was uns voneinander trennt, doch stellt sich dies bei genauer Betrachtung oft als Illusion heraus. In Wirklichkeit ist es nicht viel, was uns von den anderen unterscheidet. Der Dalai Lama scheint sich instinktiv auf dieser Grundlage zu verhalten, da er erkannt hat, dass wir, zumindest auf dieser grundlegenden Ebene, alle gleich sind, und dementsprechend begegnet er den Menschen.

Während der Dalai Lama ganz offensichtlich die überragende Fähigkeit besitzt, auf diese Weise mit anderen Menschen in Verbindung zu treten, stellt sich die Frage, wie der Rest von uns ebenfalls diese Fähigkeit entwickeln kann. Ich wusste, dass seine Einstellung im Wesentlichen das Ergebnis jahrelanger spiritueller Übungen ist und erkundigte mich daher: „Eure Heiligkeit, ich frage mich, ob es formale Meditationen, Techniken oder Übungen gibt, die wir regelmäßig anwenden können, um zu diesem tiefen Gefühl von Vertrauen und Verbundenheit mit den anderen gelangen zu können, eine buddhistische Meditation vielleicht, die auch von Nichtbuddhisten angewandt werden kann und diesen Geisteszustand hervorruft."

„Es gibt zahlreiche Meditationen und unterschiedliche Praktiken. Es wird jedoch individuelle Unterschiede geben, welche spezielle Praxis für den Einzelnen besonders effektiv ist. Aber auch ohne formale Meditationssitzung kann man diese Ideen, über die wir gesprochen haben, in einer Art ‚analytischen Meditation' anwenden."

Ah, jetzt wird es interessant, dachte ich mir. Ich hegte wohl die Hoffnung, dass er eine besondere buddhistische Meditation zur Entwicklung dieses Geisteszustandes parat hätte. Oder ich erwartete vielleicht, dass er unsere Diskussionen über diese Themen auf neue und typisch buddhistische Weise zusammenfassen würde, in Übereinstimmung mit einer geheimen Formel, die sich als tägliche Meditationsübung anwenden lässt. Ich bin mir nicht sicher. In freudiger

Erwartung, dass der Dalai Lama eine strukturierte Meditationstechnik enthüllen würde, mit der wir ein Gespür für unsere gemeinsame Menschlichkeit entwickeln können, fragte ich: „Wie sehen die Einzelheiten dieser analytischen Meditation aus, um etwas genauer zu sein?"

„Nun", antwortete er, „um etwas genauer zu sein, können wir gezielt darüber nachdenken, dass wir, *erstens,* soziale Wesen sind und für unser Überleben aufeinander angewiesen sind. *Zweitens* sind die Interessen und das Wohl aller Menschen stark miteinander verknüpft, besonders in der modernen Welt. Die Welt wird mit jedem Tag kleiner. Wir werden immer abhängiger voneinander, und unser eigenes Wohlergehen hängt immer mehr vom Wohlergehen der Menschen um uns herum ab. Und *drittens* können wir über unsere grundlegende Gleichheit als menschliche Wesen nachdenken und über die Vorstellung, dass jeder von uns Glück erlangen und Leid vermeiden möchte."

„Aber das sind ja genau die drei Punkte, die wir gerade erörtert haben!", wand ich ein.

„Genau!", sagte er mit einem strahlenden Lächeln, als ob ich es nun endlich verstanden hätte.

FÜNFZEHNTES KAPITEL

Empathie, Mitgefühl und das Glück in unserer verunsicherten Welt

„Eure Heiligkeit, da dies vorerst unser letztes Treffen ist, möchte ich die verschiedenen Themen, die wir bisher besprochen haben, zusammenführen und sehen, ob wir dafür einen vereinenden Leitgedanken finden können, wie wir in einer Welt mit so vielen Problemen zum Glück finden können."

„Gut", antwortete der Dalai Lama frohen Sinnes, als sei er bereit, jedes Thema in Angriff zu nehmen.

Ich dachte kurz an unsere allerersten Treffen hier in Tuscon vor so vielen Jahren zurück. Eine der allerersten Fragen, die ich ihm damals gestellt hatte, war: „Eure Heiligkeit, sind *Sie* glücklich?", und seine Antwort war gewesen: „Ja, ganz gewiss."

Nun tat sich eine neue Frage auf, eine Frage, die mehr im Kontext unserer jetzigen Diskussionen stand. Ich fragte: „Eure Heiligkeit, ich habe über die Jahre hinweg immer wieder beobachtet, dass Sie ein wirklich glücklicher Mensch zu sein scheinen, trotz der Tatsache, dass Ihr Leben nicht immer einfach gewesen ist. Als ich Sie einmal vor vielen Jahren gefragt habe, ob Sie glücklich sind, haben Sie das unmissverständlich bejaht. Ich frage mich, ob Ihr Glück, zumindest teilweise, vielleicht damit in Zusammenhang steht, dass Sie mit anderen auf der Grundlage unserer gemeinsamen Menschlichkeit in Beziehung treten und entsprechend mit ihnen umgehen?"

„Ja, ich glaube schon", antwortete er schlicht.

„Könnten Sie kurz auf einige der Vorteile oder Auswirkungen eingehen, die es hat, wenn wir mit den anderen auf diese Weise in Beziehung treten?"

„Auswirkungen ...", hob der Dalai Lama langsam an. „Ja, ich denke, dass es ein Gefühl von Freiheit verleiht, wenn wir anderen auf dieser grundlegend menschlichen Ebene begegnen. Das öffnet eine Art innerer Tür, so dass es uns dann leichter fällt, zu den anderen zu finden. Da herrscht ein grundlegendes Gefühl von Vertrauen, und es gibt weniger Verunsicherung."

„Gehe ich recht in der Annahme", unterbrach ich ihn, „dass Sie meinen, dass dieses grundlegende Vertrauen dabei hilft, Probleme wie Voreingenommenheiten oder ein mangelndes Gemeinschaftsgefühl zu überwinden, worüber wir ja gesprochen haben?"

„Ja, das ist richtig", bestätigte er und fuhr dann fort: „Wenn Sie anderen auf dieser Ebene begegnen, dann besteht keine Notwendigkeit mehr, sich gegenseitig vorzustellen. Sie fühlen sich so, als ob Sie Ihr Gegenüber bereits kennten, auch wenn Sie die andere Person zum ersten Mal treffen. In diesem Sinne wird es nirgendwo wirkliche Fremde für Sie geben.

Wenn Sie dies lernen können, gestatten Sie Ihrer angeborenen Fähigkeit zur Empathie, sich spontan und frei zu entfalten. Ich bin der Überzeugung, dass diese Art von Empathie eine der wunderbarsten menschlichen Qualitäten ist. Genau wie ich selbst, so möchten auch alle anderen Glück erlangen und Leiden überwinden, und wir haben alle das gleiche Recht darauf: Wenn wir uns dieser fundamentalen Wahrheit unserer menschlichen Existenz zutiefst bewusst sind, dann verspüren wir automatisch Empathie und eine enge Verbundenheit mit den anderen. Wir werden dann dazu in der Lage sein, uns aus einem Gefühl der Warmherzigkeit mühelos und spontan um das Wohlergehen der anderen zu sorgen. Das ist Mitgefühl."

„Ich freue mich, dass Sie Empathie und Mitgefühl angesprochen haben", sagte ich, „da ich vorgehabt hatte, diese Themen mit Ihnen zu besprechen, um einige Punkte zu klären. Nehmen wir also zunächst einmal die Empathie, die als Fähigkeit definiert wird, uns in die Lage der anderen zu versetzen, ihre Gefühle zu verstehen, ihre Erfahrungen nachzuempfinden und Ähnliches mehr. Es scheint, dass es sich im Wesentlichen um eine Methode zur Entwicklung von Empathie handelt, wenn wir mit den anderen auf der Grundlage unserer gemeinsamen Menschlichkeit in Beziehung treten. Empathie ermöglicht es uns, uns auf alle Menschen gleichermaßen zu beziehen und hängt nicht von unserer Fähigkeit ab, auf die individuellen Charaktereigenschaften oder persönlichen Erfahrungen der anderen einzugehen."

„Das ist richtig", bestätigte er.

„Auch sind Empathie und Mitgefühl eng miteinander verbunden“, fuhr ich fort. „Mitgefühl heißt, dass wir uns für das Leid der anderen öffnen, ihre leidvollen Erfahrungen mit ihnen teilen und uns wünschen, dass sie von ihren Leiden befreit werden möchten. Empathie ist somit eine Grundvoraussetzung für das Mitgefühl, weil wir dazu in der Lage sein müssen, uns auf die andere Person zu beziehen, ihre Erfahrungen zu teilen und nachzuempfinden, was sie gerade durchmacht, um wirkliches Mitgefühl empfinden zu können.

Um zusammenzufassen und um den Zusammenhang all dessen zu erkennen, können wir sagen, dass die Kultivierung des Gefühls unserer gemeinsamen Menschlichkeit eine Methode ist, Empathie hervorzurufen, und dass unser Mitgefühl umso stärker sein wird, je tiefer und ausgeprägter unsere Empathie ist.“

„Das ist richtig“, bestätigte er abermals.

„An diesem Punkt frage ich mich nun, ob Sie noch etwas zum Thema Mitgefühl hinzufügen möchten, besonders vor dem Hintergrund der Frage, wie wir glücklich werden können – sowohl innerlich als auch äußerlich in einer glücklicheren Gesellschaft, in der wir anfangen können, einige der Probleme unserer heutigen Welt zu überwinden.“

Der Dalai Lama nahm sich einen Moment, um seine Gedanken zu ordnen, und antwortete dann: „Ja. Zunächst einmal profitieren Sie selbst zuerst von den Vorteilen, wenn Sie Mitgefühl für andere empfinden. Mitgefühl stellt eine wahre Quelle des Glücks dar. Wenn wir ein vertrautes, warmherziges Gefühl für andere kultivieren, wird das unseren Geist automatisch in einen entspannten Zustand versetzen, unsere Ängste und Verunsicherungen beseitigen helfen und uns die Kraft verleihen, jegliche Hindernisse zu überwinden, denen wir begegnen werden. Mitgefühl ist die höchste Quelle des Erfolgs in unserem Leben. Ich bin davon überzeugt, dass der Schlüssel zu einer glücklicheren und erfolgreicheren Welt in der Entwicklung und Kultivierung von Mitgefühl liegt: auf persönlicher und familiärer Ebene, auf gesellschaftlicher, nationaler und globaler Ebene. Mitgefühl ist somit etwas wirklich Erstrebenswertes. Das ist nicht nur eine religiöse oder spirituelle Angelegenheit und keine Frage ideologischer Auffassung. Mitgefühl ist kein Luxus, sondern absolute Notwendigkeit.“

„Eure Heiligkeit, ich kenne Ihre Ansichten über den Nutzen und die praktischen Vorteile umfassenden Mitgefühls und über seine Überlebensnotwendigkeit für die ganze Menschheit. Ich glaube aber, dass einer der Gründe, warum sich nicht mehr Menschen ernsthafter mit der Kultivierung von Mitgefühl befassen, der ist, dass Viele immer noch der Meinung sind, Mitgefühl sei eine religiöse oder spirituelle Angelegenheit, obwohl Sie ja immer wieder betonen, dass Mitgefühl konkreten praktischen Nutzen hat und keine rein religiöse Angelegenheit ist. Zum Beispiel haben Sie gesagt, dass Mitgefühl gut für unsere körperliche und geistige Gesundheit sei, doch die meisten Leute denken immer noch, dass Mitgefühl eine Frage des Gewissens sei, keine Frage der Gesundheit.

Als Sie bereits vor vielen Jahren über Mitgefühl gesprochen haben, konnte ich zwar nicht bestreiten, dass es sich hierbei um eine wunderbare Sache handelte. Doch für meinen persönlichen Geschmack kam mir das damals ein bisschen zu ‚wohlig warm' vor, etwas zu süß und sentimental. Es war für mich eher ein spirituelles Thema. Es brauchte viele Jahre, bis ich anfing, über Mitgefühl unter dem Aspekt seines enormen praktischen Nutzens nachzudenken, und viele Jahre vergingen, bevor ich Ihre Behauptung akzeptieren konnte, dass Mitgefühl sowohl zu gesteigertem persönlichem Glück führt als auch viele konkrete Vorteile für die Gesellschaft mit sich bringt. Der Dreh- und Angelpunkt, der mein Denken wesentlich veränderte, waren die zahlreichen wissenschaftlichen Beweise, die die Richtigkeit Ihrer Aussagen belegten, und viele dieser Beweise sind erst innerhalb der letzten Jahre veröffentlicht worden.

Kurzum, was ich sagen möchte, ist, dass ich mit Ihnen darin übereinstimme, dass es tiefgreifende Auswirkungen auf unsere Gesellschaft hätte, wenn Ihre Ansichten flächendeckend umgesetzt und viele Menschen anfangen würden, Mitgefühl etwas ernster zu nehmen. Es ist aber unwahrscheinlich, dass die Mehrzahl der Menschen im Westen den Buddhismus als ihren vorrangigen spirituellen Weg annehmen wird. Wenn diese Prinzipien in westlichen Gesellschaften breiten Anklang finden sollen, dann müssen sie also in einem säkularen Kontext präsentiert werden, was im Allgemeinen bedeutet, sie vom wissenschaftlichen Standpunkt aus zu untersuchen und vorzustellen."

„Ja, das stimmt", antwortete der Dalai Lama.

Ich fuhr fort: „Glücklicherweise liegt heute umfangreiches wissenschaftliches Beweismaterial für all die vielen Vorteile des Mitgefühls vor, Beweismaterial, das Ihnen aufgrund Ihrer zahlreichen Treffen mit Wissenschaftlern unterschiedlichster Forschungsrichtungen ja bekannt ist. Darüber hinaus gibt es inzwischen auch viele wissenschaftliche Untersuchungen, die belegen, dass wir unseren Geist gezielt darin schulen können, mitfühlender und glücklicher zu werden, und dass Geistesübungen zur Entwicklung von mehr Mitgefühl sogar die Strukturen und Funktionsweise unseres Gehirns verändern können. Diese Ergebnisse halte ich auch deshalb für überaus wichtig, da viele Menschen die irrige Vorstellung hegen, dass Mitgefühl eine Frage genetischer oder angeborener Veranlagung sei, dass man als mitfühlend veranlagter Mensch auf die Welt komme und nichts dagegen tun könne, wenn man nicht mitfühlend ist, genauso wenig wie wir etwas dagegen tun können, wenn wir groß- oder kleinwüchsig sind. Das ist aber natürlich nicht der Fall.

Es geht mir also darum", fasste ich zusammen, „dass es inzwischen zahlreiche wissenschaftliche Untersuchungen gibt, die Ihre auf buddhistischen Grundsätzen beruhenden Ansichten bestätigen. Um zu erreichen, dass diese wissenschaftlichen Untersuchungen einen nachhaltigen Einfluss auf die Gesellschaft ausüben, müssen diese Informationen aber aus den Universitäten, Forschungslaboren, Fachjournalen und wissenschaftlichen Konferenzen in die Welt gelangen, damit auch der Durchschnittsmensch beginnt, seine Einstellung zum Mitgefühl zu verändern."

„Ja, dem stimme ich zu. Das ist der Grund, warum ich immer wieder darauf hinweise, dass diese Ideen in der Gesellschaft unterstützt und gefördert werden müssen, und dass man die Menschen darin unterrichten muss. Das kann mithilfe der Medien geschehen, durch das Erziehungswesen und andere Institutionen. Und, Howard, Sie sollten diesbezüglich auch Nachforschungen anstellen und solche Forschungsergebnisse in unserem Buch den Lesern mitteilen. Wir sollten versuchen, solches Gedankengut auf bestmögliche Weise zu fördern. Und natürlich geht es hier nicht nur darum, die Wichtigkeit von Empathie und Mitgefühl zu erkennen und nur darüber zu reden, sondern vielmehr darum, diesem Gedankengut Nachdruck zu verleihen, so dass es sich in unserem Verhalten niederschlägt und in unserem Umgang mit der Welt um uns herum."

Nachdem wir unseren Erörterungen mit den Themen Empathie und Mitgefühl die abschließenden Bausteine hinzugefügt hatten, ließen sich nun alle Einzelteile und all die unterschiedlichen Themengebiete, die wir in unseren zahlreichen Gesprächen angeschnitten hatten, perfekt zusammenfügen.

Als der Dalai Lama dann seine abschließenden Bemerkungen machte und unsere Diskussion zusammenfasste, lag ein unmissverständlicher Ton von Zuversicht und Hoffnung in seiner Stimme, der aus seinem festen Glauben an die Möglichkeit einer besseren Zukunft stammte, seinem Glauben an die Möglichkeit einer besseren Welt – hervorgegangen aus unseren eigenen Handlungen.

Er fasste zusammen: „Wenn also jeder von uns lernen kann, aus Mitgefühl, einem Verbundenheitsgefühl und aus der tiefen Erkenntnis unserer gemeinsamen Menschlichkeit heraus mit den anderen in Beziehung zu treten und – wichtiger noch – dies auch unseren Kindern zu vermitteln, dann bin ich überzeugt davon, dass dies viele der Konflikte und Probleme verringern wird, denen wir uns in der heutigen Welt gegenübersehen. Auf diese Weise können wir dabei helfen, glücklichere Menschen hervorzubringen, eine glücklichere Gesellschaft und eine friedlichere Welt."

Hier beginnen wir, den letzten Schritt zu unserem Ziel zu vollziehen, in unserer verunsicherten Welt zum Glück zu finden, das heißt sowohl inneres Glück zu entwickeln als auch uns dafür einzusetzen, die vielen Probleme zu überwinden, denen sich die Welt heute gegenübersieht. In diesem letzten Gespräch fügte der Dalai Lama seiner schlüssigen und logisch aufgebauten Methode zur Erlangung unseres Ziels die letzten Bausteine hinzu. Auf den Punkt gebracht:

Diese Methode beginnt mit einer umfassenden Wahrnehmung unserer gemeinsamen Menschlichkeit, einem tiefgründigen Bewusstsein der gemeinsamen Eigenschaften, die wir mit allen anderen Menschen teilen.

Dies ist die Grundlage dafür, für jedes menschliche Wesen Empathie zu entwickeln. Aus Empathie wiederum entspringt Mitgefühl, das unmittelbar zu größerem persönlichem Glück führt. Handeln wir auf der Grundlage dieses Mitgefühls, werden wir über kurz oder lang auch darauf hinarbeiten, die Probleme zu lösen, denen sich unsere Welt gegenübersieht, und dies wird letztendlich zu „einer glücklicheren Gesellschaft und einer friedlicheren Welt" führen.

Manch einem mag diese Methode simpel oder naiv erscheinen. Sie ist weder das eine noch das andere. In Wahrheit handelt es sich um eine enorm leistungsstarke und effektive Methode. Alles, was wir dafür benötigen, ist die Bereitwilligkeit, sie auszuprobieren. Ich bin der Anregung des Dalai Lama gefolgt und ergänze hier unsere Gespräche mit einigen empirischen Beweisen und wissenschaftlichen Untersuchungen, die die Tauglichkeit und Wirksamkeit seiner Methode belegen. So werden die große Tiefe, Weisheit und Kraft seiner Methode deutlich. Bevor ich einige dieser wissenschaftlichen Beweise anführe, ist es jedoch lohnenswert, eine kurze Übersicht zu geben, um diese Methode in den richtigen Zusammenhang zu stellen.

Kurze Übersicht: die Probleme unserer heutigen Welt bewältigen

In unseren Gesprächen hat der Dalai Lama mehrere Probleme benannt, denen sich unsere heutige Welt gegenübersieht: fehlender Gemeinschaftssinn, soziale Entfremdung, Vorurteile, Hass, Rassismus, Gewalt und anderes. Diese Probleme können menschliches Glück auf vielen Ebenen untergraben: auf persönlicher, gemeinschaftlicher, gesellschaftlicher und auf globaler Ebene. Als wir diese Probleme angingen, erinnerte der Dalai Lama zuerst daran, dass es viele Ursachen und Bedingungen geben kann, die zu diesen gesellschaftlichen Problemen führen, und dass sich diese Ursachen auf vielen Ebenen finden lassen, sowohl auf „innerer" Ebene (negative Emotionen, falsche Überzeugungen und Stereotype) als auch auf „äußerer" Ebene (ungünstige soziale Bedingungen oder situationsgebundene Faktoren). Daher geht der Dalai Lama davon aus, dass wir viele Strategien und Methoden benötigen, um diese Probleme zu bewältigen. In den vorangegangenen Kapiteln haben wir einige der konkreten Ursachen dieser Probleme sowie gezielte Strategien erörtert, die wir zu ihrer Bewältigung anwenden können. Wenn wir das „medizinische Modell" verwenden, das der Dalai Lama gerne benutzt, können wir sagen, dass die gezielten Strategien zur Bewältigung unserer gesellschaftlichen Probleme als symptomatische Therapie betrachtet werden können, als spezielle Medizin zur Behandlung unterschiedlicher Symptome unserer verunsicherten Welt.

An diesem Punkt betrachten wir aber die Ursachen dieser Probleme nochmals auf einer tieferen, grundlegenderen Ebene. *Hier hat der Dalai Lama eine eher systemische Ursache für unsere sozialen Missstände identifiziert und die Ursache all dieser gesellschaftlichen „Krankheiten" auf die Art und Weise zurückgeführt, wie wir mit anderen Menschen in Beziehung treten: ob wir mit unseren Mitmenschen auf der Grundlage unserer Unterschiede oder unserer Ähnlichkeiten interagieren, also auf der Grundlage dessen, was uns voneinander trennt oder auf der Grundlage dessen, was uns miteinander verbindet.* In der Tat ist dies die eigentliche Ursache vieler unserer heutigen Probleme auf *jeder* Ebene, ob es sich nun um globale, gesellschaftliche, gemeinschaftliche oder zwischenmenschliche Probleme handelt.

Auf dieser tieferen Ebene besteht das Gegenmittel darin, auf eine Art und Weise mit den anderen in Beziehung zu treten, die vereinend wirkt, um so die starren, undurchdringlichen Grenzen zwischen „ich" und „wir" oder zwischen „uns" und „ihnen" zu überwinden. Die Umwandlung der Art und Weise, wie wir mit anderen in Beziehung treten und mit ihnen interagieren – sowohl auf zwischenmenschlicher Ebene als auch auf der Ebene von Gruppen – kann als systemisches, universelles Allzweckmittel betrachtet werden.

Wir haben bereits ein Gegenmittel oder „Heilverfahren" untersucht, das auf dieser grundlegenderen Ebene funktioniert, um unsere Wahrnehmung und gewohnten Denkweisen zu verändern: die *Kultivierung positiver Emotionen.* Wir haben gesehen, wie positive Emotionen die Art und Weise verändern können, wie wir mit anderen in Beziehung treten, indem sie unser Denken und unsere Wahrnehmung „erweitern" und so die Grenzen unserer Identität vom „Ich" zum „Wir" ausweiten und die trennenden Barrieren überwinden, die zwischen „uns“ und „ihnen“ stehen. In unserer Diskussion über die vorteilhaften Auswirkungen der positiven Emotionen haben wir diese „positiven Emotionen“ übrigens sehr lose definiert, um viele verschiedene positive Geisteszustände mit einzuschließen. In diese Kategorie positiver Emotionen nahmen wir nicht nur Geisteszustände auf, die im Allgemeinen als echte Emotionen angesehen werden wie beispielsweise Freude oder Glück, sondern ebenfalls positive Geisteszustände, die einen kognitiven Aspekt aufweisen – positive Geisteszustände also, die eine positive Ausrichtung, Wahrnehmung oder Einstellung beinhalten.

Wir haben gesehen, dass die „erweiternden“ Auswirkungen und mannigfaltigen anderen, wissenschaftlich erwiesenen Vorteile der positiven Emotionen bis zu einem gewissen Grad mit praktisch jeder positiven Emotion einhergehen. Wir haben die Kultivierung positiver Emotionen auch als Übung kennengelernt, die an dem Kreuzungspunkt von persönlichem und gesellschaftlichem Glück steht. Es handelt sich potenziell um eine äußerst leistungsstarke Strategie, um in unserer verunsicherten Welt zum Glück zu finden, da sie inneres Glück vergrößert und gleichzeitig zu Veränderungen in unserem Verhalten führt, die zur Lösung einiger der Probleme unserer heutigen Welt beitragen werden. Zusätzlich zu den allgemeinen Auswirkungen positiver Emotionen haben wir erörtert, dass es bei den konkreten Auswirkungen positiver Emotionen gewisse Variationen geben kann. Beispielsweise haben wir gesehen, dass die „Hoffnungsfamilie“ der positiven Emotionen (Hoffnung, Optimismus, Vertrauen, Resilienz etc.) die gleichen allgemeinen Auswirkungen hat wie die anderen positiven Emotionen, aber besonders nützlich ist, wenn es darum geht, uns durch schwierige Zeiten der Not und Bedrängnis zu begleiten, selbst unter Schwierigkeiten weiter an unseren Zielen zu arbeiten und die zahlreichen Enttäuschungen, Rückschläge und Probleme des täglichen Lebens zu verkraften. Nachdem wir erkannt haben, dass es in den Auswirkungen der positiven Emotionen gewisse Unterschiede und Variationen geben kann, können wir nun dazu übergehen, jene positive Emotion genauer zu untersuchen, die der Dalai Lama in unserem Gespräch erwähnt hat und die mehrere einzigartige Eigenschaften aufweist, um so die letzten Bausteine zur Vervollständigung und Abrundung unserer Erörterung hinzufügen.

Als unser Treffen sich an diesem Tag seinem Ende näherte, nannte der Dalai Lama schließlich eine besondere *positive Emotion, die als vorzüglichste der positiven Emotionen gelten kann, um inneres Glücks und Wohlergehen zu kultivieren und die Art und Weise zu wandeln, wie wir mit anderen interagieren: das Mitgefühl.*

Empathie: Definition und Grundfunktion

Bevor wir uns näher mit dem Mitgefühl befassen, ist es wichtig, unser Augenmerk auf einen anderen positiven Geisteszustand zu richten: die Empathie. Dies ist der Kernfaktor, der dem Mitgefühl die Kraft verleiht, die gesellschaftlichen Probleme, über die wir bisher gesprochen haben, zu überwinden.

Es mag unterschiedliche Definitionen der Empathie geben. Alle scheinen jedoch bestimmte grundlegende Merkmale einzuschließen: Zunächst gibt es da eine Art emotionaler Verbindung mit einem anderen Menschen. Dann gibt es auch eine Art kognitiver Komponente, wie etwa bestimmte Vorstellungen oder Urteile über den anderen. Und natürlich gibt es einen Mechanismus, der für die Aufrechterhaltung der Grenzen zwischen dem Ich und dem anderen Menschen verantwortlich ist; etwas, das uns hilft, die Übersicht darüber zu behalten, welche Eigenschaften und Emotionen unsere eigenen sind und welche zu der anderen Person gehören, für die wir Empathie empfinden.

Eine weitverbreitete Auffassung von Empathie ist, dass sie eine Fähigkeit sei, sich gefühlsmäßig in andere hineinzuversetzen, die Fähigkeit also, sich vorzustellen oder zu fühlen, was ein anderer Mensch gerade erlebt. Und in der Tat ist bei der Untersuchung von Empathie die „Perspektivenübernahme“ eine von Wissenschaftlern häufig angewandte Technik für die Entwicklung von Empathie, wenn etwa die Versuchspersonen gebeten werden, sich vorzustellen, selbst in der Situation der anderen Person zu sein oder sich vorzustellen, selbst die andere Person zu sein.

Der Dalai Lama weist darauf hin, dass unsere Fähigkeit zur Empathie eine der wunderbarsten menschlichen Eigenschaften ist, besonders dann, wenn sie im Zeichen von Liebe, Mitgefühl und Güte steht.

Aber auch ohne diese erhabenen Geisteszustände spielt Empathie in unserem Alltagsleben eine wichtige Rolle. Wie der Dalai Lama bemerkt hat, sind wir Menschen soziale Wesen. Um innerhalb von Gruppen erfolgreich funktionieren zu können, müssen wir dazu fähig sein, andere Menschen zu „lesen" und ihr Verhalten und ihre Reaktionen vorwegzunehmen. Da Empathie diese Fähigkeit unterstützt, hat sie in der menschlichen Evolution eine entscheidende Rolle gespielt.

Empathie ist für uns heute genauso wichtig – oder sogar noch wichtiger – wie für unsere fernen Vorfahren. Die unterschiedlichen Funktionen der Empathie dienen dazu, mit den Mitmenschen in Verbindung zu bleiben und verhindern soziale Isolation. Diese Funktionen sind von entscheidender Bedeutung, da soziale Isolation für den Menschen verheerende Folgen haben kann. Es hat sich gezeigt, dass soziale Isolation zahlreiche schädliche Auswirkungen auf nahezu jeden Aspekt menschlichen Lebens hat, von einem schlechten Gesundheitszustand über Depressionen bis hin zu einer verminderten Fähigkeit zu logischem Denken. Im Besonderen unterstützt Empathie reibungslose soziale Interaktion, koordiniert soziales Verhalten und synchronisiert unser Verhalten mit den anderen Mitgliedern in einer sozialen Gruppe oder passt es ihm an. Im Allgemeinen hilft Empathie, unsere sozialen Bindungen zu stärken, und starke soziale Bindungen sind ein Kennzeichen seelischen Wohlbefindens.

Da wir selbst unabhängiger und unsere Gesellschsftssysteme komplexer geworden sind, ist Empathie in unserer heutigen Welt noch wichtiger geworden. Empathie hilft, das eigene Verhalten zu koordinieren und den anderen Gruppenmitgliedern anzupassen, führt zu reibungsärmeren zwischenmenschlichen Beziehungen und erleichtert soziale Interaktion auf vielfältige Weise. Tatsächlich wird die Fähigkeit, die Perspektive eines anderen einzunehmen, seit langem als entscheidender Bestandteil des einwandfreien Ablaufs sozialer Beziehungen angesehen. Da moderne Gesellschaften immer vielfältiger werden und wir in immer engeren Kontakt mit Menschen aus unterschiedlichen Populationen und Kulturen kommen, kommt unserer Fähigkeit zur Empathie immer größere Bedeutung zu.

Auswirkungen der Empathie: andere wie uns selbst betrachten

Der Dalai Lama wies darauf hin, dass der Schlüssel zur Überwindung vieler gesellschaftlicher Probleme darin liegt, mit den anderen mehr auf der Grundlage unserer Gemeinsamkeiten zu interagieren, statt auf der Grundlage dessen, was uns voneinander unterscheidet. Es gibt eine beeindruckende Fülle wissenschaftlicher Untersuchungen, die sich in den letzten zwei Jahrzehnten angesammelt haben, die durchweg belegen, dass die Übung in Empathie genau diese gewünschte Wirkung hervorbringt, nämlich die Kluft zwischen dem Ich und den anderen zu verringern.

In einem Experiment führten Forscher Tests zur Bestimmung des Selbstkonzepts der Versuchspersonen durch, indem ermittelt wurde, wie die Versuchspersonen sich selber wahrnahmen und mit welchen Charaktereigenschaften, Merkmalen und Attributen sie sich identifizierten. Später ließ man die Versuchspersonen in einem hiermit scheinbar völlig unzusammenhängenden Experiment Videos von Studenten betrachten, die über ihre College-Erfahrungen berichteten. Die eine Hälfte der Versuchspersonen wurde angewiesen, sich beim Betrachten der Videos vorzustellen, wie die betreffende Person sich fühlte und wie es wohl wäre, sich selbst in der Situation dieser Person zu befinden. Die andere Hälfte der Versuchspersonen wurde gebeten, die Videos neutral und objektiv zu betrachten, nicht die Perspektive der Studenten in den Videos einzunehmen, sondern lediglich deren Verhalten zu beobachten. Dann wurden beide Gruppen gebeten, Fragebögen darüber auszufüllen, was sie über die in den Videos gezeigten Studenten dachten, wie sie sich die Studenten im realen Leben vorstellten usw. Die Versuchspersonen, welche sich die Videos mit Empathie betrachtet haben, bewerteten die Studenten eher wie sich selbst, und schrieben ihnen Qualitäten und Eigenschaften zu, über die sie selbst verfügten.

Bei dieser Veränderung in unserer Wahrnehmung anderer, wenn wir Empathie praktizieren, die anderen also eher wie uns selbst betrachten und ihnen im Zuge der Übung in Empathie unsere eigenen Merkmale zuschreiben, ist ein Detail von besonderer Bedeutung: Wir weisen den anderen im Allgemeinen unsere *positiven* Eigenschaften zu, nicht aber unsere negativen Eigenschaften.

Darüber hinaus haben die empathischen Versuchspersonen, die sich in die Studenten eingefühlt haben, den Zielpersonen in den Videos nicht nur ihre eigenen Eigenschaften zugeschrieben, sondern ihnen im Allgemeinen auch eine größere Anzahl von Eigenschaften zugeschrieben. Was bedeuten diese Untersuchungsergebnisse? Zum einen, dass wir andere Menschen sehr viel realistischer wahrnehmen, wenn wir uns in sie hineinfühlen und sie als komplexe menschliche Wesen mit vielen unterschiedlichen Eigenschaften und Merkmalen wahrnehmen, genau wie wir selbst welche sind.

Zum anderen tendieren wir, wenn wir uns in Empathie üben, überraschenderweise dazu, die anderen auf die gleiche Weise wahrzunehmen wie uns selbst, wenn es darum geht, Verhaltensursachen zu erklären oder Handlungen zu interpretieren. Denn normalerweise gibt es Unterschiede darin, wie wir unser eigenes Verhalten und das Verhalten der anderen erklären.

Unter normalen Bedingungen erklären wir die Ursachen für unser eigenes Verhalten eher durch situative Umstände: Wenn beispielsweise unsere Wohnung unaufgeräumt ist, neigen wir dazu, dies den Umständen zuzuschreiben: „Gestern habe ich bis spät in die Nacht gearbeitet, und heute Morgen war keine Zeit mehr zum Aufräumen", oder: „Ich war heute Morgen sehr spät dran, als ich zur Arbeit musste." Wenn wir aber das Verhalten der anderen erklären, dann tendieren wir dazu, deren Veranlagung dafür verantwortlich zu machen, dass „sie nun einmal so sind" und dass dies Teil ihres Charakters sei. Wenn wir in die unaufgeräumte Wohnung eines Nachbarn kommen, dann denken wir eher, dass er eben ein unordentlicher Mensch ist. Dieser grundlegende Unterschied in der Erklärung unseres eigenen Verhaltens im Gegensatz zum Verhalten der anderen wird in der Fachliteratur als „fundamentaler Attributionsfehler" bezeichnet, also als Tendenz, das Verhalten der anderen vorwiegend anhand von Persönlichkeitsmerkmalen zu erklären und dabei situative Einflüsse und Faktoren zu unterschätzen.

In unterschiedlichen Studien wurde belegt, dass, wenn wir Empathie entwickeln, sich dieser fundamentale Attributionsfehler auflöst und wir das Verhalten der anderen auf die gleiche Weise wie unser eigenes Verhalten erklären und *so die anderen eher wie uns selbst betrachten.*

Vorteile der Empathie: Ein Gegenmittel für gesellschaftliche Probleme

Wie wir gesehen haben, sind laut dem Dalai Lama die Ursachen vieler unserer gesellschaftlichen Probleme mit der Art und Weise verbunden, wie wir mit unseren Mitmenschen umgehen. Auch wenn in unserem Umgang mit anderen Menschen viele unterschiedliche mentale Faktoren eine Rolle spielen, ist es unumstritten, dass der Empathie eine Schlüsselrolle zukommt. Empathie hat eine starke, beinahe magische Wirkung, wenn es darum geht, unseren Standpunkt zu verlagern und die anderen auf der Grundlage von Ähnlichkeiten statt von Verschiedenheiten wahrzunehmen. Sie ist der Faktor, der uns hilft, uns mit den anderen zu verbinden und zu verstehen, was der andere gerade erlebt. In den vergangenen Jahren haben sich immer mehr wissenschaftliche Erkenntnisse angesammelt, die belegen, dass Empathie ganz spezielle Auswirkungen auf unser Denken, Urteilen, Handeln und Wahrnehmen hat, und dass sie wie ein „maßgeschneidertes Gegenmittel“ gegen Misstrauen, Vorurteile, Hass, Rassismus, gewalttätige Konflikte und eine Unzahl anderer gesellschaftlicher Probleme wirkt.

Mithilfe der Empathie erkennen wir, dass unsere Mitmenschen ähnliche Eigenschaften und Charakterzüge haben wie wir selbst, dass ihr Verhalten – genau wie das unsrige – von den situativen Gegebenheiten abhängt und dass auch sie in der Lage sind, je nach der konkreten Situation auf unterschiedliche Weise zu reagieren. Es ist zwar richtig, dass gewisse Verzerrungen stattfinden, wenn wir unsere Eigenschaften auf die anderen projizieren. Das wird aber dadurch ausgeglichen, dass *wir* die anderen insgesamt wirklichkeitsgetreuer wahrnehmen, mit reicherem und vielgestaltigerem Innenleben, wenn wir sie empathisch wahrnehmen. Diese von der Empathie verursachten Veränderungen in unserem Denken und unserer Wahrnehmung bewirken, dass wir ein besseres Verständnis von unserem Gegenüber als einem wirklichen, lebendigen und komplexen Menschen gewinnen.

Unabhängig von den konkreten Problemen, die wir in unseren zahlreichen Gesprächen erörtert haben, mahnte der Dalai Lama zur Überwindung dieser Probleme immer wieder die Entwicklung eines realistischen Ansatzes an. Auch in diesem Fall untermauern wissenschaftliche Studien die Haltung des Dalai Lama. Sie belegen, dass die Entwicklung von Empathie uns dabei hilft, unser Gegenüber auf realistischere Weise wahrzunehmen, und dieser Wirkung kommt bei der Überwindung vieler gesellschaftlicher Probleme eine herausragende Bedeutung zu. In den vorangegangenen Kapiteln haben wir gesehen, wie die Personalisierung des Mitglieds einer stereotypisierten Fremdgruppe – mithilfe von Techniken wie der „Gemüsemethode" – unsere negative Ausrichtung und klischeehaften Vorstellungen tendenziell beseitigen. Wenn wir Empathie entwickeln, findet der gleiche Prozess statt, da wir den anderen Menschen dann eher als einzigartiges Individuum wahrnehmen. Daher kann *Empathie als Gegenmittel gegen Stereotype und klischeehafte Vorstellungen betrachtet werden!*

Es gibt viele Studien, die zeigen, dass *Empathie wie ein direktes Gegenmittel gegen Vorurteile wirkt.* Eine Auswirkung von Empathie, die in zahlreichen Experimenten umfassend dokumentiert wurde, ist, dass wir die anderen tendenziell nicht nur als uns ähnlicher betrachten, wenn wir Empathie verspüren, sondern auch, dass wir die anderen dann mehr mögen. *Es ist ein wohlbekanntes psychologisches Gesetz, dass wir dazu neigen, diejenigen mehr zu mögen, die uns ähnlicher sind.* In der Tat ist dies eine der Antriebskräfte dafür, dass wir die Eigengruppe favorisieren. Wenn wir uns einmal mit einer Gruppe identifizieren und sie für uns zur Eigengruppe wird, tendieren wir dazu, unsere persönlichen Eigenschaften und Wesensmerkmale auf die Eigengruppe zu projizieren. Die Assoziierung des Ich mit der Eigengruppe führt dazu, dass wir die Eigengruppe favorisieren. *Ein zentrales Ergebnis der Empathieforschung ist es, dass, wenn wir Empathie für ein Mitglied einer stereotypisierten Fremdgruppe entwickeln, die Veränderung unserer Wahrnehmung dieses Individuums sich auch auf die gesamte Fremdgruppe ausweitet. Dadurch wird die Fremdgruppe als der Eigengruppe ähnlicher betrachtet und unsere Zuneigung zu dieser Gruppe verstärkt sich.*

Die positiven Auswirkungen und Vorteile von Empathie können weitreichend sein. Unter anderem wurde *Empathie mit Verzeihen, weniger Konflikten zwischen unterschiedlichen Gruppen und der Begünstigung von Dialog* als konkretem Mittel der Konfliktlösung in

Verbindung gebracht. Die Übung in Empathie verringert auch gesellschaftliche Aggressionen und verbessert unsere Einstellungen und Beurteilungen in Bezug auf Fremdgruppen.

Psychologische Grundlagen der Empathie

Viele Wissenschaftler, die Untersuchungen über die Empathie durchgeführt haben, schlagen ein Modell vor, demzufolge bei der Empathie eine Art Verschmelzung unseres Selbstkonzeptes (unserer Wahrnehmung und unseres Wissens über uns selbst – der Summe all unserer Eigenschaften) mit unserem Bild über den anderen Menschen (unseren Ansichten über den anderen – der Summe all seiner Eigenschaften) stattfindet. Damit ist eine zugrundeliegende Integration der anderen Person in das Selbstkonzept angesprochen, die als „Überlappung von Selbst und anderem" bezeichnet wird. Wenn diese „Überlappung von Selbst und anderem" stattfindet, geschieht beinahe eine Art Verschmelzung des Ich mit einer anderen Person, in der sich die Grenzen zwischen beiden teilweise auflösen. Die Eigenschaften, die wir für unsere eigenen halten, und die Eigenschaften, die wir unserem Gegenüber zuschreiben, werden vermischt. Unsere Wahrnehmung des Ich und der anderen Person vermengen sich, und wir erleben ein Gefühl von „Einssein". *Diese „Überlappung von Selbst und anderem" wird als wesentlicher, allgemeiner Kern aller vorteilhaften Auswirkungen der Empathie betrachtet, da wir nicht parteiisch, voreingenommen und gewalttätig sein werden, wenn wir den anderen so wahrnehmen wie uns selbst – zumindest teilweise, in psychologischer Hinsicht.*

Natürlich findet Empathie auf vielen Ebenen statt. Über einige Aspekte oder Bestandteile dieses Prozesses sind wir uns bewusst, andere Teile laufen unbewusst und automatisch ab. Wenn wir uns in Empathie üben, dann können wir beispielsweise bestimmte Aspekte des Gefühls von „Einssein", das von dieser „Überlappung von Selbst und anderem" herrührt, bewusst wahrnehmen: Wir spüren vielleicht eine emotionale Nähe zu der anderen Person, nehmen sie als uns ähnlich wahr, sorgen uns um ihr Wohlergehen oder empfinden einfach eine große Befriedigung über unsere Beziehung zu dieser Person.

Auf der anderen Seite mag es Aspekte dieser psychologischen Prozesse geben, über die wir uns nicht bewusst sind, und die manchmal durchaus merkwürdige Auswirkungen haben können. Einige Wissenschaftler sind der Meinung, dass diese „Überlappung von Selbst und anderem“ in zwei Richtungen ablaufen kann: In der einen Richtung projizieren wir unsere eigenen Merkmale und Charakterzüge auf die andere Person und schreiben dieser Person manche unserer eigenen Eigenschaften zu. In der umgekehrten Richtung können die Dinge etwas bizarr werden: Hier nehmen wir an uns selber Eigenschaften der anderen Person wahr und integrieren Teile der anderen Person in uns selbst. Wenn es sich bei der Zielperson unserer Empathie um ein Mitglied einer stereotypisierten Fremdgruppe handelt, übernehmen wir tendenziell auch die stereotypen Eigenschaften dieser Person.

Es gibt einige faszinierende Experimente, die diesen Effekt veranschaulichen. Adam Galinsky, Sozialpsychologe an der Northwestern University im US-Bundesstaat Illinois, führte eine Reihe von Experimenten mithilfe von Fotografien unterschiedlicher stereotypisierter Gruppen durch und zeigte so, wie Versuchspersonen die Eigenschaften von stereotypisierten Fremdgruppen übernehmen, nachdem sie ihre Empathie auf ein Mitglied dieser Gruppen gerichtet hatten. Die Forscher legten Versuchspersonen beispielsweise das Foto einer attraktiven Cheerleaderin in einem Footballspiel vor, ausstaffiert mit Troddeln und allem, was dazugehört. Die Versuchspersonen wurden zur „Perspektivenübernahme“ angeregt, indem sie gebeten wurden, einen typischen Tag im Leben einer Cheerleaderin zu beschreiben und sich vorzustellen, wie solch ein Leben im Allgemeinen aussieht. Dieser Kurzbericht sollte so verfasst werden, als ob die Versuchsperson selbst die Cheerleaderin sei. Später wurden die Versuchspersonen in einer scheinbar ganz anderen Studie gebeten, sich selbst detailliert zu beschreiben, und dabei Einschätzungen abzugeben, wie attraktiv, gutaussehend und sexy sie selber seien. Die Versuchspersonen, sowohl Männer als auch Frauen, die zur Perspektivenübernahme angeregt worden waren, bewerteten sich selbst als attraktiver und sexier (typische stereotypisierte Merkmale einer Cheerleaderin) als die Versuchspersonen einer Vergleichsgruppe, die sich nicht in die Haut der Cheerleaderin auf dem Foto versetzt hatten.

In ähnlichen Experimenten wurden Testpersonen dazu veranlasst, die Perspektiven unterschiedlicher stereotypisierter Gruppen einzunehmen. Dies erreichte man dadurch, dass die Testpersonen einen Aufsatz mit dem Titel „Ein Tag im Leben von …" schreiben mussten, oder man führte ihnen Videos vor, in denen Mitglieder unterschiedlicher Gruppen ihr Leben beschrieben, und gab ihnen die Anweisung, sich die Videos mit Empathie anzusehen. Die Versuchspersonen der Kontrollgruppe wurden gebeten, die Videos mit einer neutralen, objektiven Einstellung zu betrachten und sich nicht in das Leben der dargestellten Personen einzufühlen. Bei den dargestellten Personen handelte es sich um einen schwarzen Mann mittleren Alters, einen weißen Professor der Politikwissenschaft und einen älteren Mann. Die empathischen Versuchspersonen erkannten anschließend bei sich selbst sowohl die positiven als auch negativen stereotypen Eigenschaften dieser Gruppen stärker wieder als die Versuchspersonen der Kontrollgruppe. Merkwürdigerweise wiesen die empathischen Versuchspersonen aber auch *Verhaltensweisen* auf, die zu den Stereotypen passten. Weiße Probanden beispielsweise, die die Perspektive des Schwarzen eingenommen hatten, legten danach ein aggressiveres und feindseligeres Verhalten an den Tag und schnitten in Intelligenztests schlechter ab – ganz in Übereinstimmung mit den stereotypen Klischeevorstellungen über Schwarze. Die Versuchspersonen, die sich in den älteren Mann hineinversetzt hatten, erzielten in Gedächtnisübungen schlechtere Resultate. Darüber hinaus konnte man beobachten, wie diese Probanden langsamer den Flur entlangliefen, ohne sich dessen bewusst zu sein. Und schließlich stellte man fest, dass die Versuchspersonen, die sich in den Professor eingefühlt hatten, anschließend in Intelligenztests und logischen, komplexen Aufgaben besser abschnitten.

Ein verwunderliches Ergebnis dieser Experimente ist, dass die Versuchspersonen nach der Entwicklung von Empathie weniger Klischeevorstellungen und Vorurteile über die stereotypisierten Gruppenmitglieder aufwiesen, dennoch aber genau die entsprechenden stereotypen Verhaltensweisen an den Tag legten. Dies weist auf eine Dissoziation von Verhalten, Wahrnehmung und Beurteilung hin, die von den unterschiedlichen Gehirnbahnen herrührt, die für diese Aktivitäten verantwortlich sind.

Grundlagen der Empathie im Gehirn

Während einige Wissenschaftler die Vorteile der Empathie aus psychologischer Sicht untersucht haben, wie etwa bei der „Überlappung von Selbst und anderem“, besteht gleichzeitig auch ein großes wissenschaftliches Interesse an den neuralen Strukturen bzw. Hirnmechanismen, die der Empathie zugrunde liegen. Auf diesem Gebiet sind in den letzten Jahren einige erstaunliche Entdeckungen gemacht worden.

Alle Menschen kommen mit der Fähigkeit zu Empathie auf die Welt, und diese Fähigkeit ist fest im menschlichen Gehirn verdrahtet. Es scheint jedoch klar, dass es, wie bei anderen angeborenen menschlichen Eigenschaften auch, zweifellos Unterschiede darin gibt, wie stark die natürliche Empathie beim einzelnen Menschen ausgeprägt ist, von wenigen Menschen, deren neurale Strukturen zur Entwicklung von Empathie gestört sind, bis hin zu jenen, die mit einer scheinbar grenzenlosen Kapazität zu Empathie und Mitgefühl geboren werden.

Ein Großteil unseres Verständnisses der Grundlagen von Empathie und anderen positiven Emotionen im Gehirn hat sich in den letzten zwei Jahrzehnten entwickelt. Auf diesem Gebiet gibt es einige sehr überraschende Forschungsergebnisse. Eine der faszinierendsten Entdeckungen wurde Anfang der 1990er Jahre gemacht, als an der Universität Parma in Oberitalien die Neurophysiologen Giacomo Rizzolatti und Vittorio Gallese spezielle Nervenzellen in den Gehirnen von Rhesusaffen untersuchten, die dafür verantwortlich sind, Befehle an die Arme und Hände des Affen zu senden, nach einem Objekt zu greifen – in diesem konkreten Fall nach einer Erdnuss. (Es ist eine bekannte Tatsache, dass es für jede Funktion, die der Körper ausführt, spezielle Gehirnareale gibt, die aus verschiedenen Nervenzellgruppen bestehen und für diese Funktion verantwortlich sind. Nervenzellen übermitteln Botschaften mittels chemischer und elektrischer Signale, die durch eine Reihe langer Nervenfasern bis zu den Zielorganen geleitet werden, wo die Befehle ausgeführt werden. Es gibt zum Beispiel ein Gehirnareal, das die motorischen Bewegungen der Hände kontrolliert und ein anderes Areal, das sensorische Informationen von den Händen empfängt usw.)

Eines Tages griff einer der Forscher in Parma nach einer Erdnuss, um sie dem Affen zu reichen. Da bemerkten die Wissenschaftler, wie die gleichen Nervenzellen im Gehirn des Affen Signale sendeten, als griffe der Affe selbst nach der Erdnuss! Das war ein verblüffendes und völlig unerwartetes Ergebnis. Nach weiteren Untersuchungen entdeckten die Forscher, dass es in bestimmten Gehirnbereichen spezielle Nerven gab, die sowohl feuerten, wenn der Affe eine bestimmte Handlung ausführte, als auch dann, wenn der Affe jemanden beobachtete, der die gleiche Handlung ausführte. Die Forscher nannten diese Zellen Spiegelneuronen, da sie das Verhalten eines anderen widerspiegeln – und sich dabei verhalten, als ob das Tier selber eine Handlung ausführte, die es in Wirklichkeit aber lediglich beobachtete. Später entdeckte man die gleichen Neuronen auch im Gehirn von Menschen. In gewisser Weise handelt es sich hierbei um eine neurale Entsprechung zur „Überlappung von Selbst und anderem", denn diese Spiegelneuronen können nicht unterscheiden, ob man selbst oder jemand anderes eine bestimmte Handlung ausführt. Obwohl diese Zellen nur in bestimmten Hirnarealen gefunden wurden, wie beispielsweise jenen, die mit Hand- und Mundbewegungen in Verbindung stehen, nehmen einige Wissenschaftler an, dass diese Spiegelneuronen auch in anderen Bereichen des Gehirns zu finden sind und bei der Entwicklung von Empathie eine Rolle spielen.

Weiterführende Studien innerhalb der letzten zehn Jahre haben faszinierende neurale Mechanismen nachgewiesen, die das „Selbst" mit dem „anderen" in Verbindung bringen. Es gibt umfangreiches, zuverlässiges Forschungsmaterial und zahlreiche experimentelle Beweise, die eine Theorie bekräftigen, die als „Wahrnehmungs-Handlungs-Modell" (*perception-action model)* bekannt ist und von der angenommen wird, dass sie im Zusammenhang mit der Entwicklung von Empathie eine Rolle spielt, und die möglicherweise ein neurales (Hirn-)Korrelat zur „Überlappung von Selbst und anderem" darstellt. Diese Theorie besagt, dass, wenn ein Mensch eine andere Person beobachtet, die ein bestimmtes Gefühl erlebt, im Gehirn des Beobachters automatisch Areale aktiviert werden, die für die Erzeugung des beobachteten Gefühls verantwortlich sind. Man nimmt an, dass dieser Mechanismus dafür verantwortlich ist, dass der Beobachter im Grunde genommen den Zustand der wahrgenommenen Person nachbildet und dies dem Beobachter hilft, mit der anderen Person „mitzuschwingen“. Im Gehirn des Beobachters werden Areale aktiviert, die die Absicht, sich auf eine bestimmte Art und Weise zu verhalten, erzeugen – als ob der Beobachter sich darauf vorbereite, die gleichen motorischen Bewegungen und physiologischen Abläufe zu aktivieren, die er an der beobachteten Person wahrnimmt – beinahe, als sei der Beobachter derselbe Mensch wie die beobachtete Person.

Studien, in denen mittels Kernspintomograph sichtbar gemacht wurde, was im Gehirn von Versuchspersonen geschieht, die ein Video betrachten, in dem einem Menschen ein Schmerzreiz zugefügt wird, zeigten, dass allein schon die Beobachtung einer anderen Person, die Schmerz empfindet, im Gehirn des Beobachters einige der Areale aktiviert, die mit der direkten Erfahrung solchen Schmerzes in Verbindung stehen: Wenn jemand selbst Schmerz empfindet oder eine andere Person beobachtet, bei der dies der Fall ist, weisen die gleichen neuralen Schaltkreise eine erhöhte Aktivität auf. Auf nervlicher Ebene stellt dies eine Art „gemeinsamer Erfahrung“, eine Art „Einssein“ von Ich und der anderen Person dar – eine *neurale* „Überlappung von Selbst und anderem“.

Glücklicherweise führt diese Überlappung nicht auch dazu, dass, wenn ein Beobachter Schmerzen an einer anderen Person wahrnimmt, jene Gehirnareale aktiviert werden, die für die Produktion der sensorischen Aspekte von Schmerz verantwortlich sind, die Gehirnbereiche also, die uns mitteilen, dass etwas körperlich weh tut. Die Areale gemeinsamer Aktivierung sind für die „motivationalen“ und „affektiven“ Aspekte des Schmerzes zuständig. Das bedeutet, dass die Gehirnareale, die jemanden darauf vorbereiten, sich von der Schmerzquelle zu entfernen (zum Beispiel die Hand vom Feuer wegzuziehen) und die Hirnareale, die das unangenehme Gefühl hervorrufen, sowohl im Beobachter als auch in der Person, die die Erfahrung tatsächlich erlebt, produziert werden. Unabhängig davon, welche Erfahrung vom Beobachter wahrgenommen wird, findet nur eine partielle „Überlappung“ statt. Falls im Beobachter *alle* mit dieser Erfahrung in Verbindung stehenden Hirnareale aktiviert würden, hätte dies eine Art von Halluzination zur Folge, die die Gesamtrealität der beobachteten Erfahrung nachformen würde.

Es ist natürlich überaus sinnvoll, dass es Unterschiede zwischen direkter Erfahrung und der Beobachtung dieser Erfahrung gibt, und dass die Überlappung in den neuralen Systemen in Bezug auf Schmerzen nur partiell und nicht vollständig ist. Wenn *alle* neuralen Systeme, die bei der Entwicklung einer Erfahrung mitspielen, beim Beobachten des Verhaltens eines anderen aktiviert würden, dann würde der Beobachter meinen, selber das beobachtete Verhalten aufzuweisen. Dies wäre eine Art Halluzination, welche die Wirklichkeit der beobachteten Erfahrung nachbilden würde.

Größere Empathie entwickeln

Wir haben gesehen, dass die Entwicklung von Empathie große Vorteile mit sich bringt, sowohl als spezifische Lösung bei der Überwindung gesellschaftlicher Probleme als auch als alltägliches Heilmittel bei der Unterstützung reibungsloser sozialer Interaktionen. Auch wenn jeder Mensch mit einer natürlichen Veranlagung zur Empathie geboren wird, belegen wissenschaftliche Studien mit umfangreichem Material, dass wir unsere Empathiefähigkeit – wie viele anderen Fertigkeiten auch – durch Übung und bewusste Anstrengungen steigern können.

Die verbreitetste Weise, Empathie zu praktizieren und zu stärken, besteht, wie wir gesehen haben, in der bewussten Übung der Perspektivenübernahme, also darin, sich vorzustellen, selbst in der Situation der anderen Person zu sein. Die Entwicklung von Empathie mithilfe der Perspektivenübernahme ist sehr wirksam, weist aber einige naturgegebene Anwendungsgrenzen auf. Der Dalai Lama bietet eine alternative Methode zur Entwicklung von Empathie an, eine kraftvollere Methode, die nicht von unserer natürlichen Fähigkeit abhängt, die konkreten Umstände oder Lebensbedingungen der Zielperson zum Gegenstand unserer Empathie zu machen. Die radikal unterschiedliche Methode des Dalai Lama besteht in der tiefgründigen Kontemplation unserer gemeinsamen Menschlichkeit.

Die herkömmliche Methode zur bewussten und absichtlichen Entwicklung von Empathie besteht darin, sich vorzustellen, in der Situation der anderen Person zu sein und sich konkret auszumalen, wie es wohl wäre, wenn man selbst diese Person wäre. Wir haben bereits davon gesprochen, dass die „Überlappung von Selbst und anderem" bidirektional ist, also in zwei Richtungen ablaufen kann. In der einen Richtung projizieren Sie etwas auf die andere Person und nehmen an ihr Eigenschaften wahr, die Sie selber aufweisen. In der umgekehrten Richtung übernehmen Sie die Eigenschaften der anderen Person und nehmen an sich Eigenschaften wahr, die die Zielperson Ihrer Empathie aufweist. Im ersten Fall benötigen Sie kein Wissen über die andere Person. Sie können Ihre Eigenschaften auf jeden projizieren, ja sogar auf Ihre Haustiere. Im zweiten Fall benötigt man gewisse Kenntnisse über die andere Person, oder zumindest vermeintliche Kenntnisse. Experimentelle Untersuchungsergebnisse deuten darauf hin, dass man keine Details über die persönlichen Hintergründe der anderen benötigt, um Empathie zu empfinden. Es scheint jedoch ebenfalls, als werde die Entwicklung von Empathie erleichtert, wenn man sich aufgrund eigener Erfahrungswerte auf die Erfahrungen der anderen beziehen kann. Das heißt, es ist einfacher, Empathie für eine Mutter zu empfinden, wenn man selber einmal Mutter gewesen ist, und es ist einfacher, Empathie für einen Feuerwehrmann zu haben, wenn man selbst einmal Feuerwehrmann war. Auch wenn es für die Entwicklung von Empathie nicht zwingend notwendig ist, einen gewissen Kenntnisstand über jemanden zu haben und ihn auf irgendeine Weise als sich selbst ähnlich zu betrachten, so ist dies doch *hilfreich.*

Das ist eine der Einschränkungen von gewöhnlicher Perspektivenübernahme als Mittel zur Entwicklung von Empathie. Schließlich sind die konkreten Lebensumstände, die wir mit anderen gemeinsam haben, begrenzt. Und es gibt noch andere Einschränkungen: Einige Wissenschaftler haben darauf hingewiesen, dass es problematisch ist, etwa gegenüber einem Neonazi-Skinhead Empathie zu entwickeln. Wenn man, wie in den obigen Experimenten beschrieben, unbewusst die stereotypen Eigenschaften einer Gruppe übernimmt, dann sind Skinheadgruppen bei der unbewussten Spiegelung von Eigenschaften nicht gerade die beste Wahl, und das gleiche gilt von der „Überlappung von Selbst und anderem", wenn man also das Gefühl entwickelt, über ähnliche Werte oder Eigenschaften wie das Gegenüber zu verfügen. Zum Glück ist es unwahrscheinlich, dass dies geschieht, da, wie in anderen Studien gezeigt wurde, die „Verschmelzung" von Eigenschaften, die bei Empathie und der zugrundeliegenden „Überlappung von Selbst und anderem" stattfindet, normalerweise nur positive Eigenschaften betrifft. Allerdings wird man nicht auf positive Reaktionen hoffen dürfen, wenn man erklärt, dass man die Dinge durchaus aus der Sicht von Neonazi-Skinheads betrachten kann, selbst wenn man nicht mit ihren Einstellungen übereinstimmt.

Die höchste Empathie beruht auf unserer gemeinsamen Menschlichkeit

Das ist genau der Punkt, wo die Methode des Dalai Lama enorme Vorteile bietet: *Die Verbindung zu den anderen basiert auf unserer gemeinsamen Menschlichkeit*! Bei der Perspektivenübernahme müssen wir uns auf unsere Fantasie verlassen und uns vorstellen, wie es wohl wäre, wenn wir uns in der Situation und konkreten Lage der anderen Person befänden, etwa hinsichtlich Ehestand, Beruf, Herkunft, familiärer Situation usw. Beim „realistischen Ansatz" des Dalai Lama basieren erkannte Gemeinsamkeiten auf der Realität, auf der unbestreitbaren Tatsache nämlich, dass wir selbst und die andere Person menschliche Wesen sind. Dazu braucht es kein Rätselraten. Hier ist es nicht notwendig, dass wir uns die besonderen Lebensumstände der andern Person vorstellen und unsere Eigenschaften auf die andere Person projizieren, ganz unabhängig davon, ob sie über diese Eigenschaften verfügt oder nicht. Bei dieser Methode, die auf unserer gemeinsamen Menschlichkeit beruht, fußt die „Überlappung von Selbst und anderem" auf den gemeinsamen Eigenschaften, die jedem Menschen eigen sind: Wir alle wollen glücklich sein und Leiden vermeiden; wir alle sind immer wieder Schmerzen ausgesetzt; wir alle wollen geliebt und anerkannt werden usw. Dadurch wird unsere Empathie stärker und umfassender, da wir uns auf der Seite der Wirklichkeit wissen. Darüber hinaus ermöglicht uns die Methode des Dalai Lama, Empathie für *jeden* Menschen zu entwickeln, auch gegenüber jenen, mit denen wir – oberflächlich gesehen – nur wenig gemeinsam haben.

Während wir gesehen haben, dass konventionelle Perspektivenübernahme bei der Überwindung von Klischeevorstellungen und Vorurteilen hilft und dass sich bei der Entwicklung von Empathie gegenüber dem Mitglied einer stereotypisierten Fremdgruppe die Empathie von diesem einen Menschen auf die gesamte Fremdgruppe überträgt, sodass wir unsere Vorurteile gegenüber der ganzen Gruppe überwinden können, weitet sich die Beseitigung von Stereotypen und Vorurteilen nicht auf *andere* stereotypisierte Gruppen aus. Wenn Sie beispielsweise durch die Übung in Empathie Ihre Vorurteile gegenüber Afroamerikanern überwinden, wird dies keine Auswirkungen auf Ihre Gefühle gegenüber anderen ethnischen Gruppen haben. Indem Sie aber Ihre Empathie auf den gemeinsamen Eigenschaften als Menschen aufbauen, erweitern Sie im Grunde genommen die Tragweite Ihrer Empathie auf sämtliche stereotypisierten Gruppen!

Die Kraft der Empathie

Die vielen vorteilhaften Auswirkungen der Empathie auf das persönliche Glück und auf die Überwindung gesellschaftlicher Probleme haben wir bereits aufgezeigt. Die wahre Kraft der Empathie reicht aber weit über das bisher Erörterte hinaus. Untersuchungen an Helfern beispielsweise, die im Zweiten Weltkrieg Juden das Leben gerettet haben, belegen, dass Empathie beim helfenden Verhalten dieser Retter eine wesentliche Rolle gespielt hat. In vielen Fällen war Empathie der Hauptfaktor, der die Retter angetrieben und in die Lage versetzt hat, das Böse und den ungeheuren gesellschaftlichen Druck, der sie umgab, zu überwinden, um jüdische Mitmenschen vor dem sicheren Tod zu bewahren. Oft gingen sie dabei selber hohe Risiken ein, und größte Zivilcourage, innere Stärke und moralische Integrität waren erforderlich. Es war die Kraft der Empathie (und natürlich auch des Mitgefühls, worüber wir als nächstes sprechen werden), die den Rettern dazu verhalf, diese heroischen Eigenschaften in sich zu entwickeln.

Nun haben Forschungen gezeigt, dass wir Empathie eher für jene empfinden, die wir irgendwie als uns ähnlich wahrnehmen. Für die Retter im Zweiten Weltkrieg bedeutete dies, dass sie sich leichter mit den Opfern identifizieren, mehr Empathie für sie empfinden und ihnen besser helfen konnten, wenn sie an den Opfern auf der Grundlage von persönlichen Einstellungen, Ansichten, Persönlichkeitsmerkmalen und ethnischem oder kulturellem Hintergrund gewisse Ähnlichkeiten mit sich selber wahrnahmen. Hierbei dreht es sich um konventionelle Empathie, die auf Perspektivenübernahme beruht. Einige Wissenschaftler, die sich intensiv mit dem Holocaust befasst haben, haben die These aufgestellt, dass der Grund für die geringe Zahl derer, die sich für die Rettung von Juden eingesetzt haben, darin lag, dass die Juden in konkreten Eigenschaften oft wenig Gemeinsamkeiten mit den Menschen um sie herum aufwiesen.

Wissenschaftler auf diesem Gebiet meinten aber auch, dass es bei den Rettern, die im nazibesetzten Europa Juden vor dem sicheren Tod bewahrt haben, zwei unterschiedliche Typen gab. Der erste Rettertyp identifizierte sich mit den Opfern und sah in ihnen Ähnlichkeiten aufgrund von politischen, theologischen, gesellschaftlichen oder wirtschaftlichen Aspekten. Diese Retter halfen den Juden auf der Basis konventioneller Empathie.

Bei den Rettern des zweiten Typs war das anders. Das Holocaust-Wissenschaftlerteam von Sam und Pearl Oliner haben einen besonderen Wesenszug entdeckt, die den zweiten Rettertyp auszeichnete. Sie stellten fest, dass die Retter dieses zweiten Typs eine ausgeprägte „Extensivität" besaßen und definierten diese besondere Eigenschaft als *„Verbundenheitsgefühl zu anderen, basierend auf der Wahrnehmung der gemeinsamen Menschlichkeit"*. Diese Retter entwickelten Empathie also aufgrund der Menschlichkeit, die sie mit den Opfern gemeinsam hatten, und nicht aufgrund von irgendwelchen anderen sozialen, finanziellen, politischen oder religiösen Attributen.

Wie wirkte sich der Unterschied zwischen konventioneller Empathie und auf gemeinsamer Menschlichkeit beruhender Empathie aus? In Dänemark identifizierten sich Nichtjuden vor dem Krieg stärker mit den Juden und bezogen sich auf die Juden mehr auf der Grundlage ihrer gemeinsamen Menschlichkeit statt auf der Grundlage von Ähnlichkeiten in konkreten Merkmalen. In Ländern wie Polen oder Litauen hingegen waren politische und theologische Unterschiede vor dem Krieg stark ausgeprägt, und bei den Menschen dort fand sich eher konventionelle Empathie, die sich nur auf Mitglieder derselben politischen, religiösen oder sozialen Gruppierungen erstreckte. In Dänemark wurden 96 % der jüdischen Bevölkerung gerettet, in Polen und Litauen wurden 95,5 % der jüdischen Bevölkerung ermordet!

Empathie, Mitgefühl, ein tiefes Verständnis unserer gemeinsamen Menschlichkeit, zusammen mit dem Bewusstsein über ihren tatsächlichen Nutzen und dem Mut, sie im täglichen Leben umzusetzen, beeinflussen nicht nur persönliches und gesellschaftliches Glück, sondern sind manchmal sogar eine Frage von Leben und Tod. Im Grunde genommen wohnt ihnen das Potential inne, die Zukunft der Menschheit zu gestalten.

Eine Definition des Mitgefühls

Schließlich kommen wir zum *Mitgefühl*, der höchsten aller menschlichen Emotionen. Im Allgemeinen wird Mitgefühl als Anteilnahme am Leiden anderer oder als Offenheit für das Leiden anderer definiert, die mit dem Wunsch einhergeht, dass sie von ihren Leiden befreit werden mögen. Manchmal schließt die Definition von Mitgefühl auch den Wunsch mit ein, den Leidenden zu helfen.

Für unsere Zwecke ist es jedoch hilfreich, Mitgefühl als eine Gruppe verwandter Gefühle oder positiver Geisteszustände zu betrachten statt lediglich als einzelnes Gefühl, wie zuvor bei den Begriffen der „Hoffnungsfamilie“. Wenn wir dieses Modell anwenden, können wir uns vorstellen, dass die „Mitgefühlsfamilie“ einige verwandte positive Gefühls- und Geisteszustände umfasst wie etwa Empathie, Mitleid, Güte, Wohlwollen etc. Im Verlauf der Jahre hat der Dalai Lama viele Ausdrücke benutzt, um die positiven Gefühls- und Geisteszustände zu beschreiben, die in diese Familie gehören: ein „gutes Herz“, „Zuneigung“ und „ein warmes Herz“ sind drei, die er öfters benutzt hat, und wenn er über Freundschaft spricht, dann vermittelt der Ton in seiner Stimme gewöhnlich das gleiche Gefühl. In den letzten Jahren scheint er öfter das englische Wort „*caring*“ (Fürsorglichkeit) zu verwenden, in dem Bedeutungen wie umsorgend, behütend, sich kümmernd, liebevoll, warmherzig und sozial engagiert mitschwingen.

Die Vorteile des Mitgefühls

Mitgefühl kann als Geisteszustand betrachtet werden, der am Kreuzungspunkt von innerem und äußerem Glück liegt, an dem sich persönliches und gesellschaftliches Glück überschneiden. Mitgefühl kann als Universalheilmittel für persönliche Nöte und gesellschaftliche Probleme angesehen werden – nach Meinung des Dalai Lama, aber auch übereinstimmend mit wissenschaftlichen Forschungsergebnissen und dem gesundem Menschenverstand.

Wie sollen wir uns das vorstellen? Wir haben hier viele der Probleme unserer heutigen Welt erörtert. Der Dalai Lama ist der Überzeugung, dass wir viele Ansätze benötigen und auf vielen unterschiedlichen Ebenen aktiv werden müssen, um die komplexen und zahlreichen Probleme der heutigen Welt anzugehen. Er legte aber ebenfalls dar, dass auf der grundlegendsten Ebene die meisten Probleme unserer Gesellschaft durch gewisse Verzerrungen in unserer Wahrnehmung und unserem Denken, durch negative Emotionen und durch die Art und Weise, wie wir normalerweise miteinander umgehen, verursacht werden, und dass dies letztendlich an einen Punkt führen kann, an dem wir uns auf die eine oder andere Weise gegenseitig vernichten.

Neben den konkreteren „Heilverfahren" oder Gegenmitteln für die gesellschaftlichen Probleme, die in den vorangegangenen Kapiteln besprochen wurden, haben wir auch gezeigt, dass die Entwicklung von positiven Emotionen im Allgemeinen als Gegenmittel für die grundlegenden Ursachen gesellschaftlicher Probleme wirken kann. Mitgefühl hat alle Vorteile der Empathie und der anderen positiven Emotionen. Als eine der stärksten positiven Emotionen kann Mitgefühl jeden denkbaren Nutzen der positiven Emotionen hervorbringen: Wie wir gesehen haben, haben Wissenschaftler in den Studien, mit denen die vorteilhaften Auswirkungen der positiven Emotionen belegt wurden, herausgefunden, dass im Grunde genommen jede positive Emotion diese Wirkung zeitigen kann. Dabei machte es keinen Unterschied, ob es sich bei der experimentell hervorgerufenen positiven Emotion um Freude, Vergnügen, heitere Gelassenheit oder um allgemeine Gefühle wie Glück oder positive Gemütsregungen handelte. Als eine der stärksten positiven Emotionen bringt Mitgefühl im Allgemeinen die gleichen potenziellen Vorteile der übrigen positiven Emotionen mit sich.

Dann haben wir gesehen, dass die positive Emotion der Empathie ebenfalls die gleichen allgemeinen Vorteile der anderen positiven Emotionen mit sich bringt, aber auch zusätzliche einzigartige Eigenschaften aufweist, die die Art unseres Umgangs mit anderen wandeln können. So stärkt Empathie soziale Verbindungen und führt zu Veränderungen im Denken, die zur Überwindung vieler der heutigen gesellschaftlichen Probleme beitragen können. Wie mit den Vorteilen der positiven Emotionen im Allgemeinen, gehen mit Mitgefühl ebenfalls alle Vorteile der Empathie einher. Der Grund hierfür liegt darin, dass Empathie eine wichtige Komponente des Mitgefühls ist. Wann immer Mitgefühl da ist, ist auch ein gewisses Maß an Empathie mit im Spiel. Da Mitgefühl die Fähigkeit beinhaltet, das Leiden eines anderen wahrzunehmen und nachzuempfinden, benötigen Sie zumindest ein bestimmtes Maß an Empathie, wenn Sie Mitgefühl empfinden. Da Mitgefühl ein gewisses Maß an Empathie benötigt, ist es im Grunde genommen per definitionem garantiert, dass die Entwicklung von Mitgefühl auch alle erdenklichen Vorteile der Empathie mit sich bringt, über die wir gesprochen haben.

Der Dalai Lama zeigte auf, dass es eine enge Verbindung zwischen Empathie und Mitgefühl gibt. Aus wissenschaftlicher Sicht belegen zahlreiche Untersuchungen die Verbindung zwischen Perspektivenübernahme (Empathie), Mitgefühl und Altruismus und zeigen auf, dass Empathie von Natur aus tendenziell zu Mitgefühl und zu der Absicht führt, jenen, die der Gegenstand unseres Mitgefühls und unserer Empathie sind, auch zu helfen. Der Sozialpsychologe und Theologe C. D. Batson beispielsweise hat die Verbindung zwischen Empathie und Mitgefühl umfassend untersucht und herausgefunden, dass Perspektivenübernahme „empathische Anteilnahme“ verstärkt, einen Geisteszustand, der uns veranlasst, anderen zu helfen im Wunsch, das Wohlergehen der anderen zu fördern. Natürlich gibt es bei jedem Menschen unterschiedliche Parameter und Faktoren, die bei der Entwicklung von Empathie und Mitgefühl und bei der Reaktion auf die Umstände einer anderen Person eine Rolle spielen. In einigen Fällen kann es sein, dass die Wahrnehmung einer

Situation vom Standpunkt der anderen Person nicht automatisch zu größerem Mitgefühl für diese Person führt.

In anderen Fällen kann es passieren, dass Mitgefühl nicht notwendigerweise zu einem helfenden Verhalten führt. Das Mitgefühl und die Empathie eines Menschen können beispielsweise so groß sein und die Wahrnehmung der Leiden anderer so akut, dass die damit einhergehende persönliche Belastung den betroffenen Menschen unfähig zum Handeln macht. In solchen Fällen kann es ratsam sein, Strategien zur Verringerung von Angst und Furcht anzuwenden, wie sie im 9. Kapitel beschrieben worden sind. Es wird immer individuelle Unterschiede geben. Ich habe den Dalai Lama einmal gefragt, wie man mit solchen Fällen umgehen sollte. Er war der Meinung, dass die oder der Betreffende unter Umständen an der Verstärkung des Mitgefühls arbeiten sollte, bis es stark genug geworden ist, dass die Gefühle von persönlichem Leid angesichts der Leiden der anderen überwunden werden können.

Mitgefühl und gesellschaftlicher Wandel

Wenn wir über das Potenzial des Mitgefühls sprechen, in der Gesellschaft positive Veränderungen zu bewirken, indem Vorurteile, Diskriminierungen, Rassismus, Konflikte, Gewalt und andere gesellschaftliche Probleme ausgeräumt werden, dann ist es nicht zu übersehen, dass Mitgefühl allein die Gesellschaft nicht verändern kann. Schließlich ist Mitgefühl „nur" ein geistiger bzw. emotionaler Zustand. Um gesellschaftlichen Wandel zu bewirken, bedarf es aber Handlungen, und *wir müssen die Verhaltensweisen verändern, die mit den destruktiven Emotionen und Geisteszuständen einhergehen.* Wie wir gesehen haben, verfügt Mitgefühl natürlich über das Potenzial, destruktive Geisteszustände und Emotionen wie etwa Vorurteile und Hass zu überwinden, und es kann auch die Art und Weise transformieren, wie wir die anderen wahrnehmen, indem wir sie zum Beispiel realistischer und weniger stereotyp wahrnehmen. Diese Tatsache allein müsste bereits die Art und Weise verändern, wie wir mit den Menschen um uns herum umgehen, und damit auch Auswirkungen auf die Menschen in unserer unmittelbaren Umgebung haben. Bedenken wir die *ansteckende Wirkung der positiven Emotio-*

nen und die interdependente Beschaffenheit unserer heutigen Welt, in der alles mit allem zusammenhängt, dann wird jeglicher positive Einfluss, den wir auf unser unmittelbares Umfeld ausüben, schließlich weiterreichende Resultate haben – wie Kreise auf der Oberfläche eines Sees, in den wir einen Stein geworfen haben.

Erfreulicherweise bewirkt Mitgefühl mehr, als bloß persönliche Tendenzen zu Vorurteilen, Rassismus, Konflikten und Gewalt zu neutralisieren. Mitgefühl bringt die Absicht hervor, aktiv zu werden, anderen zu helfen, ihr Leiden zu verringern und ihr Wohlergehen zu fördern. Natürlich verfügen unterschiedliche Menschen über unterschiedliche Ressourcen, Fähigkeiten, Talente und Möglichkeiten, anderen zu helfen und gesellschaftlichen Wandel zu unterstützen. *Jeder muss für sich selbst herausfinden, welche die beste und effektivste Weise ist, einen persönlichen Beitrag zum Aufbau einer besseren Welt beizusteuern. Doch die Entwicklung eines Geisteszustandes, der dazu motiviert, einen persönlichen Beitrag für eine bessere Welt zu leisten, ist zweifellos der erste Schritt.*

Mitgefühl und persönliches Glück

Wir haben gezeigt, dass Mitgefühl auf dem Kreuzungspunkt zwischen persönlichem und gesellschaftlichem Glück liegt und für beide Arten von Glück förderlich ist. Bisher haben wir darüber gesprochen, dass Mitgefühl helfen kann, gesellschaftliche Probleme zu überwinden oder zumindest Veränderungen im Denken bewirkt, die am ehesten zur Lösung gesellschaftlicher Probleme geeignet sind. Was jetzt noch fehlt, ist *das Verbindungsstück zwischen Mitgefühl und persönlichem Glück.* Dieses Konzept gewinnt im Westen immer mehr an Bedeutung, auch wenn es noch eine tiefe Kluft zwischen der vorherrschenden abendländischen Sichtweise und dem Denken des Dalai Lama gibt, für den Mitgefühl und persönliches Glück untrennbar miteinander verbunden sind. In unserem Gespräch an diesem Nachmittag in Tuscon ließ sich der Dalai Lama nicht tiefer in eine allgemeine Erörterung über das Mitgefühl ein. In den vergangenen Jahren haben wir ja bereits oft über Mitgefühl gesprochen. Statt bereits Gesagtes zu wiederholen, fasste er die Essenz von Mitgefühl in eine Kernaussage und richtete dann seine Bemerkungen auf unseren aktuellen Kontext. Außerdem gab es nicht mehr viel hinzuzufügen, nachdem er Themen wie die Entwicklung eines Gespürs für unsere gemeinsame Menschlichkeit etc. so tiefgehend behandelt und erläutert hatte, wie ich es selten von ihm gehört habe. Um jedoch seine Sichtweise über die Beziehung zwischen Mitgefühl und persönlichem Glück besser zu verstehen, ist es hilfreich, hier einige Bemerkungen hinzuzufügen.

Im Lauf der Jahre habe ich mit dem Dalai Lama einige der Unterschiede zwischen seiner tibetisch-buddhistischen und unserer abendländischen Sichtweise des Mitgefühls erörtert. Von seinem Standpunkt aus gesehen umfasst Mitgefühl sowohl ein tiefgehendes Bewusstsein vom Leiden der anderen als auch die innige Sorge und den aufrichtigen Wunsch, dass die anderen von ihrem Leiden befreit werden mögen, zusammen mit dem Bestreben, ihre Leiden zu lindern. Die abendländische Vorstellung von Mitgefühl hingegen ist mit Altruismus verknüpft, in dem die Vorstellung von Selbstaufopferung mitschwingt. Hier ist der Nutzen von Mitgefühl und Altruismus vollständig auf die andere Person gerichtet, und das eigene Glück findet nirgendwo Erwähnung. In der Tat herrscht im Westen manchmal der Eindruck, dass es sich nicht wirklich um Altruismus aus reinem Mitgefühl handelt, wenn wir uns anderen gegenüber gütig verhalten und dabei gleichzeitig auch an das eigene Wohlergehen denken. Der Dalai Lama kommentierte einmal diese Tendenz, das eigene Selbst nicht als legitimes Objekt des Mitgefühls gelten zu lassen und meinte, dass Menschen aus dem Westen hier am Kern vorbeigingen. Aus seiner Sicht ist nichts Verkehrtes daran, wenn man Mitgefühl für sich selbst und für andere empfindet. Ebenfalls findet er nichts Verkehrtes daran, wenn Mitgefühl gegenüber anderen auch persönliche Vorteile bringt, wie zum Beispiel persönliches Glück.

Es mag zwar sein, dass in der abendländischen Kultur Mitgefühl noch nicht automatisch mit persönlichem Glück in Verbindung gebracht wird, doch aktuelle Erkenntnisse aus der Wissenschaft bewirken hier einen langsamen Veränderungsprozess. Wenn diese Erkenntnisse einmal ihren Weg aus den Forschungslaboren und Universitätslehrsälen ins Zentrum moderner gesellschaftlicher Kultur gefunden haben, und wenn immer mehr Menschen Mitgefühl als Mittel zu persönlichem Glück und Lebenszufriedenheit begreifen, dann wird es in unserer Gesellschaft vielleicht zu einigen einschneidenden Veränderungen kommen.

Als das erste Buch dieser Reihe über die Glücksregeln geschrieben wurde, gab es relativ wenige Untersuchungen über das Glück, und anscheinend noch weniger über das Mitgefühl und besonders über die biologischen Aspekte des Mitgefühls. In jenem ersten Band dieser Buchreihe fanden ein oder zwei Studien Erwähnung, die von den Pionieren auf dem Gebiet der Glücksforschung durchgeführt worden waren, die damals Einzelgänger und Querdenker waren. Seitdem hat allerdings eine weltweite Glücksrevolution stattgefunden, und die Anzahl wissenschaftlicher Untersuchungen über das Glück ist quasi explodiert, und das Verbindungsstück zwischen Mitgefühl und persönlichem Glück ist seither immer konkreter wissenschaftlich fundiert worden. Einige der spannendsten Forschungsarbeiten auf diesem Gebiet wurde von dem Hirnforscher Richard Davidson durchgeführt, dem Direktor des Labors für affektive Neurowissenschaften an der Universität von Wisconsin-Madison. Seine bahnbrechenden Forschungsarbeiten wurden teilweise durch seine langjährigen Kontakte mit dem Dalai Lama im Zusammenhang mit den Veranstaltungen des Mind&Life-Instituts inspiriert.* Davidson und sein Forscherteam lokalisierten mit Hilfe von Kernspintomographen ein Gehirnareal, das mit der Erfahrung von Glück in Verbindung steht. Im Besonderen entdeckten sie ein Gehirnareal im linken präfrontalen Kortex, das mit positiven, glücklichen Geisteszuständen wie zum Beispiel begeistertem Eifer, Enthusiasmus, Freude, Elan und geistiger Spannkraft in Beziehung steht. In weiteren Untersuchungen wurde erforscht, was im Gehirn von Menschen vor sich geht, die Mitgefühl haben.

In einem meiner Lieblingsexperimente über das Verbindungsstück zwischen Mitgefühl und persönlichem Glück untersuchten Davidson und sein Forscherteam die Auswirkungen von Mitgefühl an einem französischen tibetisch-buddhistischen Mönch, der ein erfahrener Meditationsmeister ist, viele Jahre im Himalaya gelebt und unzählige Stunden in der Meditation über das Mitgefühl zugebracht

---

* Weitergehende Informationen über das Mind&Life-Institut finden sich unter: www.mindandlife.org.

hat. Davidson schloss diesen Mönch an das EEG (Elektroenzephalogramm) an und schob ihn in den Kernspintomografen, um seine Hirnfunktionen im Ruhezustand zu messen. Dann wurde der Mönch gebeten, eine intensive Meditation über das Mitgefühl durchzuführen. Während dieser Mitgefühlsmeditation stellten die Forscher eine dramatische Linksverschiebung in den präfrontalen Hirnfunktionen des Mönches fest, und das Glücksareal in seinem Gehirn leuchtete auf, was Davidson zu folgendem Schluss veranlasste: „Bereits die Entwicklung von Fürsorge um das Wohlergehen anderer ruft in uns selbst ein verbessertes Wohlbefinden hervor." Könnte es einen schlüssigeren Beweis für das Verbindungsstück zwischen Mitgefühl und persönlichem Glück geben?

Es liegen auch mehrere Studien anderer Forscher vor, die Nächstenliebe und persönliches Glück miteinander in Verbindung bringen. Sonja Lyubomirsky beispielsweise (Autorin des Buches *Glücklich sein*) und ihr Forscherteam von der Universität von Kalifornien in Riverside baten für ein sechswöchiges Experiment eine Gruppe von Versuchspersonen, jede Woche fünf beliebige Akte der Nächstenliebe auszuführen. Das brauchten keine heroischen Akte der Selbstaufopferung zu sein, sondern es konnten auch ganz bescheidene Gesten sein, wie zum Beispiel jemandem mit einem freundlichen Lächeln die Tür aufzuhalten, einer obdachlosen Person etwas zu essen zu schenken oder eine Münze in die fast abgelaufene Parkuhr eines Fremden zu werfen. Nach Ablauf der sechs Wochen stellte man bei den Versuchspersonen einen signifikanten Anstieg in ihrem allgemeinen Glücksempfinden und ihrer Lebenszufriedenheit fest.

Derartige Experimente sind unmissverständliche Beweise für die Gültigkeit der Grundüberzeugung des Dalai Lama: „*Wenn Sie möchten, dass andere glücklich sind, üben Sie sich in Mitgefühl. Wenn Sie möchten, dass Sie selber glücklich sind, üben Sie sich in Mitgefühl.*"

Lassen Sie mich eine weitere Studie als Beleg für die vorteilhaften Auswirkungen des Mitgefühls anführen, die Richard Davidson und sein Wissenschaftlerteam durchführten. Mittlerweile gibt es hinreichendes Beweismaterial dafür, dass wir unseren Geist nicht nur darin schulen können, mehr Mitgefühl und Glück zu entwickeln, sondern auch darin, unsere negativen Emotionen zu überwinden. In dieser Studie untersuchten die Forscher die Fähigkeit der Versuchspersonen, ihren Geist zu schulen, mit besonderem Schwerpunkt auf der Fähigkeit, ihre negativen Emotionen zu regulieren. Im ersten Schritt legten die Forscher den Versuchspersonen schockierende Fotos vor, während sie gleichzeitig ihre Gehirne mithilfe des Kernspintomographen scannten. Bei diesen Fotos handelte es sich meist um Abbildungen von erkrankten oder gar verunstalteten Menschen, wie beispielsweise die Fotografie eines Babys, dem ein großer Tumor aus dem Auge wuchs. Diese Fotos lösten einen allgemein negativen Gefühlszustand und Emotionen wie Angst und Ekel aus. Dies war auch auf den Gehirnscans deutlich zu sehen, die eine Aktivierung von Gehirnarealen wie der Amygdala aufwiesen, von der wir inzwischen wissen, dass sie bei der Entwicklung von Angst, Furcht und Stress eine zentrale Rolle spielt.

Im nächsten Stadium des Experiments wandten die Versuchspersonen eine Technik zur Verringerung von negativen emotionalen Reaktionen an, die die *Entwicklung von Mitgefühl* beinhaltete. Danach wurden die Versuchspersonen gebeten, noch einmal dasselbe Foto zu betrachten, diesmal aber mit dem aufrichtigen Wunsch, dass das Leiden des Menschen auf dem Foto gelindert werden und seine schlimme Lage einen guten Ausgang finden möge. Die Betrachtung der Fotos auf solch neuartige Weise wirkte als Gegenmittel gegen die negativen Emotionen, und die Aktivierung der Amygdala wurde verhindert! Es liegen somit wissenschaftliche Beweise dafür vor, dass die Übung in Mitgefühl sowohl Stress als auch negative Emotionen regulieren und verringern kann und gleichzeitig positive Emotionen und Glück hervorbringt. Im Übrigen kann diese Technik in einem weiteren Sinn auch als Übung in positiver Neubewertung der schockierenden Fotos angesehen werden oder als Methode, den eigenen Blickwinkel zu erweitern und die Situation aus einer umfassenderen Perspektive zu betrachten – also in genau jener Technik, die der Dalai Lama in den vorangegangenen Kapiteln als Methode zur Überwindung von schwierigen Lebensumständen und alltäglichen Problemen empfohlen hat. Einmal mehr können wir also beobachten, dass dies eine äußerst effektive Methode zur Überwindung von negativen Emotionen ist und als Gegenmittel gegen Stressreaktionen wirkt.

Wir haben somit gesehen, das die Übung in Mitgefühl unser Denken und unseren Umgang mit unseren Mitmenschen auf eine

Art und Weise transformiert, die vertrauensbildend und gemeinschaftsfördernd wirkt, Stereotype, Vorurteile und Rassismus überwindet und als Präventivmaßnahme gegen Konflikte und Gewalt funktioniert. Darüber hinaus haben wir gesehen, dass Mitgefühl auf persönlicher Ebene eine unerschöpfliche Quelle des Glücks und Wohlbefindens ist. Aus dieser Perspektive betrachtet, ist es nicht übertrieben, wenn wir Mitgefühl als das höchste menschliche Gefühl und als den unübertroffenen Geisteszustand ansehen, der am Kreuzungspunkt zwischen individuellem und gesellschaftlichem Glück liegt. Und wie der Dalai Lama aufgezeigt hat, ist die Entwicklung eines tiefgründigen Verständnisses und Bewusstseins unserer gemeinsamen Menschlichkeit der unmittelbarste und effektivste Weg, ein tiefes Verbundenheitsgefühl mit unseren Mitmenschen herzustellen, das als solide Grundlage für unser Mitgefühl dient.

Die gesellschaftliche Auffassung des Mitgefühls verändern

Leider werden Mitgefühl und Nächstenliebe in unserer heutigen Welt nicht umfassend genug praktiziert. Einer der Hauptgründe hierfür liegt vielleicht darin, dass die Öffentlichkeit die Entwicklung von Mitgefühl immer noch nicht als legitime Quelle für persönliches Glück betrachtet und ebenso wenig das breite Spektrum praktischer Vorteile erkennt, die aus dem Mitgefühl erwachsen. Wir sehen im Mitgefühl noch immer etwas, das wir anderen zuteilwerden lassen und das in keiner Beziehung zu unserem eigenen Lebensglück steht. Noch immer betrachten wir Mitgefühl mehr als religiöse, spirituelle oder ethische Angelegenheit statt als Geisteszustand, der mithilfe erprobter Methoden gezielt entwickelt werden kann und mit dem großer praktischer Nutzen einhergeht. Wir sehen im Mitgefühl noch immer etwas, das dem eigenen Ermessen anheimgestellt ist – als Luxus statt als dringliche Notwendigkeit.

Die Herausforderung scheint darin zu liegen, die gesellschaftliche Auffassung vom Mitgefühl so zu verändern, dass es als Geisteszustand wahrgenommen wird, mit dem praktische Vorteile einhergehen und der durch persönliche Bemühung gezielt kultiviert werden kann. Vielleicht gibt es einen Hoffnungsschimmer. Er findet sich in der eben erwähnten Studie von Richard Davidson und seinen Kollegen über die Regulierung von negativen Emotionen. In diesem Experiment interessierten sich die Wissenschaftler nicht nur für die Auswirkungen der fraglichen Techniken auf das Gehirn der Versuchspersonen innerhalb des Forschungslabors, sondern auch auf das Alltagsleben der Versuchspersonen außerhalb des Labors. Wie bereits erwähnt, reagiert der menschliche Körper auf Stresssituationen unter anderem mit der Ausschüttung des Hormons Cortisol. Unter normalen Bedingungen, wenn wir nicht unter Stress leiden, wird dieses Hormon während der Morgenstunden in großen Mengen ausgeschüttet und dann im Verlauf des Tags langsam abgebaut. Veranschaulicht man die Cortisolkonzentration im Körper mithilfe eines Diagramms, sieht man eine Linie, die ein starkes und kontinuierliches Gefälle aufweist, also auf eine Abnahme der Cortisolkonzentration vom frühen Morgen bis zur Nacht hinweist. Leidet man unter Stress, wird dieses Hormon auch über den Tag verteilt ausgeschüttet, so dass die Linie im Diagramm abflacht. Um die Stressbelastung der Versuchspersonen während des Tages zu messen, wurde sechsmal täglich die Cortisolkonzentration in ihrem Körper mittels Speicheltest gemessen. Die Forscher stellten diese Werte graphisch dar und bemerkten, dass die Linien der Versuchspersonen, die sich in Techniken des Mitgefühl oder der positiven Neubewertung übten, ein stärkeres Gefälle aufwiesen, was auf eine geringere Stressbelastung hindeutete.

Und nun kommen wir zum springenden Punkt. Die flachen Linien der Cortisolkonzentration, die auf eine ständige Ausschüttung von Cortisol aufgrund von Stressbelastungen hinweisen, stehen mit einer Reihe von negativen körperlichen Auswirkungen in Verbindung. *Eine dieser Auswirkungen ist ein größerer Taillenumfang, auf gut Deutsch: ein dicker Bauch. Die Linien mit dem stärkeren Gefälle (weniger Stress) wirken sich in einem kleineren Taillenumfang aus, also einem weniger dicken Bauch.* Hierin liegt vielleicht der Schlüssel zu einer schlagartigen, dramatischen Metamorphose unserer Gesellschaft und zu einer mitfühlenderen Welt, und vielleicht haben wir hier endlich die Zauberformel zur Umwandlung der Welt und zur Beendigung von Hass und Gewalt gefunden. Vielleicht braucht es nur ein paar Schlagzeilen auf den Titelseiten der Boulevardblätter im Supermarkt: NEU!!! SENSATIONELLE ENTDECKUNG!!! SCHLUSS MIT ALL DEN WUNDERDIÄTEN!!! DIE MITGEFÜHLSDIÄT!!! SIE HABEN RICHTIG GELESEN: SEIEN SIE MITFÜHLEND UND GÜTIG UND VERLIEREN SIE VON HEUTE AUF MORGEN SECHS ZENTIMETER BAUCHUMFANG!!!

Scherz beiseite. Es ist durchaus möglich, dass sich die öffentliche Auffassung über das Mitgefühl schon bald ändern und die Übung in Mitgefühl auch von breiten Bevölkerungsschichten umfassend praktiziert werden könnte, da der Dalai Lama und viele andere den wahren Wert dieses Geisteszustandes aufzeigen, der für unser persönliches Glück und für die gesamte Welt immense Vorteile bringt. Den Wissenschaften kommt hier ebenfalls eine bedeutende Rolle zu, da sie unsere Auffassung über die Übung in Empathie, Mitgefühl und den anderen positiven Emotionen verändern hilft. Das kann einige Zeit in Anspruch nehmen. Doch es mehren sich die Anzeichen, dass dieses Ideengut mit jedem Tag immer breitere Anerkennung findet. Die Hoffnungen sind mehr als berechtigt, dass wir einen gangbaren Weg finden können, der sowohl zu unserem persönlichen Glück als auch zu einer besseren Welt führt.

Diese unsere letzte Sitzung in Tuscon war der Höhepunkt mehrerer fortlaufender Gesprächsreihen, die sich über den Zeitraum von einigen Jahren erstreckt hatten. Da noch etwas Zeit vergehen kann, bevor wir eine weitere Gesprächsreihe aufnehmen, hatte ich einen Katak mitgebracht, einen weißen Seidenschal, der nach tibetischem Brauch bei Begrüßungen und Verabschiedungen ausgetauscht wird. Der Katak, den ich dabei hatte, war ein besonders schönes Exemplar, ungefähr drei Meter lang und über einen halben Meter breit, und in ihn waren traditionelle tibetische Glückssymbole und Segenswünsche eingewoben.

Die Zeit für unser Gespräch war abgelaufen. Der Sekretär des Dalai Lama war hereingetreten und hatte zu verstehen gegeben, dass die nachfolgenden Besucher des Dalai Lama bereits eingetroffen waren. Der Dalai Lama nickte seinem Sekretär kurz zu, wandte sich zu mir und sagte: „Nun, Howard, es ist an der Zeit, zum Ende zu kommen, und ich möchte Ihnen danken. Ich habe großen Gefallen an unseren Gesprächen gefunden, und ich hoffe, dass unsere langen Erörterungen für einige unserer Leser von Nutzen sein werden."

Da ich bemerkte, dass die nachfolgenden Besucher bereits warteten, packte ich rasch meine Notizbücher und Aufnahmegräte zusammen. Ich war etwas aufgeregt, als ich nach meinem Katak griff, um ihn dem Dalai Lama zu überreichen: „Eure Heiligkeit, ich möchte Ihnen von Herzen danken, dass Sie so großzügig mit Ihrer Zeit gewesen sind. Im Verlauf der Jahre haben wir viele Themen berührt, die mit gesellschaftlichen Problemen in Verbindung stehen, wie etwa die Kluft zwischen Arm und Reich, die Frage persönlicher Lebensführung, das Konsumdenken, das Problem der Gier und mehr. Vieles davon bedarf noch einer genauereren Erörterung. Ich hoffe also, dass wir unsere Gespräche zu einem späteren Zeitpunkt fortsetzen können."

„In Ordnung, sehr gut", antwortete er.

Obwohl tibetische Kataks normalerweise so zusammengerollt sind, dass sie sich leicht entfalten lassen, so war dieser Katak derart stramm zusammengewickelt, dass es einige Augenblicke dauerte, bis ich ihn vollständig entrollt hatte. Als ich mich mit der Entknäuelung des Kataks abmühte, bemerkte der Dalai Lama: „Howard, wissen Sie, der Brauch, Kataks auszutauschen, hat eine schöne Symbolik. Die Anregung zu diesem Brauch kommt aus Indien, wo sich die Menschen bei besonderen Anlässen gegenseitig Blumengirlanden oder Seidenschals schenken. Das Material der Kataks wird traditionellerweise in China gewebt, und für uns Tibeter sind Kataks Teil unseres Brauchtums. In diesem Brauch können wir also die Harmonie zwischen den drei Nachbarn Indien, China und Tibet erleben. Wunderbar!" Ein letztes Mal brach er in sein wundervolles, ungekünsteltes und vergnügtes Lachen aus, das mich stets aufgemuntert und Hoffnung gemacht hat, zu wirklichem Glück finden zu können.

Und so reichte mir der Dalai Lama spontan die eine Hand zum Händedruck, während er gleichzeitig die andere nach mir ausstreckte und mich in einer freundlichen Umarmung näher zu sich heranzog.

Die Autoren

Seine Heiligkeit der XIV. Dalai Lama wurde am 6. Juli 1935 im Nordosten Tibets in eine arme Bauernfamilie geboren. Im Alter von zwei Jahren wurde er als Dalai Lama – das spirituelle und weltliche Oberhaupt Tibets – erkannt. Er gilt als die vierzehnte Inkarnation in einer Linie, die 600 Jahre zurückreicht. Im Alter von sechs Jahren begann er seine lebenslange Praxis als buddhistischer Mönch. Nach einem erfolglosen Aufstand des tibetischen Volkes gegen die Besatzung Tibets durch chinesische Truppen im März 1959 floh er aus Tibet und lebt seitdem im indischen Dharamsala im Exil. Sein unermüdlicher Einsatz für Menschenrechte, Weltfrieden und grundlegende menschliche Werte hat ihm weltweite Anerkennung eingetragen. Er ist Träger zahlreicher Preise und Ehrungen, unter anderem des Friedensnobelpreises.

Nach seinem Selbstbild befragt, bezeichnet sich der Dalai Lama oft als „einfachen buddhistischen Mönch". Viele Menschen sehen ihn ihm jedoch einen der herausragendsten spirituellen Führer unserer Zeit und einen führenden buddhistischen Gelehrten und Lehrer. Auf seinen ausgedehnten Reisen tritt er als Verfechter jener drei Verpflichtungen auf, die er als seine Hauptlebensaufgaben bezeichnet: 1) Die Förderung grundlegender menschlicher Werte wie Mitgefühl, Vergebung, Toleranz, Genügsamkeit und Selbstdisziplin, die er oft als „säkulare Ethik" bezeichnet. Auch Menschen, die keiner Religion folgen, können durch diese Werte zu mehr Glück und Lebenszufriedenheit finden. 2) Die Förderung von Verständnis und Harmonie zwischen den großen religiösen Traditionen dieser Welt. Trotz unterschiedlicher Glaubensvorstellungen wohnt allen großen Religionen das gleiche Potenzial inne, gute Menschen hervorzubringen. Daher ist es von grundlegender Bedeutung, dass die unterschiedlichen Religionen sich mit Respekt begegnen und den Wert der anderen Traditionen anerkennen. Die Vorstellung von „einer wahren Religion" spielt auf persönlicher Ebene eine Rolle, aber auf gesamtgesellschaftlicher Ebene ist es von großer Wichtigkeit, mehrere religiöse Wahrheiten und unterschiedliche Religionen zu haben. 3) Die Lösung der Tibetfrage. Als in Freiheit lebender Interessensvertreter der Tibeter fühlt sich der Dalai Lama dafür verantwortlich, die Tibeter in ihrem Kampf um mehr Gerechtigkeit, Menschenrechte, Autonomie und Freiheit zu unterstützen. Diese dritte Verpflichtung wird dann nicht mehr bestehen, sobald zwischen Tibetern und Chinesen eine für beide Seiten befriedigende und vorteilhafte Lösung gefunden worden ist.

Wo immer der Dalai Lama hingeht und spricht, richtet er einen aufrichtigen Appell an seine Zuhörerschaft, sich für mehr Mitgefühl, Nächstenliebe, Toleranz und eine universelle Verantwortung einzusetzen.

Weitere Informationen über den Dalai Lama, einschließlich des Programms seiner Unterweisungen, finden sich unter:
www.dalailama.com.

Howard C. Cutler ist Arzt, Psychiater, Bestsellerautor und gefragter Gastredner. Zusammen mit dem Dalai Lama ist er Mitautor der in vielen Kritiken gefeierten Buchreihe über die Glücksregeln (siehe Seite 416). Die Bücher dieser Reihe wurden in über fünfzig Sprachen übersetzt und rangierten weltweit in den Bestsellerlisten. Das bahnbrechende erste Buch *The Art of Happiness* (*Die Regeln des Glücks*) stand siebenundneunzig Wochen lang auf der Bestsellerliste der New York Times. Als führender wissenschaftlicher Experte für menschliches Glück und Pionier auf dem Gebiet positiver Psychologie hält Howard Cutler Vorträge und gibt Workshops und Kurse über das Glück sowohl für Einzelpersonen als auch für Organisationen in den USA und weltweit.

Im Lauf seiner akademischen Ausbildung erwarb Howard Cutler einen *Bachelor of Arts* in Kunst, einen *Bachelor of Science* in Zoologie und das Doktorat der medizinischen Fakultät der Universität von Arizona, gefolgt von einer vierjährigen psychiatrischen Facharztausbildung. Er ist *Diplomate of the American Board of Psychiatry and Neurology* und Mitglied der Redaktion des *American Journal of Psychotherapy.* Howard Cutler sieht seine Lebensaufgabe darin, Menschen zu größerem Glück, mehr Erfüllung und Erfolg zu helfen. Er lebt in Phoenix, Arizona.

Weitergehende Informationen über ihn, seine Kurse und Workshops finden sich unter www.theartofhappiness.com.

Die Buchreihe der Glücksregeln

Die Regeln des Glücks. Tenzin Gyatso, XIV. Dalai Lama und Howard C. Cutler. Bergisch Gladbach: Lübbe, 1999.

Glücksregeln für den Alltag. Tenzin Gyatso, XIV. Dalai Lama und Howard C. Cutler. Freiburg im Breisgau: Herder, 2007.

Glücksregeln für eine verunsicherte Welt. Tenzin Gyatso, XIV. Dalai Lama und Howard C. Cutler. Freiburg im Breisgau: Herder, 2011.

Über die Buchreihe der Glücksregeln

Das große Thema der Buchreihe über die *Glücksregeln* ist das menschliche Glück. In den Bänden der Reihe, verfasst von Seiner Heiligkeit dem Dalai Lama und dem amerikanischen Psychiater und Glücksforscher Howard C. Cutler, werden unterschiedliche Aspekte menschlichen Glücks aus fernöstlicher und abendländischer Perspektive beleuchtet, wobei der Dalai Lama die buddhistische und Howard Cutler die westliche wissenschaftliche Perspektive repräsentiert. Seit der Veröffentlichung des ersten Bandes der Reihe (1998 in den USA, 1999 in Deutschland) steigt das weltweite Interesse an der Erforschung menschlichen Glücks rasant. Ein neues psychologisches Forschungsgebiet ist entstanden, das sich der wissenschaftlichen Untersuchung des menschlichen Glücks widmet. In dieser Zeit haben der Dalai Lama und Howard C. Cutler ihre Zusammenarbeit fortgesetzt. Weitere Bände der Buchreihe über die Glücksregeln sind in Planung.

Ausgewählte Literatur

Tenzin Gyatso, XIV. Dalai Lama: *Der Weg zum sinnvollen Leben. Das Buch vom Leben und Sterben.* Freiburg im Breisgau: Herder, 2003.

Daniel Gilbert: *Ins Glück stolpern.* München: Goldmann, 2008.

Daniel Goleman: *Die heilende Kraft der Gefühle. Gespräche mit dem Dalai Lama über Achtsamkeit, Emotion und Gesundheit.* München: Deutscher Taschenbuch-Verlag, 2000.

Jeremy W. Hayward, Francisco Varela (Hrsg.): *Gewagte Denkwege. Wissenschaftler im Gespräch mit dem Dalai Lama.* München: Piper, 2007.

Gerald Hüther, Wolfgang Roth, Michael von Brück (Hrsg.): *Damit das Denken Sinn bekommt. Spiritualität, Vernunft und Selbsterkenntnis. Mit Texten des Dalai Lama.* Freiburg im Breisgau: Herder, 2008.

Richard Layard: *Die glückliche Gesellschaft. Was wir aus der Glücksforschung lernen können.* Frankfurt am Main: Campus, 2009.

Sonja Lyubomirsky: *Glücklich sein. Warum Sie es in der Hand haben, zufrieden zu leben.* Frankfurt am Main: Campus, 2008.

Steven Pinker: *Das unbeschriebene Blatt. Die moderne Leugnung der menschlichen Natur.* Berlin: Berlin-Verlag, 2003.

Robert D. Putnam (Hrsg.): *Gesellschaft und Gemeinsinn. Sozialkapital im internationalen Vergleich.* Gütersloh: Verlag Bertelsmann-Stiftung, 2001.

Martin Seligman: *Der Glücks-Faktor. Warum Optimisten länger leben.* Bergisch Gladbach: Bastei Lübbe, 2005

James Surowiecki: *Die Weisheit der Vielen. Warum Gruppen klüger sind als Einzelne.* München: Goldmann, 2007.